L'ENFANT DU 15 AOÛT

Suite en fin de volume

RÉGINE DEFORGES

L'ENFANT DU 15 AOÛT

Mémoires

ROBERT LAFFONT

Certains, en lisant ces mémoires, y retrouveront des événements ou anecdotes présents dans des livres antérieurs. Voici trente-cinq ans, soucieuse de prendre des distances par rapport à quelques épisodes douloureux de ma vie, je les avais romancés (*Le Cahier volé* ou *Blanche et Lucie*, Fayard). J'ai aussi consacré un récit à certains aspects de ma vie parisienne (*À Paris au printemps, ça sent la merde et le lilas*, Fayard). De tout cela, je livre ici une réalité sèche que mes mémoires ne pouvaient occulter.

R. D.

ISBN 978-2-221-11310-3

À Pierre,
À Franck, Camille, Léa

1.

J'ai longtemps rêvé d'être une enfant trouvée... fille de roi, peut-être...

Mais je suis née à Montmorillon, petite ville du Poitou, au domicile de ma grand-mère maternelle, Blanche Peyon, le jeudi 15 août 1935. Les cloches sonnaient la fin de la grand-messe à l'église Saint-Martial. On m'a appelée Régine, choix de ma tante Gogo, une des sœurs de Maman, Marie, parce que j'étais née le jour de l'Assomption de la Vierge Marie et Léone, en mémoire de mon grand-père maternel dont le prénom était Léon. Selon la sage-femme, Mme Couradeau, qui avait également mis ma mère au monde, j'étais un très beau bébé. Elle a inscrit à la date du 15 août, dans l'almanach Hachette que Maman achetait chaque année, mes prénoms et mon poids : trois kilos deux cents. J'étais la première-née de Clément Deforges, âgé de vingt-trois ans, représentant de commerce et de Bernadette Peyon, vingt et un ans, secrétaire. Ils s'étaient rencontrés au printemps 1934 au cours d'un bal et s'étaient mariés en décembre de la même année. D'après mon père, j'ai été conçue à Saintes, pendant leur voyage de noces. Quand il me l'a raconté, j'ai remarqué qu'il avait l'air ému. Et, comment dire ? Cela m'a fait chaud au cœur.

Les parents de mon père étaient agriculteurs à Tussac, près de Leignes-sur-Fontaine, à une dizaine de kilomètres de Montmorillon. Mon grand-père paternel, Alexandre, était

9

mort des suites de la guerre de 14, ma grand-mère, Lucie, avait élevé seule ses quatre enfants, Adrien, Lucienne, Clément et André. Adrien s'étant tué dans un accident de moto, peu de temps avant les noces, la famille de mon père n'a pas assisté au mariage qui eut lieu dans la plus grande intimité. Maman a sans doute été déçue de ne pas porter une belle robe comme ses amies, mariées avant elle. Aucune photo des nouveaux époux n'a été prise. Les parents de ma mère étaient des commerçants : ils tenaient le « bazar », une sorte de grand magasin dans lequel on trouvait de la mercerie, de la quincaillerie, des articles de pêche, de la vaisselle, des vêtements de travail, de la lingerie, des jouets, des bottes et des sabots. Devant la boutique, des photos montrent ma grand-mère tenant un bébé dans ses bras, entourée de ses trois filles aînées. Quand mon grand-père maternel, Léon, pompier bénévole, est mort d'un « chaud et froid » à la suite d'un incendie où il s'était dépensé sans compter, ma grand-mère, Blanche, a dû quitter le bazar et prendre un petit logement en compagnie de sa dernière fille, Mamy, qui était mongolienne, comme on disait à l'époque. Blanche avait donné le jour à neuf enfants : Geneviève, Thérèse, Marguerite, dite Gogo, Jean-Pierre, décédé à la naissance, Jean, Solange, dite Néné, Bernadette, dite Dédette, André, dit Dédé, et Marie-Anne, dite Mamy. La situation financière de Blanche était telle qu'elle fut obligée de se placer comme dame de compagnie à Saintes, auprès d'une femme qui accepta la présence de l'enfant anormale.

Vingt mois après ma naissance est née ma sœur Chantal, à Châteauroux, où mon père, sur les instances de sa belle-famille, avait pris un emploi aux Chemins de fer : être cheminot, c'était la sécurité et la retraite assurées. Pendant toute sa grossesse, j'ai vu Maman pleurer et, à sa naissance, j'ai imaginé que le bébé était la cause de ses larmes. On m'a raconté que j'avais essayé de le retirer de son berceau pour aller le jeter. Papa me l'a arraché des mains et m'a grondée, ce qui a renforcé mon antipathie. Le temps passant, nos relations ne se sont guère améliorées : Chantal était fragile et câline, je ne tenais pas en place et ne voulais pas que l'on m'embrasse, surtout avec les baisers mouillés des vieilles de notre entourage. De cette époque datent nos déménagements successifs : Montmorillon, Vierzon, Bourges, Bois-Colombes, dans la région parisienne, Pindray, près de Montmorillon, Payrac dans le Lot, Limoges et de nouveau Montmorillon. La plupart du temps, nous habitions des meublés sans confort, d'une pièce ou deux. J'ai peu de souvenirs de ces appartements : à Bois-Colombes, je suis nue, debout sur la toile cirée de la table de la cuisine, où Maman me savonne. Je chante : « *C'est un mauvais garçon / Il a des façons / Pas très catholiques...* » Et cela fait rire Maman et une voisine. Nous sommes retournés à Montmorillon en 1940, à cause des bombardements. Comme il n'y avait plus de place dans le dernier train, Maman, Chantal et moi nous sommes retrouvées sur la paille d'un wagon à bestiaux. Les manteaux blancs que nous portions ne le sont pas restés longtemps ! Je garde un souvenir mitigé de ce voyage : la situation m'amusait. Il faisait chaud et il régnait dans le wagon une tension à laquelle j'étais sensible. Assise contre la paroi de bois, ballottée par les secousses du train qui roulait pourtant à faible allure, je jouais avec mes poupées auxquelles j'expliquais à haute voix qu'elles devaient se tenir tranquilles, sinon les avions allemands nous bombarderaient.

— Cette gamine ne peut pas arrêter de parler, elle va nous porter malheur ! s'est écriée une élégante voyageuse.

Je lui ai tiré la langue et j'ai fermé les yeux. Pas pour longtemps. J'étais envahie par une envie de bouger. Maman avait l'air de dormir. Je me levai, j'enjambai les voyageurs, assis ou allongés, et me collai à la porte coulissante pour voir le paysage qui défilait à toute vitesse. On m'a saisi brutalement le bras : c'était Maman qui avait l'air fâchée. J'ai demandé à faire pipi dans les seaux dissimulés derrière une couverture déchirée, ce qui n'était pas une mince affaire. Pour nous faire tenir tranquilles, Maman nous a raconté des histoires à voix basse.

— J'ai faim, ai-je murmuré.

Maman a tiré d'un grand sac des gâteaux secs, du chocolat et une bouteille Thermos contenant de la grenadine. Le train s'arrêtait souvent et parfois longtemps. Je me suis endormie. Enfin, nous sommes arrivées. À la gare, l'oncle Paul, le mari de la sœur aînée de Maman, nous attendait avec sa camionnette. Grand-mère, folle d'inquiétude, était sur le pas de sa porte. Elle a poussé des cris en nous voyant : nous étions sales, les cheveux en broussaille. Avant de nous coucher, elle a tenu à nous laver et à nous faire boire une infusion de tilleul. Bien plus tard, Maman m'a avoué qu'elle gardait un souvenir épouvantable de notre expédition.

On m'a inscrite de nouveau à l'institution Saint-Martial. J'étais contente, j'en avais gardé un bon souvenir : je l'avais déjà fréquentée lors d'un séjour de mes parents à Montmorillon. À l'époque, les très jeunes enfants étaient dans la même classe que ceux qui apprenaient à lire. Grâce à cela, à peine âgée de quatre ans, je savais lire.

Sous l'armoire de la chambre à coucher de Grand-mère, j'avais découvert des numéros illustrés du *Petit Journal*, que je regardais, fascinée par des communiantes en flammes, des wagons renversés, des assassins armés de longs couteaux dégoulinants de sang, des naufrages, des explorateurs, dévorés par les lions ou écrasés par les énormes pattes des éléphants, des explosions qui envoyaient en l'air des bras, des jambes, des têtes... bref, des horreurs qui me captivaient, malgré les cauchemars qu'elles suscitaient.

Nous avons fêté le Noël 1940 chez Blanche. J'avais écrit au père Noël pour lui demander des meubles de poupée en bois peint, d'un vert criard. J'avais été odieuse, tapant sans raison sur Chantal, tenant tête à Maman et à Grand-mère qui m'avait dit que le père Noël ne m'apporterait rien mais que le père

Fouettard, lui, m'apporterait des verges ou un martinet pour me corriger. Je trépignais en disant que ce n'était pas vrai, que le père Fouettard n'existait pas, que le père Noël me donnerait tous les jouets et les livres que j'avais commandés. Il n'en fut rien. Le père Fouettard a mis dans mes souliers les verges tant redoutées.

J'éprouve encore, tant d'années après, le désarroi et la colère qui m'ont saisie alors.

— Cela t'apprendra, a dit Blanche d'une voix sifflante.

Je me suis jetée sur elle en poussant des hurlements. Papa a eu toutes les peines du monde à me faire lâcher prise et m'a administré une bonne fessée.

— Laisse-la, a dit Maman, elle est assez punie.

Je remarquai que ma mère était très pâle et que ses yeux étaient remplis de larmes. Elle a cru me consoler en me montrant dans un coin ces meubles de poupée tant désirés. Je les piétinai de rage et, après les avoir réduits en pièces, je me suis enfuie au grenier.

Les jours qui ont suivi ont été tristes. Je jouais avec un petit chien en métal fabriqué par Papa, un *Ric.* Chantal avait un *Rac.* Un jour, elle a laissé tomber son jouet par la fenêtre de la chambre de nos parents, située au premier étage. J'ai descendu l'escalier quatre à quatre en criant : « Le chien de Chantal est tombé par la fenêtre ! » Papa a entendu : « Chantal est tombée par la fenêtre. » Il s'est précipité là où il pensait trouver sa fille : rien. Il a levé la tête et a vu ma petite sœur penchée à la fenêtre, désignant quelque chose sur le sol : son *Rac.* Papa est rentré comme un fou dans la maison, m'a attrapée et donné une formidable fessée. J'étais tellement surprise que je n'ai rien dit. C'est alors que Maman a compris ce qui s'était passé. Sans un mot, elle m'a serrée contre elle.

Plus tard, nous avons habité Payrac, dans le Lot, où Papa avait été appelé pour son travail. C'est là que j'ai connu le plus joyeux Noël de mon enfance qui pourtant ressemblait à un Noël de pauvre. Ma sœur et moi, pour une fois unies, sautions à pieds joints sur un des deux grands lits disposés tête-bêche, dans l'unique pièce du logis. Je revois, devant la cheminée, le poêle de mauvaise tôle argentée où nous nous brûlions quand il était allumé. Puis, à gauche du poêle, sur une table, la crèche. Papa nous avait acheté à Cahors quelques santons dont deux saintes vierges, une à genoux, l'autre debout, et deux ânes. Chantal et moi avons hurlé de rire et Maman a déclaré :

— C'est bien connu, les hommes n'y connaissent rien en matière de crèche !

Nous avons décoré l'arbre de Noël et disposé nos souliers devant lui. Quels cadeaux nous a apportés le père Noël ? J'ai oublié. Mais ce que je n'ai pas oublié ce sont les deux saintes vierges et le plaisir de rebondir en riant sur un lit qui semblait fait pour ça. Est-ce le souvenir de ce Noël joyeux qui m'a incitée à faire chaque année une crèche et à décorer un sapin de guirlandes argentées ? À moins que ce ne soit pour oublier le désastreux Noël de Montmorillon et les verges trouvées dans mon soulier. Je ne le sais pas. Mais Noël reste pour moi une fête de la joie où chacun reçoit une multitude de cadeaux. Mes enfants et mes petits-enfants y sont attachés comme ils sont attachés à la venue des cloches au moment de Pâques et à ces menus présents qui tombent du ciel dans le jardin. J'aime les voir courir dans l'herbe humide à la recherche des œufs en chocolat enveloppés de papier brillant que j'y ai disséminés tôt le matin.

À Payrac, nous sommes allées dans l'unique classe de l'école du village, où je m'ennuyais ferme. Sur le chemin de l'école, Chantal et moi passions devant la forge où je m'arrêtais fascinée par la pose, autour des roues de bois des charrettes, d'un cercle incandescent, tenu avec d'énormes pinces par le forgeron et son aide. Le cercle brûlait le bois sur lequel on jetait des seaux d'eau et une vapeur blanche remplaçait la fumée. Autre sujet de distraction sur le chemin, le ferrage des bœufs ou des chevaux par le maréchal-ferrant.

En classe, j'étais assise à côté d'un garçon, à peine plus âgé que moi, qui, lui non plus, n'était pas du village et s'ennuyait car, comme moi, il savait lire ; il s'appelait Clovis, avait de jolis cheveux blonds et vivait chez sa grand-mère, à l'autre bout de la commune. D'après ce que j'avais entendu chuchoter par des grandes personnes, il était juif ; je ne savais pas ce que cela voulait dire, mais il ne fallait pas en parler.

Un jour d'été, des parents ou des amis sont venus nous voir en voiture. Une excursion au gouffre de Padirac, une des curiosités de la région, était prévue. J'ai couru jusque chez Clovis pour lui annoncer la nouvelle et l'ai invité à se joindre à nous. Sa grand-mère était réticente mais Clovis et moi avons arraché son consentement. Je suis retournée à la maison où le déjeuner avait commencé sans moi.

— Où étais-tu ? m'a demandé Maman.

— Je suis allée dire à Clovis que nous allions au gouffre de Padirac.

— Ne me dis pas que tu l'as invité ?

— Si.

— Mais nous sommes déjà trop nombreux pour la voiture, ta sœur et toi seraient sur nos genoux. Il n'y a pas de place. Après le déjeuner, tu iras le lui dire.

Au dessert, je sortis pour aller le prévenir. Mais, en chemin, je n'ai pas eu le courage de l'affronter. Je suis revenue vers la maison où chacun s'installait tant bien que mal dans la voiture et Maman m'a demandé :

— Clovis n'était pas trop déçu ?

J'ai secoué la tête. Le moteur tournait.

— Voilà Clovis ! s'est exclamé mon père.

— Mais..., a dit Maman.

Je me suis sentie devenir écarlate. Clovis s'approchait, il avait mis ses vêtements du dimanche. Ses souliers étaient cirés, ses cheveux aplatis avec une raie sur le côté. Son visage était illuminé par un grand sourire. Maman s'est penchée à la portière.

— Mon pauvre Clovis, je suis désolée, Régine devait te dire qu'il n'y avait pas de place, regarde, nous pouvons à peine bouger.

Le sourire a disparu du visage de Clovis, ses yeux se sont remplis de larmes, les miens aussi.

— Je t'en prie, Maman.

— C'est impossible, a crié mon père avec colère. Tu n'en fais jamais qu'à ta tête. Excuse-nous, mon garçon.

La voiture a démarré. Je me suis retournée, il n'avait pas bougé, raide, abandonné dans ses beaux habits. J'aurais voulu le rejoindre. J'ai regardé diminuer sa silhouette jusqu'à ce qu'elle disparaisse. Dans la voiture régnait un silence gêné.

De l'excursion, il ne me reste que quelques images de stalactites et de stalagmites, de navigation sur la rivière souterraine, engoncés dans nos manteaux d'hiver, des manteaux en lapin gris, du bruit des gouttes d'eau, du froid, de ma tristesse et de ma honte. Du retour et des jours suivants, je ne m'en souviens pas. À la rentrée des classes, Clovis n'était pas parmi les élèves. Je ne l'ai jamais revu. Je n'ai pas pu lui dire que mon invitation était sincère, que ce n'était pas ma faute s'il n'y avait pas de place. Mon geste d'amitié s'était transformé en trahison. Jamais je n'ai pu oublier le petit garçon abandonné. Plus tard, bien plus tard, j'ai essayé de le retrouver, mais plus personne à Payrac ne se souvenait de lui et de sa grand-mère, pas davantage de son nom. Pendant une émission de télévision, j'ai raconté ce triste épisode et lancé un appel à ceux qui pouvaient avoir des renseignements sur mon jeune ami. En l'évoquant, je n'ai pu retenir mes larmes. Personne n'a répondu : j'ai eu l'impression que Clovis n'avait jamais existé. Mais, chaque fois que je pense à lui, une grande tristesse m'envahit.

Il y avait deux grands garçons de treize, quatorze ans, des jumeaux, qui aimaient me promener, à tour de rôle, assise

sur le cadre de leur vélo. J'appuyais ma tête contre leur poitrine, je me sentais en sécurité. Ils se disputaient pour savoir
avec lequel je monterais : je n'avais pas de préférence, ils se
ressemblaient tant ! Je faisais tournoyer ma jupe en attendant
qu'ils se décident ; quand je tournais très vite, on voyait ma
culotte, j'avais remarqué que cela leur plaisait bien, aux
jumeaux, d'apercevoir ma culotte. Quelquefois quand leur
discussion durait longtemps, je m'asseyais dans l'herbe sur le
bord du chemin, les jambes écartées.

Les jours passés à Payrac sont parmi les plus heureux de
mon enfance. Papa était avec nous et nous aimions aller
pique-niquer dans les bois de petits chênes tordus où, paraît-
il, on trouvait des truffes à la saison. Quand il pleuvait, ce qui
était rare, nous nous abritions dans une maisonnette délabrée
qui me paraissait la plus belle du monde. Dans le jardin, en
face de la maison, de l'autre côté de la route, Chantal et moi
cueillions des fraises, des cerises ou des pêches énormes que
nous mangions goulûment. Maman craignait que cela nous
fasse mal au ventre.

Un jour, ma grand-mère Blanche est venue nous rendre
visite et nous sommes allées nous promener avec elle le long
de la route qui menait à Limoges. Soudain, nous avons
entendu un fort roulement de camions et de véhicules divers,
certains avec des canons. Réfugiées sur le bas-côté, nous avons
vu passer un long convoi de soldats allemands. Grand-mère
nous a serrées contre elle en pleurant : les Allemands venaient
de franchir la ligne de démarcation et entraient en zone
libre. Papa est parti aussitôt « rejoindre ses camarades ». Nous
n'en avons pas appris davantage.

2.

Quelque temps plus tard, nous avons déménagé à Limoges pour retrouver Papa qui avait loué un meublé, rue des Arènes, chez M. et Mme Mourguet. L'appartement, au deuxième étage, comportait deux pièces, une cuisine et un cabinet de toilette qui est devenu ma chambre. Je dormais dans un lit-cage d'enfant, trop petit pour moi, à côté du seau hygiénique qui servait à toute la famille. Ma sœur couchait dans la chambre des parents sur un matelas pneumatique que Maman gonflait chaque soir.

C'était la rentrée. Maman nous a inscrites à Sainte-Philomène, une école privée, qui était proche de la maison. La directrice, Mlle Berthe, était brutale et méchante. J'étais dans la classe de Mlle Jeanne, une vieille fille laide et sadique. Elle enfermait dans un placard les fillettes turbulentes et j'y étais plus souvent qu'à mon tour. Un jour, pour me punir, elle m'a poussée sous son bureau entre ses grosses jambes gainées de coton gris. J'avais de mauvaises notes, je travaillais mal et refusais de jouer avec mes camarades à la récréation. Je préférais me mettre dans un coin de la cour avec un livre. J'avais une ennemie qui cherchait toujours à m'arracher mon livre, une grosse fille aux cheveux courts et noirs, Geneviève Gauthier. Nous nous battions souvent et Mlle Berthe avait du mal à nous séparer. Quand elle y parvenait, elle cognait nos têtes l'une contre l'autre et nous privait de récréation. L'année suivante, dans la classe de Mlle Blancou, que je trouvais très jolie avec son chignon poivre et sel d'où s'échappaient des mèches bouclées, pour lui faire plaisir, je m'appliquai, j'évitai de bavarder et j'eus de bonnes notes en français, en histoire, en rédaction et en dessin. Cette institutrice m'encourageait et je faisais de mon mieux pour lui être agréable. Mon écriture laissait à désirer. Parce qu'elle m'en avait fait la remarque, lors d'une composition, je lui ai rendu ma copie, convenablement écrite. Malgré ses félicitations, le lendemain, j'ai repris ma vilaine et illisible écriture. Je voyais que cela la rendait triste. Cela m'attristait aussi mais je ne pouvais pas écrire autrement. Que s'était-il passé le jour de la composition ? Mon ange gardien m'avait-il tenu la main ?

Pourquoi ai-je eu pour Jeanne Blancou une affection aussi forte ? Jusqu'à l'âge de trente ans, je lui ai écrit. Elle me répondait et quand je reconnaissais son écriture parmi les autres lettres, j'étais saisie d'une bouffée de tendresse et j'aurais aimé pouvoir l'embrasser. Sentait-elle tout cela ? Je n'en sais rien.

Un des rares moments amusants pendant l'année scolaire était celui de la photo de classe. Nous nous mettions en rang par ordre de taille, grimpions sur les bancs et attendions sans bouger que le photographe ait fini. Je possède encore ces photos qui montrent une fillette au regard farouche, aux cheveux emmêlés. Je peux toujours mettre un nom sur certains visages : Marie-Françoise Traversat qui avait de longues nattes, Yvette Roiffé, sa cousine, jolie blonde, dont le père avait été fusillé par les Allemands, Romaine Chasselas dont les crises d'épilepsie nous faisaient peur et nous amusaient et Geneviève Gauthier, ma bête noire.

Après la classe, au printemps, nous retrouvions Maman au jardin d'Orsay en compagnie d'autres mères. La plupart du temps, ces dames tricotaient ou cousaient en bavardant. J'ai tout de suite remarqué une jolie petite fille très bien habillée avec un ruban dans les cheveux ; c'était Jocelyne Barbot qui était un peu plus jeune que moi. Il y avait une autre fillette, Fanny, aux longs cheveux blonds, dont j'étais jalouse.

Dans le jardin, se trouvaient des tranchées recouvertes qui servaient d'abri en cas de bombardements et nous aimions y jouer à cache-cache, malgré l'interdiction de nos mères qui craignaient les éboulements et les mauvaises rencontres. L'endroit était sale, malodorant et servait de refuge à des clochards qui essayaient de nous attirer avec des friandises. L'autre endroit défendu était les toilettes publiques dont la forte odeur nous répugnait. Malgré cela, j'aimais y aller me soulager mais surtout être vue des hommes qui y traînaient. Un jour que j'étais accroupie, l'un d'eux a poussé la porte et m'a regardée. Il tenait à la main quelques chose de rouge et de tendu. « Touche », m'a-t-il dit. J'ai avancé les doigts et rencontré une peau d'une douceur sans égale. L'homme a esquissé une grimace qui m'a fait peur. Je me suis vite relevée pour rejoindre Maman à qui j'ai raconté en pleurant ma mésaventure, ce qui a affolé les autres mères. Maman est allée avertir le gardien du jardin.

— C'est la faute de ces foutues gamines toujours fourrées dans les cabinets. Félicitez-vous que cela n'ait pas été plus loin, dit-il.

Un autre jour, alors que je lisais, sagement assise sur un banc, un homme, jeune et bien mis, est venu s'asseoir à côté de moi et m'a demandé ce que je lisais. Je lui ai montré le livre.

— *Le Général Dourakine*[1], a-t-il dit, c'est très bien. As-tu lu le passage où Mme Papovski se fait fouetter ?

J'ai rougi. Ce passage, je l'avais lu et relu pour retrouver le trouble qu'il me procurait. L'homme ajouta, en sortant quelque chose de dur et de rose de son pantalon :

— Sacrée comtesse de Ségur !

Je lui jetai un regard intrigué.

---

1. Sophie de Ségur, *Le Général Dourakine*, Paris, Le Livre de Poche, 2009.

— Qu'est-ce que vous tenez à la main ? ai-je demandé d'une petite voix.

— C'est une queue pour amuser les petites filles. Tu veux toucher ?

J'ai tendu la main. Il a refermé mes doigts autour de la « queue » et lui a fait faire un mouvement de va-et-vient qui la fit grossir. Bientôt est sorti un long jet de liquide blanchâtre qui l'a fait gémir. Inquiète, j'ai demandé :

— Vous avez mal ?

— Non, continue, petite, c'est très bon au contraire.

J'ai arrêté mon mouvement et écarté mes doigts souillés. Il a sorti un mouchoir et me les a essuyés, puis m'a donné une pièce de monnaie que j'ai glissée dans la poche de ma robe.

— Ne dis rien à tes parents. Je t'en donnerai d'autres si tu reviens demain.

À ce moment-là, j'ai aperçu ma sœur qui s'avançait vers moi. J'ai couru la rejoindre et je ne suis jamais retournée sur le banc.

Ces rencontres me laissaient rêveuse et je cherchais dans mes lectures des situations approchantes. Je les ai trouvées entre autres dans *Le Blé en herbe*[1] de Colette que Maman avait caché en haut du placard de la cuisine. J'ai lu le livre avec émotion et, plus tard, *Candide*[2] de Voltaire m'a procuré d'autres émois, causés par le « cul de Cunégonde ». Par la suite, j'ai cherché dans les livres ce trouble dont je n'osais pas parler. Sur le dessus du placard se cachaient d'autres livres aux couvertures illustrées. J'ai dévoré *Nuits de prince*[3] de Joseph Kessel, *Thérèse Desqueyroux*[4] de François Mauriac, *Chéri*[5] de Colette et d'autres dont j'ai oublié les titres.

Voyant mon goût pour la lecture, Maman m'achetait chaque semaine des illustrés, *Fillette* et *Lisette*, et, de temps en

---

1. Colette, *Le Blé en herbe*, Librio, Paris, 2010.
2. Voltaire, *Candide*, Magnard, Paris, 2013.
3. Joseph Kessel, *Nuits de princes*, 10/18, Paris, 1988.
4. François Mauriac, *Thérèse Desqueyroux*, Le Livre de Poche, Paris, 2007.
5. Colette, *Chéri*, Le Livre de Poche, Paris, 2009.

temps, un livre de la Bibliothèque rose dont les illustrations me faisaient rêver, surtout celles de Pécoud, plus contemporaines que celles de Castelli ou de Bayard. Chaque soir, quand nous étions couchées, elle nous racontait un conte de fées. J'aimais particulièrement *Le Petit Chaperon rouge, Barbe-Bleue, Le Petit Poucet*[1]. Quand Maman disait, en faisant la voix du Chaperon rouge : « Oh ! Grand-mère, comme vous avez de grandes dents ! » et que le loup s'élançait en criant d'une voix forte : « C'est pour mieux te manger, mon enfant ! », nous poussions des cris en nous réfugiant sous les draps, ce qui amusait Maman qui se souvenait de son enfance, quand son père lui narrait l'histoire de Barbe-Bleue qui tuait ses femmes et dont elle avait très peur.

— Anne, ma sœur Anne, ne vois-tu rien venir ? demandait celle qui attendait ses frères pour la délivrer.

— Non, je ne vois que l'herbe qui verdoie et la route qui poudroie.

Alors résonnait la voix formidable de Barbe-Bleue, brandissant un grand couteau :

— Descendras-tu ?

À mon tour, quand j'ai eu des enfants, je leur ai raconté ces histoires, prenant un malin plaisir à les effrayer en faisant l'ogre ou la méchante sorcière. Je suis même allée jusqu'à en écrire en les illustrant de mes dessins qui font penser à ceux d'un enfant de huit ans !

J'ai encore en mémoire, lue dans *Fillette*, l'histoire d'Ilona qui vivait en Hongrie. Ses cheveux étaient couleur aile-de-corbeau tandis qu'autour d'elle son père, ses cousins, ses amies étaient tous blonds. Son père lui expliquait qu'elle tenait cela de sa mère, morte à sa naissance. Ilona découvrit dans la chambre de son père, derrière un lourd rideau, un tableau représentant une femme très belle à la noire chevelure, vêtue comme une bohémienne. Des vêtements colorés

---

1. Charles Perrault, *Contes*, Flammarion, coll. « Étonnants classiques », Paris, 2013.

étaient déposés çà et là. Elle enfila une robe et se regarda dans un miroir : en face d'elle, elle vit la femme du tableau. À ce moment-là, son père entra. En voyant sa fille, il devint tout pâle.

— Que fais-tu ici ?

— Je voulais savoir pour Maman...

Le père se laissa tomber dans un fauteuil, le visage entre ses mains.

— Tu lui ressembles tant ! murmura-t-il.

— Papa, Papa, pardonnez-moi ! Je vous en prie, pardonnez-moi ! Parlez-moi d'elle.

— C'est une longue et triste histoire. Ta mère était la fille unique du roi des Gitans. Nous nous sommes aimés dès le premier regard. J'ai demandé sa main à son père qui d'abord me l'a refusée. Puis, devant le chagrin de sa fille, il a accepté, à la condition qu'elle ne reverrait plus jamais sa famille. Notre mariage fut célébré dans l'intimité car ma propre famille refusait cette union. Pendant quelques mois, nous avons voyagé à travers l'Europe. En France, elle voulut s'arrêter aux Saintes-Maries-de-la-Mer où se trouve le sanctuaire des Gitans. Là, une vieille femme la bénit, lui baisa les mains et nous convia à une fête qui devait avoir lieu le soir même. Sur la plage, des centaines de Gitans étaient réunis, jouant une musique endiablée. On nous installa à la place d'honneur. Ta mère était aux anges et applaudissait en riant comme une enfant. Jamais, je ne l'avais vue aussi gaie. Une vieille s'est avancée, lui a saisi la main et l'a entraînée en me faisant signe de rester. Quand elles sont revenues, j'ai remarqué que ta mère était très pâle.

— Partons, m'a-t-elle dit.

Jamais, elle n'a voulu me dire quelles paroles avaient été échangées entre la vieille et elle. Nous sommes rentrés en Hongrie. Bientôt, elle m'a annoncé qu'elle attendait un enfant. J'étais fou de joie ! L'accouchement se passa mal et je dus choisir entre ta vie et celle de ta mère. J'étais désespéré ! Ce fut elle qui choisit. Le médecin obéit. Ta mère mourut peu après ta naissance. Sa dernière joie fut de te tenir dans ses bras et de te donner ton prénom : Ilona. Le père pleurait en racontant cela.

— Et elle, comment s'appelait-elle ?

— Pepa.

— Pepa ! Comme c'est joli !

En apparence, la vie reprit au château de Kanizsa mais Ilona s'ennuyait, malgré ses longues promenades à cheval. Au cours d'une de ces promenades, elle rencontra une vieille bohémienne, Muta, qui lui lut les lignes de la main en l'appelant « ma reine ». Un soir, elle rassembla quelques effets, mit une robe bariolée ayant appartenu à sa mère, noua sur sa chevelure noire un foulard garni de pièces d'or et s'enfuit vers les roulottes installées à la lisière de la forêt du domaine paternel. La vieille bohémienne lui dit :

— Je t'attendais, ma reine. Tu as l'air fatiguée, bois ceci.

Ilona vida le verre que la vieille lui tendait et, quand elle se réveilla, elle était allongée sur les coussins d'une roulotte. Muta était auprès d'elle.

— Bientôt, tu seras couronnée, car tu es notre reine, comme l'était ta mère.

— Non ! c'est moi la reine des Tziganes ! s'écria une jeune bohémienne qui bondit dans la roulotte en levant un couteau sur Ilona.

Après une brève lutte, Muta la désarma et la chassa sans ménagement.

— Que voulait-elle dire ? demanda Ilona.

— Mira est ta cousine, elle voudrait prendre ta place. N'y pense plus.

La jeune fille songeait de plus en plus souvent à son père et au chagrin qu'il devait éprouver. Elle prit la décision de s'enfuir et demanda à Mira de l'aider et d'être reine à sa place. Quand la caravane arriva aux Saintes-Maries-de-la-Mer où devait avoir lieu le couronnement, Mira revêtit la robe de reine et le long voile cachant son visage. Elle baisa les mains d'Ilona qui l'embrassa avant de s'enfuir. Peu de temps après, elle retrouvait son père.

Combien de fois ai-je lu et relu cette histoire ? J'avais réuni les feuillets et les avais cousus pour fabriquer une sorte de livre que j'avais recouvert du papier bleu dont on recouvrait à l'époque les livres scolaires. Je l'ai toujours et viens de le relire avec la même émotion.

Nous mangions fort mal à Limoges et Maman passait de longues heures à faire la queue pour trouver de la nourriture. Dans l'espoir que nous soyons mieux nourries, nos parents décidèrent de nous envoyer en colonie de vacances dans la campagne limousine. Nous étions installées dans un vieux château sans aucun confort tenu par des femmes d'âge mûr au caractère tyrannique. Le lever avait lieu vers huit heures, suivi d'une toilette sommaire. Ensuite, nous descendions au réfectoire où un abominable café au lait tiède nous attendait dans un quart en fer-blanc, accompagné d'un morceau de pain grisâtre et d'une sorte de confiture immangeable. Je quittais la table le ventre vide et allais manger de l'herbe dans les champs. De là, vient ma manie de tout goûter : les champignons, les feuilles, le papier, la terre... Très vite, je remarquai que la terre n'avait pas le même goût partout. J'avais un faible pour la glaise dont j'aimais la texture grasse. Avec elle, je réalisais des santons que je dissimulais dans le creux des arbres. Le déjeuner et le dîner n'étaient pas meilleurs que le petit déjeuner. À chaque repas nous avions des pois chiches si durs qu'on pouvait jouer aux billes ou s'en servir de projectiles avec un lance-pierres. Le dimanche, le dimanche seulement, jour de visite des parents, nous avions droit à un repas convenable : poulet rôti, purée et dessert. Le pain lui-même était mangeable. Jamais ni Papa ni Maman ne crurent que nous étions affamées les autres jours. À la fin des vacances, j'avais perdu deux kilos et mes jambes maigres faisaient peine à voir.

Est-ce cette année-là que j'ai eu une congestion pulmonaire dont j'ai guéri grâce au miel des abeilles de Lucie ? Assise dans le lit des parents, je dessinais des robes, des manteaux, des ensembles inspirés par les modèles vus dans *Modes et Travaux* et je les punaisais au mur du triste cabinet de toilette. Quand j'ai été rétablie, j'avais grandi et mes robes étaient devenues trop courtes. Un ou deux mois après, j'ai fait ma communion privée : j'étais très fière de ma couronne de boutons de rose en organdi blanc. Sur les photos, on voit une grande fillette maigre, vêtue d'un manteau blanc, tenant dans ses mains gantées de filet blanc un missel et un chapelet.

On devine à mes boucles défaites que je ne suis pas tout à fait guérie. Un de mes grands plaisirs était de me déguiser avec les vêtements de Maman, de confectionner des robes à l'aide de ses carrés de soie multicolore. À l'époque, les femmes avaient toutes des foulards de soie qu'elles mettaient sur leur tête ou nouaient autour de leur cou.

L'hiver suivant, Maman nous a fait faire des pantalons bouffants, que l'on vit des années plus tard aux sports d'hiver et que nous mettions sous notre robe. Cette tenue fit scandale à l'école Sainte-Philomène, la directrice trouvant honteux que des filles soient en pantalon. Ma mère a objecté que le froid était cruel et obtenu gain de cause. Nous portions des galoches qui ne nous protégeaient pas du froid et nous avions des engelures très douloureuses. Le froid n'était pas la seule cause de nos engelures, mais aussi le manque de calories de notre alimentation. Quand le thermomètre frôlait les moins cinq degrés, Maman glissait sous nos chemises un carré de ouate thermogène qui nous brûlait quand nous étions en sueur après avoir trop couru.

Quand ma mère ne s'occupait pas du ménage ou de la cuisine, elle tricotait des pulls et des gilets à partir de la laine d'autres tricots qu'elle défaisait et mettait en écheveaux qu'elle lavait. Chantal et moi aimions tendre nos bras où Maman glissait un écheveau pour former une pelote. Nous balancions nos bras pour lui faciliter la tâche en fredonnant un air de valse. C'est ainsi qu'elle transformait un pull-over déchiré en un joli gilet auquel elle mélangeait un peu de laine angora pour le rendre plus soyeux. Nous étions très fières de les porter.

Peu avant Pâques, nous allions chez la couturière choisir les vêtements de la saison. Maman avait une manie qui me mettait en rage : elle s'obstinait à nous habiller de la même façon, Chantal et moi. Manteau d'un beau marron à capuche, doublé de lainage écossais pour l'hiver, robe en fin tissu de laine d'un rose orangé accompagnée d'une veste d'un ton plus soutenu fermée par de gros boutons. Jupe plissée bleu marine, corsage rouge ou blanc. Je n'ai jamais su comment elle se débrouillait pour trouver de quoi nous vêtir ainsi : ce n'était pas avec les tickets de rationnement qu'elle pouvait se procurer ces étoffes qui avaient disparu du marché. J'avais cependant remarqué que la couturière disposait d'un certain nombre de coupons de « qualité d'avant guerre ». Quoi qu'il en soit, nous étions les petites filles les mieux habillées du jardin d'Orsay. Seule, Jocelyne Barbot pouvait nous en remontrer : n'avait-elle pas un cosy-corner avec une étagère pour ranger ses livres ? J'en rêvais !

Il y avait un autre domaine où, chaque année, elle nous surpassait, au moment de la fête des Rameaux. Chantal et moi assistions à la bénédiction avec un modeste bouquet de buis. Tandis que Jocelyne brandissait fièrement des buis tressés, ornés de rubans de satin, de guirlandes de meringues et de perles de sucre blanc. C'était si joli ! Il y avait une dizaine de fillettes qui tenaient un échafaudage garni de sucreries. On les installait aux premiers rangs et les regards méprisants qu'elles nous jetaient ajoutaient à ma jalousie et à ma honte. J'aurais donné n'importe quoi pour avoir un de ces emblèmes de la richesse alors que je devais me contenter d'un humble bouquet. Je savais que Maman était triste de ne pas pouvoir nous en offrir mais c'était au-dessus de ses moyens.

3.

Heureusement, il y avait Tussac qui, pour bien des raisons, me semblait un eldorado. Tussac, ce n'était que quelques fermes et leurs dépendances où vivaient une quarantaine de personnes tirant une chiche subsistance de leurs terres.

Au moment des grandes vacances, pendant et après la guerre, nous partions chez Lucie, la mère de Papa, qui s'occupait de la ferme avec son fils André, sa fille Lucienne et Paulette, la fille de cette dernière.

> *Lucie était toujours vêtue de noir. Mais, sur elle, le noir n'était pas aussi noir. Comme elle, je suis souvent habillée de noir. Non, comme elle, par souci d'économie (en fait, c'était ça la vérité, plus que les mœurs du temps) mais pour l'éclat que ces sombres vêtements donnent à ma peau et à mes cheveux et pour la distance, qu'inconsciemment, ils imposent aux autres. Le noir me protège, m'exalte et m'oblige à une rigueur de comportement. On n'est pas la même, vêtue de blanc, de rose, de vert ou de bleu. On devrait aider les femmes à trouver « leur couleur », celle qu'elles habiteront bien, qui les rendra harmonieuses. Le noir est ma couleur.*

Ce passage sur le noir vient de mon premier livre *Blanche et Lucie*[1]. Pourquoi l'avoir remis ici ? Pour l'émotion que sa

---

1. Régine Deforges, *Blanche et Lucie*, Le Livre de Poche, Paris, 2007.

relecture m'a procurée. Comprenne qui voudra : soudain, Lucie était tout près de moi et je retenais mes larmes.

Oui, le noir est ma couleur comme elle est celle de mon amie Sonia Rykiel. Nous en avons souvent parlé : c'est peut-être cela qui nous a rapprochées... Depuis plusieurs années, le noir est devenu à la mode et je le regrette. Voir des hordes de Japonaises toutes vêtues de noir me dérange ; je trouve que cela ne leur va pas du tout. Certains me reprochent ces vêtements sombres qui leur rappellent, disent-ils, les femmes iraniennes au corps et au visage dissimulés sous de longs voiles. Bien sûr, je n'aime pas cette utilisation de « ma couleur » qui montre l'aliénation des femmes de ce pays. J'aime aussi les couleurs vives, le rouge, notamment, que j'utilise à profusion dans mon appartement : les murs de mon petit boudoir sont tendus d'un tissu de laine rouge ainsi que les canapés et les fauteuils. Je dois préciser que les meubles sont noirs.

C'est auprès de Lucie que j'ai appris à filer la laine à l'aide d'un fuseau et à tricoter des chaussettes avec cinq aiguilles. Ces chaussettes sentaient fort le suint, longtemps après les lavages et la laine grattait nos mollets. Autre travail qui m'enchantait : assise sous le tilleul, face à la ferme, enfiler sur un mince fil de fer de larges feuilles vertes de tabac dont l'odeur restait longtemps sur les doigts. Avec Grand-mère, nous portions nos guirlandes parfumées au grenier où elles restaient à sécher. Le grenier abritait aussi des tas de grains de blé dans lesquels, malgré l'interdiction de Lucie, j'aimais enfoncer mes bras, tant cela était doux et frais. Dans un coin, il y avait de vieilles *maies*, vastes coffres de bois vermoulu, où Grand-mère entassait ses livres qu'elle me laissait prendre à discrétion. Grâce à elle, j'ai lu le pire et le meilleur de la littérature française : romans de cape et d'épée, d'amour, d'épouvante, d'aventures, imprimés sur du mauvais papier dans lequel on trouvait des brins de paille ou de minuscules cailloux. Qu'importe le papier, c'était la chose imprimée qui comptait. Ces livres, aux couvertures illustrées, étaient tachés, déchirés et sentaient le moisi et le lait caillé. Mais j'ai lu Alexandre Dumas, Jean-Jacques Rousseau, Maurice Leblanc, Delly, Chateaubriand, Voltaire, Victor Hugo, Xavier de Montépin, Gaston Leroux, Georges Ohnet, Henry Bordeaux avec la même gourmandise. Pour être tranquille, je me réfugiais dans un hangar de taule où l'on entreposait de longues planches sous lesquelles j'avais aménagé « ma maison ». Si l'on me cherchait, on était sûr de me trouver là.

Quand venait le temps des moissons, chaque ferme, à tour de rôle, aidait ses voisins. La moissonneuse-batteuse allait de ferme en ferme et travaillait jusqu'à la nuit tombée. Pendant ce temps-là, les femmes faisaient la cuisine et dressaient de longues tables recouvertes de draps. À leur appel, la machine s'arrêtait et les hommes venaient s'attabler après avoir lavé leurs bras et leurs mains dans les seaux d'eau disposés à cet effet. Le repas commençait par une soupe suivie d'un rôti de bœuf, de la « viande de boucherie », comme disait Grandmère, d'une poularde, accompagnée de pommes de terre sautées et de haricots verts. Le tout arrosé du vin de la ferme. Ensuite venait la salade et les fromages de chèvre, puis les tartes aux abricots ou aux prunes, cuites dans le four de la cuisinière, allumée pour cette occasion. Pour finir, café et eau-de-vie. Les femmes débarrassaient et lavaient la vaisselle, tandis que les hommes allaient faire la sieste dans le foin ou sous les arbres. Je remarquais que les jeunes filles allaient rejoindre les jeunes gens sous les regards amusés des parents qui avaient fait la même chose à leur âge. J'enviais ces filles et, souvent, je me faufilais à leur suite dans la grange. Tapie dans le foin, j'entendais des soupirs, de petits cris, des grognements qui me faisaient chaud entre les cuisses. Un jour, j'ai été surprise par Lucie qui m'attrapa par les cheveux et me fit descendre sans ménagement.

— Quelle sacrée drôlière ! s'écria-t-elle.

Je suis allée me réfugier dans « ma maison » et dormir en rêvant aux muscles de Marcel, un beau garçon de vingt ans qui n'avait pas son pareil pour lancer une botte de blé dans la moissonneuse. Je revoyais son torse luisant de sueur, j'entendais son rire et je m'imaginais qu'il me caressait en me mordillant le cou. Je devais avoir dix ou onze ans.

Une fois, où je m'étais endormie dans le foin, il est venu me rejoindre et s'est s'allongé près de moi. Il m'a réveillée en me chatouillant le visage avec un brin de paille. Je l'ai repoussé en riant. Lui, ne riait pas. Il a jeté la paille et m'a attirée contre lui. Je me suis laissé faire, sentant mon corps s'amollir. Il a caressé mes seins naissants qu'il pinçait, me faisant pousser de petits cris. Il a posé sa bouche sur la mienne pour les étouffer tandis que sa main écartait ma culotte. Je l'ai senti hésiter devant mon sexe imberbe.

— Tu n'es qu'une enfant ! a-t-il dit en retirant sa main.

Je me suis tortillée contre lui quand j'ai senti quelque chose de dur dans son pantalon : j'ai deviné que c'était sa queue. J'ai réussi à la sortir et je suis restée la bouche ouverte devant l'énorme et bel objet.

— C'est ça que tu veux, petite salope ? J'aimerais bien, mais tu dois être trop étroite et la mère Lucie me tuerait si elle apprenait que j'ai pris ton pucelage.

Je l'ai frappé de mes deux poings : il riait ! Comme il riait !

— Qu'est-ce que c'est ce charivari ! cria Grand-mère en apparaissant en haut de l'échelle.

— Marcel, que fais-tu là avec la petite ?

— Drôle de petite ! elle a le feu au cul, tu ferais bien de la surveiller. D'autres que moi lui auraient ravi sa fleur !

— Veux-tu te taire, maudit drôle ! Si j'en parle à ton père, il te donnera des coups de bâton !

— N'en faites rien, madame Lucie ! Je lui ai rien fait à la gamine. C'est elle qui m'asticote.

— Ça, je veux bien te croire, cette drôlesse a le diable dans sa culotte.

Les autres moments forts de la vie à la ferme étaient les vendanges, la chasse, la tuerie du cochon et la *bugée*. J'aimais beaucoup le temps des vendanges quand Chantal et moi allions dans les vignes juchées sur le char à bancs, coincées entre de grands fûts. Nous portions nos chapeaux de paille et un panier en bois pour mettre les grappes de raisin coupées. Arrivées sur place, frissonnantes, malgré le gilet de laine recouvrant nos robes de coton, nous regardions fumer les champs sous le soleil déjà haut.

Chacun connaissait sa tâche : les enfants étaient chargés de couper les grappes basses. À cette heure de la matinée, elles étaient froides et brillantes de rosée. Après deux heures de travail, Grand-mère donnait le signal de la pause. Aidée de Lucienne et de Paulette, elle sortait de la charrette des paniers recouverts de torchons bien blancs. Les linges retirés, on découvrait de larges miches de pain que Grand-mère coupait en tranches plus généreuses que celles de la Lucienne, sur lesquelles elle étendait une épaisse couche de pâté ou de rillettes. Les mains se tendaient, avides. Les bouteilles de piquette circulaient ; le vin, ce serait pour le souper de fin de journée. Une fois tout le monde rassasié, le travail reprenait jusqu'au soir, avec la halte de midi, la sieste et le casse-croûte de quatre heures.

Très vite, le panier de bois me paraissait bien lourd. Après quelques voyages de la vigne aux fûts dans lesquels je déversais ma cueillette, je me laissais tomber dans l'herbe bordant la vigne et m'endormais, nullement gênée par les cris et les chants des vignerons. J'étais réveillée par les cahots du char à bancs où l'on me portait et qui s'en retournait à la ferme. Dès notre arrivée, Grand-mère me déshabillait et me bordait dans son lit aux deux matelas de plumes, surmonté d'un gros édredon rouge, où je m'endormais aussitôt, indifférente aux bruits de cuisine. Je ne me réveillais que le lendemain.

Quelquefois, l'excitation de la journée retardait le sommeil. Je m'asseyais alors et, le nez au ras du mur de plumes, je regardais la salle éclairée par le feu de la cheminée et la médiocre lumière de la suspension. Lucie faisait cliqueter ses aiguilles en tricotant ses bas pour l'hiver dans la rude laine du pays à l'odeur forte, qu'elle avait filée elle-même avec un fuseau semblable, du moins je le crois, à celui de la Belle au bois dormant. Plus tard, dans une brocante, j'ai trouvé un fuseau. Je m'en suis saisie, bouleversée : j'avais l'impression que c'était celui de Lucie.

Au matin, il régnait dans la cuisine une grande effervescence : le feu flambait dans la cheminée, les femmes plumaient des poulets, d'autres épluchaient des légumes ou pétrissaient la pâte pour les tartes. Grand-mère régentait son monde. Quand elle s'apercevait que j'étais réveillée, elle me portait un grand bol de lait chaud et une tartine de beurre que j'avalais avec gourmandise. Je me levais, encombrée dans ma longue chemise de nuit et allais me passer un peu d'eau sur le visage, puis je glissais mes pieds nus dans mes sabots et partais me soulager derrière la maison. À mon retour, les hommes étaient attablés devant une soupe épaisse qui leur permettrait de tenir jusqu'au repas de midi.

Après le battage du froment, Lucie attelait son âne, la Fanny, à la charrette que l'on chargeait de sacs de blé à porter au moulin distant d'une dizaine de kilomètres. Lorsque nous arrivions près de la rivière, le meunier et son fils déchargeaient les sacs. Grand-mère s'asseyait près de la berge, un livre ou un tricot à la main, Chantal et moi, pieds nus, marchions dans l'eau, ce qui faisait pousser de grands cris à Lucie :

— N'allez pas trop loin, petites, c'est dangereux !

Nous ne l'écoutions guère, tout à notre jeu qui consistait à nous éclabousser.

— Sortez ! Vous allez attraper du mal !

Nous lui faisions remarquer qu'il faisait très chaud et que nos robes sécheraient en un instant. Elle n'était pas convaincue, ayant une peur bleue de l'eau. De sa vie, elle n'avait mis les pieds dans la rivière. Pour se faire obéir, elle annonçait que c'était l'heure du goûter. Nous nous précipitions en nous bousculant, pour être la première à attraper la large tartine de fromage blanc. Après ce régal, nous avions droit à un morceau de *broyé* dont nous jetions les miettes aux poissons. Le grain moulu, nous repartions avec des sacs de farine et, sur le chemin du retour, nous nous arrêtions chez une des cousines de Grand-mère avec laquelle elle échangeait des nouvelles en buvant un verre de piquette. Plus tard, sur la route de terre blanche dont la poussière se soulevait au passage de notre attelage, Lucie chantait des chansons de sa jeunesse dont nous reprenions le refrain en chœur. Quand nous rentrions à la ferme, les commentaires allaient bon train sur la quantité de farine obtenue par rapport à la quantité de blé.

— Quel voleur, ce meunier ! s'écriaient certains.

— Il n'a pris que son dû, assurait Grand-mère. Assez discutailler ! Portez les sacs au grenier !

Après le repas, la dernière goutte de gnôle avalée et la dernière cigarette fumée, les hommes allaient se coucher.

Tuer le cochon était l'événement de l'année. À l'aube, on amenait la pauvre bête, traînée par une longue corde, à l'endroit où le boucher devait l'exécuter et des bassines étaient apportées pour recueillir le sang avec lequel se feraient d'excellents boudins. Je me bouchais les oreilles pour ne pas entendre les cris de l'animal et, quand ils cessaient, je m'approchais du lieu du carnage. Le boucher et ses aides avaient les bras rouges de sang et retiraient les boyaux du ventre de la bête qu'ils vidaient et lavaient à grande eau jusqu'à ce qu'ils soient propres car ils devaient servir à faire le boudin et les saucisses. Les grosses cuisses sanguinolentes étaient séchées et roulées dans du gros sel avant d'être pendues dans le cellier. Les autres morceaux étaient entassés entre deux couches de sel dans de larges pots en grès où ils resteraient jusqu'à la Toussaint. De la quantité de pots dépendait la nourriture de toute la famille durant l'hiver. Entre-temps, les femmes hachaient la viande et préparaient des terrines en ajoutant le foie et les aromates. De ma vie, je n'ai jamais mangé de pâtés aussi savoureux que ceux de Grand-mère. Il y avait la confection du boudin, les femmes s'affairaient autour d'une grande marmite où bouillait le sang de l'animal avec des oignons et du lard coupés en petits morceaux. L'odeur forte qui s'en dégageait était écœurante mais le résultat était un délice. Après ce rude travail, on faisait griller des côtes de porc accompagnées de pommes de terre cuites sous la cendre.

Une autre période importante après la guerre, était la chasse. À l'automne, de bonne heure, mon oncle André partait avec son fusil, suivi de la Voltige. Quand j'ai eu l'autorisation de l'accompagner, je portais sa gibecière, ce dont j'étais très fière. Dans la brume, les bruits nous parvenaient étouffés et cependant clairs. Sur notre droite, un bruit plus net ; mon oncle tirait et la Votige partait comme une flèche et revenait portant un lapin de garenne dans sa gueule. Mon oncle le prenait et le mettait dans la gibecière, puis continuait sa marche. Peu à peu, le soleil apparaissait et la brume se dissipait.

Devant nous, une compagnie de perdreaux s'envolait : mon oncle en abattait deux. La gibecière devenait de plus en plus lourde. Après avoir tué un lièvre, deux autres garenne et un faisan et m'avoir déchargée de la gibecière, il décidait de rentrer à la ferme. À notre arrivée, on s'extasiait sur le tableau de chasse. Avec les garenne, Grand-mère préparait un civet dont le fumet me poursuit encore, et le lendemain, c'était le tour des perdreaux et du faisan. De cette époque date mon goût pour le gibier.

Après toutes ces agapes, le linge sale s'était accumulé : il fallait songer à se rendre au lavoir pour la fameuse bugée qui avait lieu deux fois par an. Le linge, entassé sur des brouettes, était conduit au lavoir où de grandes lessiveuses l'attendaient. Avant de le mettre à bouillir, il fallait le rincer et le savonner. Agenouillée dans une caisse remplie de paille, j'aidais de mon mieux. Ce premier lavage effectué, on mettait le linge dans les lessiveuses avec de la cendre de bois, réputée donner une blancheur éclatante. À deux, les femmes soulevaient la lessiveuse et la posaient sur un trépied sous lequel brûlaient de petites bûches. Quand l'eau bouillait, elles touillaient le linge avec un long bâton. Au bout de deux heures, elles le ressortaient avec le même bâton et le portaient sur les planches à savonner. À l'aide d'une brosse de chiendent, elles frottaient, frottaient à s'en user les doigts, environnées par la chaude vapeur se dégageant des draps. Le savonnage terminé, elles lançaient d'un coup de reins le drap déplié dans l'eau claire dans laquelle elles le balançaient, jusqu'à ce qu'il soit parfaitement rincé.

La bugée était une occasion de rencontre pour les femmes, et les femmes seulement. Tout en frottant le linge, elles déliaient leurs langues et les médisances se succédaient dans les éclats de rire. Vers midi, elles cessaient le travail, se relevaient en se tenant les reins et allaient s'asseoir sous un arbre. Elles tiraient de leur panier un repas composé d'œufs durs, de poulet froid, de pâté, de pain et de fromages. Pendant un moment, on n'entendait que le bruit des mâchoires. Une bouteille de vin circulait où chacune, à tour de rôle, buvait au goulot. Après quelques rots, elles s'allongeaient dans l'herbe et, bientôt, l'on n'entendait que le murmure de l'eau et quelques ronflements. Une heure plus tard, elles reprenaient leur tâche.

Le retour se faisait en silence, à pas lourds et lents. Chacune rentrait chez elle en poussant sa brouette remplie de linge mouillé qu'elles étendraient dans l'herbe avant d'aller se coucher. Le lendemain, dans l'après-midi, elles le ramasseraient, blanchi par la lumière de la lune et embaumé par les herbes des prés. Puis, avec l'aide d'une compagne, elles plieraient les draps après les avoir bien étirés et les rangeraient dans l'armoire. Dans chaque ferme se déroulait le même rituel.

4.

La guerre semblait ne jamais devoir finir malgré les commentaires de la radio de Londres que Papa et Maman écoutaient chaque soir, non sans nous avoir fait promettre de ne jamais en parler. Après l'habituel brouillage, on entendait les quatre *Poum poum poum poum* qui annonçaient le début de l'émission.

Tremblante, j'écoutais ces mots :

« Ici Radio Londres, les Français parlent aux Français. Veuillez écouter maintenant quelques messages personnels. »

Chantal et moi adorions ces messages :

« "Les pommes reinettes sont mûres." Je répète : "Les pommes reinettes sont mûres." »

« "L'acide rougit le tournesol." Je répète : "L'acide rougit le tournesol." »

« "La voix humaine est morte." Je répète : "La voix humaine est morte." »

« "Les colimaçons cabriolent." Je répète : "Les colimaçons cabriolent." »

« "Je rentre dans ma coquille." Je répète : « "Je rentre dans ma coquille..." »

Certains soirs, Papa faisait taire nos fous rires d'un geste sec de la main en approchant l'oreille du poste de radio.

« "Blanche envoie ses amitiés à Marie-Louise." Je répète : "Blanche envoie ses amitiés à Marie-Louise." »

« "Les fauteuils d'orchestre sont à dix-huit francs." Je répète : "Les fauteuils d'orchestre sont à dix-huit francs." »

Papa éteignait le poste et se levait.

— Je dois y aller, disait-il d'une voix tendue.

Maman l'aidait à enfiler sa veste et l'embrassait en disant :

— Sois prudent, mon chéri.

Après nous avoir donné un baiser et nous avoir dit d'aller nous coucher, il prenait sa musette de cheminot et s'en allait.

Après son départ, quelquefois, nous écoutions encore la radio. Nous aimions bien la voix de Maurice Schumann et celles de Jean Oberlé et de Jean Marin ou encore de Pierre Dac. Souvent, avant la fin de l'émission, le sommeil nous gagnait et Maman nous mettait au lit. Le lendemain matin, nous retrouvions Papa qui avait l'air fatigué. Jamais, il ne nous a parlé de ce qu'il avait fait durant la nuit. J'imaginais ses exploits : qu'il avait tué deux ou trois Allemands, fait dérailler un train ou sauter un entrepôt de munitions...

Quelquefois, la nuit, nous étions réveillés par les sirènes annonçant l'arrivée de bombardiers. Ensommeillées, un manteau jeté sur notre chemise de nuit, nous descendions, avec les autres habitants de l'immeuble, à la cave qui servait d'abri. Serrées contre notre mère, nous attendions la fin de l'alerte, tandis que Mme Mourguet et sa sœur récitaient leur chapelet et que Papa marchait de long en large en sursautant à chaque explosion.

— C'est la gare de triage qu'ils bombardent, disait-il en tirant nerveusement sur sa cigarette.

Les voisins se taisaient, tremblants. Une nuit, j'ai échappé à la surveillance de Maman et suis sortie dans la rue. La nuit était noire, le ciel étoilé. Je me suis dirigée vers la place sur laquelle donnait le jardin d'Orsay et j'ai regardé, fascinée, les longs traits de feu qui sillonnaient le ciel et les lueurs d'incendie vers la gare. Soudain, j'ai entendu crier mon nom.

— Régine ! Régine !

Maman était partie à ma recherche. Elle m'a pris la main brutalement et m'a serrée contre elle.

— Tu es complètement folle ! J'étais morte d'inquiétude !

La sirène a retenti : l'alerte était terminée. Quand nous sommes arrivées à la maison, Papa m'a giflée. Je me suis mise à pleurer.

— C'est pour la peur que tu as faite à ta mère !

— Laisse, allons nous coucher.

Certains dimanches, après la messe à l'église du Sacré-Cœur, à laquelle j'avais assisté avec Chantal, Papa m'emmenait dans les cafés « chic » fréquentés par des Allemands, des collaborateurs et leurs « poules », comme Maman appelait ces femmes trop maquillées qui sortaient avec l'occupant. Notre entrée, au Café Riche, place de la République, ne passait jamais inaperçue : j'étais aux anges. Que venait-il faire dans ces endroits ? Je ne l'ai jamais su et je n'ai jamais osé le lui demander. Il prenait un apéritif, moi une limonade. Quelquefois, il parlait à des gens que je ne connaissais pas. Je regardais avec curiosité autour de moi, admirant les toilettes et les chapeaux des femmes, désagréablement surprise par leurs voix criardes et leurs rires haut perchés. Vers midi, nous regagnions la maison où Maman nous attendait avec son air des mauvais jours.

— Tu as encore emmené cette petite dans ces endroits mal famés !

Papa se défendait, gêné, et le déjeuner qui suivait était morose. L'après-midi, Maman nous donnait de l'argent pour aller au cinéma. Faisaient-ils l'amour pendant notre absence ? C'est comme cela que Chantal et moi avons vu des films qui n'étaient pas de notre âge. Je me souviens encore de mes peurs après *L'Éternel Retour* avec Jean Marais, Madeleine Sologne et le nain Piéral. Dans mes rêves, je voyais le nain s'approcher de moi et m'enlever. Je me réveillais en criant.

À quel moment ai-je vu *Quai des brumes*, *Le Colonel Chabert* avec Raimu, *Le Corbeau* avec la troublante Ginette Leclerc, courant 1943, fin 1944, début 1945 ? À la Libération, j'ai vu des films soviétiques dont *L'Arc-en-ciel*, *Stalingrad*. Je me souviens très bien de mon admiration pour les combattants russes, admiration que je n'ai jamais reniée.

J'adorais jouer à la marchande sur la table de nuit de mes parents où je disposais une balance faite d'un morceau de bois et de deux plateaux en carton tenus par des ficelles. Des cailloux de différentes grosseurs figuraient les poids. Les denrées, hélas, ne pouvaient qu'être imaginaires, sauf quand Maman acceptait de me laisser jouer avec des haricots secs, des lentilles et l'eau qui remplaçait le lait. Rien n'était plus amusant que de transvaser un verre d'eau dans une bouteille à l'aide d'un entonnoir et de dire :

— Je vous fais bonne mesure, madame Durand. Et avec cela ?

La cliente répondait :

— Une livre de haricots et un bifteck bien tendre.

Je faisais les questions et les réponses car j'aimais jouer seule à la marchande.

— Vous m'en direz des nouvelles, madame Durand. Avez-vous vos tickets ? Ce sera tant.

La cliente sortait de son porte-monnaie une carte de rationnement périmée sur laquelle je prélevais des tickets et des billets de ma fabrication, et pour la monnaie je puisais dans le porte-monnaie de Maman, gardant au passage une pièce ou deux, frappées de la francisque. Quand Maman s'en est aperçue, elle m'a grondée, m'expliquant que c'était mal de voler.

— Mais je n'avais pas d'argent !

— Ce n'est pas une raison pour voler celui des autres ; je le dirai à ton père.

Je me mis à pleurer et jurai de ne plus recommencer. Devant mon chagrin, mes supplications, mes promesses, Maman céda.

Mlle Vigier était mercière et son magasin était au bas de l'immeuble attenant à celui de sa sœur et du mari de celle-ci qui était vendeur et réparateur de parapluies. M. Mourguet avait une longue barbe jaunâtre et était toujours coiffé, dans son magasin, comme chez lui, d'un feutre gris. Les deux sœurs portaient des bas épais et des pèlerines de laine tricotées de couleur mauve ou grise. Parfois, Mlle Vigier acceptait que je range les bobines de fil, que je trie les boutons. Oh, les boutons ! J'adorais plonger mes doigts dans les boîtes, les mettre par taille et par couleur. Parfois, pour me remercier de mon aide, Mlle Vigier prenait dans la caisse, qui s'ouvrait bruyamment, une piécette qu'elle me tendait avec un air sévère.

— Fais-en bon usage, me disait-elle.

De l'autre côté de la porte d'entrée de l'immeuble, il y avait la boucherie, tenue par deux frères et la femme de l'un d'eux. La bouchère me fascinait. Assise très droite à sa caisse, sa forte poitrine en avant, ses cheveux noirs frisés et relevés sur le dessus de la tête, comme c'était la mode, le visage poudré, les yeux maquillés, les lèvres et les ongles des mains rouges, rouges comme le sang qui tachait le tablier de son époux. Nous ne mangions pas souvent de viande, car elle était chère. Une fois par semaine, Maman nous faisait un petit steak, quelquefois des côtelettes de mouton, du foie de veau, mais, le plus souvent, du pot-au-feu. Quand l'argent manquait à la maison, Maman nous disait :

— Qu'elle le mette sur la note.

Chantal et moi avions horreur de faire ce genre de commission : nous nous sentions humiliées. Chez l'épicière, c'était plus fréquent.

— Dites à votre Maman de passer bientôt, nous déclarait la brave femme.

Nous avions honte du chocolat que nous remettait l'épicière en échange des tickets qui nous donnaient droit à ce chocolat fourré de crème rose ou verte que je n'ai jamais réussi à avaler malgré ma faim, contrairement à Chantal qui s'en régalait. La honte suprême était quand la bouchère et l'épicière sortaient du tiroir-caisse, devant les clientes, un gros carnet noir sur lesquels étaient notées les dépenses de leurs pratiques. En quittant l'épicerie, il fallait faire attention au tramway qui passait à grands coups de sonnette. Chantal et moi aimions poser sur le rail une pièce que nous récupérions tout aplatie.

J'avais un grand baigneur en celluloïd, qui tenait debout, que j'avais baptisé François les Bas-Bleus. Pourquoi ce nom ? Je n'en sais rien. Des années plus tard, j'ai appris qu'une opérette à succès avait porté ce titre avant la guerre. J'habillais et je déshabillais mon François, le promenais à travers l'appartement dans son landau. Ce landau que Maman avait obtenu à Vierzon grâce aux bons remis par l'épicière après chaque achat mais qui n'avaient cependant pas été suffisants pour gagner ce lot important. J'étais adulte quand Maman m'a dit que la marchande avait eu pitié en voyant ses larmes et lui avait fait don des bons manquants. Ce landau faisait ma fierté. Une de mes grandes joies était d'avoir l'autorisation de l'emmener au jardin d'Orsay et de faire le tour du bassin et du kiosque à musique, en empruntant les mimiques des mères.

Pour nous occuper, Maman jouait avec nous à différents jeux de cartes, au nain jaune, aux petits chevaux, aux dames... Elle habillait aussi nos poupées et nous apprenait à coudre et à tricoter. Elle m'encourageait à dessiner, trouvant que j'avais un talent certain, ce qui était très exagéré. Chantal et moi aimions beaucoup les découpages. J'avais découpé une ferme et tous ses animaux avec lesquels je jouais pendant des heures. Chantal avait une épicerie. Nous nous sommes disputé un cirque et sa ménagerie avant d'arriver à un accord : elle aurait la ménagerie et moi la piste et les acrobates. Je me mis à dessiner des découpages : des crèches, des magasins, des marchés, des gares que je coloriais soigneusement avant de les découper en tirant la langue. Pourquoi tire-t-on la langue devant un ouvrage difficile ?

Maman nous avait montré comment découper des poupées dans une feuille de papier : je faisais de longues guirlandes de ces silhouettes qui se tenaient par la main. Je les coloriais : des brunes, des blondes, des rousses, dessinais leur visage, les habillais de rouge, de bleu ou de vert du plus bel effet. Avec le jeu du nain jaune, je créai un appartement avec les cartes à jouer glissées entre les cases et y installai les poupées. J'aimais bien aussi inventer des catastrophes telles que mettre le feu à ces demoiselles qui se consumaient en se tordant de douleur dans une assiette. Quand Maman me surprit, elle se mit en colère et me gronda vertement en disant que j'aurais pu faire brûler la maison. Je me tins tranquille quelque temps mais le désir d'avoir des parchemins fut le plus grand. Faire un parchemin consistait à brûler les bords d'une feuille de papier, écrire un message sibyllin ou dessiner le plan de l'emplacement d'un trésor. J'enroulai mon parchemin et le fermai à l'aide d'un ruban ; mon regret était de ne pas avoir de cire rouge pour faire un cachet. Là encore, je fus grondée.

La patience de Maman était infinie. En fait, je crois qu'elle aimait partager nos jeux car elle retrouvait alors son âme d'enfant.

Contrairement à Chantal, je n'étais pas très tendre avec elle, la repoussant quand elle voulait m'embrasser. Avec un soupir, elle retournait à ses occupations. Dans la triste salle à manger aux vitres à carreaux bleus, rouges et verts, elle étalait sur la table les cartes de rationnement et son livre de comptes sur lequel elle notait ses dépenses. Souvent, tard dans la nuit, elle essayait de voir comment elle pourrait joindre les deux bouts, en faisant des économies. Mais sur quoi économiser ? L'argent que lui donnait Papa était à peine suffisant pour assurer le quotidien. Combien de fois l'ai-je vue soupirer devant des articles trop chers ! Malgré cela, elle réussissait à faire des miracles avec les misérables produits qu'elle rapportait du marché.

Rarement, par manque de temps sans doute, je la voyais plongée dans des romans aux couvertures illustrées ou écouter son feuilleton préféré à la TSF. Papa parcourait son quotidien et écoutait les informations pendant lesquelles nous devions garder le silence sous peine de nous faire gronder. Après la guerre, chaque mercredi, il lisait *Le Canard enchaîné*. J'adorais ce journal et ses illustrations. Je le parcourais aussi ne comprenant pas toujours de quoi il était question. Depuis ce temps, je suis une fidèle lectrice : maintenant, je comprends ce que je lis.

La guerre à peine terminée, les éditeurs reprirent leurs publications, notamment ceux de la presse enfantine. Dans ces illustrés, il n'était question que de tortures, de trahisons, de monstres sanguinaires, rien à voir avec les bluettes de *Lisette*, de *Fillette*, de *Bernadette* ou de *La Semaine de Suzette*. Pour le Noël 1944, Chantal reçut un bel album : *La bête est morte*[1] de Calvo, admirablement dessiné. Une histoire de la guerre vue par les animaux. Chantal n'aimait pas lire, je lui échangeai *La bête est morte* contre je ne sais plus quoi et me plongeai dans la lecture. Là non plus, rien des horreurs de la guerre n'était épargné aux jeunes lecteurs : supplice de la baignoire, dents et ongles arrachés, pinces rougies, fouets, enfants abattus. Plus tard parut le second volume, racontant la fin de la guerre et la Libération. J'admirais notre « grande cigogne nationale » qui représentait de Gaulle. Ces livres s'étant perdus au cours de déménagements, je les ai rachetés et les ai relus avec le même plaisir.

---

1. Edmond-François Calvo, *La bête est morte !*, Gallimard Jeunesse, Paris, 2007.

5.

Un matin de l'été 1944, peu après l'aube, nous avons quitté la rue des Arènes, chargés de bagages, pour nous rendre à la gare. Arrivés au parc, le Champ-de-Juillet, Papa a remarqué des camions et des soldats allemands. Il nous a poussées derrière un massif et a murmuré :

— Ce n'est pas bon signe !

Sur un ordre, les soldats montèrent dans les camions qui démarrèrent aussitôt.

— Venez ! Vous allez rater le train, ordonna Papa.

Sur le quai, il nous faisait des gestes d'adieu. Le voyage dans le wagon bondé nous paraissent long car le convoi s'arrêtait souvent. Traînant nos valises, c'est avec soulagement qu'à Montmorillon, nous avons aperçu la maison de Grand-mère Blanche qui nous attendait dans l'angoisse. Il fut décidé que Chantal resterait chez elle et que j'irais à Tussac, chez Grand-mère Lucie. Cependant, nous sommes restées quelques jours à Montmorillon.

J'aimais me travestir et j'avais déniché dans le grenier de Grand-mère de vieux vêtements pouvant servir de déguisements. Parmi eux, un frac ayant appartenu à mon oncle Jean quand il avait six ans. Pour quelle occasion avait-on fait faire ce vêtement pour un si jeune enfant ? Je possède deux photos qui le représentent ainsi vêtu, un chapeau haut de forme sur la tête et une fine canne à la main. J'ai essayé l'habit, il était un peu étroit pour moi mais ferait un costume de marié très acceptable. J'ai affublé Pierrette, une gamine de mon âge, d'un jupon de soie noire déchiré, d'un voile de tulle et d'une couronne de fleurs d'oranger jaunies. Chantal était habillée en belle-mère avec une robe de bal en lambeaux et un autre garçon en bedeau avec un tricorne orné de plumes d'autruche noires quelque peu mitées. Nous sommes sortis en cortège dans les rues. Sur les photos prises à cette occasion, je donne le bras à la mariée et marche fièrement, le menton haut, mes cheveux tressés et relevés, coiffés d'une sorte de képi. Les jambes du pantalon m'arrivaient sous les genoux, les manches de l'habit aux coudes, quant à la queue-de-pie elle frôlait à peine mes fesses : cependant, je portais beau. Les voisins applaudissaient à notre passage, la pâtissière nous a donné des macarons à peine rassis et la fleuriste une rose à peine fanée. Des gamins et des gamines se sont joints à nous et une vingtaine d'enfants montaient les marches de l'église Saint-Martial, quand le bedeau nous a chassés sans ménagement.

— Sacrés drôles ! criait-il.

À la maison, Maman avait improvisé un banquet : petits gâteaux secs pris dans la réserve de Grand-mère, les macarons de la pâtissière et des verres de limonade. Après ces agapes, nous avons dansé au son d'un vieux disque éraillé qui tournait sur le phonographe prêté par Tante Gogo. Sur les photos, la mariée me regarde d'un air enamouré : la nuit promettait d'être belle !

Quelques jours plus tard, nous sommes partis pour Tussac, à dix kilomètres, moi assise sur le porte-bagages de Maman et Chantal sur celui de Papa qui nous avait rejointes. Il faisait beau et la blancheur de la route nous éblouissait. Soudain, nous avons entendu des grondements d'avions. Papa et Maman nous ont jetées dans le fossé et se sont allongés sur nous. Une fois les avions passés, nous avons pu nous relever et poursuivre notre route.

À Tussac, régnait une grande effervescence : des maquisards avaient attaqué une colonne d'Allemands. Plusieurs soldats avaient été abattus, les autres avaient pris la fuite. Sauf l'un d'eux que les « maquis » avaient fait prisonnier et attaché au pied d'un arbre. J'avais avancé vers lui : il était jeune, ses cheveux blonds lui tombaient sur les yeux. Il m'a souri, je lui ai rendu son sourire et me suis rapprochée. Il m'a parlé, je n'ai pas compris ce qu'il disait. Des maquisards, jeunes aussi, sont arrivés qui étaient sales et barbus et portaient des mitraillettes en bandoulière. Sous leurs bérets, leurs cheveux étaient longs et emmêlés.

— Va-t'en, petite, m'a dit le plus âgé du groupe, ce n'est pas un spectacle pour toi.

Je m'en allai à regret. Je suis rentrée en traînant les pieds dans mes sandales déchirées qui laissaient passer mes orteils. Maman m'a grondée.

— Où étais-tu encore fourrée ?

— Avec le prisonnier.

— Quel prisonnier ?

— Celui que les maquis ont pris et qu'ils ont attaché à un arbre.

Ma mère haussa les épaules en bougonnant :

— Encore une de tes histoires !

Dans la nuit, des bruits de pas et des éclats de voix se sont fait entendre.

— Les maquis s'en vont, a chuchoté ma mère dans le noir.

Tôt, le lendemain matin, Maman m'a secouée.

— Lève-toi, va vite chez ta grand-mère, les Allemands sont là !

Elle m'a habillée à la hâte et donné un pot à lait.

— Va prévenir ta grand-mère que les Allemands arrivent...

Je suis partie vers la ferme qui devait être à deux cents mètres. Quand Lucie, qui était sur le pas de sa porte à donner du grain aux poules, m'a vue, je lui ai fait la commission. Elle s'est précipitée à l'intérieur en criant :

— André, sauve-toi, ils arrivent !

Mon oncle est sorti en caleçon, tenant ses vêtements contre lui. Grand-mère m'a pris le pot pour le remplir. En chantonnant, je suis retournée vers la maison. Des hommes en armes, habillés de vert-de-gris, s'avançaient vers moi.

— Que fais-tu dehors, à cette heure ? m'a demandé l'un d'eux dans un français hésitant.

J'ai montré mon pot à lait.

— Tu n'as rencontré personne ?

J'ai secoué la tête.

— Rentre chez toi et n'en bouge pas.

Je me suis enfuie à toutes jambes, renversant du lait dans ma course. Maman m'a fait entrer tout essoufflée et a regardé dehors avant de refermer la porte.

— Tout s'est bien passé ?

— Oui, l'oncle André a pu se sauver.

Maman me serra contre elle.

— Où est Papa ?

— Il est parti, lui aussi.

Les Allemands ne sont pas restés longtemps dans le village où il n'y avait que des femmes, des vieillards et des enfants. Voilà comment je suis devenue une héroïne de la Résistance.

Dans l'après-midi, des avions ont survolé la région. Grand-mère nous a entraînées pour nous cacher dans les bois, pestant contre nos robes claires qui allaient, disait-elle, nous faire repérer. Les avions sont passés sans nous voir. Dans le bois, il y avait une fontaine, la « font des miracles », comme on l'appelait dans le pays. Son eau était très claire. Je remarquai, dans le fond, des pièces de monnaie. Une femme, la Faustine, je crois, m'a expliqué :

— On vient ici faire un vœu et on jette une piécette pour qu'il soit exaucé.

— Et ça marche ?

— Essaie, mais ne dis à personne ton vœu, sinon il ne sera pas exaucé, a-t-elle répondu en me tendant une pièce de monnaie tirée de sa poche.

J'ai réfléchi sérieusement au vœu que j'allais prononcer et pensé très fort en jetant la pièce : « Que la guerre finisse vite. » Nous sommes restées cachées un moment qui m'a semblé bien long. Les avions étaient repartis, nous sommes rentrées à la ferme où Grand-mère nous a servi un goûter, de larges *graissées* de fromage de chèvre blanc, frottées d'ail.

De nombreux changements sont intervenus cet été-là où eurent lieu le débarquement des Alliés en Normandie, le massacre d'Oradour-sur-Glane, près de Limoges, la libération de Paris et l'arrivée du général de Gaulle dans la capitale.

Fin août, nous sommes revenus à Montmorillon, chez ma grand-mère maternelle.

Un jour, des cris ont retenti dans la rue, Chantal et moi nous sommes précipitées dehors, suivies de Maman et de Grand-mère qui nous criaient de les attendre. Nous avons descendu la rue Albert-de-Montplanet, en compagnie d'une quantité de gens qui couraient vers le boulevard de Strasbourg où se pressait une foule impressionnante. Je me faufilai au premier rang. Le cortège approchait. Bientôt sont apparues les robes claires des femmes qui étaient devant, suivies des hommes munis d'armes ou de bâtons qu'ils élevaient au-dessus de leurs têtes, en poussant de grands cris. Près de moi, se tenait la sage-femme qui avait accouché ma mère. Elle, qui était toujours calme et souriante, était déchaînée. Elle hurlait des mots que je ne comprenais pas à l'adresse des malheureuses aux crânes rasés, marqués d'une croix gammée noire, le visage couvert de larmes. Un sentiment de honte m'a envahie. Les hommes qui suivaient les filles avaient des figures rigolardes, portaient des bérets ou des casquettes, certains un foulard rouge noué autour du cou ; quelques-uns avaient des fusils ou des mitraillettes, quelques-uns des fourches ou des bâtons. J'ai eu soudain l'impression de recevoir un coup de poing quand j'aperçus mon père ! Je vacillai... Non, ce ne pouvait être mon Papa, cet homme débraillé... Mon Papa était élégant, il possédait de beaux costumes et un feutre de couleur sombre... Ce n'était pas sa place, lui qui aidait des amis juifs, réfugiés à Limoges, et qui leur procurait du beurre et des poulets. En échange, M. Vajubert, qui était tailleur avant la guerre, lui confectionnait des costumes dans des tissus de belle qualité, « des tissus d'avant-guerre », comme il disait en riant.

Le spectacle de ces femmes insultées, humiliées, me poursuit encore.

En septembre 1944, nos parents décidèrent de nous emmener à Oradour-sur-Glane. De Limoges, nous avons pris le tramway qui avait été rétabli le matin même. Nous avons marché dans les rues du village martyr au milieu des ruines, des carcasses de maisons et de granges brûlées, des bicyclettes tordues, des charrettes calcinées. Arrivés devant l'église, au clocher effondré, aux pierres noircies de suie, aux poutres tombées au milieu du chœur, nous étions en larmes. Papa a expliqué que les Allemands y avaient enfermé les femmes et les enfants avant d'y mettre le feu. Une personne avait réussi à sortir du brasier, un garçon d'une douzaine d'années qui s'était enfui par une ouverture en ogive au-dessus de l'autel. Dans les granges, ils avaient entassé les hommes du village et mis le feu. C'était le 10 juin 1944. Il faisait beau et six cent quarante-deux personnes étaient mortes ce jour-là, brûlées vives.

En tant que cheminot, Papa avait été appelé à dégager les corps calcinés. En nous disant cela, il était très pâle et sa voix tremblait. Dans les rues, régnait une odeur indéfinissable, faite de suie, de bois brûlé et de viande grillée. Chantal et moi nous cramponnions aux mains de Maman qui serrait les nôtres à nous en faire mal. Nous sommes revenus à l'arrêt du tramway et sommes rentrés à Limoges en silence. Arrivée à la maison, Maman, le visage crispé de colère, les yeux pleins de larmes, a demandé à Papa :

— Pourquoi les as-tu emmenées là-bas ? Pourquoi montrer de telles horreurs à des enfants ?

Papa secouait la tête ne sachant quoi répondre. Il a fini par dire :

— Pour qu'elles n'oublient pas !

Depuis, j'ai souvent pensé à cette visite sans comprendre pourquoi Papa nous l'avait imposée, deux mois après les faits. Peut-être ne voulait-il pas être le seul à avoir le souvenir de ces horreurs ? Longtemps après ce drame, je suis retournée dans ce village. On en avait reconstruit un autre tout à côté et les ruines ressemblaient à un décor de cinéma. Je n'ai ressenti aucune émotion.

Sans le vouloir, j'ai communiqué à ma fille Léa la souvenance de ce jour qui, comme pour moi, s'est inscrit à jamais dans sa mémoire. Quand elle a eu quinze ou seize ans, elle a écrit un long poème intitulé : « Oradour » qu'elle a lu devant ses camarades comédiens. Après un instant de silence, ils l'ont applaudie. Certains pleuraient.

Partout en France, des villes et des villages étaient libérés. Des hommes en armes déambulaient dans les rues, portant des brassards marqués FFI, et arrêtaient des personnes soupçonnées de collaboration. Certaines ont été exécutées sans procès, d'autres, dans les campagnes, jetées dans les puits, des femmes furent tondues. D'anciens litiges se réglaient sous couvert d'épuration.

Puis ce fut la rentrée des classes. Maman nous a acheté avec des tickets de rationnement des chaussures, des tabliers et des fournitures scolaires. C'était un beau jour d'automne, les marronniers du jardin d'Orsay laissaient tomber leurs marrons brillants. J'en ai mis trois ou quatre dans ma poche

que je caressais pendant les cours, m'imaginant les bon-
hommes ou les paniers que je confectionnerais...

L'année suivante j'ai fait ma communion solennelle à
l'église du Sacré-Cœur. Je n'ai éprouvé ni l'émotion désirée
ni la grâce d'entendre la voix de Dieu. J'ai reçu, comme
l'usage le voulait, un missel en cuir fauve, un chapelet de
nacre et une vierge en émail bleu de Limoges dans un cadre
doré. Papa a soigneusement calligraphié mon nom et la date
de l'événement au dos d'images pieuses. Une photo de
groupe me montre, le visage fermé, au milieu des autres communiantes perdues dans la blancheur de leur voile. Un
déjeuner a réuni la famille rue des Arènes, après un passage
chez le photographe.

La même année, j'ai décidé Maman à m'inscrire chez les
Éclaireuses et surtout pas chez les Guides.

— Pourquoi ne veux-tu pas aller chez les Guides ? a
demandé Maman.

— C'est à cause de Mlle Berthe et des autres institutrices,
ai-je répliqué en criant.

À mon étonnement, Maman a répondu :

— Je comprends, et m'a inscrite chez les Éclaireuses.

Mon premier contact a été mitigé : trop de bruit, des fillettes curieuses, des cheftaines tout autant. Je ne savais ou ne
voulais pas répondre à la question : « Pourquoi veux-tu être
éclaireuse ? » Les fillettes ricanaient devant mon mutisme.
On m'a quand même acceptée. Maman m'a offert l'uniforme
qui comprenait une jupe marron, un chemisier beige avec
des poches sur la poitrine, le béret, le sac à dos, des ustensiles
en aluminium, un sifflet et le livre racontant l'histoire de
Baden-Powell, dit BP, fondateur du mouvement scout. Le
jeudi suivant, je me suis présentée en grande tenue, intimidée, plus très sûre de vouloir devenir éclaireuse. Par la
suite, au cours d'une cérémonie, j'ai juré sur l'honneur

d'aider mon prochain, de remplir mon devoir envers la patrie et d'obéir à la loi des Éclaireurs de France.

Les réunions, les sorties me laissaient sur ma faim. Qu'étais-je venue chercher ? Je ne le savais pas moi-même. J'avais besoin d'exaltation, d'aventures, de mises à l'épreuve, de missions impossibles, comme dans les livres que je lisais.

J'essayais de faire une BA quotidienne, mais cela était difficile. Baden-Powell avait écrit : *Un sourire est une clef secrète qui ouvre bien des cœurs* et *Le bonheur ne vient pas à ceux qui l'attendent assis.* J'étais d'accord avec cette dernière maxime mais je doutais qu'un sourire puisse ouvrir les cœurs. Et pourtant... Je sais maintenant l'importance du sourire dans les rapports humains.

L'été, je suis partie avec mes camarades dans une grande bâtisse délabrée, face à la mer, à Saint-Efflam, en Bretagne. Nous dormions dans un duvet, à même le parquet. Les premiers jours furent consacrés à l'exploration des alentours et de la grève. Pour acheter du lait et des œufs, nous entrions dans les fermes au sol de terre battue, et dont l'unique pièce était séparée de l'étable par une cloison de bois. J'ai remarqué, contre la cloison opposée, de grands meubles sombres à colonnades et à claire-voie dont la fermière a fait coulisser la porte. À l'intérieur il y avait des draps et des oreillers.

— Ce sont nos lits, a-t-elle dit.

À part une immense cheminée, une longue table de bois sombre et des bancs, il n'y avait pas d'autre mobilier. Quant à l'éclairage, il était fourni par des lampes à pétrole.

Pour nous distraire, étaient organisés des jeux de piste, des feux de camp autour desquels on nous racontait les légendes de la région où les fées et autres farfadets étaient nombreux. Plus d'une fille avait du mal à s'endormir, s'attendant à voir surgir un de ces petits génies.

Les bains de mer, qui avaient lieu trois heures après le déjeuner, se faisaient dans une eau glacée quel que soit le temps. J'avais un maillot de laine bleu marine, tricoté par Maman, qui, une fois mouillé, pendait entre les jambes et ne séchait jamais. Un jour, agacée, j'allai me baigner en culotte, ce qui choqua vivement les autres. J'aimais entrer dans les blockhaus à demi effondrés sur la plage sans jamais réussir à entraîner une camarade. Nous attendions avec impatience l'heure du courrier et je n'étais pas peu fière d'avoir une lettre ou une carte postale presque tous les jours. Comme j'avais un peu d'argent, j'ai acheté pour Maman une jolie boîte avec des coquillages collés dessus et, de temps en temps, pour moi, une madeleine à la boulangerie située en face du camp. Jamais je n'ai mangé de madeleines aussi succulentes ! Autre chose appréciable, nous mangions à notre faim une cuisine peu variée mais bonne.

Enfin, le mois de vacances s'est terminé et nous sommes rentrées chez nous. Maman a été très contente de sa boîte.

5 *bis*

J'aimais beaucoup ma tante Gogo, vive, gaie, indépen-
dante, qui gagnait sa vie à Vierzon, comme vendeuse dans la
bijouterie Lesieur, en face des Nouvelles Galeries. Pendant
la guerre, elle avait loué un studio en zone libre. Je passais
parfois quelques jours chez elle. Nous dormions en zone libre
et, tôt le matin, nous partions à vélo pour la zone occupée.
Franchir la ligne de démarcation n'était pas une mince
affaire. Nous attendions en compagnie de plusieurs personnes que s'ouvre la barrière. Gogo présentait son laissez-
passer, signalant à l'officier que j'étais avec elle. Une fois, il a
fouillé la valise qui était sur le porte-bagages mais elle ne
contenait que du linge propre soigneusement repassé. J'ai eu
du mal à suivre Gogo qui marchait à grandes enjambées, le
visage tendu. Elle s'est retournée.

— Qu'est-ce que tu fais ? Dépêche-toi ! Fais un effort, je
t'en prie, les Allemands...

— Quoi, les Allemands, nous sommes passées ? Ils n'ont
pas trouvé ce que tu avais mis dans la valise.

Elle m'a regardée d'un air effrayé.

— Tu savais ?

— Évidemment, ai-je fait en haussant les épaules.

Nous sommes arrivées sans encombre à la bijouterie dont
elle a levé le rideau de fer. Elle est entrée avec son vélo et
m'a fait signe d'entrer à mon tour. Elle a refermé la porte du

magasin, ce qui a déclenché un carillon. Une fois les lumières allumées, elle a glissé la bicyclette sous un escalier étroit. Nous avons monté, elle tirant et moi poussant la valise, cet escalier en colimaçon qui menait au cagibi du réparateur de montres et de pendules et, au-dessus, à la chambre de ma tante. Cette pièce me semblait du dernier chic avec son large lit encombré de coussins brodés, ses lampes à abat-jour rose, ses fauteuils recouverts d'une tapisserie à grosses fleurs, son papier peint violet à rayures jaunes, son tapis rond dans les mêmes tons, son paravent de soie rose, ses lourds rideaux assortis au papier peint qui cachaient le jour passant par une étroite fenêtre donnant sur la rue des ponts. Un poêle Mirus chauffait la pièce. Gogo a posé la valise sur le lit et sorti le linge qu'elle a rangé dans l'armoire à glace près de la fenêtre. Dans le fond de la valise, enveloppés dans des torchons à carreaux, il y avait des saucissons et des œufs. Mais ce n'était pas tout, sous la doublure de ladite valise, il y avait des tracts qu'elle avait accepté de distribuer.

— Pas un mot là-dessus, même à Mme Lesieur.

Surtout pas à Mme Lesieur, ai-je pensé. Attenant à la chambre, il y avait la cuisine-cabinet de toilette où elle a fait chauffer du lait, auquel elle a mélangé de la Maïzena et un morceau de sucre, et m'a embrassée.

— Je vais ouvrir le magasin, sois sage et ne fais pas de bruit.

Je n'ai pas répondu : j'avais assez de livres pour tenir jusqu'à l'heure du déjeuner. C'est dans cette chambre surannée que j'ai lu pour la première fois *Zadig*[1], de Voltaire, et les romans de Pierre Benoit dont les prénoms des héroïnes commençaient tous par la lettre A.

Le dimanche après-midi, nous allions rendre visite à Tante Émilia et à ses filles, les jumelles Françoise et Jacqueline, qui étaient du même âge que Gogo. Elles s'habillaient et se

---

1. Voltaire, *Zadig ou la Destinée*, Flammarion, coll. « Étonnants classiques », Paris, 2013.

coiffaient de la même manière, ce qui accentuait leur ressemblance. Les trois femmes vivaient en zone libre dans une villa au bord d'un des bras du Cher. Tante Émilia avait épousé le frère de ma grand-mère Blanche, René, qui avait créé une fabrique de grès à Vierzon avec M. Balluchon ; ils signaient leurs œuvres : *Denbac*. Les deux couples s'étaient mariés le même jour ; les jeunes épousées étaient ravissantes. Elles m'ont inspiré mon troisième roman : *Les Enfants de Blanche*.

On prenait le thé dans des tasses Denbac. Tante Émilia buvait son thé, en fait une infusion de tilleul, à petites gorgées, en tenant sa tasse le petit doigt levé. Un jour, j'essayai de l'imiter, trouvant ce geste très élégant, sans autre résultat que de renverser le breuvage sur ma robe et sur le tapis. Tante Émilia me lança un regard furieux, derrière son face-à-main. Confuse, Gogo alla chercher une serpillière dans la cuisine et essuya les dégâts. Quand il faisait beau, nous faisions une promenade sur le sentier longeant la rivière, à la queue leu leu, derrière Tante Émilia qui s'abritait du soleil sous son ombrelle, ses beaux cheveux d'un blanc bleuté sagement ondulés. En courant, je dépassais les promeneuses et fonçais sur le chemin qui allait en se rétrécissant pour finir à la rivière envahie par des plantes donnant de jolies petites fleurs roses ; à cet endroit, on pouvait traverser à pied sec. Sur l'autre rive, on était en zone occupée et il n'était pas rare de rencontrer une patrouille allemande avec un gros chien tenu en laisse et qui grognait.

Gogo faisait partie d'une petite troupe de théâtre amateur et assistait aux répétitions une fois son travail terminé et la bijouterie fermée. Quand j'étais à Vierzon, je l'accompagnais. J'adorais ces moments intimes où les comédiens ânonnaient leur texte avant d'en prendre pleinement possession. La plupart du temps, je m'endormais, lovée dans un fauteuil, recouverte d'un manteau. À la fin de la répétition, un comédien me portait jusqu'au magasin.

Certains dimanches, quand il faisait beau, nous prenions le tramway jusqu'à son terminus, pour aller pique-niquer dans la forêt : c'était une véritable expédition. Nous rentrions le soir, fatiguées, soûles de grand air, heureuses.

Mais les bonnes choses ont une fin, je devais retourner à la maison. Gogo me conduisait au train pour Limoges et me confiait à une dame. Un jour que nous étions en retard et où elle me traînait derrière elle, ma petite valise s'ouvrit et son contenu – poupées miniatures, dînette, livres, toupie – se répandit sur le quai. Un soldat allemand nous aida à remettre le tout dans la valise ; mais la toupie multicolore avait disparu. Je pleurais et demandais ma toupie.

— Toupie, toupie, qu'est-ce que c'est, ça ? disait l'Allemand.

Je la vis entre les rails. Le soldat hésita mais devant mes pleurs il se glissa sous le wagon. Je pensais : « Ce serait bien s'il était écrasé. » Il ne le fut pas et me tendit mon jouet que je pris sans un mot.

— Tu pourrais dire merci, me dit Gogo.

Durant tout le voyage, j'ai lu, indifférente à ce qui m'entourait. J'étais triste de quitter Gogo et sa « soupe au chat », le brouet qu'elle me préparait pour le dîner, une sorte de velouté, agrémenté de persil haché.

Est-ce au cours d'un de ces voyages que je m'écriai à haute voix devant les voyageurs surpris : « Je sais lire sans les lèvres ! Je lis avec les yeux ! » Je ressentis une grande fierté.

L'école nous avait emmenées saluer le maréchal Pétain venu en visite à Limoges. Massées sur son parcours, nous agitions des drapeaux tricolores. Quelques mois plus tard, le 4 mars 1945, c'est le général de Gaulle que nous avons salué de la même manière, au même endroit ; cette fois, en plus des drapeaux français, nous agitions des drapeaux anglais et américains. À cette occasion, j'ai fait une réflexion qui déclencha les rires de Maman et des dames du jardin : pourquoi ne chantions-nous pas une chanson en l'honneur du général de Gaulle comme celle que nous chantions en l'honneur du maréchal Pétain ? Vexée, je retournai à mes jeux de maquis et d'Allemands tout en remarquant que du temps de Pétain nous ne jouions pas à la guerre mais aux gendarmes et aux voleurs.

L'année qui suivit la libération de Limoges, je pris l'habitude d'aller fouiner au marché aux puces qui se tenait en face du palais de justice. J'y trouvais des *Semaine de Suzette* d'avant guerre, reliés, des recueils de *Pim Pam Poum*, de *Bibi Fricotin*, de *Tarzan*, souvent en mauvais état. Peut-être ai-je croisé un amateur, comme moi, de vieux livres, un grand type au long nez, aux yeux rieurs et aux cheveux ébouriffés, fouillant les tas de journaux ou de bouquins, en tirant un volume dépenaillé qu'il considérait avec gourmandise. Je ne savais pas que nos chemins allaient se croiser à travers les livres, notamment ceux sur Paris et que le sien, *Le Vin des rues*[1], m'aiderait à mieux comprendre cette ville fascinante, belle et dure dont nous étions tombés amoureux. Il était l'ami de Robert Doisneau, de René Fallet, de Raymond Queneau. Il habitait rue Visconti et s'appelait Robert Giraud.

Maman avait dû s'absenter pour aller à Montmorillon s'occuper de sa mère souffrante. Elle avait emmené Chantal : je suis restée seule avec Papa. Je déjeunais à la cantine mais, le soir, nous dînions tous les deux. Oh, ce n'était pas dans de bons restaurants mais dans des gargotes autour des halles où la cuisine était quelconque. Cela n'avait aucune importance : j'étais seule avec mon Papa. Se rendait-il compte de mon bonheur ? Je ne le pense pas. Qu'importe, je jouissais de sa présence. De quoi parlions-nous ? Des petites choses de la vie, des restrictions, de l'école, du retour de Maman. Une ou deux fois, nous sommes allés au cinéma. Que j'étais bien, blottie contre lui ! Quand Maman et Chantal sont rentrées, tout est redevenu monotone.

---

1. Robert Giraud, *Le Vin des rues*, Stock, Paris, 2009.

Cela agaçait Papa de me voir lire, vautrée sur le lit conjugal. Je lui rappelais sa mère « toujours le nez dans ses livres ».

— Tu pourrais aider ta mère à mettre le couvert ou à faire la vaisselle.

J'ai toujours détesté faire la vaisselle. Par contre, j'aimais bien écosser les petits pois, trier les haricots ou les lentilles, faire les courses aussi pour piquer quelques pièces dans le porte-monnaie de Maman. J'aimais aussi l'accompagner aux halles où elle m'achetait presque toujours un *crêpiau* tout chaud qui me brûlait les doigts. Nous allions rue de la Boucherie, chercher de la cervelle d'agneau et du foie de veau réputés bons pour la santé. La cervelle, ça allait encore, mais le foie de veau ! Toutes les boutiques de la rue de la Boucherie étaient consacrées à la tripaille. Un caniveau au centre de la rue en pente charriait du sang et des bouts de viande avariée. L'odeur était fade et écœurante. Au milieu de l'étroite rue, sur une placette, s'élevait la chapelle Saint-Aurélien, patron des bouchers, en face d'un puits et d'une haute croix. Aujourd'hui, c'est une rue propre et attrayante avec des galeries de tableaux ou d'émaux, des librairies de livres anciens et de bons restaurants, installés dans les anciennes boutiques de triperie. Du temps de mon enfance, les immeubles de Limoges étaient, pour la plupart, recouverts d'un crépi gris, devenu d'un noir sale. Cela donnait à la ville un air sombre et triste. Heureusement, tout cela a changé. La seule chose qui n'ait pas changé est la chapelle Saint-Aurélien, toujours fleurie, où brûlent des cierges dont la lumière fait ressortir l'or des statues et des murs. À chacun de mes séjours, je ne manque pas d'y allumer un cierge.

Au jardin d'Orsay, j'avais fait la connaissance d'un garçon un peu plus âgé que moi. Ce fut lui qui me donna mon premier baiser, baiser que j'avais accepté pour qu'il me rende mon chapelet scout...

Je n'étais pas heureuse. Souvent, je pleurais sans raison. Aux questions de Maman, me demandant ce que j'avais, je répondais : « Rien », et pleurais de plus belle. L'adolescence commençait. Maman ne savait que faire pour me consoler, sinon m'offrir un nouveau livre.

Derrière les haies du jardin, il y avait des plantes sauvages que j'aimais à cueillir.

— C'est de la ciguë, s'est écriée Mme Bardot dont le mari était infirmier. C'est un poison violent, avait-elle ajouté.

Maman m'avait ordonné de la jeter.

J'en ramassais en cachette et la dissimulais dans la voiture de mon François. Un jour, Maman m'a surprise à califourchon sur la rambarde de la fenêtre et m'en fit descendre brutalement.

— Que voulais-tu faire ?

— Je veux mourir ! Personne ne m'aime ! La vie ne m'intéresse pas ! Je veux sauter pour m'envoler au ciel !

— Cette enfant est folle ! a murmuré Maman.

Je résolus d'essayer la ciguë et préparai une décoction avec la plante, que je bus d'un trait : c'était amer. J'ai attendu. Au bout d'un moment, j'ai eu mal au ventre mais toujours pas de signe de mon prochain trépas. Peut-être n'avais-je pas assez mis de plante ? Sur ces entrefaites, Maman est rentrée et m'a trouvée mauvaise mine. Elle a posé sa main sur mon front.

— Toi, tu couves quelque chose.

Je me suis mise à vomir. Affolée, désemparée, elle a appelé Mme Mourguet qui a envoyé son mari chercher le médecin. Celui-ci est arrivé une demi-heure plus tard, m'a auscultée et pris le pouls.

— Qu'a-t-elle mangé ?

— Comme d'habitude, a répondu Maman.

— As-tu avalé ou bu quelque chose ? a insisté le médecin.

— De la ciguë, ai-je dit d'une petite voix.

— De la ciguë ? se sont écriés les adultes.

— Montre-moi, a ordonné le médecin.

Je lui ai tendu les brins qui me restaient. Il a éclaté de rire.

— Ça, de la ciguë ! Tu te prends pour Socrate ? Qu'est-ce qui t'a mis cela dans la tête ?

— Une dame du jardin.

— Elle s'est moquée de toi. Ce n'est qu'une mauvaise herbe qui ne peut que te faire mal au ventre. Rien de plus.

Soulagée, Maman a remercié le médecin en essuyant ses larmes. Quand il fut parti, elle m'a attirée sur ses genoux.

— Tu n'as pas pensé au chagrin que tu nous aurais fait à ton père et à moi si tu mourais ?

Je n'avais pas pensé à cela. J'ai éclaté en sanglots et demandé pardon à Maman. J'oubliai vite cette « tentative de suicide » et repris mes jeux et mes lectures. Maman n'a rien raconté à Papa qui, dit-elle, n'aurait pas compris et se serait mis en colère.

6.

La guerre terminée, Papa a décidé de quitter les Chemins
de fer et de reprendre son métier de représentant pour
vendre à travers l'Europe des « articles de Paris », c'est-à-dire
des broches, des boucles d'oreilles, des colliers, des bracelets,
des barrettes tricolores et des bijoux dorés que je trouvais du
plus grand chic. À chacun de ses retours, Papa nous laissait
jouer, Chantal et moi, avec ces babioles. Quand il était absent,
nous dormions avec Maman ; quand il était là, sur des matelas
pneumatiques inconfortables.

Bientôt, on nous annonça que nous allions avoir un petit
frère ou une petite sœur. Je n'aimais pas voir Maman
enceinte, poussant son gros ventre à travers les allées du
jardin d'Orsay. Un jour, le mari de ma tante Néné est venu
nous rendre visite. Quand il a vu Maman, avant même de la
saluer, il s'est écrié :

— Comme te voilà faite, ma pauvre fille !

Maman a pâli, j'ai rougi de colère et j'ai envoyé un coup
de pied dans les mollets de l'oncle Georges qui a levé la
main ; mais j'ai été plus rapide que lui et j'ai dévalé les escaliers pour aller me réfugier chez Mme Mourguet à qui j'ai
raconté, en pleurant, les méchantes paroles de cet oncle militaire. Elle m'a gentiment réconfortée. Quand je suis
remontée à la maison, le malotru était reparti.

À l'approche de la naissance, nous sommes partis pour Montmorillon où Maman a accouché d'un petit garçon qu'on a appelé Bernard. Quand j'ai vu ce petit frère tant attendu, j'ai été un peu déçue : j'aurais aimé qu'il ressemblât à mon François.

Souvent, je demandais à Maman pourquoi nous n'habitions pas à Montmorillon plutôt qu'à Limoges, puisque Papa n'était presque jamais là.

— Cela te plairait d'habiter Montmorillon ?

— Oh oui !

Je ne savais pas que cette réponse allait sceller mon destin.

Nous avons quitté Limoges en septembre 1947 pour nous installer à Montmorillon chez ma grand-mère Blanche, rue Jules-Ferry. La maison comportait quatre pièces dont la cuisine, au sol d'un vilain ciment gris en partie recouvert par un lino. Il n'y avait aucun confort : pas de toilettes, il fallait aller dans la courette où l'on s'asseyait sur un bois sombre, ciré, après avoir ôté le couvercle, pas de salle de bains, pas de chauffage. La seule pièce chaude en hiver était la cuisine où nous prenions nos repas et où nous faisions nos devoirs. Chantal et moi dormions dans la chambre de nos parents qui avait deux grands lits. Grand-mère partageait la sienne avec Mamy, ma tante mongolienne, qui avait alors une trentaine d'années. Malgré les remontrances de Maman, Chantal et moi avions le plus grand mal à supporter sa présence. Le soir, après le dîner qui comprenait le plus souvent une soupe, une tranche de jambon blanc, des pommes de terre sautées et de la salade, une pomme ou un laitage, nous lisions tandis que Maman tricotait, que Grand-mère parcourait *Le Libre Poitou* et que Mamy regardait de vieilles photos tirées d'un carton à chaussures. Le vendredi, nous avions du poisson et l'été des tomates farcies, cuites chez le boulanger voisin.

À la rentrée, je me suis retrouvée à l'institution Saint-Martial dans la classe de Mlle Camille Dumas, une vieille fille avec un chignon noir très strict. Elle m'a demandé mon nom :

— Régine Deforges.

— Avec une particule, évidemment.

— Non, en un seul mot.

Elle m'a regardée d'un air réprobateur et est passée aux autres élèves parmi lesquelles il y avait des de Russé, des de Moussac, des de Lalande, des de Montplanet, que sais-je encore ! Mlle Dumas, en un seul mot, ne supportait pas mes cheveux frisés. Elle m'a recommandé de les tirer en bandeaux, ce que, bien sûr, je n'ai pas fait. Le jour de la rentrée, j'arborais sur mon tablier noir une paire de cerises faites de deux pompons de laine rouge, tenues par une torsade de laine verte, qui se balançaient au rythme de mes pas. Mlle Dumas m'a fait comprendre que ce genre de fantaisie n'était pas de mise à l'institution Saint-Martial. À regret, j'ai retiré mes cerises.

Tous les matins, chaque classe devait se mettre en rang, en éventail, devant une statue de la Vierge, debout dans une fausse grotte. Après un « Je vous salue Marie », nous exécutions une révérence, avant de regagner notre salle de classe.

L'été, nous jouions à cache-cache avec les enfants de notre rue tandis que nos mères et grands-mères sortaient des chaises sur le pas de leur porte. Yves Petitpied, dit Vonvon, avait deux ou trois ans de plus que moi. Nous nous cachions dans la forge de son père ou derrière les clapiers à lapins qui sentaient bon le foin. Je m'arrangeais pour me cacher avec lui. C'est au milieu de cette odeur champêtre que nous échangions des baisers.

Avec le début de l'été, venait le temps des processions à travers la ville : à la Pentecôte, l'archiprêtre, entouré d'enfants de chœur en robe rouge et surplis de dentelle, promenait le saint-sacrement dans les rues avant de le poser sur une table recouverte de pétales de fleurs, formant une sorte d'autel, devant lequel les habitants s'agenouillaient tandis que les petits enfants jetaient des pétales de rose ou de pivoine pris dans la corbeille attachée autour de leur cou. Les communiantes et les communiants de l'année suivaient le cortège dans leurs beaux habits et portaient des cierges allumés. Derrière eux marchaient les plus grands qui chantaient des cantiques. Tout ce petit monde était encadré par les sœurs de l'institution Saint-Martial, celles de l'hôpital et les petites sœurs des pauvres. Mais la plus belle procession était celle de l'Assomption où la statue miraculeuse de la Vierge quittait l'église Notre-Dame pour parcourir les rues de la ville. Les reposoirs, c'est ainsi qu'on appelait les tables décorées où l'on déposait la statue, disparaissaient sous les fleurs blanches. À chaque station, un enfant porté dans les bras de sa mère remplaçait les bouquets qui ornaient la couronne de Marie ainsi que celle de l'Enfant Jésus. J'aimais beaucoup cette vierge, en robe de satin blanc ornée de pierreries, malgré son visage sévère, taillé dans un bois sombre, ses yeux soulignés de noir et cette immobilité... Non loin de sa chapelle, il y avait, dans une autre chapelle, mal éclairée, une châsse dans laquelle était allongée une statue en cire de sainte Philomène, les yeux clos, couronnée de roses blanches, tenant dans une main un lys et dans l'autre trois flèches. À ses pieds, qui reposaient sur un coussin de velours rouge à glands dorés, se trouvaient une ancre et une palme. Je possède deux tableaux du XIXe siècle ainsi qu'une statue représentant la petite sainte, tant aimée du curé d'Ars.

Je dois avouer qu'en matière d'art religieux, j'aime assez le kitsch saint-sulpicien, sous quelque forme que ce soit : peintures, broderies, sculptures. De chaque côté de la porte d'entrée de la chapelle de mon école, se tenaient deux anges de plâtre peint que je trouvais très beaux et auxquels je m'adressais lors de la retraite du carême. À cette époque, les élèves étaient invitées à mettre sur un plateau d'argent, posé sur l'autel, un papier, soigneusement plié et marqué d'une croix, sur lequel elles avaient inscrit leurs bonnes résolutions qui seraient exaucées par Notre-Seigneur. De ma plus belle écriture j'inscrivais : ne plus mentir, ne plus être insolente envers Grand-mère, obéir à ma mère, ne plus voler d'argent dans leurs porte-monnaie, être gentille avec Chantal, faire pénitence, ne pas avoir de mauvaises pensées, bien travailler en classe. En écrivant cela, je ressens l'espoir que je mettais dans ces mots...

Mis à part en français, en rédaction, en histoire, en éducation religieuse et en dessin, j'étais d'une nullité effarante. Sœur Saint-Émilien désespérait de me faire comprendre les subtilités des mathématiques. Je passais la plupart de ses cours à la porte de la classe. Pour me venger, je dessinais sur le tableau noir des portraits d'elle qui ressemblaient à un cochon, ressemblance que j'accentuais en la ridiculisant avec sa cornette semblable à celle de Bécassine. Ces caricatures mettaient la sœur en fureur et les punitions pleuvaient. Par contre, elles amusaient Mlle Dumas, dont je surpris le sourire quand elle les vit.

Au moment des compositions de géométrie, je m'appliquais à dessiner des triangles du plus bel effet mais sans résultat. J'avais des notes déplorables : 2 sur 40 ou un demi-point pour la présentation...

Je passais la plupart des jeudis après-midi en retenue à recopier cent lignes du genre : « Je dois apprendre mes leçons », « Je ne dois pas me montrer insolente ». Maman me fit donner des cours particuliers qui adoucirent Mlle Dumas, mais ne me firent faire aucun progrès.

Pour la fête de l'école, Maman m'avait confectionné un costume de prince charmant des plus seyants. Comme je refusais de chanter en public, une pensionnaire, au physique ingrat mais qui avait une belle voix, se tenait derrière le rideau pendant que je faisais semblant de chanter. Pendant le carême, nous avions droit aux prêches de l'archiprêtre, un homme sec et raide qui ne m'aimait guère. Il est vrai que je posais souvent des questions sur la grâce, auxquelles il n'avait pas de réponse. Un jour qu'il nous lisait l'Évangile de Jean et l'histoire de la femme adultère, j'ai dit :

— Puisqu'elle n'a pas été lapidée, qu'est-elle devenue ?

L'archiprêtre est resté sans voix. J'ai insisté :

— Qu'est devenue la femme adultère ?

Son maigre et pâle visage est devenu rouge, il m'a répondu :

— Je n'en sais rien, les évangiles n'en parlent pas...

— C'est embêtant, ai-je dit en secouant la tête.

Bien des années plus tard, j'ai écrit l'histoire de cette femme, que je baptisai Déborah, du nom d'une héroïne de l'Ancien Testament qui avait combattu les ennemis du peuple juif.

Pendant le carême, les sœurs nous demandaient de faire des sacrifices et de jeûner. Un jour, j'ai vu deux religieuses en train de boire un chocolat chaud. Comment osaient-elles alors qu'elles nous disaient de donner le chocolat de notre goûter pour les pauvres et de ne pas succomber au péché de gourmandise ? Tout ce qu'on m'apprenait n'était donc que mensonge ?

En dehors de l'école, je fréquentais Manon, une fillette de mon âge qui allait à l'école communale. La sœur supérieure m'a convoquée dans son bureau et m'a dit :

— Mademoiselle Deforges, vous fréquentez une jeune fille dont le nom est inscrit en lettres rouges dans les annales de la ville. Madame votre mère est-elle au courant ?

Que voulait-elle dire ? Je le demandai à Maman qui eut l'air surprise. C'est alors Grand-mère nous a donné la réponse :

— Mais enfin, Bernadette, tu sais que la grand-mère de cette petite est divorcée et que les gens convenables ne fréquentent pas cette famille.

C'était dont cela avoir son nom inscrit en lettres rouges ?

Mlle Dumas nous donnait aussi des conseils d'hygiène comme de se laver sous notre chemise, de ne pas toucher les parties impures de notre corps. Se laver sous sa chemise ? Ne pas toucher aux parties impures de notre corps ? Voilà qui était nouveau pour moi. Quelles étaient ces parties impures ? J'avais bien une petite idée mais cela me semblait si bête. D'ailleurs, nous n'avions pas de salle de bains chez Grand-mère et, une fois par semaine, je montais à l'hôpital pour prendre un bain et me laver les cheveux. L'été, cela allait, mais l'hiver, en ressortant, je claquais des dents sous mes cheveux mouillés.

Un jeudi de retenue, je traversais la cour quand j'ai aperçu à une fenêtre une longue chevelure brune qu'on brossait amoureusement. Déconcertée, je me suis arrêtée pour regarder ce spectacle étonnant : les sœurs n'avaient-elle pas les cheveux coupés court ou le crâne rasé sous leur cornette ? La belle chevelure fut rejetée en arrière dans un geste vigoureux et magnifique et j'ai découvert la supérieure.
— Que vous êtes belle ! me suis-je écriée, sincère.
— Pourquoi êtes-vous ici, mademoiselle Deforges ?
— Je suis en retenue, ma sœur.
— Rentrez chez vous ! Partez !

Pendant la plupart des cours je m'ennuyais. Je dessinais des personnages en habits de cour, belles dames et beaux messieurs, des paysages joliment coloriés sur des bandes de papier que je collais les unes à la suite des autres formant ainsi un rouleau. Au fil des mois, le rouleau est devenu si important que j'avais du mal à le tenir entre mes doigts. Quand je le déroulais, j'appelais cela « mon cinéma ». J'y tenais beaucoup. Un jour, Mlle Dumas m'a surpris et, malgré mes pleurs, me l'a confisqué.

7.

C'est sans doute par un dimanche de printemps que j'ai décidé d'aller déjeuner à vélo chez Lucie à Tussac. Maman n'a pas fait d'objection. Je me souviens encore du grand sentiment de liberté que j'ai éprouvé à rouler sur cette route déserte par un matin ensoleillé : j'avais l'impression d'être seule au monde. Je me suis arrêtée pour cueillir des violettes. Je suis arrivée à Tussac au moment où l'on allait passer à table. J'ai donné mon bouquet à Lucie qui l'a mis dans un verre d'eau qu'elle a posé au milieu de la table. Ma tante Lucienne a ajouté un couvert en bougonnant et elle a servi la soupe dans les assiettes tendues.

Comme on était dimanche, il y avait du poulet rôti et du civet de lapin (j'adore le civet de lapin, surtout quand il est fait dans les règles, avec le sang de l'animal) suivi par les fameux fromages de chèvre de Lucie et une tarte aux prunes cusinée par ma cousine Paulette. Il y avait de la piquette pour les femmes, du vin de la ferme pour mon oncle André et du café servi dans les verres à vin.

Après le repas, Paulette et sa mère ont débarrassé la table et lavé la vaisselle. J'en ai profité pour grimper dans le grenier à grain et fouiller dans les livres entassés dans les maies. Je suis descendue déçue car je les avais tous lus.

— Tu n'achètes plus de livres, Grand-mère ? lui ai-je demandé.

— Je n'aime pas ceux d'aujourd'hui, je préfère relire les vieux.

Nous nous asseyions toujours sous le tilleul devant la ferme. Des filles endimanchées, à vélo, s'arrêtèrent et crièrent :

— Paulette ! Paulette !

Elles venaient chercher leur amie pour aller danser dans un bal des environs.

J'allais me promener dans les champs, souvent accompagnée de mon cousin Serge qui me regardait les yeux écarquillés. J'aurais préféré être seule, mais je n'osais le renvoyer de peur de lui faire de la peine. Il était si heureux de me voir. Bien avant d'arriver au hameau, j'apercevais sa silhouette sur le bord de la route de terre blanche. Quand je parvenais à sa hauteur, il courait devant moi en criant :

— La Régine est là ! La Régine est là !

Pendant plusieurs années, chaque dimanche, qu'il pleuve ou qu'il vente, j'ai pédalé jusqu'à Tussac pour y déjeuner et y passer quelques heures. Si l'on m'avait demandé pourquoi, je n'aurais su quoi répondre ; j'y étais bien. Et puis, un jour, tout a changé... Oh, rien de bien net, pas un mot, pas un geste, juste... une impression. L'impression d'être de trop, de n'être pas à ma place. Que s'était-il passé ? Avais-je commis une maladresse ? Dit quelque chose d'insolent ? Je ne voyais pas. Je suis repartie vers quatre heures, comme à mon habitude et il m'a semblé entendre un soupir de soulagement. Au retour, Maman a remarqué que je n'avais pas mon air joyeux habituel.

— Quelque chose ne va pas ? Es-tu tombée ? Quelqu'un est malade là-bas ?

À chacune de ses questions je faisais non de la tête.

— Alors ?

— Ils ne m'aiment plus.

Maman m'a regardée d'un air étonné.

— Pourquoi dis-tu cela ? Ils te l'ont dit ?

— Non, personne.

— Je ne comprends pas. C'est encore une de tes idées.

Je me suis mise à pleurer. J'ai balbutié :

— Je l'ai senti... Je ne suis pas comme eux.

Maman m'a serrée contre elle sans rien dire : elle savait que j'avais raison.

Le dimanche suivant, il tombait une pluie fine. Après la messe, j'ai sorti mon vélo et j'ai enfilé mon imperméable.

— Où vas-tu ? a demandé Maman.

— À Tussac.

— Mais, je croyais...

— Ce n'était qu'une idée !

Peu après le lieu dit Roc-Saint, je m'arrêtai dans un bistrot tenu par une femme peu aimable, le seul avant une dizaine de kilomètres, pour boire un café et fumer ma première cigarette. L'endroit était fréquenté en semaine par des paysans et des ouvriers travaillant aux champs. Le dimanche, à cette heure, c'était généralement vide. Ce jour-là, quatre gars, en habits du dimanche, menaient grand train. Mon entrée les fit gueuler plus fort. Comme il n'y avait qu'une table, je m'assis le plus loin possible d'eux. La patronne m'apporta mon café que je m'empressai d'avaler.

La pluie s'était un peu calmée. À mi-chemin, elle est redevenue plus forte et j'ai dû m'abriter sous les arbres bordant la route. J'arrivai enfin : ils avaient commencé à déjeuner. Grand-mère me voyant dégoulinante d'eau m'a ôté mon imperméable et mes chaussures, enveloppée dans le grand édredon rouge de son lit et installée dans son vieux fauteuil au coin du feu.

— Cette drôlière va attraper la mort, a bougonné Lucienne.

Grand-mère m'a fait boire une boisson chaude, sucrée au miel qui sentait l'alcool : c'était fort et bon. Plus tard, je me suis retrouvée dans le lit de Lucie.

— Sais-tu que tu as dormi un jour et une nuit ? a dit Grand-mère en riant.

Je me suis redressée d'un bond.

— Que va dire Maman ?

— Ne t'inquiète pas, elle est prévenue. Après un bon petit déjeuner tu vas pouvoir repartir.

Je suis repartie après un copieux repas.

— Évite de revenir quand il pleut ! m'a dit Lucie en guise d'adieu.

Le dimanche suivant, il faisait un temps magnifique. Le vent soulevait le bas de ma robe autour de mes cuisses : l'air sentait les foins coupés. J'ai cueilli un gros bouquet de marguerites. Serge était à son poste et m'a accueillie avec sa pétulance habituelle et un grand rire de joie.

La chienne Voltige gambadait autour de moi en aboyant et Antoinette, la femme de mon oncle André, est sortie avec une serviette autour de la tête et a remarqué d'un ton aigre :

— Tu viens de bonne heure, aujourd'hui ?

— Je n'ai pas fait attention.

— Il est vrai que Mademoiselle se soucie peu des autres.

Je la regardai abasourdie. Que voulait-elle dire ? Ma cousine Paulette est apparue à son tour, la tête elle aussi enturbannée. J'étais tombée sur le lavage mensuel des cheveux. Je suis allée m'asseoir, pour lire, sous le tilleul mais j'avais du mal à m'intéresser à ce que je lisais. Serge s'est assis à mes côtés. Un malaise sournois m'envahissait. Au bout d'une vingtaine de minutes, Antoinette et Paulette sont ressorties avec des bigoudis sur la tête. J'ai retenu un fou rire et ma cousine m'a dit :

— Tout le monde n'a pas les cheveux frisés naturellement !

Lucienne a annoncé que l'on pouvait passer à table. Mon bouquet de marguerites trônait sur le bord de la cheminée. Le déjeuner était excellent, un ragoût d'agneau avec des légumes nouveaux, accompagné d'une salade assaisonnée avec le vinaigre et l'huile de noix de la maison. J'ai complimenté ma tante qui a eu, ce qui était rare, un sourire satisfait.

Après le café, j'ai aidé à débarrasser la table.

— Laisse, a dit Lucienne, va fumer ta cigarette.

Le ton était aimable ; je l'ai remerciée chaleureusement.

La vaisselle faite, les femmes sont venues s'installer à mes côtés sous le tilleul. Mon oncle André somnolait, mon cousin Serge taquinait le chien, Lucienne ourlait un torchon découpé dans un vieux drap de lin, Paulette feuilletait une revue de mode, Grand-mère et moi lisions. Le tilleul en fleur embaumait. Il y avait dans l'air une grande douceur : j'étais bien.

— Comme tu as grandi ! a dit soudain Lucienne.

Arrachée à mon bien-être, j'ai sursauté.

Elle a ajouté :

— Ta robe est si courte qu'on voit presque ta culotte !

Je tirai sur ma jupe.

— Maintenant que te voilà grande fille, il va falloir t'habiller autrement.

Il m'a semblé que tous les regards s'étaient posés sur moi.

— De plus, ce n'est pas convenable qu'une fille de ton âge se balade seule à bicyclette. Ça choque beaucoup les gens du village et inquiète ta grand-mère... Si tu faisais une mauvaise rencontre ! On dirait que c'est notre faute ; le monde est si méchant.

Un grand froid m'a envahie. J'ai senti que quelque chose se cachait derrière ses mots. Grand-mère continuait sa lecture. J'ai fermé mon livre et me suis levée péniblement. Mon oncle s'est réveillé.

— J'ai bien dormi ! dit-il en se mettant debout et en s'étirant.

Je me dirigeai vers ma bicyclette appuyée contre le mur de la grange.

— Où vas-tu ? a demandé Grand-mère.

— Je rentre.

— Pourquoi ? Il est tôt.

— J'ai l'impression de déranger, ai-je articulé péniblement en refoulant mes larmes.

74

Personne ne m'a retenue et personne n'a su ce qu'a été mon chagrin à mesure que je m'éloignais de ce lieu que j'avais tant chéri et que je croyais mien. Plus jamais je ne le reverrais avec mes yeux d'enfant, plus jamais je ne m'endormirais contre Lucie à la lueur mourante du feu dans la cheminée. Plus jamais... J'étais devenue grande ! Mes quatorze ans me semblaient lourds.

Pendant cinquante ans, j'ai occulté le souvenir de ce rejet réel ou imaginaire. Il a fallu quelques mots avec un éminent psychiatre pour qu'il resurgisse :

— Qu'avez-vous éprouvé à ce moment-là ?

— Sûrement du chagrin.

— Pensez à la petite fille d'alors.

Je n'en avais pas envie. Depuis, je cherche à comprendre ce qui s'est passé entre eux et moi. Étais-je différente à ce point ? J'ai éprouvé cela enfant à Sainte-Philomène comme à Saint-Martial. Cette mise à l'écart, sans que rien soit dit. On ne me proposait jamais de jouer à la balle au camp, à la marelle, aux osselets ; je restais seule dans la cour, un livre à la main. Sont-ce les livres qui m'ont séparée à ce point des autres ? Il faudra que je réfléchisse à la question.

Chaque jour, après l'école, j'allais chez Manon où ses parents m'accueillaient gentiment. Manon avait sa chambre et un cabinet de toilette, ce qui me semblait le comble du luxe. Nous jouions au Nain jaune, au Monopoly, au jeu de l'oie, aux dames, aux cartes, que sais-je encore. Très souvent, elle avait des crises d'asthme impressionnantes qu'elle calmait, comme le Che, avec de la ventoline. Au début, je ne prenais pas très au sérieux ces étouffements et je la forçais à me suivre dans mes expéditions souterraines dans les oubliettes du château de Pruniers ou dans la grotte de la Vierge, route de Saint-Savin. Chaque fois, je devais la tirer au jour, le visage cramoisi, à moitié étouffée. Les souterrains d'un autre endroit me fascinaient : ceux de l'Octogone dans une des cours du séminaire. Au-dessus de l'unique porte étaient sculptées des statues représentant, je crois, les apôtres. À ce jour, on ne sait pas très bien à quoi cette construction pouvait servir : cuisines pour les moines ? léproserie ? J'aimais m'y faufiler, descendre un escalier de pierre étroit et glissant qui menait à trois souterrains dont deux étaient condamnés. Je me glissais dans le troisième où je rampais sur un sol en pente, fait de sable doux dans lequel je disais voir des ossements, qui, selon moi, ne pouvaient être qu'humains. Je n'allais pas très loin car un éboulement le fermait. J'ai toujours été sûre que ce souterrain débouchait sur la Gartempe et servait aux habitants du lieu à fuir en cas de guerre ou d'invasion ; malgré mes recherches, je n'en ai pas trouvé la sortie.

Dans la chapelle de ce même séminaire, il y avait une plaque de pierre disant que La Hire avait été enterré dans ce lieu. Ce La Hire m'intriguait : qui était-il ? Personne ne pouvait me répondre. Bien des années plus tard, j'ai appris que c'était un des compagnons de Jeanne d'Arc dont le nom véritable était Étienne de Vignolles, dit La Hire, car il était sujet à de grandes colères. Il était originaire du Béarn, mercenaire fidèle à Charles VII et à la Pucelle avec laquelle il combattit. Au moment du procès de Jeanne, il tenta de la délivrer avec son compagnon Gilles de Rais. Après la mort de celle qui avait chassé les Anglais d'Orléans, il se maria et devint seigneur de Montmorillon. J'ai voulu écrire sa vie et ce fut *La Hire ou la Colère de Jehanne* qui n'eut qu'un piètre succès, justifié car, selon Pierre, ce livre est raté.

Manon avait une amie, une vieille, vingt-cinq ans au moins, qui était enseignante dans une école où les filles apprenaient la couture et autres métiers manuels et chez qui nous allions écouter des disques et danser. Le samedi soir, j'avais la permission de sortir : c'étaient mes premières surprises-parties. Au début, nous n'étions que des filles mais très vite quelques garçons de notre âge nous ont rejointes. Le dimanche, les parents de Manon nous emmenaient faire une promenade en voiture à travers la campagne poitevine et, dès le printemps à La Roche-Posay où ils aimaient jouer au casino pendant qu'en compagnie de Colette, une des sœurs de Manon, nous nous installions dans la salle de bal où l'orchestre jouait des airs à la mode. Quelquefois, un jeune homme venait m'inviter à danser ; j'acceptais s'il s'agissait d'un slow, d'une valse ou d'un paso doble. Si c'était un tango, je refusais, car je n'arrivais pas à le danser.

Mais j'ai découvert d'autres plaisirs. Un jour, Manon m'a embrassée sur la bouche avec fougue... Je l'ai repoussée, scandalisée.

— Comment une fille peut-elle embrasser une autre fille ?
Ma réflexion l'a amusée.

— Qu'est-ce que tu crois que je fais avec Abé ?

Abé était le surnom de l'institutrice. Je pleurai et Manon me consola avec force baisers et caresses. À partir de ce jour, chaque fois que nous nous sommes retrouvées, je me suis laissé embrasser et caresser : j'aimais bien. Notre manège a fini par alerter Abé qui a fait une scène épouvantable, avec pleurs et reproches. Manon lui a signifié que c'était terminé entre elles. Si j'acceptais les baisers, que je rendais volontiers, j'ai toujours refusé de lui rendre ses caresses. Aujourd'hui encore, je ne sais pas pourquoi.

Les garçons et les filles de notre petite bande se sont vite rendu compte de nos relations mais n'en parlèrent jamais. Au même moment, j'ai fait la connaissance d'un nouveau venu, Jean-Claude B. qui était apprenti boucher et assez joli garçon. Nous allions danser dans des assemblées champêtres et nous promener dans les petits chemins pour échanger des baisers. Manon, très jalouse, l'a appris et m'a sommée de choisir entre elle et lui. Cet ultimatum m'a agacée et j'ai continué à flirter avec Jean-Claude. J'approchais de mes quinze ans !

Quand j'en avais assez des uns et des autres, je prenais ma périssoire qui était amarrée devant une petite porte en bas du jardin de Manon qui donnait sur la rivière, et je naviguais sur la Gartempe. Plus loin, j'ôtais mon bikini pour bronzer intégralement parce que je n'aimais pas les marques de maillot. Cela s'est su très vite et les vieux dans leur jardin au bord de l'eau ou les femmes lavant leur linge lançaient des insultes à mon passage. Il faut dire que je faisais tout pour les provoquer. Les jardiniers, qui m'auraient bien dit deux mots, me redoutaient car je n'avais pas ma pareille pour chaparder leurs cerises, leurs fraises ou leurs framboises dès qu'ils s'absentaient.

C'est à peu près à cette époque que j'ai eu entre les mains mes premiers livres érotiques. Je ne sais toujours pas comment je me les étais procurés ou qui me les avait donnés. Cette amnésie reste pour moi un mystère. J'avais recouvert avec le papier bleu de mes livres scolaires : *J'irai cracher sur vos tombes*[1] et *Et on tuera tous les affreux*[2] de Vernon Sullivan, sous la couverture noir et rouge des Éditions du Scorpion. Ce n'est que des années plus tard que j'ai appris que l'auteur était Boris Vian. Ensuite, j'ai découvert Apollinaire, Pierre Louÿs, Laclos et d'autres encore. Ces lectures me plongeaient dans une langueur suspecte et, plusieurs fois, Mlle Dumas m'a demandé si j'allais bien.

Quelquefois, quand il faisait beau, je désertais l'école en compagnie d'un livre et d'un paquet de cigarettes ; je m'étais mise à fumer pour imiter Manon et ses amis, puis j'y ai pris goût. Parfois, si le temps était couvert, je prenais un parapluie. J'aimais le crépitement des gouttes sur l'étoffe tendue. J'empruntais ce que nous appelions « les petits chemins ». L'un d'eux me plaisait plus que les autres car j'y avais découvert un pont où il ne passait plus d'eau et sous lequel

1. Boris Vian, *J'irai cracher sur vos tombes*, Le Livre de Poche, Paris, 2008.
2. Boris Vian, *Et on tuera tous les affreux*, Le Livre de Poche, Paris, 2008.

j'étais sûre de n'être pas dérangée. Mon cher Verlaine n'était jamais loin :

> *Il pleut sur mon cœur*
> *Comme il pleut sur la ville,*
> *Quelle est cette langueur*
> *Qui pénètre mon cœur*[1] ?

Je lisais beaucoup de poèmes et cette habitude ne m'a jamais quittée. Baudelaire et Verlaine étaient mes poètes favoris mais j'aimais également Victor Hugo, Alfred de Musset et Apollinaire. Je lisais aussi les romans empruntés à la bibliothèque paroissiale : Henry Bordeaux, Georges Ohnet, Alexandre Dumas... et Delly, Max du Veuzit et, bien sûr, ma chère comtesse de Ségur que je relisais plusieurs fois par an. J'ai lu aussi *L'Énéide*[2], *L'Iliade*[3] et *L'Odyssée*[4] et puis Charles Dickens qui m'a plongée dans la misère du règne de Victoria. J'ai découvert Paul Vialar et ses romans sur la chasse, John Knittel dont *Via Mala*[5] m'a enthousiasmée et Thyde Monnier dont j'ai lu les sept volumes de la série des *Desmichels*[6] avec gourmandise. Maman m'achetait des livres de Cronin, du Dr Soubiran, de Slaughter, aussi souvent qu'elle le pouvait. Jamais, à l'époque, il ne m'est venu à l'idée qu'elle se privait pour satisfaire mon goût de la lecture.

À Limoges, j'avais pris l'habitude de lire des romans policiers, surtout ceux de la Série noire que j'achetais avec mon argent de poche chez un bouquiniste, proche de la place Denis-Dussoubs, et que je relisais souvent. Cela allait de Dashiell Hammett, à Jonathan Latimer, Carter Brown, Horace McCoy, W. Richard Burnett, J. Hadley Chase, Day

---

1. Verlaine, « Il pleut dans mon cœur », *Œuvres poétiques complètes*, Robert Laffont, Paris, coll. « Bouquins », 2010.
2. Virgile, *L'Énéide*, Flammarion, coll. « GF », Paris, 2011.
3. Homère, *L'Iliade*, Folio classique, Paris, 2013.
4. Homère, *L'Odyssée*, Magnard, Paris, 2013.
5. John Knittel, *Via Mala*, Le Livre de Poche, Paris, 1966.
6. Thyde Monnier, *Les Desmichels*, J'ai Lu, Paris, 1990.

Keene, James Cain, Peter Cheyney... Je les dévorais avec gourmandise et leur attribuais des notes. Aujourd'hui, ils sont tous dans ma bibliothèque et je les regarde souvent avec émotion en me disant qu'il faudra qu'un jour je les relise. Mais il y a tant de livres à relire... La Série noire a disparu. Oh ! pas entièrement, elle a changé de format et elle est vendue beaucoup plus cher. Avant cela des auteurs français se sont illustrés dans la collection. Je pense à J.-P. Manchette, A.D.G., Jean-Claude Izzo, Daniel Pennac, Jean Vautrin, Jean Amila, Francis Ryck, Joseph Bialot, Thierry Jonquet... dignes successeurs des Américains. Et puis j'ai eu la joie de découvrir Georges Simenon, qui reste pour moi l'un des plus grands écrivains du XXe siècle. Je ne m'en lasse pas, non pas dans la Pléiade, mais dans des éditions de poche lues et relues.

Au retour des mes escapades champêtres, Mlle Dumas convoquait Maman pour lui apprendre que sa fille avait encore manqué la classe. Maman me regardait avec lassitude.

— Il faut la tenir serrée, ajoutait l'institutrice, les lèvres pincées.

Maman acquiesçait, les yeux remplis de larmes. Nous remontions en silence jusqu'à la maison où j'allais me réfugier dans le grenier. Heureusement, j'avais ce coin à moi où je pouvais lire et pleurer à mon aise, enveloppée l'hiver dans un vieil édredon qui perdait ses plumes. Pour délimiter l'espace qui m'était réservé dont j'avais ciré le plancher, je l'avais entouré de caisses de bois que j'avais peintes d'un vert acide. J'y avais dressé un petit autel à la Vierge Marie que je fleurissais, au mois de mai, de violettes ou de pâquerettes que je disposais dans des vases miniatures en grès, offerts par Gogo.

Ce fut cette année-là que Le Livre de poche a fait son apparition. J'ai acheté les trois premiers titres : *Kœnigsmark*[1] de

---

1. Pierre Benoit, *Kœnigsmark*, Le Livre de Poche, Paris, 2012.

Pierre Benoit, *Les Clés du Royaume*[1] de A. J. Cronin et *Vol de nuit*[2] de Saint-Exupéry, que j'ai dévorés en un temps record. Ensuite ce fut *La Symphonie pastorale*[3] d'André Gide, *Ambre*[4] de Kathleen Winsor que je lus et relus, *La Nymphe au cœur fidèle*[5] de Margaret Kennedy, *La Bête humaine*[6], qui m'a plongée dans l'univers des Rougon-Macquart et m'a transformée en fan d'Émile Zola, *L'Ingénue libertine*[7] de Colette dont je ne connaissais que *Le Blé en herbe*[8] et *Chéri*[9], *Hôtel du Nord*[10] d'Eugène Dabit et *L'Adieu aux armes*[11] d'Hemingway. Maman s'amusait de mon engouement pour la nouvelle collection.

— Tu te rends compte, j'ai quatre livres pour le prix d'un !

J'ai continué à les acheter jusqu'à notre départ pour l'Afrique. Je les possède toujours, ces livres de poche dont les couvertures me plaisaient tant. C'est pour cela que j'ai tenu à ce que tous mes livres paraissent dans la collection Le Livre de poche. Je considère cela comme un honneur et j'ai la certitude qu'ils seront achetés par des affamés de lecture comme moi. Je me rappelle mon émotion quand j'ai tenu *Blanche et Lucie*[12], mon premier livre en format poche : comme il m'a paru mince alors.

En relisant ce qui précède, je me rends compte de l'importance des livres durant mon enfance et mon adolescence. Importance qui perdure. Je sais que tous ces livres qui m'entourent, tant à Boutigny qu'à Paris, sont un rempart contre la monotonie des jours, l'ennui, la solitude et la présence des

---

1. Archibald Joseph Cronin, *Les Clés du royaume*, Le Livre de Poche, Paris, 1957.
2. 3. Antoine de Saint-Exupéry, *Vol de nuit*, Folio, Paris, 2012.
3. André Gide, *La Symphonie pastorale*, Folio, Paris, 2012.
4. Kathleen Winsor, *Ambre*, Points, Paris, 2009.
5. Margaret Kennedy, *La Nymphe au cœur fidèle*, Pocket, Paris, 1979.
6. Émile Zola, *La Bête humaine*, Folio, Paris, 2013.
7. Colette, *L'Ingénue libertine*, Le Livre de Poche, Paris, 2009.
8. *Op. cit.*
9. *Op. cit.*
10. Eugène Dabit, *Hôtel du Nord*, Denoël, Paris, 2000.
11. Ernest Hemingway, *L'Adieu aux armes*, Folio, Paris, 2011.
12. *Op. cit.*

autres. Plus le temps passe, plus je deviens misanthrope et ne me sens bien que seule avec un livre. Ils sont peu nombreux ceux qui partagent ma boulimie de lecture, avec lesquels je peux parler du *Charretier de la Providence*[1], d'Ed Cercueil et de Fossoyeur Jones[2], de *La Fausta*[3] ou des dernières aventures de Kurt Wallander, le héros d'Henning Mankell, un écrivain suédois de très grand talent. Qu'importe, les uns sont mes amis, les autres non. Cependant, il arrive que mes compagnons les livres deviennent encombrants ou jouent à se cacher quand je les cherche. Ils font fi de mes tentatives de classement par ordre alphabétique ou par genre. Plutôt que de passer une matinée à chercher tel ou tel, je préfère l'acheter en poche ou chez les bouquinistes, ce qui fait que j'ai cinq ou six exemplaires du même ouvrage.

Il m'arrive de me demander ce qu'ils deviendront après ma mort, aucun de mes enfants n'ayant la place de les accueillir. Peut-être devrais-je les vendre tant que je suis en vie ? Cette perspective ne me plaît guère, sachant que les libraires les achèteront à bas prix quelle que soit leur valeur ou leur rareté. Malgré cela, je continue à en acheter ; allez comprendre ! Un moment, j'ai trouvé une solution à l'envahissement des nouveautés : j'en déposais des piles devant l'entrée de l'immeuble avec une pancarte : *Servez-vous*. Dix minutes plus tard, ils avaient tous disparu.

---

1. Georges Simenon, *Le Charretier de la Providence*, Le Livre de Poche, Paris, 2009.
2. Chester Himes, *Cercueil et Fossoyeur*, Gallimard, coll. « Quarto », Paris, 2007.
3. Michel Zévaco, *La Fausta*, Le Livre de Poche, Paris, 1988.

8.

L'année de mes quinze ans, nous sommes allés passer le mois de juillet à La Tranche-sur-Mer, petite station balnéaire familiale, en Vendée. Maman avait loué une maisonnette, près d'une menuiserie, à deux cents mètres de la plage. J'enviais les familles qui avaient leur tente personnelle face à la mer ou celles qui en louaient. Nous n'en avions pas les moyens. Très vite, la plage, avec ma sœur et mon petit frère, m'est devenue insupportable, je préférais me promener sur la Côte sauvage, là où il y avait des rochers et quelques rares pêcheurs de crabes. Il y avait aussi un petit casino qui, l'après-midi, faisait thé dansant où j'aurais tant aimé que Maman aille vêtue d'une belle robe ! Qu'elle prenne un amant pour compenser les infidélités de mon père que j'avais découvertes en fouillant dans sa valise. J'y avais trouvé les lettres d'une femme et les avais lues avec chagrin et colère. J'avais hésité à les montrer à ma mère. Heureusement, je m'étais abstenue.

J'allais tous les jours faire un tour chez le libraire-marchand de journaux, qui me prêtait volontiers des livres que je lui rapportais le lendemain.

— Tu n'aimerais pas en vendre ? Ma femme et moi, nous avons trop de travail avec la presse et la librairie, nous avons pensé que tu pourrais nous aider. Qu'en penses-tu ? Parles-en à ta mère. Dis-lui de venir me voir.

Folle de joie, j'ai couru prévenir Maman. Ils se sont rencontrés et sont convenus d'un petit dédommagement. Il faut croire que j'étais douée car, selon eux, jamais ils n'avaient vendu autant de livres. Je n'étais pas beaucoup payée et j'y remédiais en prélevant un billet ou deux dans la caisse, ce qui me permit de me faire faire un pantalon de flanelle grise dont je rêvais chez le tailleur du coin et de m'acheter une paire de baskets neuves. J'avais bien un peu honte de trahir la confiance des gens qui m'employaient mais ces scrupules ne duraient jamais longtemps. J'avais pris l'habitude de voler de petites sommes dans les porte-monnaie de Maman et de Grand-mère.

Est-ce cette année-là que le mandat que Papa envoyait chaque mois n'est pas arrivé ? Affolée, sans un sou pour nous nourrir, Maman est allée trouver la patronne d'un petit restaurant à qui elle a expliqué la situation et qui a accepté de lui faire crédit. Notre humiliation à Chantal et à moi était totale. Pendant les repas, nous n'osions pas lever la tête de notre assiette. Enfin, le mandat est arrivé et Maman a pu acquitter sa dette. Avec l'argent restant, elle nous a nourris de sardines grillées et de pommes de terre.

J'ai eu mes premières règles, ce qui m'a affolée car Maman ne m'avait pas avertie de cet inconvénient d'être femme.

— Te voilà bonne à marier, m'a-t-elle dit en me tendant une serviette hygiénique.

Elle me montra comment l'attacher à une ceinture rose pour la fixer entre mes jambes : j'étais morte de honte. Maman a précisé :

— Ce sera comme cela tous les mois.

Rue Albert-de-Montplanet, un jeune couple venait d'ouvrir un magasin de photos. Le mari m'avait demandé de poser pour lui, ce que j'avais accepté avec plaisir. La photo n'était pas mal, je portais un pull-over bleu sur le devant et jaune derrière, tricoté par moi ; j'arborais cet air boudeur que j'avais souvent. J'avais pris l'habitude d'y passer presque chaque jour, de couper le bord des photos avec un massicot cranté et de les ranger dans des pochettes. J'avais pris aussi l'habitude de prélever quelque monnaie ou parfois un billet dans la caisse jusqu'à ce que je sois surprise en flagrant délit.

— Nous n'appellerons pas les gendarmes, mais nous allons prévenir la supérieure et ta mère, m'ont-ils dit.

J'ai éclaté en sanglots en promettant de ne plus recommencer ; rien n'y fit. La supérieure m'a convoquée dans son bureau et m'a dit :

— Cela ne m'étonne pas de vous, mademoiselle Deforges. C'est par égard pour madame votre mère et madame votre grand-mère que je ne préviens pas les gendarmes. Je devrais vous renvoyer, mais madame votre mère m'a suppliée de n'en rien faire. J'espère, sans trop y croire, que vous vous amenderez.

À la maison, j'ai demandé pardon à Maman qui ne savait que dire en pleurant :

— Ma pauvre petite ! Ma pauvre petite !

Aujourd'hui, je me pose encore la question : pourquoi est-ce que je volais ? Heureusement, j'ai très vite perdu cette manie d'adolescence.

Il était dit que cette année serait celle qui me marquerait à jamais et ferait de moi ce que je suis devenue.

Le matin du dernier jour de l'année scolaire, le groupe traditionnel de garçons, juchés sur le banc face au monument aux morts, nous a accueillies avec les plaisanteries habituelles. Sur le trottoir d'en face, Jean-Claude B. me faisait des signes que j'ignorai et je pressai le pas pour être à l'heure au déjeuner. Quand je suis arrivée, essoufflée, les parents se mettaient à table. Après le repas, je suis allée dans la salle à manger retrouver mon cher journal que je cachais derrière un plateau posé en haut du buffet. Dans ce cahier, je décrivais mon amour pour Manon, nos jeux, nos promenades, nos disputes aussi.

J'y parlais de l'école, de mes lectures, de mes projets d'avenir. Le chat de la maison est venu se blottir sur mes genoux en ronronnant. Je l'aimais bien, le chat, à lui je pouvais faire des confidences.

L'après-midi, en classe, nous avons rendu nos livres. J'ai demandé à Mlle Dumas de me restituer le rouleau de dessins qu'elle m'avait confisqué l'année précédente.

— Je ne sais pas où je l'ai mis ; je vais le chercher.

L'a-t-elle cherché ? je n'en sais rien, mais je ne l'ai jamais récupéré. Enfin, la cloche a sonné. Avec une dernière prière et une dernière révérence devant la grotte de la Vierge et après avoir salué nos professeurs, nous nous sommes égaillées. Mon cartable était lourd et je l'ai laissé tomber dans l'entrée de la maison où se trouvait Papa, retour d'Afrique, qui avait l'air embêté. Maman est sortie de la cuisine, les yeux rougis.

— Qu'est-ce qui s'est passé ? m'a-t-elle demandé en me prenant par le bras. Nous venons de recevoir une convocation de la gendarmerie.

Je me suis creusé la tête.

— Il paraît que cela concerne Manon et toi, a dit mon père.

Qu'est-ce que Manon venait faire là ? Cela m'a mise en colère. J'ai crié :

— Pourquoi Manon ? Il faut toujours qu'on m'embête pour rien !

Mon père m'a administré une formidable paire de claques. Je suis sortie en courant de la maison où j'ai croisé ma sœur qui a eu l'air embêté en me voyant. Je n'ai pas couru, j'ai volé jusqu'à la maison de Manon. Colette, la sœur de Manon, arrosait ses fleurs.

— Qu'avez-vous fait, Manon et toi, pour que les gendarmes viennent à la maison ? a-t-elle demandé.

— Je veux voir Manon. Manon !

— Ne crie pas comme ça, elle n'est pas là.

— Où est-elle ?

— Je n'en sais rien. Elle est partie avec Jeanine à l'arrivée des gendarmes.

Je suis sortie du jardin, bien décidée à la retrouver. J'allai chez les uns, chez les autres, au tennis, au café de l'Europe, Manon n'était nulle part. Peut-être était-elle chez Marcelle, plus âgée que nous, mais qui fréquentait notre petite bande. Assis sur les marches de l'escalier menant à sa maison, ils étaient là. Dans un sanglot, Manon m'a demandé :

— Qu'est-ce que tu as fait ?

Quoi ! Elle aussi !

— Mais je n'en sais rien !

Jeanine s'est levée et m'a toisée.

— Les gendarmes ont l'air de le savoir, eux !

Je me suis approchée de Manon pour l'embrasser tendrement.

— Ce n'est pas le moment, a dit Marcelle.

Ils ont repris leurs vélos. Je suis remontée lentement vers la maison. L'air était doux. De la rivière montait un parfum de menthe.

Je me suis assise à table mal à l'aise et j'ai refusé l'assiette de potage que m'a tendue Maman.

— Il faut manger, tu vas être malade !

Pour lui faire plaisir j'avalai deux, puis trois cuillerées ; plus, je ne pouvais pas. Maman m'a retiré mon assiette. Le silence était pesant. Le dîner fini, j'ai desservi la table. Grand-mère et Maman faisaient la vaisselle.

— Je peux aller chez Manon ?

— Oui, mais ne rentre pas trop tard.

J'enfourchai mon vélo. Chez mon amie, seul son père paraissait paisible.

— Venez au salon toutes les deux.

Il a refermé la porte et s'est assis dans un fauteuil. Manon est venue se blottir contre lui. Il nous a expliqué que l'abbé Coiffard était allé à la gendarmerie déposer une plainte contre nous. Les gendarmes connaissaient l'existence d'un cahier dans lequel j'écrivais mon journal et tous mes secrets qui étaient l'objet de la plainte. J'étais bouleversée et révoltée à la fois. Manon s'est mise à pleurer. Son père restait calme. Il avait appris le nom du garçon qui détenait mon cahier, Alain B., et nous conseillait de le récupérer au plus vite pour que cessent les rumeurs. C'était aussi l'avis du brigadier. Alain B., un garçon vulgaire et sûr de lui, essayait toujours de me tripoter dans les coins, il était jaloux de Manon. J'avais envie de vomir. Mais qui lui avait procuré mon journal ?

— C'est ta sœur, d'après les gendarmes.

Chantal ! J'ai rougi à l'idée qu'elle avait dû lire chaque jour ce que j'écrivais.

Dans le jardin, les grenouilles du petit bassin coassaient, la lune était haute. Je suis rentrée à la maison en poussant mon vélo ; les rues étaient désertes.

Dès mon arrivée, je suis allée dans la salle à manger pour constater l'absence de mon cahier : mes doigts n'ont rencontré que du vide. Tout le monde était couché. Je suis montée dans le grenier et me suis glissée dans le lit-cage d'enfant qui me servait de canapé. Je me suis endormie en sanglotant. Dans la nuit, j'ai senti que l'on me recouvrait ; j'ai deviné que c'était Maman.

À mon réveil, il n'y avait que Grand-mère et Mamy à la maison.

— Où sont Papa et Maman ?

— Comme si tu ne le savais pas ! Ils sont à la gendarmerie !

J'ai pris un morceau de pain dans le buffet. Grand-mère me regardait en silence.

— Tu veux un peu de café ?

Sa voix douce me surprit.

— Avec plaisir, merci.

Elle a pris la cafetière tenue au chaud sur un coin de la cuisinière et a versé le café dans un bol où elle a ajouté deux morceaux de sucre. Elle m'a regardée manger en silence.

Il m'a semblé qu'il y avait de la tendresse dans ses yeux. Mais je devais me tromper, ce n'était pas dans ses habitudes d'être tendre. J'ai lavé mon bol et ma cuillère et suis montée au grenier pour fumer une cigarette et continuer à lire *La Diffi-culté d'être*[1] de Jean Cocteau. Au bout d'un moment, je l'ai laissé tomber : je n'y comprenais rien, les mots ne voulaient plus rien dire.

Quand mes parents sont rentrés, j'ai tremblé longtemps avant de descendre doucement et de coller mon oreille contre la porte de leur chambre. Maman reniflait, Papa marchait de long en large.

— En quoi le journal de Régine regarde les gendarmes ? C'est une enfant !

— Comme si tu n'avais pas compris... Elles font des choses sales et contre nature, sanglotait Maman.

— Comment ça, sales ?

— Mais évidemment, elles ont des rapports amoureux, c'est dégoûtant et il y aurait tous les détails dans ce cahier.

Je reçus ces mots comme des coups. Sale ? Dégoûtant, notre amour ? En quoi notre amour était-il plus dégoûtant que le leur ?

— Mais ce n'est pas si grave, ma chérie, cela arrive souvent, a dit Papa d'un ton apaisant.

— Pas grave ! Et les gendarmes ? Tu crois qu'ils se déplacent pour quelque chose sans gravité ?

— Tu as entendu le brigadier comme moi, il faut reprendre ce cahier et tout rentrera dans l'ordre : il n'y a pas mort d'homme !

J'en avais assez entendu et les derniers mots de Papa m'avaient un peu apaisée ; je suis remontée au grenier.

Le soir, mes parents sont allés au cinéma, ce qui était rare. Je n'avais pas envie de sortir, je me suis réfugiée encore au grenier où je fumai en buvant un verre de grand-marnier que

_____

1. Jean Cocteau, *La Difficulté d'être*, Le Livre de Poche, Paris, 2009.

j'avais chipé dans le buffet de la salle à manger. Je regrettais de ne pas en avoir pris davantage ; je me serais bien soûlée. J'entendis mes parents rentrer ; il devait être minuit.

Je me suis couchée dans le lit-cage. Les mots se bousculaient dans ma tête que je cognais aux barreaux du lit en pleurant. SALE ! DÉGOÛTANT ! SALE ! SALE ! DÉGOÛTANT ! Maman est venue me voir.

Elle m'a caressé le front.

— Tu as de la fièvre, tu es brûlante !

Je voulais qu'elle m'embrasse et qu'elle me rassure. J'avais très peur. Mais la porte s'est refermée. Je suis restée seule avec mes épouvantes.

Le lendemain, au réveil, j'ai attrapé un short un peu petit et une chemisette blanche offerte par Vonvon au temps où nous étions amis ; petit déjeuner dans la cuisine. Il n'y avait que Grand-mère à qui j'ai donné un baiser en passant.

— On voit tes fesses !

Que de haine dans ce mot ! J'ai haussé les épaules et suis allée prendre mon vieux vélo. En pédalant doucement, j'ai fait le tour du champ de foire sans savoir quelle direction prendre. Le château de Pruniers, les bords de la Gartempe, l'étang de Néchaux ? J'ai roulé vers l'étang, puis, changeant d'avis, je me suis dirigée vers la maison de Manon.

9.

Ils étaient tous là, assis sur le muret, moroses.

— Mes parents ne veulent plus que je te voie, a dit Gérard G.

— Les miens non plus, ont ajouté Francis et Jeanine.

— Il paraît qu'Alain B. lit ton cahier tout haut devant ses copains. Ils te traitent de gouine et de salope, a dit Yvette.

Je suis glacée, je me sens nue et sale sous leurs regards. Marcelle m'a entouré les épaules de son bras.

— Ne t'inquiète pas, Régine, cela va s'arranger.

Elle semblait la seule à éprouver de la compassion pour moi. J'avais envie de pleurer mais pas devant eux. Je les ai quittés pour descendre à la rivière, monter dans ma périssoire et j'ai commencé à pagayer lentement en laissant le courant me pousser. L'air était doux. J'ai enlevé chemise, short et soutien-gorge. Comme je me sentais différente des adultes et de mes amis ! Pour rien au monde je n'aurais voulu être comme eux, effrayés, craignant les jugements d'autrui. La liberté était un mot trop grand pour eux. Être libre ! Ils n'en comprenaient pas le sens.

À la hauteur du jardin du père Chaumanet, j'ai attaché le bateau au tronc d'un saule. J'ai cueilli des tomates bien mûres, tiédies par le soleil et me suis allongée pour dormir sous un tilleul.

— Qu'est-ce que tu fais dans cette tenue, tu n'as pas honte !

L'oncle se tenait debout à côté de moi. J'ai bondi dans mon bateau en riant. Un peu plus bas, sur l'autre rive, je me suis arrêtée au pied d'un vieux chêne que je connaissais depuis ma petite enfance. Si grand, si large, il avait vu tant de choses, il était sacré pour moi. Je l'ai enlacé et, parce que je me frottais doucement contre lui, le plaisir m'a envahie. J'ai glissé sur l'herbe, mes yeux se sont fermés.

Une caresse m'a surprise, l'ombre de Jean-Claude me recouvrait tandis qu'il me plaquait sur le sol. Il m'avait suivie.

— Sois gentille avec moi et j'arrangerai ton coup avec Alain.

Sa vulgarité m'a sauté aux yeux. Je lui ai craché à la figure que j'aimais Manon et qu'il était ridicule. Son expression a changé. Je suis parvenue à me dégager et j'ai couru attraper ma pagaie dans la périssoire. Il m'avait rejointe, le regard mauvais. J'ai abattu ma pagaie sur lui. Son arcade sourcilière s'est fendue et le sang a coulé abondamment. J'en ai profité pour grimper dans le bateau en criant que je ne le verrais plus et que son copain pouvait toujours attendre...

Une fois rentrée, j'ai raconté à ma bande ce qui venait de se passer avec Jean-Claude. Leurs visages se sont allongés. Manon m'a dit que nous devions aller voir son père, ce que nous avons fait.

Nous nous sommes assises à côté de lui et il nous a parlé d'une voix douce. C'est sa douceur qui m'a fait pleurer. Il avait vu ma mère qui s'était montrée courageuse. Sur le conseil des gendarmes ils étaient convenus de reprendre au plus vite le cahier pour calmer le jeu. Ma mère devait rencontrer celle d'Alain afin qu'elle convainque son fils de nous le rendre. Il nous a assuré que tout allait rentrer dans l'ordre, j'ai baissé la tête.

Quand je suis arrivée chez moi, le déjeuner était terminé.

— Il paraît que tu te promènes sans maillot de bain sur la rivière, a dit mon père. Ton oncle était scandalisé.

— Il n'a qu'à regarder ailleurs.

Mon père m'a flanqué une telle gifle que je suis tombée de ma chaise. Ma grand-mère m'a fait respirer du vinaigre et m'a tapoté les joues.

Mais le pire était à venir. Papa, qui commençait ses deux mois de vacances, a déclaré qu'on le rappelait en Afrique, son patron avait besoin de lui.

Ma mère s'est décomposée.

— Je n'y arriverai pas toute seule. Il faut revoir les gendarmes, régler les histoires de Régine, c'est trop difficile.

Mon père lui a affirmé qu'elle se débrouillerait très bien, que les femmes étaient plus calmes et plus subtiles dans ce genre d'affaires. J'avais tellement honte pour lui, je l'ai détesté de toutes mes forces à ce moment-là. Personne n'osait se regarder. Seuls les yeux de ma grand-mère disaient le mépris qu'elle avait pour ce gendre irresponsable et léger. Ma mère s'est levée et on l'a entendue monter dans sa chambre. Papa l'a suivie.

Je suis partie chez Manon, dont les parents étaient plus rassurants que les miens. Malheureusement, ils recevaient à dîner ce soir-là et j'étais de trop là aussi. Dans leur jardin j'ai rencontré le Dr Martin qui m'a donné une tape sur les fesses en s'exclamant :

— J'en ai entendu de belles à ton sujet !

— Cela vous va bien de me parler de ça !

Il a dû se rappeler combien de fois j'avais été forcée de le repousser, et il m'a traitée d'allumeuse et de petite garce qui ne voulait pas qu'on l'approche. J'ai embrassé Manon et j'ai claqué le portail. Impossible de rentrer chez moi.

J'ai décidé de monter à la tour en haut de la ville. Des cailloux ont roulé sous mes pieds pendant que je grimpais entre de vieilles maisons moyenâgeuses. La pente était raide jusqu'au pied de la tour. J'ai monté les cinq marches qui menaient à la porte en bois clouté et je me suis assise pour regarder les lumières de la ville qui s'allumaient une à une. En contrebas, j'apercevais la maison de Manon et peu à peu une paix m'envahissait. Là, je pouvais parler à Dieu, l'appeler à l'aide. Comme tout serait simple s'Il nous entendait. Quelle heure pouvait-il être ? Il faisait nuit noire. Je suis redescendue.

Maman n'était pas couchée.

— Où étais-tu ?

— À la tour.

— Moi aussi j'aimais y monter quand j'avais ton âge.

Elle m'a demandé ce que j'écrivais dans mon cahier.

— Je parle de tout ce qui m'arrive.

Elle a attendu une minute.

— Tu racontes les choses qui se passent entre Manon et toi ?

Quelles choses ? Ce qu'elle trouvait dégoûtant quand elle en parlait avec Papa ? J'ai changé de sujet.

— Et les gendarmes ? Que veulent-ils exactement ?

— Que l'abbé Coiffard ne porte pas plainte, que ton cahier ne circule plus. Je vais le réclamer à la mère d'Alain B.

J'ai essayé de la convaincre de ne pas le faire. Il ne fallait rien demander à ces gens horribles mais elle m'a dit que nous n'avions pas le choix. Elle m'a regardée avec tendresse.

— Tu devrais aller te coucher, tu as besoin de dormir.

10.

Comme il faisait beau ! J'ai pris mon vélo et j'ai roulé jusqu'au café du Commerce où se trouvait ma bande. Ils fumaient tous, l'air morne, et Jeanine m'a annoncé qu'Alain B. exigeait que je demande pardon à Jean-Claude pour le coup de pagaie. Ils m'attendraient le jour même à cinq heures. Mes excuses devaient être publiques. J'ai répondu que Jean-Claude m'avait sauté dessus et n'avait eu que ce qu'il méritait. J'embrassais qui bon me semblait et je ne voulais pas qu'on me viole !

— C'est bien ce dont ils te menacent si tu ne t'exécutes pas, a répondu Marcelle.

— Je n'y crois pas, ils bluffent.

Mais Manon a pris la parole, à ma grande surprise.

— Tu iras parce que mon père a revu les gendarmes qui souhaitent que cette histoire s'arrête. Elle a fait le tour de la ville jusqu'à l'archiprêtre et au sous-préfet. Les grenouilles de bénitier disent que tu devrais être enfermée dans une maison de correction.

C'en était trop. J'ai promis que j'irais.

À la maison, Papa a annoncé qu'il nous ferait bientôt venir à Conakry car on lui avait promis une maison pour nous loger. Si cela pouvait être vrai ! Après le café, je suis montée dans mon refuge au grenier pour fumer une cigarette et lire.

Mais les mots dansaient devant mes yeux. J'imaginais le rendez-vous de l'après-midi et l'idée de m'excuser me soulevait le cœur.

À l'heure dite, j'ai mis une jolie robe à fleurs et j'ai pédalé jusqu'au tennis où ils m'attendaient. J'ai pris l'air dégagé quand Alain m'a attrapé le bras.

— Tu n'es qu'une petite lesbienne qui va demander pardon.

— Ne me touche pas, pauvre type, je n'ai pas de raison de demander pardon.

— En tout cas, tu vas arrêter ton histoire avec Manon.

— Jamais !

Manon pleurait, personne ne s'est interposé et Alain a dit qu'il me rendrait mon cahier à cette seule condition et qu'alors les gendarmes abandonneraient l'affaire.

— Quand aurai-je le cahier ?

— Quand tu auras pris ta décision.

Je me suis tournée vers Manon et je lui ai posé la question. Voulait-elle que j'accepte de ne plus la voir ? La peur se lisait sur son visage et elle n'a rien répondu. Bizarrement, cela m'a donné du courage.

— Je m'en fous de votre chantage et de vos menaces. Vous pensez que je vais céder, que vous me faites peur ? Quelle blague ! Je vous méprise.

Je suis tombée. J'avais reçu un grand coup sur la tête et j'ai perdu connaissance.

Il y avait une drôle de lumière qui me faisait mal aux yeux, je me suis retournée et la lumière est devenue rouge.

— Vas-tu te tenir tranquille ! dit une voix qui m'a semblé être celle du Dr Martin. Mais laisse-moi te soigner, nom de Dieu !

J'ai senti contre ma joue le parfum de Manon qui disait :

— Elle ne va pas mourir, docteur ?

— Pas encore ! Quel est l'enfant de salaud qui lui a fait ça ?

— Il s'est sauvé.

— Et les autres ?

— La même chose, sauf Vonvon qui nous a aidés à la porter à l'ombre. Heureusement que vous étiez là. Docteur, elle ouvre les yeux !

Je me suis tenue tranquille. Que faisaient tous ces gens en short blanc ? Qu'avaient-ils à me regarder ? Après avoir terminé son pansement, le Dr Martin a dit :

— Je t'emmène à mon cabinet pour te faire une radio.

La radio n'a révélé aucune fracture ; je m'en tirais à bon compte.

Ma grand-mère et ma mère ont toutes les deux poussé un cri en me voyant.

Le médecin m'a soulevée et m'a portée sur le divan de la salle à manger.

— Ne vous inquiétez pas, a-t-il dit, je lui ai fait une radio, rien de cassé. Il faut juste qu'elle se repose un peu.

Une grande torpeur m'a envahie ainsi qu'une immense fatigue et une tristesse telles que mes larmes ont coulé en abondance, tant qu'il me semble qu'elles emportaient ma haine. J'avais envie de douceur. Un coup sur la tête peut-il provoquer de tels changements ?

Ma mère était au pied de mon lit avec un grand sourire et un plateau de petit déjeuner. J'avais dormi douze heures mais une douleur m'a traversé la tête. J'ai repris mes esprits quand Maman m'a annoncé qu'elle allait voir la mère d'Alain B. dans la journée.

— Dis-lui que son fils est un assassin !

— Ça n'arrangera rien...

— Maman, s'il te plaît, ne va pas voir ces gens.

— Tu ne m'as pas laissé le choix.

Je la sentais lasse et prise au piège et cette dernière phrase m'a blessée. Je me suis laissée retomber sur les oreillers.

11.

Dans la soirée, j'ai retrouvé ma mère allongée sur son lit, secouée de sanglots. J'ai embrassé ses joues humides.

— Comment cela s'est-il passé ?

Elle s'est retournée et m'a répondu durement :

— Mal. Mme B. m'a rendue responsable de ta mauvaise éducation et de ton comportement dépravé.

— Et mon cahier ?

— Alain te le rendra en présence de sa mère et de moi, si tu promets de ne plus revoir Manon.

J'ai crié malgré moi.

— J'aurai sa peau.

— Arrête de dire des bêtises ! Laisse-moi, je suis fatiguée.

Je suis allée marcher jusqu'au pré du père Duché, route de Limoges, où j'ai plongé mes pieds dans l'eau et regardé voleter les libellules, bleues, vertes, dorées, aux ailes transparentes. Des gamins jouaient au foot dans le pré. L'un d'eux s'est approché de moi et m'a tendu un bout de papier sur lequel courait une vilaine écriture. « Si tu viens après-demain à quatre heures au Commerce, je te rendrai ton cahier. » Signé A.

Le lendemain, les parents sont partis pour Paris. Maman nous a glissé à Chantal et à moi un peu d'argent. J'ai aidé

Grand-mère à écosser les petits pois, à éplucher les carottes et la laitue. Je lui ai demandé de me laisser faire la cuisine. Elle a haussé les épaules, l'air surpris. J'ai confectionné un bouquet garni, épluché un oignon que j'ai piqué d'un clou de girofle. À mi-cuisson, j'ai salé les petits pois et ajouté cinq morceaux de sucre dans la marmite. Avec les petits pois, un poulet rôti était prévu. J'ai vérifié que le four était assez chaud avant d'y glisser le poulet dans un plat beurré. Bientôt, une bonne odeur a envahi la cuisine. J'ai vérifié la cuisson des petits pois : encore une vingtaine de minutes. Avant de partir, Maman avait préparé un clafoutis aux abricots que Chantal avait porté chez le boulanger. Je lui ai dit que c'était le moment d'aller le chercher pendant que j'assaisonnais la salade en fredonnant « Comme un p'tit coquelicot », mais, sous le regard de Grand-mère, je me suis arrêtée. J'ai mis le couvert. Grand-mère était étonnée : on lui avait changé sa petite-fille. Nous sommes passées à table : le dîner était délicieux et Grand-mère m'a félicitée.

— Je ne te connaissais pas ce talent.

Malicieusement, je lui ai répondu :

— J'en ai d'autres, tu sais.

Son visage s'est renfrogné. J'aurais mieux fait de me taire. Chantal et moi avons débarrassé la table et laissé Grand-mère et Mamy faire la vaisselle. Je suis allée m'asseoir sur le pas de la porte pour fumer une cigarette. Chantal s'est installée à mes côtés. Je lui ai tendu le paquet de High Life.

— Tu sais bien que je ne fume pas.

C'est vrai, j'avais oublié. Ma chère petite sœur n'a aucun vice, si ce n'est lire le journal intime des autres. Je lui ai méchamment pincé le bras.

— Pourquoi ? a-t-elle demandé les yeux remplis de larmes, en se frottant le bras.

— Tu le sais très bien !

Maintenant, elle pleurait pour de bon.

— Je ne pensais pas que ça ferait un tel chambard. Vonvon m'en avait parlé comme d'une blague, j'ai trouvé ça drôle...

— C'est Vonvon qui t'a demandé de faire cela ?

— Oui, je croyais que tu le savais.

J'étais accablée d'apprendre cette nouvelle trahison.

— Pardonne-moi, je ne savais pas !

Je l'ai regardée. Elle avait vraiment l'air d'une petite fille. Je l'ai serrée contre moi. Sa bêtise nous a punies toutes les deux : je lui ai rappelé que nous étions renvoyées de l'institution Saint-Martial.

À cet instant, j'ai revu le visage pâle, les traits tirés de Maman à son retour de l'institution, deux jours plus tôt.

— Cela a été affreux, avait-elle dit dans un sanglot. Elles ne veulent plus de toi ni de Chantal pour la rentrée prochaine. J'ai tout tenté, la mère supérieure n'a rien voulu savoir. Elle m'a déclaré que le scandale était trop grand et que certaines familles ne voulaient pas que leurs filles soient en relation avec vous sinon elles les retireraient de l'école. Je n'ai pu que m'incliner. Elle prétend que tu as un mauvais fond probablement pervers. Les professeurs n'ont que ton nom à la bouche pour se plaindre, elles répètent qu'elles n'arrivent à rien avec toi, que tu leur réponds, que ton travail n'est jamais fait et que tu perturbes tes camarades.

— Nous pouvons aller au lycée de Poitiers.

— Nous n'en avons pas les moyens. Il faut que je te dise aussi que ta grand-mère et tes tantes sont bouleversées et ne savent pas quoi répondre quand on les interroge.

— Ça ne m'étonne pas, elles me critiquent sans arrêt, rien de ce que je dis ne trouve grâce à leurs yeux. Pourquoi les adultes sont-ils laids et bêtes et méchants en plus ?

Contrairement à ce que j'espérais, ma mère ne m'a pas consolée. Elle m'a répondu que personne n'était parfait, que je ne connaissais pas la vie et que mon orgueil me jouerait des tours. Elle avait ajouté que je m'y ferais comme tout le monde.

J'avais hurlé.

— Je ne veux pas de votre vie !

Une claque m'a fait taire.

12.

Il était l'heure d'aller au rendez-vous du café du Commerce. Quand j'ai pénétré dans la grande salle, Mme B. m'a montrée du doigt. Je me suis avancée vers sa table avec des jambes de plomb et je me suis adressée à Alain.

— Tu n'es qu'un voleur.

— Quelle comédienne, s'est exclamée sa mère, elle se sert de sa jeunesse pour séduire les hommes et les femmes, le mal est en elle.

Cela m'a fait sourire : j'étais une sorcière et on était revenu à l'époque de l'Inquisition.

— Elle sourit, elle me nargue ! Quelle petite putain.

J'ai entendu un grognement près de moi : c'était Vonvon qui protestait à sa manière.

— Vous n'êtes pas de mon avis, jeune homme ?

— Non, madame, je connais bien Régine, ce n'est pas une putain.

Enfin quelqu'un qui prenait ma défense ! J'ai jeté un regard de reconnaissance à mon ancien camarade de jeu.

— Une traînée, alors, une sale petite traînée ! À la Libération, on l'aurait tondue.

— Rendez-moi mon cahier ou je porte plainte contre votre fils pour coups et blessures.

Une lueur de peur a passé dans ses yeux.

— J'ai des témoins, dont le Dr Martin, qui l'ont vu m'assommer avec une bouteille.

Alain a baissé la tête.

— Les gendarmes ont autre chose à faire qu'à s'occuper des élucubrations d'une gamine !

— Ils s'occupent bien des écrits de cette gamine.

— C'est que ces écrits contiennent des outrages aux bonnes mœurs !

Là, j'ai éclaté de rire.

— Vous voulez parler sans doute des amants de Mme L., des gamins tripotés par l'abbé C., de M. Q. qui donne ses rendez-vous aux garçons dans les pissotières, de la grosse Mlle S. qui montre son cul et ses seins à sa fenêtre, de vous, madame, de votre mari qui vous trompe avec de jeunes et jolies négresses dont il aurait des enfants. Comment sont-ils tes petits frères, Alain ? Blancs, café-au-lait ou noirs ?

Alain bondit.

— Comment oses-tu dire des choses pareilles sur mon père ?

— Tu oses bien dire des horreurs sur moi qui sont fausses. C'est pour tout cela que les gendarmes ne tiennent pas à ce que le contenu de ce cahier soit rendu public ; il en résulterait trop de drames familiaux, n'est-ce pas, madame ?

Mme B. s'est levée, blême et chancelante, en serrant mon cahier contre elle. Elle est sortie en essayant de prendre un air digne et son fils l'a soutenue jusqu'à leur voiture.

— Bravo ! s'est écrié Vonvon, tu l'as mouchée, la vieille !

Je savais que là, j'avais frappé fort, il ne serait question que de cet échange pendant les dîners dans toutes les salles à manger de la ville. À mon tour, j'ai quitté le café. Je n'avais toujours pas récupéré mon cahier.

Quand je suis entrée dans la maison, Grand-mère m'a regardée et a posé sa main sur mon front.

— Tu es brûlante ! Monte te coucher. Chantal, va chercher le docteur.

Elle m'a aidée à monter les marches, à me déshabiller et à m'allonger dans le lit. Elle m'a tendu le thermomètre : quarante.

— Mon Dieu ! Et ta mère qui n'est pas là.

Le Dr Martin est arrivé, m'a auscultée, a pris mon pouls et ma tension.

— C'est grave, docteur ? a demandé Grand-mère.

— Je n'en sais rien, madame. Mettez-la à la diète pendant deux ou trois jours. Une infirmière va venir lui faire une prise de sang. Nous en saurons plus après les analyses. Donnez-lui de l'aspirine en attendant et laissez-la dormir autant qu'elle le voudra. Le sommeil est un remède à lui tout seul. Sois sage, toi.

J'ai dormi pendant deux jours. Je ne me suis pas réveillée quand l'infirmière est venue faire sa prise de sang ni lors de la visite quotidienne du médecin. Quand j'ai émergé de ce long sommeil, j'avais une faim de loup. Ce n'est que le quatrième jour que la fièvre est tombée. Je me sentais très faible. Malgré cela j'ai voulu me lever et suis retombée sur le lit, le cœur battant.

J'ai entendu la sonnette de la porte d'entrée, puis la voix de Manon.

— Monte, je suis dans la chambre.

Grand-mère a bougonné mais l'a laissée monter ; elle n'était pas seule, Jeanine l'accompagnait.

— Va-t'en ! Je ne veux plus vous voir, toi et les autres.

— Ne fais pas l'idiote, je regrette ce que j'ai dit l'autre jour. J'étais en colère devant ton insouciance.

Manon m'a caressé le visage et m'a donné de petits baisers.

— Tu as besoin de prendre l'air. Viens pique-niquer avec nous dans deux jours. Je dois te laisser, je vais à Poitiers avec Maman et Colette acheter des fournitures scolaires.

En finissant sa phrase, elle s'est rendu compte de ce qu'il y avait de cruel dans ces propos anodins et elle est devenue écarlate.

— Pardonne-moi ! Je ne voulais pas...

— Je sais.

À peine la porte s'est-elle refermée sur elle que j'ai éclaté en sanglots, étouffés dans mon oreiller.

13.

Maman devait rentrer dans deux jours et j'avais hâte de la revoir. Elle me manquait. Comme elle devait être triste : son mari parti pour de longs mois, ses filles renvoyées de l'école. Je n'étais pas très rassurée et l'avenir me faisait peur. Que faire si on ne va pas en classe ? Je me prenais à regretter l'école, parce que je savais que seule, sans directives, j'étais incapable de travailler. Je trouverais toujours quelque chose à faire : du tricot, du point de croix, des dessins ou tout simplement lire un roman. Ce n'était pas avec ça que je pourrais passer mon brevet ! Et Chantal, qu'allait-elle devenir ? Nous n'allions tout de même pas jouer à l'école ensemble !

Le temps avait fraîchi, il y avait de la brume le matin ; cela sentait l'automne.

Jeanine était rentrée à Paris. Vonvon avait repris son travail à la forge de son père. Francis, Gérard et les autres préparaient la rentrée des classes. Alain B. et sa mère n'étaient pas encore repartis en Afrique. Je pensais à mes camarades qui choisissaient de nouveaux cartables, des tabliers neufs. Si on m'avait dit qu'un jour je regretterais de ne pas avoir un nouveau tablier ! Finis les baignades dans la Gartempe, mes promenades en périssoire, les pique-niques, les balades à vélo, les surprises-parties. Tous ces plaisirs s'en allaient avec l'été. « L'été reviendra », m'a dit une voix.

Sans doute, mais plus rien ne sera pareil, nous aurons tous grandi, nous serons presque des adultes. Ils allaient avoir des tas de choses à raconter : leur année scolaire, leurs examens, réussis ou non, leurs nouveaux amis, leurs projets... Et moi ? Qu'aurais-je à leur dire de cette année passée à ne rien faire, sans bouger de ce patelin que je haïssais, où je n'avais plus d'amis, où je m'ennuyais à mourir. Leur parler des dizaines de livres que j'aurais lus ? Aucun n'aimait lire. Leur montrer mes nouveaux dessins ? Ils les regarderaient avec indifférence. Exhiber le nouveau pull Jacquard que je me serais tricoté ? Ils me féliciteraient mollement. Non, rien de ce que j'aurais pu faire durant l'année n'était susceptible de les intéresser. Autant se taire.

C'est durant cette période que je pris l'habitude d'être silencieuse, de ne pas participer aux conversations, de rester seule dans un coin, en regardant autour de moi.

Bien des années plus tard, au cours d'une réception dans un ministère, je fus rejointe par Roger Stéphane qui, lui aussi, était seul. Il me parla gentiment, je lui répondis et, d'un commun accord, nous sommes allés prendre un verre au Flore. Par la suite, chaque fois que nous nous croisions nous échangions quelques mots ou un sourire. De lui, je ne savais presque rien, si ce n'est que c'était un écrivain et un journaliste homosexuel dont les opinions politiques se situaient à gauche. Qu'il avait participé à la libération de Paris. Je résolus de l'appeler à propos de la guerre d'Indochine sur laquelle il avait écrit dans *France Observateur*. J'allais décrocher le téléphone quand je réalisai que je n'avais rien lu de lui. Je sortis acheter *Des hommes libres*[1], l'*Ascenseur*[2] et *Portrait de l'aventurier*[3]. Je les lisais à la campagne quand on a annoncé sa mort à la radio : Roger Stéphane s'était suicidé. Cette nouvelle fut un

---

1. Roger Stéphane, *Des hommes libres*, Grasset, Paris, 1997.
2. Roger Stéphane, *Ascenseur*, Robert Laffont, Paris, 1960.
3. Roger Stéphane, *Portrait de l'aventurier*, Grasset, coll. « Les Cahiers rouges », Paris, 2004.

choc dont l'intensité me surprit : ainsi, il ne pourrait plus me parler de la guerre d'Indochine, de la libération de Paris, de la Résistance... J'étais désemparée. C'est comme cela que l'idée d'écrire sur lui m'est venue ; de faire une sorte de *tombeau*... Cela donna un petit livre dont je suis assez satisfaite : *Roger Stéphane ou la passion d'admirer,* dont ceux qui l'ont lu disent l'aimer.

Maman était revenue déprimée de son voyage à Paris. Je lui ai demandé comment allait Papa ; elle ne m'a pas répondu. Elle rangeait machinalement ses affaires, remettait de l'ordre dans la chambre.

— Qu'est-ce qu'on fait pour l'école ? a demandé Chantal.

Elle ne savait pas que Maman avait renoncé à trouver une école qui veuille bien de nous. La directrice de l'école de Manon avait été la seule à montrer un peu d'humanité à cette mère dépassée par la situation.

— Croyez-moi, chère madame, il vaut mieux qu'il en soit ainsi. Régine serait en but à l'ostracisme, même involontaire, des professeurs et à la méchanceté des élèves. Il faut lui épargner cela. C'est une enfant intelligente et sensible mais aussi têtue et brutale. Si vous le permettez, je la ferai travailler après mes cours. Si elle y met un peu de bonne volonté, elle pourra se maintenir au niveau de la troisième et passer son brevet.

Maman s'était confondue en remerciements, précisant que ses moyens ne lui permettaient pas de me faire donner des cours particuliers.

— Il n'est pas question d'argent, madame, je veux simplement que tout ce gâchis ne pénalise pas cette enfant sa vie durant. Nous en reparlerons.

J'ai été très reconnaissante à Mme B. de sa généreuse proposition, bien qu'elle n'ait pas été suivie d'effet.

Le lendemain, dans l'après-midi, une lettre adressée à Maman fut déposée dans la boîte. À mesure de sa lecture, je voyais son visage s'altérer, ses yeux se remplir de larmes. Sans un mot, elle m'a tendu la missive.

— Madame, mon fils m'apprend que votre fille a en sa possession un certain nombre de cahiers semblables à celui qui a déclenché ce pénible scandale. Il convient de les détruire. Mon fils est d'accord pour rendre ledit cahier à la condition qu'il soit détruit avec les autres. Sinon, je déposerai moi-même plainte pour outrage aux bonnes mœurs. Acceptez, madame, mes salutations.

Le papier m'a échappé des mains. Mes jambes étaient devenues molles. Je me suis laissée tomber lourdement sur une chaise en criant :

— Détruire mes cahiers ! Jamais !

Durant ces jours mauvais, j'en relisais des passages, cela me consolait un peu. Il fallait que je les cache ailleurs, ils n'étaient pas en sûreté au grenier. Combien étaient-ils ? Cinq ? Six ? J'aimais les regarder serrés les uns contre les autres dans leurs reliures cartonnées de couleur différente. En écrivant ces phrases le cœur me bat encore avec force. J'ai froid. Mes cahiers ! Je les revois avec netteté. C'est ma vie qui était dedans, une vie d'enfant, naïve, confiante et curieuse, écrite au jour le jour d'une écriture désordonnée. Que serait devenu Claude Mauriac si on lui avait dérobé son journal ? Jamais il n'aurait pu écrire cet étrange chef-d'œuvre : *Le Temps immobile*[1]. Et moi, qu'allais-je devenir sans mes cahiers ? Ils étaient pour moi, rien qu'à moi, ils étaient moi ! Sans eux, je n'étais qu'une fille quelconque, indigne de mes rêves, de tous les textes qui m'avaient aidée à vivre dans cette médiocrité. Je ne voulais pas ressembler à mon entourage ! Écrire me protégeait ! Avec mes mots, je leur échappais. Comment ferais-je si on les détruisait ?

La voix de Maman m'a arrachée à mes sombres réflexions.

— Il y a un post-scriptum : Nous passerons après-demain à

---

1. Claude Mauriac, *Le Temps immobile*, Grasset, Paris, 1974-1988.

dix-sept heures vous remettre le cahier. N'oubliez pas les autres.

Je suis sortie et j'ai couru devant moi. Une pluie fine tombait. J'ai traversé des prés où poussaient les colchiques et les *pieds durs,* ces petits champignons si bons en omelette. Mes pas soulevaient une odeur forte et sauvage. Devant l'étang de Néchaux, je fus saisie d'une envie d'en finir avec tout cela. Je me suis laissée tomber sur le bord humide : il n'y avait plus de nénuphars. L'eau était noire. Le froid m'a ramenée à la réalité. Je suis rentrée en courant pour me réchauffer.

— D'où viens-tu ? Tu es gelée ! m'a dit Maman en me frottant avec une serviette. Monte te changer.

C'était la rentrée des classes. Cachée derrière le rideau de la fenêtre de la chambre, je regardais passer les gamines. Puis je me suis lassée, c'était assez monotone.

L'avantage de notre exclusion à Chantal et à moi était que nous ne nous levions plus à sept heures du matin, ce qui faisait bougonner Grand-mère.

— Ces gamines ne vont pas passer toute la sainte journée à ne rien faire ?

Hélas si.

14.

Maman a répondu à Mme B. qu'elle l'attendait avec son fils à l'heure annoncée.

J'ai quitté la maison sans rien dire. La fraîcheur de l'air m'a surprise. C'était jeudi, Manon n'était pas en classe, je décidai d'aller la voir. Elle était seule. Je me suis allongée sur son lit. Elle m'a déshabillée et caressée sans que j'éprouve le moindre plaisir. Je n'avais envie de rien, je ne ressentais rien et quand elle l'a compris, ses yeux se sont remplis de larmes.

— Pourquoi ?

J'ai haussé les épaules :

— Je ne sais pas.

— Tu as revu Jean-Claude ?

— Tu es folle !

Un grand fossé s'est ouvert entre nous. Je lui ai proposé une partie de rami parce qu'elle adore y jouer et j'ai perdu, comme toujours. Maman a été surprise de me voir rentrer si tôt.

Le lendemain, je n'ai rien pu avaler. Après le déjeuner, j'ai préparé le café. J'en ai bu une première tasse à table en compagnie de Maman et de Grand-mère, puis j'ai emporté la cafetière dans la salle à manger où je me suis resservi une autre tasse. Là, avec une cigarette, je pouvais savourer ce divin breuvage. Des enfants passaient dans la rue en criant. Manon a frappé au carreau de la fenêtre.

— Je voulais t'embrasser et te dire que je pensais beaucoup à toi. C'est pour cet après-midi ?

— Oui, à cinq heures.

Je refermai la fenêtre sur son « Courage ! ».

On a frappé à la porte. C'était Maman. Sa pâleur m'a effrayée.

— Ils ne vont pas tarder. Ouvre cette fenêtre et monte te laver les dents, tu pues le tabac !

J'ai obéi. Je me suis regardée dans la glace au-dessus du lavabo. Moi aussi, j'étais très pâle et de grands cernes me mangeaient la figure. J'ai contemplé ce visage que je ne reconnaissais pas. Qui était cette personne au regard si triste ? Surtout ne pas pleurer, ne pas leur donner ce plaisir. Je me suis passé de l'eau sur les joues et recoiffée. J'ai entendu un coup de sonnette. Je me suis cramponnée au lavabo pour ne pas tomber. « Mon Dieu, aide-moi ! » ai-je pensé.

J'ai inspiré profondément. Je voulais être à la hauteur !

Quand je suis entrée dans la salle à manger, Mme B., qui, pour l'occasion, avait mis un chapeau de mémère, se tenait avec son fils debout devant la table ; Maman leur faisait face. Elle m'a regardée et ses yeux m'ont ôté toutes mes forces.

— Asseyez-vous, a-t-elle dit.

Comme à regret, Mme B. s'est assise du bout des fesses ; Alain est resté debout à ses côtés.

— Voici le cahier, a dit Mme B. en ouvrant son sac.

Le cœur m'a battu très fort lorsque j'ai reconnu sa couverture cartonnée. La scène m'a marquée pour la vie entière. En la racontant je retrouve aussi fort les sentiments d'injustice et de dégoût qui m'habitaient cet après-midi-là. Ils ont été fondateurs de ma personnalité. Alain m'a ordonné d'aller chercher les autres cahiers pour les déchirer et les brûler tous en même temps. J'ai imploré ma mère du regard.

— Fais ce qu'il te dit, a-t-elle murmuré.

Jamais cet escalier familier ne m'avait paru si dur à monter. Arrivée au grenier, je me suis dirigée vers la cachette que je croyais inviolable : une malle dépourvue de charnières dans laquelle était entassé tout un bric-à-brac de vieilleries et j'ai pris mes cahiers ; il y en avait cinq.

À mon retour, j'ai lu un immense désarroi dans les yeux de ma mère et une intense satisfaction dans ceux de Mme B. Elle m'a tendu le cahier volé.

— Tiens, déchire-le et brûle-le.

Un gémissement m'a échappé. Le déchirer et le brûler moi-même ?

— Non ! Pas moi !

J'ai reculé jusqu'à la porte qui m'a arrêtée. Alain s'est avancé vers moi, l'air méchant.

— Allez, déchire-les !

J'ai obéi et j'ai tout déchiré. Morceau par morceau, j'ai jeté dans le poêle ce qui me tenait le plus à cœur. Ma vie intime s'envolait en fumée. La chaleur du feu me brûlait les joues et j'étais malheureuse avec toute l'intensité de l'adolescence. J'ai décidé que je me vengerais, sans savoir comment. Comment affronter les autres et se faire aimer à la fois ? Quand il n'est plus resté qu'une feuille, j'avais cessé de pleurer et j'ai articulé :

— Allez-vous-en.

Ils sont sortis avec ma mère, sans un mot.

C'est à cette époque que grand-mère est entrée en relation avec une femme qui prétendait pouvoir guérir Mamy. Pour cela, elle a entouré chaque pièce d'un fil de cuivre chargé, selon elle, d'éloigner le mal. J'ai dit à Grand-mère que cette femme n'en voulait qu'à son argent et que rien, jamais, ne rendrait Mamy normale. Grand-mère s'est mise en colère et la femme a déclaré en me regardant avec des yeux remplis de haine :

— Vous ne serez jamais heureuse !

Ces paroles m'ont fait mal. Comme prévu, le fil de cuivre n'a amélioré en rien l'état de ma pauvre tante mongolienne.

Dans les jours qui ont suivi, je n'ai pas cherché à voir Manon. Curieusement, elle ne me manquait pas. J'étais dans un état d'engourdissement mental qui m'empêchait de souffrir de son absence. Quelquefois, je la voyais passer devant la maison, ralentir et poursuivre son chemin. Je n'en éprouvais aucun plaisir.

15.

Peu à peu, l'hiver s'installait. J'avais repris mes errances à travers la campagne gelée. Un jour, le long d'un chemin, j'ai remarqué un champ fraîchement labouré qui fumait sous le soleil du matin. Cette terre grasse et lourde m'attirait. Je me suis allongée à plat ventre entre deux sillons et j'ai posé mon visage dans la chaleur humide de la terre. Un profond désir de m'y enfouir à jamais m'engourdissait. Je n'avais plus aucune notion du temps. Une voix rude m'a fait sursauter.

— Que fais-tu là, petite ? Tu vas attraper la mort !

Deux mains m'ont relevée.

— Dans quel état tu t'es mise ! Je t'emmène à la ferme, la mère te nettoiera et te donnera quelque chose de chaud à boire.

Je me suis laissé conduire. L'homme m'a aidée à monter dans sa charrette arrêtée au milieu du chemin.

Appuyée contre le conducteur, secouée par les ornières, je grelottais.

Le cheval est arrivé devant une grande bâtisse d'où est sortie une femme aux cheveux gris. L'homme m'a soulevée et portée à l'intérieur, suivi par la femme.

— Mère, donne-lui un café bien chaud avec de la gnôle. Assieds-toi devant la cheminée.

Avec précaution, il m'a retiré mon manteau, mon gilet, mes chaussures et mes chaussettes et m'a frotté énergiquement les pieds. Sa mère m'a donné un bol de café d'où montait une odeur d'alcool. J'ai bu une gorgée et manqué de m'étrangler.

— C'est fort !

— Bois, ça va chasser le mal.

Chasser le mal ? Je vidai le bol d'un coup.

— Très bien. Maintenant viens t'allonger sous l'édredon de ma mère.

— Mais...

— Obéis.

La femme a fini de me dévêtir, m'a fait enfiler une longue chemise en pilou et a rabattu les couvertures sur moi. Le lit était situé face à la cheminée, comme celui de Lucie. J'ai éprouvé un sentiment de sécurité et de bien-être. Peu à peu, le froid m'a quittée. Je me suis endormie en regardant les flammes.

C'est la voix de Maman qui m'a réveillée.

— Oh ! Ma chérie, j'ai eu si peur !

Elle me couvrait le visage de baisers et de larmes.

— Depuis combien de temps est-ce que je suis ici ?

— Quatre jours, répondit un homme.

Une femme a pris la parole à son tour :

— C'est quand on a vu que tu avais la fièvre qu'on a appelé le docteur. Il est venu et t'a reconnue. Voilà toute l'histoire.

— Merci, monsieur, d'avoir sauvé ma fille.

— C'est normal, madame. Le docteur a dit qu'elle devait rester au calme et ne pas sortir avant une semaine.

— Une semaine !

— C'est ce qu'a dit le docteur.

— Alors... Mais c'est une gêne pour vous.

— Vous inquiétez pas. Ma mère a pris ma chambre et moi je dors dans la grange.

— Vous voyez bien que cela vous dérange !

— Vous en faites pas, j'ai l'habitude.

— Dans ce cas... Je reviendrai te voir demain, chérie. Que veux-tu que je t'apporte ?

— Des livres.

La semaine que je passai chez Julien et sa mère est le meilleur souvenir de cette époque de ma vie. J'aimais leur calme, leur manière de parler du temps, des vaches, des poules, de la chasse, des semailles, cela me rappelait la ferme de Lucie : mêmes odeurs, même cuisine, même pauvre mobilier. J'aimais aussi la manière dont Julien s'habillait : veste et pantalon de gros velours côtelé, marron ou vert foncé, plus ou moins râpés. Sur ses cheveux bruns bouclés il portait une casquette verte d'usure. Pour aller à la foire, il mettait des vêtements en meilleur état et des bottes soigneusement cirées. Il partait à l'aube avec une vieille camionnette d'un autre âge et revenait à la nuit tombée, un peu ivre. Une cloison en bois séparait la chambre de la grange. Je l'entendais grogner, s'agiter dans son sommeil. Sa mère, la première levée, ranimait le feu dans la cheminée, préparait le petit déjeuner puis allait réveiller son fils. Le bruit de la pompe m'indiquait qu'il faisait sa toilette. Ses ablutions terminées, il entrait dans la cuisine et déjeunait en compagnie de sa mère. Quand il était rassasié, il allait s'occuper des bêtes et partait aux champs. Je me réveillais vers la fin de la matinée et Julienne, c'était le prénom de sa mère, m'apportait un solide petit déjeuner que je prenais au lit.

Maman venait tous les jours. Elle ne restait jamais longtemps, consciente que sa présence était inopportune. Manon vint une fois avec un énorme bouquet de roses dont je la remerciai froidement.

Hélas, les bons moments ont une fin, j'ai dû rentrer à la maison après avoir fait promettre à Julien et sa mère de venir me voir et leur ai juré la réciproque. J'ai tenu ma promesse pendant quelque temps.

Noël approchait. Les forains étaient arrivés en ville. J'étais trop grande maintenant pour monter sur les manèges, mais j'aimais l'ambiance des fêtes foraines, ça mettait un peu d'animation et de gaieté dans la ville. Je portais le bonnet de laine et les gants que je m'étais tricotés.

J'ai descendu la Grand'Rue, il n'y avait pas encore beaucoup de monde. Les vitrines étaient illuminées. Je me suis acheté une barbe à papa, j'ai regardé les stands de tir, le manège des autos tamponneuses, ceux pour enfants, j'ai ralenti devant la roulotte d'une diseuse de bonne aventure. L'espace d'un instant, j'ai eu envie d'y entrer.

Je n'ai pas vu arriver un groupe de trois femmes qui ont ralenti en m'apercevant. Une d'entre elles m'a saisi le bras et m'a traitée de petite salope. L'autre a sifflé entre ses dents qu'on ne devrait pas me laisser sortir dans la rue. La troisième m'a tiré les cheveux et deux gamins qui avaient vu la scène m'ont bousculée et donné un coup de pied. Un petit attroupement s'est formé. Un garçon m'a poussée brutalement et a arraché mon bonnet, les insultes ont continué et j'ai levé les bras comme pour me protéger.

— Vous n'avez pas honte ? a dit une voix masculine à côté de moi. Une main vigoureuse m'a entraînée un peu plus loin.

— Viens, petite, je vais te raccompagner chez toi.

L'homme calme et décidé m'a prêté son mouchoir et nous avons marché jusqu'à la pharmacie où on m'a mis un pansement sur le front. Encore un !

— Courage, m'a dit l'homme, tu verras, on oublie avec le temps.

J'ai secoué la tête. Non, je n'oublierais pas cet unique geste d'amitié, les coups, les injures et les humiliations. Sur le chemin de la maison, nous avons croisé ma mère qui me cherchait car quelqu'un m'avait aperçue dans la rue et l'avait prévenue. J'avais envie qu'elle me serre très fort mais elle n'a pas osé. J'ai posé ma tête contre son épaule et sa main a caressé mes cheveux.

Maman ! Pourquoi ne me prends-tu pas dans tes bras ? J'ai si peur ! J'ai besoin de ton amour car tu m'aimes, n'est-ce pas ? Comment pourrais-tu ne pas m'aimer ? Je suis ta fille !

Tu m'as portée neuf mois dans ton ventre ! Tu m'as nourrie de ton lait ! Je me sens si seule, entourée de haine, sans amis à qui me confier. J'ai besoin d'être consolée comme un petit enfant. Que deviendrai-je si toi aussi tu m'abandonnes ? Si tu ne comprends pas que je n'ai rien fait de mal ! Je sais que tu vas me répondre : On n'aime pas quelqu'un du même sexe que le sien ! Ce n'est pas normal ! Ce qui n'est pas normal, c'est que l'on s'acharne sur une gamine de mon âge. Oui, j'aime Manon et elle m'aime ! Les bonnes sœurs ne nous ont-elles pas dit et redit : « Aimez-vous les uns les autres. » Par leur attitude, elles trahissent la parole du Christ ! L'amour se moque des différences.

Ces mots me brûlaient les lèvres mais je ne les ai pas dits. Par pudeur sans doute, surtout par crainte de n'être pas comprise.

16.

Un événement considérable a eu lieu dans cette petite ville du Poitou : la venue d'Édith Piaf avec le cirque Pinder. Maman, qui connaissait par cœur les chansons de la môme Piaf qu'elle avait entendue chanter au Grand Théâtre de Limoges, s'est précipitée pour acheter des places. Comme elle paraissait minuscule, sous cet immense chapiteau, la dame en noir ! Mais sa voix éclatait sous le toit de toile avec une puissance telle qu'on l'entendait bien au-delà du champ de foire où était installé le cirque. La joie de Maman faisait plaisir à voir.

Après l'hiver est venu le printemps, puis l'été. Manon était partie à Poitiers avec sa classe pour passer le brevet.

Le jour de leur retour, j'ai décidé d'aller la chercher à la gare où je savais trouver mes anciennes compagnes et leurs professeurs. Ma présence a créé un mouvement de panique. Les professeurs ont rassemblé leurs élèves et les ont poussées vers la sortie avec des mines offusquées. Je n'étais pas mécontente de l'effet produit. Manon, heureuse de me voir, m'a sauté au cou. Mme B., la directrice de son école, m'a adressé un gentil sourire ; elle devait comprendre le chagrin que j'éprouvais. Imaginait-elle le mal que je me faisais en agissant ainsi ? Sur la route du retour, j'ai demandé à Manon :

— Comment ça s'est passé ?

— Pas mal, je crois.

— Je suis sûre que tu vas l'avoir.

Nous avons marché quelques instants en silence. J'avais le cœur serré. Devant chez elle, j'ai refusé de l'accompagner dans sa chambre.

Quand je suis arrivée à la maison, Maman avait l'air joyeuse, Chantal aussi.

— On part dans un mois ! s'est-elle écriée.

— Où part-on ?

— Rejoindre ton père, grande sotte. Tiens, regarde les billets d'avion.

Je suis montée au grenier. Ce départ signifiait que je ne verrais plus Manon. Cela me brisait le cœur. Mais j'entrevoyais quelque chose de positif à cela : je pourrais retourner en classe.

Le lendemain, j'ai annoncé à la bande que je partais dans un mois pour l'Afrique.

— Quelle chance ! s'est exclamée Jeanine.

— Mais je ne te verrai plus, s'est écriée Manon en éclatant en sanglots.

— Nous nous écrirons. Tous les jours.

Cela a semblé la rassurer un peu.

Avec Maman, nous sommes allées à Poitiers acheter des vêtements pour pays chauds. Nous n'avons pas trouvé grand-chose.

— Nous verrons à Paris, a dit Maman.

Les adieux avec Manon ont été affreusement tristes. Elle s'accrochait à moi en pleurant, jurant de m'aimer toujours, de ne penser qu'à moi. Je pleurais aussi : j'avais hâte d'en finir.

À Paris, nous avons fait quelques emplettes dans les grands magasins et à l'aéroport d'Orly, trois heures avant le départ, Chantal, Bernard et moi, nous ne tenions pas en place ; c'était la première fois que nous prenions l'avion.

Au-dessus des nuages, dans un ciel d'un bleu éblouissant, Maman avait l'air heureuse et détendue, cela m'a fait plaisir.

Une hôtesse de l'air nous a demandé si nous voulions aller dans la cabine de pilotage : Chantal a préféré rester à sa place ; j'ai accepté avec enthousiasme.

Quand j'ai regagné mon siège, j'ai appuyé ma tête contre le hublot en pensant à Manon que je ne verrais plus avant longtemps. Que serait-elle devenue ? M'aimerait-elle toujours ? Et moi ? Comment serais-je ? J'appréhendais un peu la vie dans ce nouveau pays et en même temps je l'attendais avec curiosité. Les gens seraient-ils différents de ceux de Montmorillon ? Plus tolérants ? Plus amicaux ? M'adapterais-je au nouveau lycée ? Les professeurs sauraient-ils m'apprendre tout ce que j'ignorais ? J'ai fini par m'endormir, un vague sourire aux lèvres.

À Conakry, Papa nous attendait à la descente de l'avion. Il semblait content de nous revoir. Il portait un casque colonial, un bermuda beige et des chaussettes blanches. Après les embrassades, nous nous sommes dirigés vers la sortie tandis qu'un Africain s'occupait des bagages. La chaleur moite nous suffoquait et collait nos vêtements à nos corps. Nous sommes montés dans une sorte de petit camion.

— Un pick-up, a dit Papa.

Nous avons traversé des villages où les maisons étaient des cases, et il y avait des enfants nus qui couraient après notre véhicule dans un nuage de poussière rouge, les mains tendues. Les femmes avaient des vêtements de couleurs vives et portaient sur la tête des charges impressionnantes en plus du bébé attaché dans leur dos. Les hommes avaient de grandes robes, le plus souvent d'un beau bleu, appelées « boubous ». Nous avons quitté la route pour prendre un chemin bordé d'arbres couverts de fleurs rouges.

— Des flamboyants, a dit Papa.

Nous sommes arrivés dans un village de maisons basses et neuves, plutôt jolies, entourées de palmiers.

— C'est ici, a annoncé Papa qui s'est arrêté devant l'une d'elles.

À travers les palmiers, j'ai vu du sable gris et la mer tandis que deux boys se précipitaient pour prendre les bagages.

— Ce sont Mamadou et Pascal, ils s'occupent de la maison, a précisé mon père.

Nous sommes entrés dans une grande pièce fraîche, sommairement meublée. Papa nous a indiqué à Chantal et à moi nos chambres où seuls un lit avec une moustiquaire de tulle, une chaise et une table occupaient l'espace. Le sol était carrelé de rouge.

— Où est la mienne ? a demandé Bernard.

— Tu dormiras dans la nôtre, a répondu Papa.

Bernard était déçu, cela se voyait à sa moue. Mamadou avait préparé le déjeuner : des avocats que j'ai regardés intriguée avant d'y goûter, ce n'était pas mauvais, et du poisson grillé accompagné de riz. Comme dessert, il y avait des mangues auxquelles j'ai trouvé un goût de whisky.

Maman a passé le reste de la journée à ranger en chantonnant, ce qui était bon signe.

Avant le dîner, nous sommes allés faire un tour sur la plage. Comme elle était différente des plages de sable blond qui bordent l'Atlantique ! Ici, le sable était noir.

— C'est à cause des fibres des palmiers, a précisé Papa.

Ce n'était pas très engageant. D'ailleurs, il n'y avait personne. Nous sommes remontés vers la maison devant laquelle était arrêté un pick-up. À côté, un homme grand et blanc, portant un chapeau de cow-boy, attendait. Il est venu vers nous avec un immense sourire.

— Salut Clément ! Te voilà avec toute ta petite famille. Soyez la bienvenue, madame.

Il a baisé la main tendue de Maman.

— Quelles jolies filles ! s'est-il écrié en nous soulevant pour nous embrasser. Toi, tu es Bernard ! Salut, mon gars.

Bernard n'avait pas l'air rassuré quand le « cow-boy » l'a soulevé à son tour. On est entrés à la maison, où Mamadou s'est empressé d'apporter une bouteille de whisky, de la glace et des verres. Bientôt des voisins sont arrivés nous souhaiter la bienvenue. Tout le monde a bu un verre en grignotant des cacahouètes. Nous, les enfants, buvions des oranges pressées.

La nuit est tombée d'un coup et chacun est rentré chez soi. Nous avons dîné de poulet et de manioc. Épuisés, nous sommes allés nous coucher sous nos moustiquaires. Toute la nuit, je me suis tournée et retournée dans mon lit. Les crapauds-buffles, les grillons faisaient un bruit assourdissant et quand j'ai réussi à m'endormir, le jour se levait.

Nous étions dimanche et Papa ne travaillait pas. Après le déjeuner et la sieste, il nous a proposé une promenade dans les environs. Le vert de la végétation était intense. De chaque côté de la route de terre rouge surgissait un formidable fouillis de plantes, de lianes auxquelles s'accrochaient de petits singes au pelage verdâtre qui nous réjouissaient de leurs cabrioles. Je me suis étonnée de l'absence de fleurs. Une sorte de sanglier, un phacochère, a dit Papa, est passé lentement devant nous. Nous nous sommes arrêtés dans un village, Kankan, je crois, où des gens sont accourus pour nous proposer des colliers de perles multicolores, des tissus, des noix de coco et des ananas. Maman a acheté des ananas. Dans la buvette du village, on nous a servi des jus de fruits délicieux, sous le regard d'une foule d'enfants presque tous nus. Il a fallu repartir car la nuit allait tomber très vite et, quand nous sommes arrivés à la maison, il faisait noir. Après le dîner, les parents sont allés prendre un verre chez les voisins. Ce serait ainsi presque tous les soirs.

Au début, j'ai écrit chaque jour à Manon, pour lui raconter par le menu ma nouvelle vie et l'assurer que je l'aimais. J'ai reçu sa première lettre quinze jours après notre arrivée. Elle a été suivie de beaucoup d'autres que Maman m'a remises sans les avoir ouvertes, ce qui m'a beaucoup touchée.

Une semaine après notre installation, nous sommes parties pour la ville. La rentrée était proche et Maman voulait nous inscrire au lycée. Le directeur nous a accueillies mais notre déception a été grande quand il nous a appris que les études s'arrêtaient à la cinquième et qu'il dirigeait le seul établissement scolaire de la ville. J'étais au bord des larmes. Maman s'en est aperçue et m'a proposé d'aller dans la librairie devant laquelle nous étions passées en arrivant. Comme c'était bientôt mon anniversaire, j'ai eu le droit de choisir un livre. J'ai opté pour *L'Aiglon*[1] d'Octave Aubry. Ensuite, nous nous sommes promenées dans les rues, bordées d'arbres immenses dont les racines soulevaient les trottoirs. Il y avait beaucoup de magasins, tenus par des Grecs, des Syriens ou des Libanais, apprendrais-je plus tard.

Quand nous sommes rentrées, Papa était déjà là.

— Alors, comment cela s'est-il passé au lycée ?

— Il n'y a pas de lycée, a répondu Maman.

— Pas de lycée ? C'est impossible !

— C'est comme ça.

— Ces gamines ne peuvent pas rester à ne rien faire !

Il était soucieux, cela se voyait à ses gestes nerveux.

— Nous trouverons quelqu'un pour leur donner des cours, a dit Maman.

— C'est une solution, mais cela coûte cher.

Des voisins sont arrivés dont un jeune homme qui portait des lunettes. Papa nous l'a présenté :

— Marc Cadiot, un des joyeux célibataires du coin. Il travaille un peu pour la Compagnie minière.

Les grandes personnes discutaient. Je me mis à lire l'histoire de l'Aiglon.

— Vous aimez lire, mademoiselle ?

J'ai levé les yeux. Qu'est-ce que ça pouvait lui faire ? Devant mon silence, il a ajouté :

— Je pourrais vous prêter des livres.

---

1. Octave Aubry, *L'Aiglon, des Tuileries aux Invalides*, Flammarion, Paris, 1950.

Là, il m'intéressait.

— Ce serait épatant.

— Je vous en apporterai demain. D'accord ?

— D'accord.

Enfin, tout le monde est reparti. Le dîner n'a pas été très gai. Papa était silencieux et Maman avait l'air soucieuse.

Le lendemain et les jours suivants, des voisins nous ont emmenés à la plage. Au début, je marchais avec circonspection sur le sable noir et brûlant, sous un soleil voilé. L'eau était presque trop chaude avec des milliers de petits poissons. En sortant j'ai vu courir des crabes transparents dont j'ai appris qu'ils étaient très bons.

Marc Cadiot a tenu sa promesse, il m'a apporté trois livres : *L'Assommoir*[1] de Zola, que j'avais déjà lu. Bah ! J'allais le relire. Un livre d'André Gide : *Les Caves du Vatican*[2] et un de Kessel : *L'Armée des ombres*[3]. De ce dernier, j'avais lu *Nuits de princes*[4] que j'avais bien aimé. Je l'ai remercié chaleureusement. Très vite, il a pris l'habitude de passer à la maison après son travail. Il m'a présenté quelques-uns de ses amis dont Jacques Lagarde, un grand et beau garçon qui était importateur de tissus. Un soir, Maman a accepté qu'ils m'emmènent danser dans un établissement au bord de la mer qui s'appelait Camaguey. Tout de suite, j'ai été séduite par l'endroit, la musique, la piste de danse. Jacques m'a invitée pour un slow. Marc Cadiot pour une rumba, un de ses amis, Jérôme C., a tenté de m'initier au cha-cha-cha. Dans la soirée, un jeune homme s'est joint à notre groupe : Pierre Spengler, beau garçon brun, malheureusement affligé de mouvements nerveux. Tous étaient plus âgés que moi d'une dizaine d'années. Je passais de bras en bras. Quelle belle soirée ! Je suis rentrée vers deux heures du matin.

1. Émile Zola, *L'Assommoir*, Le Livre de Poche, Paris, 2013.
2. André Gide, *Les Caves du Vatican*, Folio, Paris, 2012.
3. Joseph Kessel, *L'Armée des ombres*, Pocket, Paris, 2001.
4. *Op. cit.*

Parfois, nous allions dîner et danser à bord des paquebots qui faisaient escale à Conakry. J'aimais leur luxe, les boiseries sombres, la cuisine, les passagers plus élégants les uns que les autres, surtout les femmes qui portaient des robes du soir magnifiques. Face à elles, je me sentais mal habillée dans mes petites robes de coton mais quand je l'ai dit à Pierre Spengler, il m'a rassurée :

— Tu n'as pas besoin de ces chiffons pour être la plus belle.

Cela m'a apaisée. Je rêvais de m'embarquer sur un de ces paquebots et de faire le tour du monde. Bien des années plus tard, j'ai appris qu'à la même époque, Dominique Aury avait fait une croisière à bord d'un de ces bateaux, en compagnie de Jean Paulhan et qu'ils avaient fait escale à Conakry. Je me suis plu à penser que nous nous étions croisées sur le pont, dans la salle de bal, que son regard s'était attardé sur moi et qu'elle m'avait désignée à son amant...

Un soir, nous sommes allés dans une nouvelle boîte, située au milieu d'une luxuriante végétation, La Plantation, fréquentée par le gratin de la colonie. C'est là que j'ai fait la connaissance du patron de la Compagnie minière où travaillait Papa. Il m'a invitée à danser.

— Je ne savais pas que Deforges avait une aussi jolie fille ; il a raison de vous cacher.

Il a tenu à me raccompagner car sa limousine était plus confortable que les pick-up des garçons. J'ai accepté sous leurs regards furieux. Il m'a laissée devant la maison et m'a souhaité une bonne nuit.

— À bientôt, j'espère.

Le lendemain, j'ai parlé de cette rencontre à Papa. Il m'a regardée d'un drôle d'air et a murmuré entre ses dents :

— Voilà qui pourra nous servir.

Que voulait-il dire ?

La plupart de mes cavaliers me faisaient la cour, une cour discrète car ils n'oubliaient pas que j'avais tout juste dix-sept ans.

Papa avait acheté un Vélosolex que j'avais le plus grand mal à faire démarrer : son moteur était trop lourd.

— Il faut pourtant que tu apprennes à t'en servir, a dit Papa qui, dans la foulée, m'a annoncé qu'il allait falloir que je travaille.

Je manquai tomber du Solex.

— Mais, pourquoi ?

— Pourquoi ? Parce qu'à ton âge, tu ne peux pas rester à ne rien faire.

J'étais abasourdie. Jamais il n'avait été question que nous travaillions un jour, Chantal et moi. On nous parlait de mariage, de maison à tenir, de maternité mais de travail, jamais. Pourtant, Maman avait été secrétaire dans l'étude d'un notaire avant son mariage et toutes ses sœurs travaillaient. Pour nous, le travail paraissait une occupation pénible réservée aux filles de milieu modeste. Nous appartenions pourtant à ce milieu. Pourquoi me croire issue de la cuisse de Jupiter ? Mais jamais nous ne l'avions envisagé. Cela me semblait aussi incongru que de traverser la rue sans vêtements.

— Je t'ai trouvé une place à la BNCI, tu commences la semaine prochaine à neuf heures. C'est assez bien payé pour quelqu'un qui ne sait rien faire que lire : cinq cents francs par mois, a ajouté Papa.

— Quelle chance tu as ! a dit Chantal.

— Tu peux prendre ma place, si tu veux.

— Je suis trop jeune ! a-t-elle répliqué, boudeuse.

17.

C'est ainsi que je me suis retrouvée un lundi matin dans une vaste pièce où tournaient de grands ventilateurs. Une vingtaine de personnes, des Blancs et des Noirs, se tenait derrière des bureaux encombrés de paperasse. On m'a installée devant une table vide et l'on m'a apporté des documents qu'il fallait classer. À l'heure du déjeuner, tous les employés sont sortis pour aller déjeuner. J'ai suivi le mouvement. J'ai marché au hasard des rues et me suis retrouvée sur un marché grouillant de monde. À même le sol se trouvaient des légumes, des fruits et autres marchandises. J'ai acheté quelques bananes et caressé en passant la tête d'un bébé, ce qui a provoqué les cris de la mère. Je ne savais pas qu'il ne fallait pas toucher la tête des enfants car cela leur portait malheur, surtout de la part d'un Blanc. Ce fut mon premier contact avec le racisme.

Je me suis assise sur un banc, à l'ombre d'un flamboyant, et j'ai mangé mes bananes. En revenant, je me suis arrêtée dans une sorte de baraquement au toit de tôle ondulée pour boire un café et fumer une cigarette. La mode, à Conakry, était d'avoir des cigarettes anglaises ou américaines en boîte métallique ronde de cinquante cigarettes ; je fumais alors des Player's ou des Craven. Quand je suis revenue à la banque, tous avaient repris leur place. Sans me presser, j'ai regagné la mienne. Le soir, mon tas de documents n'avait pas diminué. La même chose le lendemain. Le troisième jour, devant mon inertie, on m'a envoyée aux archives dont s'occupait une ravissante mulâtre qui parut surprise.

— Ce n'est pas habituel de voir quelqu'un comme vous ici. Jamais un Blanc ou un Noir n'accepterait de travailler avec une métisse.

J'ai compris que j'étais une déclassée. Avec gentillesse, Maria m'a montré le travail à effectuer, rien de bien compliqué. Cependant, je n'écoutai guère ses explications et restai dans mon coin à lire et à fumer. Sans rien dire, elle a fait son travail et le mien. Le soir, je rentrais à Solex, dans la poussière rouge soulevée par les camions et les voitures. À mon arrivée, une douche était indispensable.

— Ton travail te plaît ? m'a demandé Maman.

J'ai haussé les épaules sans répondre.

Un mois s'est écoulé. Le directeur m'a fait appeler et m'a remis une enveloppe contenant mon salaire. J'ai rougi, consciente de ne pas l'avoir mérité et le lendemain, j'ai offert à Maria, la jolie métisse, un pagne dont je trouvais l'imprimé très beau. Elle m'a remerciée chaleureusement.

Quelquefois, Pierre Spengler, Jacques Lagarde ou le cowboy venait me chercher pour me raccompagner. Ils mettaient le Solex à l'arrière de leur pick-up.

Peu à peu, je me suis habituée à aller travailler chaque jour. Il m'arrivait même d'aider Maria qui m'en était reconnaissante. Un jour, elle m'a invitée à déjeuner avec elle. Nous sommes parties vers le marché où nous nous sommes installées à une table bancale d'un restaurant indigène : je trouvais la nourriture excellente. Nous avons pris l'habitude de nous y rendre presque chaque jour. C'est là que j'ai revu Jacques Lagarde qui a été surpris de me trouver là.

— Demain, c'est moi qui t'emmène déjeuner.

Le lendemain, il m'attendait devant la banque et nous sommes allés dans un restaurant libanais tenu par une grosse femme. Les tables étaient installées sur une loggia donnant sur la rue. Ce repas, accompagné d'un vin capiteux, m'a fait dormir tout l'après-midi, derrière un mur d'archives. En fin de journée, Jacques est venu me chercher et a mis le Solex à l'arrière. Je sentais que je lui plaisais.

Je m'ennuyais un peu de Manon. Elle continuait à m'écrire de longues lettres que je jugeais enfantines et mes réponses devenaient de plus en plus rares et de plus en plus courtes. Presque chaque jour, j'avais une lettre à laquelle je ne répondais qu'une fois sur deux, prétextant mon travail. J'avais dégotté chez le libraire un très beau papier à lettres vert, un vergé, sur lequel j'écrivais à l'encre verte, ce qui me paraissait le comble de l'élégance. Bientôt, ma correspondance a ralenti, je ne savais plus quoi lui dire. Je venais de lire la *Vie de Rancé*, prêtée par Marc Cadiot qui avait paru surpris quand je lui avais dit que c'était le plus beau livre que j'avais jamais lu. Un passage, m'avait frappée et je l'avais recopié :

> *D'abord les lettres sont longues, vives, multipliées ; le jour n'y suffit pas : on écrit au coucher du soleil ; on trace quelques mots au clair de la lune, chargeant sa lumière chaste, silencieuse, discrète, de couvrir de sa pudeur mille désirs. On s'est quitté à l'aube ; à l'aube on épie la première clarté pour écrire ce que l'on croit avoir oublié de dire dans des lettres de délices. Mille serments couvrent le papier, où se reflètent les roses de l'aurore ; mille baisers sont déposés sur les mots qui semblent naître du premier regard du soleil : pas une idée, une image, une rêverie, un accident, une inquiétude qui n'ait sa lettre. Voici qu'un matin quelque chose de presque insensible se glisse sur la beauté de cette passion, comme une première ride sur le front d'une femme adorée. Le souffle et le parfum de l'amour expirent dans ces pages de la jeunesse, comme une brise le soir s'alanguit sur des fleurs : on s'en aperçoit et l'on ne veut pas se l'avouer. Les lettres s'abrègent, diminuent en nombre, se remplissent de*

nouvelles, de descriptions, de choses étrangères ; quelques-unes sont retardées, mais on est moins inquiet ; sûr d'aimer et d'être aimé, on est devenu raisonnable ; on ne gronde plus, on se soumet à l'absence. Les serments vont toujours leur train ; ce sont toujours les mêmes mots, mais ils sont morts ; l'âme y manque : je vous aime n'est plus là qu'une expression d'habitude, un protocole obligé, le j'ai l'honneur d'être de toute lettre d'amour. Peu à peu le style se glace, ou s'irrite ; le jour de poste n'est plus impatiemment attendu ; il est redouté ; écrire devient une fatigue. On rougit en pensée des folies que l'on a confiées au papier ; on voudrait pouvoir retirer ses lettres et les jeter au feu. Qu'est-il survenu ? Est-ce un nouvel attachement qui commence ou un vieil attachement qui finit ? N'importe : c'est l'amour qui meurt avant l'objet aimé[1].

La beauté de ces phrases, la justesse des sentiments exprimés me laissaient sous le charme d'une grande mélancolie. [...] *c'est l'amour qui meurt avant l'objet aimé.* Je ne voulais pas croire cela possible : j'aimais Manon et elle m'aimait ! De cela j'étais sûre. Dans une lettre, j'ai essayé de lui expliquer ce que je ressentais, je lui conseillai de lire la *Vie de Rancé.* En réponse, j'ai reçu une lettre de huit pages qui montrait qu'elle n'avait rien compris. Bientôt, elle me fit des scènes à propos de Maria, disant que je la trompais, que je préférais aller danser plutôt que de lui écrire. Ses lettres devenaient de plus en plus ennuyeuses et vindicatives : je ne les lisais plus, je me contentais de les parcourir.

Je déjeunais parfois avec Pierre Spengler qui était tombé amoureux de moi. Quelquefois, j'allais me reposer chez lui mais refusais le moindre baiser.

Je ne sais plus qui m'a proposé d'être caissière au Crédit lyonnais pour remplacer celle qui partait en congé. L'emploi

---

1. François-René de Chateaubriand, *Vie de Rancé*, volume 5, Le Livre de Poche, 2003, p. 148.

était mieux rémunéré. J'en ai fait part à mes parents qui m'ont encouragée à accepter et m'ont accompagnée pour mon rendez-vous avec le directeur. Je donnai ma démission à la BNCI qui m'a vue partir sans regret. Il n'y eut que Maria pour pleurer à chaudes larmes. Elle était enceinte et sa beauté avait provisoirement disparu. Elle m'a demandé comme ultime signe d'amitié de venir assister à une fête chez ses parents.

Nous sommes arrivées dans une vaste cour de terre battue où se tenait une assemblée en grande tenue, des musiciens et de vieux sages assis sous un arbre. On me regardait sans animosité, mais avec curiosité. Maria est allée parler à son père qui d'un signe de tête a acquiescé. D'une case venaient des cris et des gémissements. Je voyais de très jeunes filles entrer et ressortir en se tenant le ventre.

— Qu'ont-elles ? ai-je demandé à Maria.

— On vient de les exciser.

— Ça veut dire quoi ?

Elle m'a regardée avec un profond étonnement.

— Cela veut dire que ce sont des femmes maintenant.

Je n'étais pas convaincue. Pourquoi pleuraient-elles et pourquoi avaient-elles l'air de souffrir ? Je dis à Maria que je devais rentrer. Elle m'a accompagnée et m'a fait jurer de ne pas parler de ce que j'avais vu.

— Pourquoi ?

Elle a hésité.

— Parce que c'est une coutume interdite par les Blancs. Jure-moi de ne rien dire.

Je jurai, plus mal à l'aise que je n'en avais l'air et me promis de savoir en quoi consistait cette coutume. Je ne l'ai appris que bien des années plus tard : l'excision consistait en l'ablation du clitoris chez les petites filles. Par la suite, je me suis demandé si Maria avait subi pareille mutilation, ce qui était probable.

J'étais maintenant caissière au Crédit lyonnais, un poste important. On m'avait expliqué en quoi cela consistait ; cela ne m'avait pas paru bien compliqué. Les clients venaient déposer de l'argent ou en retirer. Les Africains apportaient des billets froissés dans des paniers et les Africaines noués dans leur pagne. Tout cet argent sentait fort l'arachide. C'est avec dégoût que je comptais les billets sales et chiffonnés et les mettais par liasse de dix. Quelquefois, il en manquait, quelquefois, il y en avait un de trop : un vrai casse-tête. Un employé noir travaillait près de la caisse et ne cessait de m'observer. Un espion de la direction ? Peut-être. En fait, c'était un étudiant en médecine qui travaillait à la banque durant les vacances scolaires. Lui aussi aimait lire, surtout des livres savants d'auteurs grecs et latins. Il avait une manière de s'exprimer qui me donnait envie de rire. Pour dire : « Je ne sais pas », il disait : « Je n'ai pas la science infuse. » À part ça, il me rendait plusieurs services, surtout dans le calcul des remises. Pour tout dire, je comptais sur mes doigts sous le comptoir et il s'en était aperçu.

18.

Nous allions souvent au cinéma qui se tenait en plein air. C'est là que j'ai vu *Le train sifflera trois fois* avec Gary Cooper et Grace Kelly. À la saison des pluies, la projection était interrompue jusqu'à la fin de l'averse qui pouvait durer longtemps. Après, nous partions danser à Camaguey, à La Plantation où j'ai revu le directeur de la Compagnie minière qui m'a complimentée pour mon nouvel emploi et m'a invitée à danser. Cela m'a rappelé que Papa m'avait demandé de lui parler de Maman, qui avait envie de retravailler, si je le rencontrais.

— Pourquoi tu ne lui demandes pas toi-même ? avais-je rétorqué.

— Parce qu'une jolie fille est plus convaincante.

Cette réponse m'avait gênée. Je sentais confusément ce qu'une telle démarche avait de déplacé. Était-ce l'alcool, la douceur du soir qui m'a fait lui demander un rendez-vous pour lui parler de quelque chose d'important. Il m'a fixé une heure à son bureau le lendemain après mon travail.

Je m'y suis rendue le cœur battant. Il m'a reçue dans un vaste bureau et m'a invitée à m'asseoir. Je frissonnais tant la climatisation était forte.

— Que puis-je pour vous, jolie mademoiselle ?

J'ai répondu d'une traite :

— Maman souhaiterait obtenir un emploi de secrétaire dans la Compagnie.

Il m'a regardée, songeur.

— Vous êtes venue de votre propre chef ?

J'inclinai la tête.

— Dites à votre Maman de passer me voir un jour prochain et à votre Papa qu'il a une charmante ambassadrice.

Je suis devenue écarlate.

De retour à la maison, j'ai raconté mon rendez-vous.

— Pourquoi ne m'en as-tu rien dit ? m'a demandé Maman.

— Je voulais te faire une surprise.

Papa est resté muet et je lui ai tourné le dos quand il a voulu m'embrasser.

Une semaine plus tard, Maman était engagée.

J'avais dégotté une couturière à laquelle j'avais demandé de me confectionner deux robes, l'une en coton gris, ornée de croquet blanc, à la mode du moment, une autre dans un vichy orange. J'avais acheté ces tissus chez un marchand recommandé par Jacques Lagarde. J'ai étrenné la robe grise au décolleté profond pour aller danser à La Plantation où j'ai fait sensation.

J'aimais beaucoup ce « cabaret », comme on disait alors, situé au bord de la plage, où des palmiers magnifiques se balançaient mollement. C'est à La Plantation que j'ai entendu pour la première fois Philippe Clay chantant « Le noyé assassiné ». Son tour de chant avait été interrompu par une pluie diluvienne. Tout le monde s'était réfugié au bar dont le toit de paille nous protégeait de l'averse. Philippe Clay se secouait comme un chien tombé à l'eau.

— On dirait Valentin le Désossé, avais-je dit.

Le chanteur avait entendu mes paroles.

— Vous ne croyez pas si bien dire, mademoiselle, je joue Valentin le Désossé dans le prochain film de Jean Renoir, *French Cancan,* avec Françoise Arnoult et Jean Gabin.

On l'avait félicité chaleureusement et mes amis avaient applaudi mon sens de l'observation, ce qui m'avait fait plaisir.

Les garçons étaient de plus en plus nombreux à me courtiser, mais aucun ne me plaisait sauf Jacques Lagarde qui me considérait comme une petite sœur qu'il devait protéger, depuis que je lui avais raconté mes malheurs montmorillonnais. Ce récit lui avait tiré des larmes, chose surprenante chez un type comme lui. Un des garçons se montrait plus entreprenant, Pierre Spengler, qui travaillait dans les assurances avec un associé que je n'aimais pas, Pierre M., qui ne m'aimait guère non plus.

Maman était enchantée de son nouvel emploi et devenait de jour en jour plus jolie. Papa qui l'avait remarqué lui faisait des scènes, car il la soupçonnait d'avoir un amant. Cela l'amusait, elle riait d'un rire que je ne lui connaissais pas et Papa n'était pas convaincu.

Chantal, qui restait seule à la maison, s'ennuyait. D'autant qu'elle ne lisait pas ni ne s'intéressait aux travaux manuels, tels que la broderie ou le dessin. Comment fit-elle connaissance de Michel J., un garçon qui travaillait, lui aussi, à la Minière ? Je n'en sais rien. Je l'avais aperçu chez des voisins et je semblais très à son goût, ce qui n'était pas réciproque ; je le trouvais brutal et taciturne. Il avait trois ou quatre ans de plus que Chantal. Son père, avec lequel il était venu en Guinée, était reparti en Lorraine, le laissant seul à dix-neuf ans, pratiquement sans ressources. Cela expliquait peut-être son air bougon. Cependant, il avait une qualité : il aimait lire et nous parlions ensemble de littérature. Il m'avait prêté *Sexus*[1] et *Plexus*[2], deux livres d'Henry Miller qui avaient pâti de la censure. Je ne fus pas emballée par cette lecture, ce qui

---

1. Henry Miller, *La Crucifixion en rose*, vol. 1, *Sexus*, Le Livre de Poche, Paris, 2010.
2. Henry Miller, *La Crucifixion en rose*, vol. 2, *Plexus*, Le Livre de Poche, Paris, 2011.

le mit en colère. Son attitude me sembla excessive et je renonçai à lui recommander la *Vie de Rancé*[1] : ce n'était pas son genre. Je continuais à lire des romans policiers.

Le travail à la banque n'était pas inintéressant mais commençait à m'ennuyer. J'avais le plus grand mal à comprendre le charabia des clients. Un jour, l'un d'eux s'est présenté à la caisse et je ne lui prêtai aucune attention particulière. Je lui demandai, sans relever la tête :

— Combien déposes-tu ?

Une voix ferme et sans accent m'a répondu :

— Mille francs, mademoiselle.

En relevant la tête, j'ai vu devant moi un homme élégant, habillé à l'européenne et j'ai bredouillé :

— À quel nom, monsieur ?

— Docteur Dialo Touré. Je travaille à l'hôpital. Vous êtes nouvelle ici, je ne vous avais pas encore vue et je le regrette.

Malgré moi, j'ai rougi, honteuse de l'avoir tutoyé et je me suis promis de ne plus recommencer.

À l'heure du déjeuner, quand je n'étais pas invitée par un des garçons, je me promenais à travers la ville, à pied ou sur mon Solex. Je me retrouvais souvent sur le port, dont j'aimais l'ambiance et les nombreux petits bistrots où le poisson frit était bon. Les marins, les ouvriers et les tenanciers me regardaient d'un drôle d'air : que venait faire une Blanche dans ces endroits ? Je lisais en buvant un café et en fumant une cigarette. Les plus intriguées par ma présence étaient les prostituées, bien que peu nombreuses à cette heure. Jamais je n'ai été importunée, à la grande surprise de mes amis, quand je leur racontais mes déjeuners sur le port.

— Tu es complètement folle ! Tu n'as jamais entendu parler de traite des Blanches ? m'a dit Pierre Spengler.

---

1. François-René de Chateaubriand, *Vie de Rancé*, Le Livre de Poche, Paris, 2003.

Devant mon air innocent, il a renoncé à m'en apprendre davantage. Cela ne l'empêchait pas de se montrer entreprenant. Nous échangions des baisers qui n'étaient pas désagréables. Au cours d'une sieste chez lui, il fut si pressant que je cédai. Il me fit l'amour avec douceur, me caressa les seins sans que j'éprouve le moindre plaisir, ce qui n'était pas le cas avec Manon. Je gémissais, je me tortillais. Quand ce fut terminé, je pleurai parce que j'avais lu dans les livres que cela se faisait la première fois. Il s'excusa, disant qu'il était fou de moi et voulait m'épouser. Je retins un éclat de rire. Et puis quoi, encore ?

19.

Le retour en France approchait. J'en étais à la fois heureuse et inquiète. Qu'allais-je retrouver après dix mois d'absence ?

Je transformai l'argent que j'avais gagné et mis de côté en chèques de voyage : je me sentais riche. Jacques Lagarde et Pierre Spengler rentraient aussi au pays. Je fis un paquet des lettres de Manon et de mes livres. Comme souvenir de Guinée, j'emportai des pagnes colorés et une boîte en ivoire.

À mesure que l'avion s'élevait, j'éprouvai un sentiment de délivrance. Je quittais sans regret la terre d'Afrique. Mes tentatives pour faire connaissance avec mes collègues noirs tant à la BNCI qu'au Crédit lyonnais s'étaient heurtées à une méfiance que je n'avais pas comprise. Jamais je n'avais pu échanger quelques mots en dehors du travail, ou un déjeuner avec l'un d'entre eux. Les Blancs regardaient mes tentatives d'un air ironique ou supérieur. Certains, parmi les plus âgés, jugeaient mon attitude sévèrement : je devais rester à ma place. L'étudiant en médecine, celui qui n'avait pas la science infuse, était de leur avis : Blancs et Noirs, chacun de son côté, il n'était bon pour personne de mélanger les genres, le statut des métisses le prouvait. Cet état des choses me dérangeait. J'en avais parlé à Pierre Spengler, à Jacques Lagarde, à Marc Cadiot. Tous m'avaient écoutée en souriant. Jacques avait dit :

— C'est la colonie. Leur culture est différente de la nôtre. Nous tentons de leur imposer la culture occidentale à laquelle ils ne comprennent rien. Tant qu'ils seront considérés comme des inférieurs par les Européens, il n'y aura pas de relation possible entre eux et nous.

— C'est pour cela qu'il faut donner leur indépendance aux Africains, avait déclaré Marc Cadiot.

— Je n'aimerais pas être là quand cela arrivera, avait répliqué Jacques Lagarde, on assistera au massacre des Blancs et à la destruction de tout ce qui représente la France.

Heureusement, nous ne sommes restés que quelques jours à Paris, car j'y aurais dépensé tout mon pécule en robes et en chaussures. Pierre et Jacques, qui venaient d'arriver, avaient obtenu la permission de me faire visiter Paris. Ils m'ont emmenée à Saint-Germain-des-Prés où j'ai bu des punchs à La Rhumerie martiniquaise, dîné aux Assassins, un boui-boui de la rue Jacob, très à la mode, et dansé rue Saint-Benoît dans le club tenu par Jean-Claude Merle. J'ai été immédiatement conquise par le quartier, ses petites rues, ses librairies, ses bars et ses restaurants. C'est là et nulle part ailleurs que je voulais vivre.

— Épouse-moi, m'a dit Pierre, comme cela tu pourras rester. Et puis pourquoi ne pas tenter ta chance au cinéma ?

Je l'ai regardé, surprise, jamais je n'avais pensé à une carrière de comédienne.

— Mais je ne saurais pas !

— Tu prendras des cours, il y en a d'excellents.

— Cela doit être très cher !

— C'est sans importance, j'ai de l'argent. Réfléchis.

Comme il y allait ! Réfléchir ! C'était tout réfléchi : je ne l'aimais pas et n'avais pas l'intention de me marier à dix-huit ans. Nous sommes partis pour Montmorillon dans l'énorme Chevrolet d'occasion que Papa venait d'acheter.

Grand-mère nous a accueillis sans démonstration de joie excessive : elle n'avait pas changé. La triste maison non plus. Les valises à peine vidées, j'ai sorti mon vélo, essuyé hâtivement la poussière pour me précipiter chez Manon. Ils étaient tous là, sur la terrasse dominant la Gartempe. Quand Manon m'a vue, elle a chancelé, j'ai cru qu'elle allait s'évanouir en murmurant d'une voix faible :

— Régine...

Je me suis précipitée vers elle, l'ai prise dans mes bras et couverte de baisers sous les yeux à la fois étonnés et réprobateurs des autres. Je sentais qu'ils pensaient : « Les ennuis vont recommencer. » Ils m'ont assaillie de questions sur la vie là-bas, les habitants, le climat, les distractions, les études... Ils s'étonnaient que je ne sois pas bronzée. J'ai tenté de leur expliquer que le soleil était toujours voilé. Pour couper court, j'ai proposé d'aller prendre un pot au Commerce pour fêter mon retour. Chacun a enfourché son vélo et nous sommes partis en zigzaguant sur le boulevard. Nos engins posés pêle-mêle contre le mur, nous avons envahi la terrasse. C'était l'heure de l'apéritif. J'ai commandé un guignolet kirsch, les autres des anisettes ou de la bière.

— Tu dois avoir eu beaucoup d'amoureux, là-bas ? a dit Jeanine d'un ton entendu, sous l'œil furieux de Manon.

— Des tas, répliquai-je en riant, d'ailleurs vous en verrez deux d'ici quelques jours.

Jeanine m'a regardée, incrédule.

— Où logeront-ils ?

— À l'hôtel, évidemment, ai-je dit en haussant les épaules.

— Quel âge ont-ils ? ont demandé Gérard et Francis avec inquiétude.

— Vingt-sept et trente et un.

— Ce sont des vieux ! ont dit les filles.

Je n'étais pas mécontente de mon effet. L'air triste de Manon a atténué mon contentement mais je ne fus pas peu fière de payer les consommations.

Nous avons repris nos balades à vélo, nos baignades, nos pique-niques, nos surprise-parties. En apparence, rien n'avait changé.

À Tussac, j'ai été reçue sans effusion particulière. Mon oncle André et sa femme Antoinette s'occupaient de la ferme. Serge, mon cousin idiot, a été le seul à manifester de la joie en me revoyant.

— La Régine est revenue ! La Régine est revenue ! criait-il en courant à travers le hameau.

— Tu as grandi. Te voilà belle fille, m'a dit Lucie.

Après le déjeuner, je suis allée faire un tour jusqu'à ma cabane qui était telle que je l'avais laissée. Comment avais-je pu trouver magnifique ce pauvre endroit ? En effet, j'avais grandi. Très vite, comme avant mon départ pour l'Afrique, je me suis sentie de trop, ma présence mettait mal à l'aise les habitants de la ferme.

Au fil des années qui ont suivi, j'ai rendu visite à Lucie, en apportant des romans dont je supposais qu'ils lui plairaient. Il n'en a rien été.

— Cette littérature moderne ne vaut pas les livres que je lisais autrefois, disait-elle.

Qu'aurait-elle pensé des miens ? Aurait-elle aimé *Blanche et Lucie* ?

Lucie n'aimait pas vieillir. Elle disait que les vieux c'était sale et refusait de se laisser embrasser par ses petits-enfants. Pourtant, qu'elle était jolie avec ses cheveux blancs relevés en un chignon mousseux, ses yeux bleus pétillants d'intelligence et de malice ! Se souvenait-elle, quelquefois, de la jolie fille qu'elle avait été et que tous les garçons de la région courtisaient ?

« Ah, la Lucie, c'était une sacrée drôlière et la meilleure danseuse du pays ! Les cavaliers se pressaient autour d'elle. Pour la polka et la valse, fallait pas lui en conter ! Elle était infatigable ! Les autres filles en étaient jalouses. Faut dire qu'auprès d'elle, elles n'existaient pas. Avec sa peau blanche et ses cheveux roux, elle faisait tourner toutes les têtes ! Plus d'un voulait l'épouser mais la foutue garce a préféré Alexandre. Il faut dire qu'il était beau gars avec sa moustache qu'il portait fièrement. Et comme danseur... il se posait là ! » Le vieil homme qui m'a parlé en ces termes de la belle Lucie avait les yeux qui brillaient au souvenir du temps de leurs vingt ans.

Pierre Spengler et Jacques Lagarde sont arrivés plus tôt que prévu et ils se sont installés à l'Hôtel de France. Je les ai présentés à ma petite bande. Jacques a fait la conquête des joueurs de tennis et Pierre celle des filles qui le trouvaient séduisant et gentil en dépit de ses mouvements nerveux. Avec eux nous sommes allés danser dans les bals de la région, pique-niquer sur les bords de la Gartempe et y nager. Je leur ai montré les trésors de mon Poitou : les églises romanes, le village médiéval d'Angles-sur-l'Anglin, les fresques de Saint-Savin, l'Octogone de Montmorillon... Manon voyait mes nouveaux amis d'un mauvais œil et se montrait désagréable. Jeanine faisait les yeux doux à Jacques qui, à mon grand agacement, s'y montrait sensible. Papa et Maman ont été contents de les revoir. Pierre nous a invités à passer quelques jours à Nice où ses parents avaient un appartement qu'ils mettaient à notre disposition. Je suis partie avec lui et ma tante Gogo qui me servait de chaperon, tandis que Jacques retournait à Paris.

Nous sommes rentrés à Paris début septembre. Un jour, Pierre nous a invitées, Jeanine et moi, à prendre un verre sur les Champs-Élysées, au bar du Marignan, aujourd'hui disparu, et m'a une nouvelle fois demandé, devant Jeanine, de l'épouser.

— D'accord, mais jouons cela au quatre-cent-vingt-et-un.

Tout le monde à Conakry jouait au quatre-cent-vingt-et-un : la tournée, la danse avec une belle fille et celui qui la raccompagnerait, pourquoi pas un mariage ? J'ai sorti le jeu de dés que j'avais toujours avec moi.

— Tu es folle ! a murmuré Jeanine.

J'ai gagné la première partie. Pierre la suivante et la belle.

— Dette de jeu, dette d'honneur ! ai-je lancé.

— Tu n'es pas obligée..., a dit Pierre.

— Mais si, puisque j'ai perdu, je t'épouse. Jeanine est témoin de cet engagement.

— Je refuse ! Tu es complètement malade ! Est-ce que tu penses à Manon ?

Non, je n'y pensais pas. Je me suis tournée vers Pierre.

— Tu sais que nous devons repartir dans une quinzaine de jours. Tu dois faire ta demande à Papa. Il ne voudra pas que je reste en France si je ne suis pas mariée.

— Tu as raison. Es-tu sûre de ne pas regretter ta décision ?

— On verra bien ! ai-je répondu avec plus de désinvolture que je n'en éprouvais.

Pierre a fait sa demande et Papa a accepté, trop heureux de se débarrasser d'une fille comme moi, d'autant que le fiancé était un beau parti. Seule Maman était attristée par ma décision.

— Réfléchis encore un peu, tu es si jeune !

— C'est tout réfléchi. Je t'annonce qu'il n'est pas question que je me marie à l'église.

— Mais, pourquoi ?

— Pourquoi ? Tu n'as aucune mémoire ! Souviens-toi de la manière dont les curés se sont conduits avec nous l'année dernière.

— Ce n'est pas une raison.

— Elle est suffisante pour moi.

— Très bien, je veux cependant que tu ailles voir l'archi-prêtre quand nous serons à Montmorillon.

— Cela me paraît inutile mais si cela te fait plaisir !...

Je suis allée au presbytère en me demandant pourquoi Maman tenait tellement à cette rencontre avec un prêtre qui n'avait aucune des qualités chrétiennes tant vantées par les sœurs de l'institution Saint-Martial. L'archiprêtre m'a reçue avec un air froid et hautain. Derrière ses lunettes brillaient ses petits yeux durs. Je lui ai dit d'un trait que je venais lui annoncer mon mariage, uniquement pour être agréable à ma mère, car je n'avais pas l'intention de me marier à l'église ni de faire baptiser mes enfants, si j'en avais. Ses lèvres minces se sont serrées, pâles et méchantes.

— Vous serez en état de péché mortel.

— C'est vous qui m'y aurez mise, lui ai-je lancé à la face.

Son visage s'est crispé, il m'a semblé voir de la haine dans ses yeux pâles. Le cœur battant, je l'ai quitté en adoptant une allure désinvolte, mais au fond de moi, je me sentais perdue tandis qu'une tristesse étrange m'envahissait.

— Comment ça s'est passé ? m'a demandé Maman.

Je l'ai presque bousculée.

Pierre et moi sommes allés à Pontoise pour qu'il me présente à ses parents, Fernande et Edwin, et leur faire part de sa décision. Ils ont été aimables mais réservés. La sœur aînée de Pierre, Denise, devait se marier dans les jours suivants ; on m'a invitée au mariage, ce qui permettait de me présenter au reste de la famille.

Le congé de Papa étant terminé, il devait repartir. Il m'a souhaité beaucoup de bonheur et a regretté de ne pas être là pour « ce moment important ! ».

Maman m'a appris que ma sœur était enceinte de trois mois. Je n'en croyais pas mes oreilles.

— De qui ?

— De Michel, a bredouillé Chantal.

— Ils vont se marier à Conakry, a ajouté Maman.

J'ai regardé ma petite sœur avec stupeur. Comme pour l'histoire du cahier, elle avait bien caché son jeu.

— Tu voudrais bien être la marraine de mon enfant ? m'a-t-elle demandé.

Je la fixai sans comprendre.

— Qu'est-ce que tu as dit ?

— Est-ce que tu voudrais être la marraine de mon enfant ? a-t-elle répété.

Émue, malgré moi, j'ai répondu :

— Oui, bien sûr.

Et je l'ai embrassée.

La date de mon propre mariage approchait. Je préférais ne pas y penser. J'avais choisi un tailleur de tweed gris-bleu et de hauts escarpins noirs. Maman et Gogo m'ont accompagnée à la mairie d'Asnières. Manon avait décliné l'invitation mais dit qu'elle serait au café le plus proche de la mairie. La cérémonie expédiée, j'ai planté la « noce » sur les marches de l'hôtel de ville pour rejoindre Manon qui m'attendait en compagnie de Jeanine.

— Voilà, c'est fait ! ai-je lancé.

À Pontoise, un déjeuner nous attendait chez mes beaux-parents. Pour embêter Maman, j'appelais ma belle-mère « Maman ». Le soir, avec mon mari, Manon et Jeanine, nous sommes allés fêter l'événement au Carroll's, une boîte de lesbiennes de la rue de Ponthieu où j'ai retrouvé Zina Rachevsky que j'avais rencontrée au Drugstore. Un an après, elle s'était convertie au bouddhisme et était partie pour le Tibet où elle était devenue moine. C'était une belle jeune femme blonde, d'origine russe, à la poitrine opulente. Un peu plus âgée que moi, elle avait un culot extraordinaire, m'avait fait la cour et parlé du Carroll's. Elle a tenu à nous offrir une bouteille de champagne. La soirée a été agréable. Nous avons passé notre nuit de noces à l'Hôtel du Louvre.

Le lendemain, nous avons emménagé dans un meublé de deux pièces, rue Geoffroy-Saint-Hilaire. Comme bague de fiançailles, j'avais demandé un gros ours en peluche que j'appelais « Schounfi » du nom de l'âne de *Via Mala*[1], le beau roman de John Knittel. En outre, j'avais exigé d'être mariée

---

1. *Op. cit.*

sous le régime de la séparation de biens. En cadeaux de noces, j'avais reçu une batterie de casseroles, une cocotte en fonte, que je possède toujours, un livre de cuisine, une ménagère, un service de table en faïence jaune, une douzaine de torchons, une nappe et des serviettes de table assorties et deux paires de draps.

20.

J'ai passé une semaine à nettoyer, à ranger et à faire la cuisine à l'aide des recettes de mon livre. Le résultat n'était pas génial mais, comme j'aimais bien manger, je suis devenue assez vite une bonne cuisinière. Mon grand plaisir était de faire le marché rue Mouffetard, qui n'était pas très loin de chez moi. J'aimais cette profusion de fruits et de légumes, ces marchandes de fleurs, toutes ces boutiques de comestibles divers. Chaque jour, Pierre, qui ne déjeunait pas à la maison, me donnait mille francs. Ce qui était suffisant pour les dépenses quotidiennes ne l'était pas pour satisfaire mes caprices. J'aimais aller au cinéma l'après-midi au Quartier latin, prendre un verre dans un des bistrots de la Mouffe. Je flânais dans les grands magasins ou au Jardin des Plantes que je trouvais mystérieux avec son labyrinthe et sa gloriette tout en haut. Il n'était pas rare d'y croiser des êtres étranges, se parlant à eux-mêmes ou s'adressant aux oiseaux auxquels ils jetaient des graines. Plus tard, j'ai appris qu'André Hardellet était un de ces promeneurs :

> Remontant au niveau du piéton normal, je traverse le pont d'Austerlitz et pénètre dans l'un des endroits les plus mystérieux de Paris : le Jardin des Plantes. [...] Mon coin préféré est le jardin botanique clos de grilles et peu fréquenté. Au hasard des petites allées sablées, vous y découvrirez une mare. Artificielle,

soit, et contenue dans une cuve de ciment, mais si bien semée de joncs et de plantes aquatiques que vous vous y laisserez prendre.[1]

Tous les après-midi, je partais à la découverte de Paris, de Belleville à Montmartre, du Père-Lachaise à Montparnasse, du Trocadéro à l'Opéra. Je ressentais en me promenant une grande impression de liberté. À mon retour, je racontais mes escapades à Pierre, lui parlant des petites rues de Belleville ou du quartier de la Goutte-d'Or. Le dimanche, nous allions déjeuner à Pontoise chez mes beaux-parents avant de faire un tour en voiture dans les environs. Je n'aimais ni cette ville ni cette campagne que je trouvais trop plate. Les autres soirs, sa sœur et son mari venaient dîner à la maison ou bien nous allions chez eux, porte Dorée. Des amis de Pierre avaient pris l'habitude de dîner chez nous une fois par semaine. Tous les samedis soir, nous dansions chez les uns et les autres, chez Henri Viard, le plus souvent, qui avait d'excellents disques. Les jours de mauvais temps, je restais à lire, à tricoter des pulls ou à broder au point de croix, ce qui amusait mon mari. Parfois, il m'arrachait mon livre ou mon ouvrage des mains et m'entraînait sur le lit. Malgré ses caresses je n'éprouvais aucun plaisir. S'en rendait-il compte ? En tout cas, nous n'en parlions pas.

Cet appartement sans confort et meublé sans goût ne me plaisait pas. Malgré mes efforts pour l'embellir, il sentait le vieux et le pauvre. Il n'avait pas de salle de bains et j'allais aux bains publics ou au hammam de la Mosquée où je buvais ensuite un thé à la menthe.

Pendant l'hiver 1954, nous avons entendu à la radio l'appel de l'abbé Pierre en faveur des pauvres. En pleine nuit, nous nous sommes retrouvés avec des centaines de Parisiens devant le Panthéon à distribuer des vêtements et de la nourriture.

---

1. André Hardellet, *Donnez-moi le temps*, Julliard, Paris, 1973.

Nous suivions dans la presse et à la radio le déroulement de la guerre d'Indochine et j'étais rue des Écoles quand j'ai vu à l'étalage d'un marchand de journaux un grand titre qui barrait la une de *France-Soir* : « Diên Biên Phu est tombé ! » J'ai éclaté en sanglots. C'était le 7 mai 1954 ! Autour de moi, les gens regardaient le journal d'un air consterné. Cela m'a poursuivie car, des années plus tard, j'ai écrit un roman sur cette défaite, *La Dernière Colline*[1].

Comme Pierre insistait, je me suis inscrite au cours d'art dramatique de René Simon, le fameux cours Simon. Pour ma première audition, j'avais choisi d'interpréter le rôle de Camille dans *Horace*[2] de Corneille et le poème de Baudelaire : « La beauté »[3]. On m'a écoutée en silence. Quand je me suis arrêtée, René Simon s'est levé et m'a dit :

— Tu te trompes complètement, tu n'es pas faite pour jouer les tragédiennes mais les soubrettes ou les jeunes premières.

Que n'avait-il pas dit là ? Jouer les soubrettes ! J'ai tapé du pied sur la scène ce qui a provoqué un mouvement de stupeur de la part des apprentis comédiens.

— Sortez, mademoiselle, vous n'êtes pas faite pour ce métier.

J'ai quitté le cours en retenant mes larmes. Des élèves, sortis en même temps que moi, m'ont proposé de prendre un verre au Villars. J'ai accepté. Ils m'ont expliqué que le patron avait l'habitude de critiquer les choix des élèves lors de la première audition.

— Mais il m'a dit que je n'étais pas faite pour ce métier !

— C'est ce qu'il dit à beaucoup pour voir si leur vocation est réelle. Il a fait la même chose avec moi et avec Bozzuffi. N'est-ce pas ?

---

1. Régine Deforges, *La Bicyclette bleue*, vol. 6, *La Dernière Colline : 1950-1954*, Le Livre de Poche, Paris, 2008.
2. Pierre Corneille, *Horace*, Le Livre de Poche, Paris, 2009.
3. Charles Baudelaire, « La beauté », *Les Fleurs du mal*, Librio, Paris, 2012.

— Oui, a répondu Marcel Bozzuffi.

Le garçon qui tentait de me consoler s'appelait Jean-Pierre Cassel. Il était depuis trois ans au cours Simon. Pour me dérider, il a sauté sur une table et a fait des claquettes pour notre plus grande joie mais pas celle du patron et des garçons de café qui lui ont donné l'ordre de descendre et d'aller danser dans la rue.

J'étais bien embêtée. Comment allais-je annoncer mon renvoi du cours à Pierre ? À ma grande surprise, il ne l'a pas mal pris et m'a dit que le cours Simon n'était pas le seul à Paris. Le lendemain, j'ai reçu un mot de la secrétaire de René Simon qui me permettait de revenir si je me pliais à ses instructions.

— Il trouve, maintenant, que j'ai du talent et que je suis faite pour ce métier ?

René Simon s'est montré aimable, assuré de mon talent et m'a expliqué que le travail pour devenir comédien était dur : je m'en doutais. Il m'a donné un professeur que je trouvai sympathique et dont j'ai oublié le nom, qui m'a dit d'apprendre une scène tirée des *Caprices de Marianne* pour son cours de la semaine suivante.

— Vous pouvez demander à un de vos camarades de vous donner la réplique.

— Je ne connais personne !

— Claude, voudrais-tu donner la réplique à cette ravissante débutante ?

— Avec plaisir. Pour le rôle de Perdican, j'imagine ?

— Tu imagines fort bien. Arrangez-vous ensemble.

Claude éclata de rire.

— Qu'est-ce qui vous fait rire ?

— Qu'est-ce qui *te* fait rire ?

— Si tu veux. Qu'est-ce qui te fait rire ?

— Avec le père Jacques, c'est toujours la même chose : les débutants ont droit aux *Caprices*. Apprends ton rôle et quand tu le sauras, tu m'appelles et nous nous voyons pour répéter.

Il a griffonné son numéro sur un bout de papier.

— Quel est le tien ?

— Nous n'avons pas encore le téléphone.

— Nous ?

— Oui, je suis mariée.

— Mariée à ton âge ! Les femmes sont folles ! Ton mari n'est pas jaloux, j'espère ?

— Pourquoi le serait-il ?

— Avec les cours, nous sommes appelés à nous revoir souvent.

— Tant mieux.

Pierre a accepté de me donner la réplique. Le surlendemain, j'ai appelé Claude et nous sommes convenus de nous voir chez moi vers quinze heures. À l'heure dite, il était là avec un gros bouquet et une bouteille de champagne.

— Pourquoi tout cela ? Qu'est-ce qu'on fête ?

— Notre rencontre et notre collaboration. Cela mérite bien un verre de champagne. Va chercher des verres.

Nous avons bu à notre réussite avant de commencer à répéter. Après quelques répliques, il a lancé :

— Tu vas trop vite ! On dirait que tu veux te débarrasser du texte. Prends ton temps.

Nous avons pris notre temps si bien que nous étions en plein dans nos rôles quand Pierre est arrivé. Je lui ai présenté mon partenaire qui s'est excusé de cette heure tardive.

— Régine a un talent fou, a-t-il dit en partant.

Pierre m'a enlacée et fait tourner en riant.

— Tu vois que j'avais raison ?

— Ne t'emballe pas, on verra ce que cela donnera devant le patron. En attendant, j'ai oublié le dîner.

— Ce n'est pas grave, je t'emmène au restaurant chinois.

J'ai enfilé mon manteau et nous sommes allés vers la montagne Sainte-Geneviève où se tenait notre bistrot favori.

Après un dîner très gai et très arrosé, nous sommes rentrés à pied en chantant, serrés l'un contre. Nous avons fait l'amour et j'ai eu l'impression... mais ce n'était qu'une impression... J'ai mis longtemps à m'endormir.

Tous les jours, la gaieté et la bonne humeur de Claude avaient raison de ma tristesse. Nous allions répéter chez lui. Il vivait avec ses parents et ses sœurs, dans un luxueux appartement de l'avenue Henri-Martin dont il disait en ricanant :
— Voilà le résultat de vilains trafics pendant la guerre !
Comment pouvait-il en parler ? Il a vu mon dégoût.
— Moi aussi, cela me dégoûte, j'en ai honte, mais j'en profite. J'ai besoin de leur argent en ce moment. Attends de voir quand je serai célèbre !
Une femme blonde, très élégante, portant des bijoux voyants est entrée. Claude s'est avancé.
— Maman, je vous présente Mme Spengler qui me donne la réplique.
— Bonjour, madame. Vous êtes si jeune... Je suis heureuse que Claude trouve enfin une femme, même mariée, à son goût.
Pourquoi disait-elle cela ? Ce n'est qu'un peu plus tard que j'ai appris qu'il était homosexuel et que son compagnon, un élève du cours, Jérôme V., était jaloux de notre intimité. Sa jalousie n'a pas duré longtemps et nous avons pris l'habitude de jouer des scènes à trois personnages. Jérôme avait une ravissante voiture de sport d'un rouge éclatant avec laquelle il séduisait toutes les filles qu'il voulait. Les pauvres, elles ne savaient pas.

Après notre audition, René Simon m'a félicitée et m'a donné pour la semaine suivante à apprendre le rôle d'Agnès dans *L'École des femmes*. La pièce de Molière m'a enchantée et j'ai appris mon rôle dans les temps.
Un jour, à la fin des cours, la secrétaire du cours m'a demandé de passer. Elle me proposait de faire un essai pour le prochain film de Léonide Moguy : j'étais folle de joie. Le jour dit, je me suis présentée. On m'a donné un court texte

et le metteur en scène m'a indiqué ce qu'il attendait de moi. J'essayai une fois, deux fois, trois fois... À la fin, il a déclaré que je n'étais pas assez souple pour travailler avec lui.

— Il faut vous oublier, ne penser qu'au personnage et faire exactement ce que je vous demande. Si je vous dis de poser ce verre ici, il faut le poser ici et pas ailleurs.

J'avais les larmes aux yeux. Ainsi, un comédien n'était pas plus important qu'un verre ! Léonide Moguy a ajouté :

— Vous êtes ravissante et ne manquez pas de talent, mais vous avez trop d'orgueil. Dans ce métier, il faut oublier son amour-propre. Vous comprenez ?

— Non !

Le lendemain au cours, René Simon m'a interpellée devant les élèves :

— Tu as encore fait montre de ton mauvais caractère ; ce n'est pas comme cela que tu réussiras.

— Je ne veux pas réussir en m'abaissant devant les caprices d'un metteur en scène !

— Tu n'as rien compris. C'est son rôle d'extirper le meilleur de toi, même au prix de ton amour-propre. Réfléchis bien avant de continuer.

Je me suis assise le cœur gros, près d'une jolie fille de mon âge, aux longs cheveux.

— Ne t'inquiète pas, c'est le métier qui rentre, m'a-t-elle dit.

Je l'ai regardée avec haine. Le cours se poursuivit. Marcel Bozzuffi et Jean-Pierre Cassel donnaient une scène qui fit rire et applaudir la salle : pas moi.

— Tu sais faire des cocottes en papier ? ai-je demandé à ma voisine.

— Des cocottes en papier ?

— Oui.

— Maintenant ?

— Oui.

Elle a déchiré une page de son cahier et fabriqué une cocotte. Jamais je n'y étais arrivée. Je l'ai remerciée.

De gauche à droite et de haut en bas :
mes grands-parents, Blanche et Léon Peyon.
Moi, petite fille et jeune fille.
Ma sœur cadette Chantal.
Mon amie Marion, héroïne du *Cahier volé*.

Mon fils Franck,
l'aîné de mes enfants,
devenu éditeur.

Mes parents avant leur mariage.

Pierre,
le père de Franck.

Avec Jean-Jacques Pauvert.

Jean-Jacques Pauvert enfant.

Ma fille Camille.

Dans le bureau
des Éditions
Régine Deforges.

Mon portrait
par Wolinski.

Dessein de Wolinski © .. Monier/Rue des Archives

gauche à droite, Phanette, moi et
ndy Stewart à Cannes en 1954.

© BOTTI/Stills/Gamma-Rapho

Lors du tournage des *Contes pervers* (1980),
que j'ai coécrit et réalisé.

Avec mon mari, Pierre Wiazemsky, au Père-Lachaise (émission « Passions, Passions » avec Pierre Desproges).

Avec Léa, ma fille et Wanda, ma petite-fille, qui ont trois ans de différence.

Malagar, la maison de François Mauriac, le grand-père de Pierre.

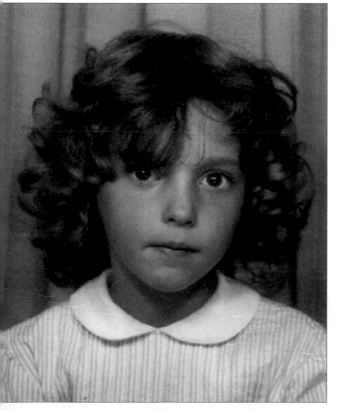

Claire Mauriac, ma belle-mère, la mère de Pierre.

Ma fille Léa.

Parmi les membres
du jury
du prix Femina (2000),
dont j'ai démissionné
depuis…

Prix Féroce (1984),
décerné à
Lionel Chouchon
pour *Lettre ouverte
aux fatigués*.

Entourée par
Régis Debray,
Alberto Moravia et
Alain Elkann.

Un dessin de mon mari,
Wiaz, qui illustre
ma difficulté d'écrire.

Avec Françoise Sagan,
à un meeting politique
à Lille pour François
Mitterrand (1980).

...dant l'émission « Apostrophes »
...c Geneviève Dormann,
...n co-auteur, pour *Le Livre du point*
...croix (Albin Michel, 1986).

...vec Jack Lang, ministre de la Culture,
au ministère pour le lancement
de La Fureur de lire (1990).

Gérard Oberlé
dans une fabrique
de cigares à La Havane
lors d'un voyage
que nous avons fait
ensemble.

Devant un portrait de
Camilo Cienfuegos, un des plus
célèbres révolutionnaires cubains,
mort en 1959 dans des circonstances
mystérieuses.

Ketty Ángel, la directrice
de la Casa del Tango, à La Havane,
chantant pour moi un soir de Noël.

— Comment t'appelles-tu ?

— Stéphane M. mais tout le monde m'appelle Phanette.

— Moi, c'est...

— Je sais. On parle beaucoup de toi.

— Pourquoi ?

— Parce que tu es différente et très belle. Tu nous intimides.

Je l'ai regardée sans comprendre. Comment pouvais-je intimider qui que ce soit ? Elle s'est rapprochée de moi et a murmuré :

— J'aimerais que nous devenions amies. Tu veux bien ?

— Si tu veux.

À partir de ce jour j'ai eu trois nouveaux amis : Charles, Jérôme et Phanette. J'ai obtenu une mention honorable et Phanette m'a invitée à passer les mois de juillet et d'août à Cannes dans l'appartement de ses parents, sur la Croisette. Pierre m'a poussée à accepter.

— Mais tu vas rester tout seul. Cela ne t'ennuie pas ?

— Non, j'ai du travail et pas assez d'argent pour prendre des vacances.

Cette réponse m'a fait honte.

— Ce n'est pas juste que je parte en vacances et pas toi.

— C'est gentil de dire ça. Pars sans remords et, surtout, amuse-toi.

Cette nuit-là, je fus presque amoureuse et je l'ai senti ému.

21.

Nous avions loué des couchettes de deuxième classe, mais nous étions, Phanette et moi, bien trop excitées pour dormir : nous avons bavardé toute la nuit. À l'arrivée, vers sept heures du matin, nous avons pris un taxi. Le soleil, déjà chaud, annonçait une belle journée.

L'appartement donnait sur la Croisette, au rez-de-chaussée d'un immeuble neuf, avec une terrasse couverte ouvrant sur un jardinet. La mer était d'un bleu irréel. Nous n'avons pas pris le temps de défaire nos valises, nous avons enfilé nos maillots et pris nos serviettes de bain et pour nous jeter dans l'eau le plus vite possible. Quel délice ! Allongées sur le sable nous soupirions d'aise. Que la vie était belle ! Il était deux heures de l'après-midi quand nous avons quitté la plage.

— J'ai faim ! ai-je dit.

— Change-toi et je t'emmène manger des nems.

Au golf miniature, près de l'appartement, il y avait un petit restaurant vietnamien où les nems étaient délicieux.

Le lendemain matin, je me suis levée sans bruit pour aller me baigner. Après une grande nage, je me suis allongée sur ma serviette. La voix de Phanette m'a réveillée.

— Tu es folle de rester en plein soleil ! Il est midi.

Je me suis redressée, éblouie par la lumière : la tête me tournait un peu.

— Tu es toute rouge ! Viens te baigner, cela te fera du bien.

Après le bain, nous sommes retournées manger des nems et boire du thé. Ensuite, sieste jusqu'à six heures du soir. Au réveil, j'étais en pleine forme, avec une faim de loup. Nous sommes allées dans un bistrot du vieux Cannes, fréquenté par des pêcheurs et nous avons mangé de délicieux poissons grillés en buvant une bouteille de vin rosé. Durant le dîner, deux garçons nous ont proposé de finir la soirée dans une boîte. Ce n'était pas loin. Nous y sommes allés à pied. Elle était située au rez-de-chaussée, dans une petite rue derrière la Croisette. On nous a donné une table près de la piste de danse. Je regardais l'assistance : la plupart des filles avaient les cheveux très courts et se donnaient des airs de durs alors que les garçons étaient plutôt efféminés. J'ai remarqué que Phanette avait l'air étonné. Nous avons commandé des Coca-Cola tandis que l'orchestre jouait un cha-cha-cha. Un homme en costume rose est venu annoncer au micro que la célèbre chanteuse américaine, Sandy Stewart, allait interpréter quelques-uns de ses grands succès. Une belle fille blonde aux cheveux coupés très court, habillée d'un pantalon et d'une chemise blanche aux manches retroussées, chaussée d'espadrilles, est entrée, a fait un signe de tête en direction du public et pris le micro : l'orchestre a enchaîné. Elle avait une voix magnifique, à la fois rauque et tendre, qui faisait penser par moments à Billie Holiday ou à Sarah Vaughan. J'étais sous le charme et le public avec moi. À la troisième chanson, elle a demandé un tabouret de bar sur lequel elle s'est assise. Elle a chanté « Body and Soul », puis « Night and Day ». J'étais bouleversée.

Malgré notre budget limité, nous sommes revenues tous les soirs. Nous avons fait la connaissance de la chanteuse. Elle parlait mal le français, Phanette nous servait d'interprète. Je suis tombée amoureuse de la belle Américaine.

Nous passions nos matinées à dormir, nos après-midi sur la plage et nos soirées dans la boîte. L'argent filait vite. Phanette en a demandé à ses parents et moi à Pierre en lui précisant que la vie était très chère à Cannes. Nous avons reçu des mandats par retour de courrier. Une lettre de Pierre a suivi, me recommandant de surveiller mes dépenses. Dans l'appartement, j'avais découvert une malle en osier remplie de livres. Presque tous étaient des « Signe de piste ». J'en ai lu un puis deux ; et tout le contenu de la malle a suivi. Je ne me lassais pas des aventures du prince Éric et de ses compagnons les scouts.

— Je lisais ça quand j'étais gamine, ça ne me viendrait pas à l'idée de les relire, m'a dit Phanette.

— Eh bien, lis Simone de Beauvoir !

Piquée, elle a rétorqué :

— C'est autrement plus intéressant que ces histoires de curés et puis on y apprend des choses.

— Peut-être, mais c'est chiant !

Elle a rougi. Comment osais-je dire que l'auteur du *Deuxième Sexe*[1] était chiant !

Un jour, j'ai raconté à Phanette mon amour pour Manon et l'histoire du cahier volé, ce qui l'a fait pleurer ; elle pleurait presque aussi mal que Manon, ses larmes la défiguraient. Je me suis mise à pleurer aussi. Elle m'a prise dans ses bras et cajolée si bien que je l'ai embrassée sur les lèvres. Elle s'est reculée, écarlate. J'ai éclaté de rire.

— N'aie pas peur, je n'irai pas plus loin. Je t'aime bien mais tu n'es pas mon type.

— Ton type, ce ne serait pas une certaine chanteuse américaine ?

Je me suis sentie rougir à mon tour.

— Tu crois que je n'ai pas remarqué ton manège, tes yeux doux, tes mines ? Qu'attends-tu pour lui faire ta déclaration ? Elle aussi aime les femmes.

---

1. Simone de Beauvoir, *Le Deuxième Sexe*, Folio, Paris, 1986.

Furieuse d'être découverte, j'ai refusé d'aller écouter Sandy. Phanette est partie sans moi. Je me suis installée sur la plage et j'ai fumé cigarette sur cigarette. La nuit était douce, le ciel grouillait d'étoiles. Je crois bien que je me suis endormie. Quand j'ai ouvert les yeux, j'ai entrevu le visage de Phanette. Elle me regardait avec une telle tendresse que je lui ai souri. Elle s'est étendue près de moi. Nous sommes restées longtemps sans rien dire.

— Sandy s'est demandé pourquoi tu n'étais pas là.

Je n'ai pas répondu.

— Elle s'est inquiétée, disant que tu t'exposais trop au soleil, que ce n'était pas bon pour ta peau de rousse.

— Elle a dit ça ? Et quoi encore ?

— Rien. Je lui ai dit que tu étais amoureuse d'elle...

Je me suis relevée d'un bond.

— Tu as osé le lui dire ? Tu as osé me trahir ? Jamais je ne te le pardonnerai !

— C'était pour te rendre service. Veux-tu savoir ce qu'elle a répondu ? Qu'elle l'avait remarqué.

Heureusement que la nuit cachait la rougeur de mes joues. J'ai traversé la Croisette en courant suivie de la traîtresse. Je suis allée dans ma chambre et me suis jetée sur mon lit en pleurant. Phanette s'est allongée contre moi en me demandant pardon, disant qu'elle avait fait cela parce qu'elle m'aimait. Qu'est-ce qu'elle racontait, cette folle ? Elle m'aimait ? Je l'ai repoussée brutalement.

— Ai-je bien entendu : tu as dis que tu avais fait cela parce que tu m'aimais ?

— Oui, je t'aime. Je t'ai aimée dès que je t'ai vue au cours. Je ne comprenais pas comment je pouvais éprouver un tel sentiment pour une fille... Je ne savais pas que cela pouvait exister.

Maintenant, ses pleurs s'étaient transformés en sanglots. Dans quel pétrin m'étais-je mise ? J'ai tenté de l'apaiser, elle se serrait de plus en plus fort contre moi, m'embrassait le cou, les joues. J'ai serré les cuisses sur un frisson de plaisir.

159

J'aurais dû en rester là. Dans un état second, je lui ai retiré ses vêtements et j'ai glissé ma main dans sa culotte. Son sexe était dodu et humide, j'ai enfoncé mes doigts, elle a gémi. C'est alors que j'ai pensé à Manon. Manon dont j'avais toujours refusé de caresser le sexe. Pourquoi cela m'était-il facile avec Phanette ? « Parce que tu ne l'aimes pas », me dit une petite voix. Et je savais que cela était vrai. À son tour, elle a voulu me caresser mais j'ai repoussé sa main tandis que la mienne lui arrachait des cris de plaisir. Nous nous sommes endormies les membres mêlés.

Je me suis réveillée la première et j'ai contemplé son beau corps nu. J'ai écarté ses longs cheveux qui lui cachaient le visage. Je ne l'avais jamais vue aussi jolie. À son tour, elle s'est réveillée et a voulu reprendre nos jeux. Je l'ai repoussée en riant et me suis levée. Sous la douche, je me suis reproché ce que j'avais fait, pressentant, peut-être, que cela pouvait avoir des conséquences irrémédiables. Les cheveux mouillés, j'ai dit en m'étirant :

— J'ai faim !

— Que tu es belle !

— Va chercher des croissants, trois pour moi.

Elle s'est levée aussitôt en me regardant avec un air d'adoration qui m'a agacée.

— Va !

En attendant son retour, j'ai préparé le thé et installé la table sur la terrasse. Elle est revenue avec les croissants et un bouquet de fleurs qu'elle m'a tendu avec toujours ce regard de Roi mage contemplant l'Enfant Jésus.

— Arrête de me regarder comme ça !

Elle a baissé la tête en souriant. Après avoir dévoré mes trois croissants tartinés de confiture d'abricots, je suis allée m'habiller dans ma chambre avant de vérifier à la cuisine où en étaient nos provisions : elles avaient fondu.

— Il n'y a plus rien, il faut faire des courses. Tu viens ?

Chargées chacune de deux paniers, nous avons pris l'autobus jusqu'au marché qui était à l'autre bout de la Croisette. Après nos emplettes, nous avons déjeuné d'une pissaladière, arrosée d'un vin blanc de Cassis. Pourvues de ravitaillement pour plusieurs jours, nous avons pris un taxi. Fatiguée, je suis allée m'allonger dans ma chambre au lit défait et Phanette m'a suivie. Je l'ai renvoyée méchamment.

Le soir, nous sommes retournées écouter Sandy. Elle était superbe, vêtue d'une chemise noire et d'un pantalon blanc, ses pieds nus chaussés de mocassins blancs. Je portais un jean et une chemise bleue, Phanette, un pantalon beige et une chemisette à fleurs. Après la première partie de son tour de chant, Sandy est venue s'asseoir à notre table et a commandé une bouteille de whisky.

— Je n'aime pas ça ! ai-je dit.

— Un gin tonic, alors ?

— Oui.

Elle a passé sa main dans mes cheveux bouclés.

— Quel âge as-tu ?

— Bientôt dix-neuf ans.

— Alors, tu es mineure, dit-elle en retirant sa main.

Je ne comprenais pas où elle voulait en venir.

— Mineure, trop dangereux, a-t-elle ajouté.

Phanette lui a murmuré quelques mots en anglais.

— Qu'est-ce tu lui as dit ? ai-je demandé agacée.

— Je lui ai demandé ce qu'elle voulait dire.

— Et alors ?

— Pour elle, avoir une aventure avec quelqu'un de mineur, c'est dangereux parce que interdit.

Je suis restée un instant sans voix, puis j'ai jeté triomphante :

— Je ne suis plus mineure puisque je suis mariée ! Allez ! Traduis !

Des larmes sont apparues dans les yeux de Phanette qui s'est exécutée.

Sandy a éclaté de rire.

— Ce n'est pas comme ça aux États-Unis. Les Français sont des gens pratiques, a-t-elle répliqué, dans son sabir.

Je suis sortie pour cacher ma colère et ma déception. Je suis entrée dans un vieux bistrot, fréquenté par des hommes vêtus de bleus de travail délavés, et j'ai commandé un cognac au comptoir. Une fois mon verre vide, j'ai demandé à la patronne si elle avait une paire de ciseaux.

— Pour quoi faire ?

— J'ai une mèche de cheveux qui me gêne.

Je suis allée m'enfermer dans les toilettes et me suis coupé les cheveux. Ce n'était pas facile car les ciseaux coupaient mal et mes cheveux étaient épais. Enfin, j'ai réussi tant bien que mal. J'ai amélioré le résultat en égalisant les mèches. J'avais une tête de jeune et joli garçon, cela plairait peut-être à mon Américaine. J'ai ramassé mes cheveux et rendu les ciseaux à la patronne qui me regardait bouche bée.

— Combien vous dois-je pour le cognac ?

— C'est la maison qui vous l'offre, a-t-elle bredouillé.

Je suis sortie dignement sous les regards des clients.

Je suis retournée au cabaret. Sandy et Phanette bavardaient à une table sur laquelle j'ai jeté mes cheveux. Elles ont poussé un cri de surprise. Une nouvelle fois, les yeux de Phanette se sont emplis de larmes et ceux de Sandy m'ont contemplée avec stupeur. Au bout d'un moment, elle m'a dit :

— Cela te va bien.

L'orchestre jouait un slow et elle m'a invitée à danser. C'était la première fois que je la voyais danser avec une cliente. Elle me serrait fort contre elle, me disait des mots que je ne comprenais pas mais dont la sonorité me faisait trembler de désir. Quand la danse s'est terminée, elle a posé un baiser au coin de mes lèvres et a regagné la scène. Tout le temps de son tour de chant, elle ne m'a pas quittée des yeux. En l'écoutant, je jouais avec mes boucles perdues.

Cette nuit-là, Phanette et moi, nous nous sommes couchées à cinq heures du matin ; le jour se levait quand nous avons regagné nos chambres.

22.

Des amis américains de Sandy nous avaient proposé une promenade en bateau aux îles de Lérins en face de Cannes. J'ai gardé un souvenir confus de cette journée. Tout le monde avait trop bu, les hommes avaient tenté de m'embrasser, ce qui semblait amuser Sandy et rendre Phanette folle de rage. Je m'étais éloignée sur la plage en me demandant ce que je faisais là, avec ces gens qui ne me plaisaient pas. De retour à Cannes, on nous a invitées à dîner dans un des meilleurs restaurants de la Croisette. Parmi les convives, j'ai reconnu la belle femme blonde que j'avais rencontrée au Drugstore puis au Carroll's, Zina Rachevsky, qui manifesta sa joie de me revoir par de tendres baisers. Phanette a fait la tête. Quelques verres de vin blanc lui ont rendu sa bonne humeur. Sandy flirtait ouvertement avec une Américaine qui me lançait des regards narquois. Un couple d'hommes s'embrassait. Phanette, ivre, se laissait peloter par un vieux. Écœurée, je me suis levée et j'ai arraché mon amie des mains du libidineux personnage qui était, paraît-il, un metteur en scène très connu aux États-Unis. Tous me dégoûtaient. Je suis partie, suivie de Phanette titubante.

Le temps était magnifique. Malgré l'heure tardive, il y avait beaucoup de monde sur la Croisette. Des garçons, dans une luxueuse décapotable, se sont arrêtés à notre hauteur pour nous proposer une balade. J'ai eu un geste de dédain.

— Bêcheuse ! a crié l'un d'eux.

Avant de me coucher, j'ai pris une douche comme pour me laver de ces gens qui m'avaient frôlée ou simplement regardée. Je me suis allongée nue sur mon lit. Phanette est venue me rejoindre et je l'ai laissée m'embrasser, me caresser maladroitement. Elle balbutiait des mots d'amour, gémissait en attirant ma main vers son sexe. Je restais inerte. Je me sentais tel un bout de bois, incapable d'éprouver du plaisir et d'en donner.

— Pourquoi ? pleurnichait Phanette.

Je n'ai pas eu la cruauté de lui dire que je n'avais pas envie d'elle, que je n'aurai plus jamais envie d'elle. Que j'aimais la conquête, mais que la sienne avait été trop facile !

— Je suis fatiguée. Laisse-moi dormir.

Elle s'est reculée. Je l'entendis pleurer un moment avant que le sommeil ne m'emporte.

Après avoir dormi toute la journée et bu force café pour nous réveiller, nous sommes allées manger des nems avant de retrouver la boîte où chantait Sandy. Il n'y avait presque personne dans la salle. À peine étions-nous installées à notre table que Sandy est venue s'asseoir. Elle était pâle et ses yeux rougis montraient qu'elle avait pleuré. J'ai pensé méchamment : l'Américaine l'a envoyée balader. Ce n'était pas la raison. Elle avait des problèmes de logement, pouvions-nous l'accueillir pour quelques jours ?

— Naturellement, ai-je répondu.

Phanette n'a pu qu'acquiescer.

— Évidemment.

— Merci beaucoup. J'ai mes valises dans ma loge. On ira à la fin de mon tour de chant.

J'étais aux anges : j'allais l'avoir sous la main !

Ma nouvelle coiffure attirait les lesbiennes qui fréquentaient l'endroit. Plusieurs fois dans la soirée, elles m'ont invitée à danser. Je refusais en montrant Phanette des yeux.

— Tu peux y aller si ça te fait plaisir, disait-elle.

— Je sais.

J'ai bu une gorgée de gin tonic et lui ai proposé un slow. Je n'ai jamais oublié le regard reconnaissant et soumis qu'elle m'a adressé. Elle s'est blottie contre moi, lascive, les yeux mis-clos. Comment ne sentait-elle pas ma colère devant son abandon, sa soumission à mes caprices ? Comment pouvait-elle danser avec moi qui était amoureuse d'une autre ? Un homme brun, qui n'avait cessé de nous observer, demanda la permission de s'asseoir à notre table.

— Je vous ai remarquée, il y a quelques jours, vous êtes ravissante ! Je suis couturier. Voulez-vous être mannequin ?

— Mannequin ? Je ne sais pas.

— Je m'appelle Louis Féraud, ma maison de couture est à Paris. Vous habitez Paris, je suppose ? Voici ma carte. Appelez-moi quand vous rentrerez.

J'ai mis la carte dans la poche de mon jean. Il s'est levé et nous a saluées d'un signe de tête. La soirée s'éternisait. Pour la première fois, je m'ennuyais. Enfin, Sandy a quitté la scène en nous faisant signe de la suivre. Derrière la boîte attendait un taxi ; ses bagages étaient déjà chargés.

Nous avons porté les valises jusque dans la chambre vacante, celle des propriétaires. J'ai aidé Phanette à faire le lit tandis que Sandy occupait la salle de bains. Après avoir bu un dernier verre, chacune s'est retirée dans sa chambre. J'ai attendu une heure avant de me lever pour aller la rejoindre. Allongée sur le lit, vêtue d'un tee-shirt blanc, la lampe de chevet allumée, Sandy ne dormait pas. M'attendait-elle ? J'ai voulu l'embrasser mais elle m'a repoussée.

— Je te trouve très jolie... si tu n'étais pas si jeune !

— Quelle importance ?

— Je t'ai déjà dit que je ne voulais pas avoir d'ennuis.

— Enfin, je suis mariée !

— Justement, les femmes mariées sont une source d'ennuis.

— Mais je t'aime !

J'ai senti mes joues se couvrir de larmes. C'est sans doute ce qui m'a fait voir le ridicule de la situation : je détestais que l'on me voie pleurer. Je suis sortie aussi dignement que le permettait ma nuisette transparente. En passant devant la porte de Phanette, j'ai entendu un léger bruit : elle ne dormait pas et savait d'où je venais. J'ai eu un instant la tentation de la rejoindre, de me venger sur elle de mon échec. Est-ce l'amour-propre qui m'a retenue ou un reste de compassion ?

Le lendemain, vers midi, Sandy s'est levée, fraîche comme une fleur, ce qui n'était pas notre cas. Après un copieux petit déjeuner, nous sommes allées sur la plage jusqu'au soir. Elle nous a invitées à dîner dans le fameux restaurant de la Croisette où nous avons retrouvé ses amis américains. J'ai été incapable d'avaler quoi que ce soit hormis du vin, un blanc de Cassis. Ce fut Sandy qui s'est aperçue que j'étais complètement ivre. Elle a fait appeler un taxi et nous a reconduites. J'ai dormi deux jours. Quand je me suis réveillée, je me suis traînée jusqu'à la salle de bains et le miroir m'a renvoyé l'image d'une très jeune femme les cheveux en désordre, les yeux cernés et que je trouvai malgré tout jolie et touchante. Je me suis mise sous la douche où Phanette m'a découverte, recroquevillée sur moi-même. Elle m'a enveloppée dans un peignoir de bain. Je l'ai remerciée d'un sourire. Je suis allée dans le salon où étaient assis Sandy et ses amis américains qui me regardaient d'un air apitoyé. Une bouffée de rage m'a envahie et les recommandations de Mlle Dumas me sont revenues à l'esprit :

— Mesdemoiselles, ne faites jamais pitié !

J'ai arboré un sourire triomphant.

— Je pars en excursion dans l'arrière-pays. J'ai besoin de changer d'air.

— Tu ne m'en as pas parlé, a dit Phanette.

— Mais si, souviens-toi : au début du séjour je t'ai dit que je voulais aller dans la montagne.

— Je croyais que tu avais oublié.

Je lui ai caressé la joue.

— Je n'oublie jamais rien.

— Quand pars-tu ?

— Le temps de préparer mes affaires.

Je suis sortie fouiller dans le placard de l'entrée où j'avais vu un sac à dos et un duvet. J'ai emporté le tout dans ma chambre. Le sac contenait une gamelle, une gourde, un réchaud à alcool solidifié, des couverts, un solide couteau et une torche en état de marche. J'ai fourré quelques vêtements dans le sac, deux robes, un cardigan de laine pour le soir, une paire de sandales, mes affaires de toilette, *Le Comte de Monte-Cristo*[1], offert par Phanette, un paquet de biscuits et mon Bunny avec lequel je dormais. Mon bagage terminé, j'ai enfilé un jean, une chemise et mes baskets, les seules chaussures qui me semblaient convenir pour mon excursion. Ah ! Surtout ne pas oublier ma carte d'identité et l'argent qui me restait. J'ai demandé si quelqu'un pouvait me conduire à la gare routière. L'un d'eux s'est levé. Phanette s'est accrochée à moi.

— Où vas-tu ? Emmène-moi !

Elle s'est mise à pleurer.

— Arrête de chialer, ça te rend moche. Je te laisse avec tes amis. J'ai besoin d'être seule.

Son désespoir me touchait et m'exaspérait à la fois.

— Je t'appellerai. Amuse-toi bien.

C'est Sandy qui a desserré ses doigts qui laissèrent des traces rouges sur mon bras.

Le chauffeur et moi n'avons pas échangé un mot durant le trajet. Je suis descendue sans le remercier et me suis dirigée vers les guichets des billets pour les autocars. L'un d'eux partait dans cinq minutes : il allait jusqu'à Vence. J'ai pris un aller et me suis installée au fond du car.

---

1. Alexandre Dumas, *Le Comte de Monte-Cristo*, Omnibus, Paris, 2013.

23.

Arrivée à Vence, j'ai demandé au chauffeur s'il y avait un car pour le village de Coursegoules. Le bonhomme m'a observée d'un drôle d'air.

— On y va une fois par semaine, y a personne là-haut, que des vieux.

— C'est à combien de kilomètres ?

— Une dizaine. Attendez demain, vous trouverez bien quelqu'un pour vous monter jusque-là.

— Je peux prendre un taxi ?

— Y en a pas à cette heure, ils sont tous sur la Côte.

— Tant pis, je vais y aller à pied. Dix kilomètres, ce n'est pas le diable !

Le chauffeur m'a regardée d'un air ahuri.

— C'est que ça monte dur et c'est bientôt la nuit.

Je me suis fait indiquer la direction de Coursegoules et suis partie d'un bon pas.

Le paysage était magnifique et la Méditerranée, en contrebas, semblait s'étendre à l'infini. Tout en marchant, j'ai étudié la carte de la région que j'avais achetée en prenant mon billet. Après Vence, tout paraissait vide. Pas de villages. En regardant de plus près, j'avais remarqué le nom de Coursegoules. Le chauffeur avait raison : ça montait dur mais j'étais récompensée par la beauté du paysage. Je me suis assise sur une borne pour regarder l'énorme soleil rouge qui se couchait dans la mer. Je n'avais croisé aucune voiture montant ou descendant. S'il n'y avait pas eu les lointaines lumières de Cannes, je me serais crue sur la lune dans cet endroit désert et rocailleux, sans arbres, sauf quelques buissons épineux. Bientôt la nuit est tombée. Mes pieds me faisaient mal. J'ai résolu de dormir dans le creux du fossé. J'ai déplié le sac de couchage, ôté mes baskets et mon jean avant de me glisser à l'intérieur du sac en serrant mon Bunny contre moi. Le pauvre lapin de caoutchouc donnait des signes de vieillesse. Quand avais-je pris l'habitude de dormir en le serrant entre mes bras ?

Le ciel était immense et constellé d'étoiles. J'ai arrêté de faire des vœux, tant il y avait d'étoiles filantes. Je me suis assise pour allumer une cigarette. J'ai pensé à Sandy, à ses amis américains, vulgaires et bruyants, à Phanette dont je faisais couler les larmes. Étais-je une garce, une salope ? En tout cas je m'étais comportée comme telle. J'ai eu un bref remords vite chassé. J'ai pensé à René Simon qui n'aimait pas les cheveux courts : allait-il me renvoyer pour cela ?

Cette immensité, que j'avais crue vide, se révélait pleine de bruits divers. Outre le chant des grillons, les cloches de troupeaux lointains, le roulement des pierres, les crissements d'insectes inconnus, d'animaux, de galipotes, peut-être... Peu à peu, la peur m'a envahie. Je savais pourtant que les galipotes étaient des créatures de légende qu'on ne rencontrait que dans le bocage vendéen. Il m'a semblé apercevoir une lumière montant sur la route en contrebas. Je suis sortie comme un diable de mon sac, j'ai enfilé mon jean et cherché mes baskets... Les phares d'une voiture s'approchaient. Je me suis jetée au milieu de la route, les bras écartés. La voiture s'est arrêtée à quelques centimètres de moi et un homme furieux est descendu.

— Vous êtes complètement folle ! J'ai failli vous renverser.
Je suis restée tremblante dans la lumières des phares.

— Mais que faites-vous ici, en pleine nuit ?

Il a regardé autour de lui.

— Vous êtes seule ?

— Oui.

— Où allez-vous comme ça ?

— À Coursegoules.

Je l'ai senti surpris, comme l'avait été le chauffeur du bus.

— À Coursegoules ? Vous avez de la famille là-haut ?

— Non, je veux visiter la région.

— Elle est bien bonne ! Visiter la région ! Il n'y a rien à voir, c'est le bout du monde !

— Tant mieux ! Pouvez-vous m'y déposer ?

Il s'est gratté la tête avant de répondre.

— Je ne peux quand même pas laisser une gamine seule dans la nuit.

Je pensai : ça ressemble à la chanson d'un film dont les paroles tournaient dans ma tête :

> *Seul dans la nuit*
> *Mains dans les poches*
> *Je vais toujours*
> *Cherchant l'oubli*
> *D'un malheureux amour*[1]...

— Où sont vos affaires ?

— Là, dans le fossé. Je n'ai qu'un sac à dos et un sac de couchage.

— Rangez tout ça et montez.

Nous avons roulé quelques instants en silence.

— Où allez-vous dormir ?

— Je ne sais pas, il doit bien y avoir un terrain de camping.

— Ma parole, vous vous croyez sur la Côte, il n'y a rien là-haut, je vous l'ai dit. Rien !

J'étais effondrée. Nous sommes arrivés dans le village où tout semblait dormir.

---

1. Jacques Pills, « Seul dans la nuit ».

— J'vais vous conduire chez Marie-Jeanne, elle trouvera bien une solution.

— Qui est Marie-Jeanne ?

— Une **brave** femme qui tient le café de Coursegoules.

Une place éclairée par une chiche lumière se révéla être celle du café.

— On est arrivés, a dit mon conducteur en arrêtant le moteur.

Je l'ai suivi à l'intérieur en portant mon bagage devant moi. Il n'y avait que des hommes, plutôt âgés, aux visages fortement bronzés, portant béret ou casquette, sauf un qui semblait plus jeune, avec une barbe rousse, les cheveux d'une blondeur scandinave. Certains jouaient aux cartes, d'autres buvaient en échangeant quelques mots.

— Salut, la compagnie, a jeté mon guide.

Mon entrée a figé l'assemblée.

— Bonsoir, ai-je dit d'une petite voix.

— Qu'est-ce qui se passe, ici ? On entendrait voler une mouche. C'est toi, Tony, qui leur fais cet effet ? Ah, je comprends ! Qui est-ce, cette fille ?

— Je n'en sais rien, je l'ai trouvée au milieu de la route où j'ai failli l'écraser.

— Qu'est-ce que vous faisiez sur la route en pleine nuit ?

— Je voulais venir à Coursegoules.

Tous les regards étaient tournés vers moi, je me sentais de plus en plus mal à l'aise.

— Pour quoi faire ?

— Pour me reposer, ai-je répondu au bord des larmes.

Son rire a déclenché celui des hommes. Je me suis sentie rougir jusqu'aux oreilles. J'avais envie de les tuer. Je m'élançai vers la porte. Une main ferme me retint : c'était celle de Marie-Jeanne.

— Où vas-tu ?

— Je vois bien que je ne suis pas la bienvenue, alors, je m'en vais !

— Seule dans la nuit ?

Encore !

— C'est qu'on n'a pas l'habitude de voir une mignonne comme toi errer la nuit dans le pays. J'ai une pièce vide en haut, tu pourras t'y reposer ce soir, on verra demain ce qu'on pourra faire pour toi.

Je lui ai lancé un regard reconnaissant.

— Tu vas boire une tisane avant de monter.

Elle a attrapé quelques herbes dans un pot de terre qu'elle a mises dans un pot d'émail bleu avec de l'eau bouillante. Les hommes avaient repris leurs conversations, sauf le blond qui fumait d'un air songeur. Marie-Jeanne a servi l'infusion dans un bol, avec une grosse cuillerée de miel. La tisane était parfumée et délicieuse. Elle m'a retiré le bol des mains et a dit :

— Suis-moi.

J'ai repris mon barda que j'avais posé sur une table. L'escalier de bois était sombre et les marches abîmées par endroits. Elle a poussé une porte et j'ai vu se découper un grand morceau de ciel étoilé.

— Il n'y a pas de lumière, j'ai oublié de remplacer l'ampoule. Couvre-toi bien. Les nuits sont fraîches.

Restée seule, je me suis approchée de la fenêtre : que le ciel était beau ! La nuit embaumait la lavande. J'ai déplié mon sac de couchage que j'ai étendu dans un coin de la pièce, j'ai enlevé mes baskets et me suis couchée tout habillée.

— Sais-tu l'heure qu'il est, petite ?

J'ai ouvert les yeux et les ai refermés aussitôt, éblouie par le soleil.

— Quelle heure est-il ?

— Midi !

Je suis sortie du sac de couchage en regardant autour de moi. Qui était cette grosse dame qui me souriait ?

— T'as besoin d'un bon café pour te réveiller.

La salle de bistrot me rappelait quelque chose. Elle était pleine d'hommes attablés devant des verres de vin. Je me suis

172

assise et Marie-Jeanne a apporté un bol de café et des tartines beurrées. J'ai tout dévoré. On a poussé devant moi un petit panier rempli de pêches. J'ai levé les yeux pour remercier un grand garçon blond et barbu. Qui m'a souri. J'ai croqué dans la chair juteuse et un peu de jus a coulé sur mon menton. Je n'avais jamais mangé de pêches aussi bonnes.

— Ce sont des pêches de vigne, a dit l'homme blond avec un accent que je n'ai pas identifié.

La patronne s'est approchée.

— Ça va mieux ?

— Oui, merci beaucoup. Où puis-je faire ma toilette ?

— Derrière, dans la cour.

— Dans la cour !

Elle a éclaté d'un grand rire.

— On n'est pas au Carlton, ici. Vas-y, il n'y a personne. J'ai posé une serviette et un gant sur le bac.

L'eau, qui coulait dans un bac en ciment, était glacée. Il m'a fallu un gros effort pour me déshabiller et me laver. Heureusement, le soleil, lui, était chaud. J'ai enfilé une culotte propre et une robe de coton dont j'aimais beaucoup le bleu délicat, mes sandales et je suis remontée dans la chambre ranger mes affaires avant de redescendre dans le café.

— T'es rien belle, comme ça ; on dirait que tu vas au bal.

— C'est une vieille robe.

— Assieds-toi, on va boire un coup.

Elle est allée chercher une bouteille de vin rosé accompagnée d'une assiette de charcuteries, de petits fromages secs et de pain.

— Ce vin, tu m'en diras des nouvelles, a-t-elle dit en s'asseyant. Il vient de mes vignes. À ta santé, petite !

— À votre santé !

— Hé ! Pas de vous entre nous.

J'ai levé mon verre :

— À la tienne, Marie-Jeanne.

— C'est mieux. Goûte-moi ce saucisson et ce pâté. C'est pas sur la Côte ni même à Paris que t'en mangeras d'aussi bons.

Elle avait raison. Quant aux fromages, ils valaient ceux de Lucie.

— Ils sont fameux, hein ? C'est un vieux berger qui les fabrique avec le lait de ses brebis.

Nous avons fait un sort à la chopine de vin. Elle est allée chercher le café qu'elle a versé dans les verres et a posé sur la table une poignée de morceaux de sucre.

— T'as pas une cigarette ?

Je lui ai tendu mon paquet. Elle en a pris une d'un air dégoûté.

— C'est pas du tabac, ça. Mais enfin, ça vaut mieux que rien.

Elle a tiré une bouffée, puis deux, avant de dire :

— Qu'est-ce que tu comptes faire ?

Je l'ai regardée sans répondre.

— Tu veux rester ici ?

J'ai secoué la tête de haut en bas.

— Bien. Faut s'organiser. Tu peux pas continuer à dormir là-haut sur le plancher...

— Ça ne me gêne pas.

— Moi, ça me gêne. J'ai demandé à une voisine qui vit seule dans la plus grande maison du village si elle pouvait t'héberger. Elle a répondu qu'elle ne recevait pas des gens qu'elle ne connaissait pas. Par contre, elle a proposé de me donner une literie dont elle n'a pas l'usage. J'ai accepté. Des gars vont venir monter tout ça.

— Je peux rester alors ?

— Ça a l'air de te faire plaisir ?

— Oh oui !

Je me suis levée pour l'embrasser sur les deux joues. Sous son hâle, elle a rougi.

— Combien tu me la loues, la chambre ?

Elle m'a regardée d'un air furibard.

— On ne fait pas payer les amis que l'on reçoit chez soi. Tu me donneras un coup de main au café, si tu veux.

J'ai tendu ma main.

— Topons là.

Nous avons topé comme les marchands de bestiaux le font dans mon Poitou, sur les marchés.

— Où peut-on téléphoner ?

— À la poste. Dépêche-toi, Renée va bientôt fermer.

— Où est la poste ?

— Tu continues la rue, tu tomberas dessus.

En effet, la poste était à cent mètres à peine. J'ai appelé Pierre en lui disant que j'avais quitté Cannes et que j'étais dans la montagne et qu'il pouvait m'écrire poste restante à Coursegoules.

— Quand rentres-tu ? Je m'ennuie tellement de toi.

— Bientôt, ai-je répondu.

J'ai appelé Phanette sans succès ; le téléphone sonnait dans le vide.

Presque en face, il y avait une épicerie-tabac-journaux-mercerie, le genre de boutique que j'adorais. J'ai écarté le rideau de perles pour entrer. Après la clarté du soleil, tout me semblait obscur.

— Il y a quelqu'un ?

Drôle d'endroit. Une petite voix est sortie de derrière un autre rideau de perles qui cliquetait. L'épicière était minuscule et très vieille.

— C'est pour quoi ? dit une voix chevrotante et masculine qui appartenait à un vieil homme guère plus grand que la femme, qui s'avançait derrière elle.

Ils étaient là, l'un près de l'autre, vêtus de noir, si fragiles, si émouvants.

— Avez-vous des cigarettes et des bonbons ?

— Oui et des caramels, des berlingots et des sucettes.

— Je vais prendre les trois.

Il faisait si sombre que je n'avais pas vu les grands bocaux remplis de bonbons. L'épicière a déplié de petites poches en papier, ouvert un bocal, glissé une pelle qu'elle a ramenée pleine de caramels. Je lui ai pris de toutes les friandises de ses bocaux. Tenant les paquets contre elle, elle a glissé jusqu'à une balance antique et pesé soigneusement chaque paquet. J'étais fascinée par ses gestes lents, les poids qu'elle posait sur un des plateaux de cuivre. J'avais l'impression qu'elle jouait à la marchande. Après chaque pesée, elle donnait le prix à son mari qui le notait sur un petit calepin publicitaire à l'aide d'un bout de crayon qu'il humectait entre ses lèvres. Je lui ai demandé d'ajouter trois paquets de cigarettes. Il a additionné le tout. Le prix a dû lui paraître excessif car il a dit :

— C'est pour vous, tout ça ? À moins que vous ne soyez une sacrée gourmande.

J'ai payé en lui murmurant d'un ton de confidence :

— C'est pour moi.

Un sourire malicieux a éclairé son vieux visage. Malgré le peu de clarté, j'ai remarqué des tissus provençaux dont un sac, de même tissu. Je l'ai pris et y ai mis les paquets de bonbons.

— Je vous dois combien ?

— Fallait pas l'acheter pour ça, on vous aurait donné une poche plus grande.

Je les aurais embrassés tant leur sens du commerce me plaisait.

— À bientôt !

J'ai continué ma promenade jusqu'à la sortie du village Il poussait une sorte de bois de chênes petits et tordus, des champs de lavande et des vignes. Combien de milliers, de millions de cigales chantaient sous ce ciel sans nuages ? Je me suis assise contre un tronc rugueux et noir et j'ai allumé une cigarette, éprouvant un bien-être depuis longtemps perdu, une sorte de bonheur d'exister dans cet endroit, si loin de ce que ceux d'en bas appelaient la civilisation. J'ai éteint soigneusement mon mégot et j'ai fermé les yeux.

Quand je me suis réveillée, la lumière avait changé : dans deux ou trois heures, il allait faire nuit. Cette faculté de m'endormir n'importe où m'a fait rire. J'ai regagné le café qui, à cette heure, devait être plein. Mon entrée n'a provoqué aucune surprise mais des salutations bienveillantes.

— Tu as une mine magnifique, m'a dit Marie-Jeanne.

— Je me suis endormie contre un arbre.

— Ça se voit, tu as des marques dans le dos et tu as sali ta belle robe. Monte dans ta chambre, tu vas voir le changement.

J'ai obéi et suis entrée dans une pièce qui n'avait plus rien à voir avec celle que j'avais quittée le matin. Un joli lit de pichepin, recouvert d'une couverture en boutis d'un blanc immaculé, sur laquelle trônait mon lapin, une table de toilette avec sa cuvette et son broc en grosse porcelaine fleurie, une armoire, une table et une chaise, tous dans le même bois que le lit, un épais rideau accroché devant la fenêtre, et un tapis de gros coton blanc. Sur la table, Marie-Jeanne avait déposé un beau bouquet de fleurs de la montagne.

Émue par tant de gentillesse, je suis redescendue en courant pour remercier mon hôtesse. Je lui ai sauté au cou en embrassant comme du bon pain son visage rayonnant.

— Ça te plaît ?

— Je n'ai jamais eu une aussi jolie chambre.

— Alors, tout est pour le mieux.

— Merci pour les fleurs.

— Ce n'est pas moi, c'est le barbu aux pêches. Tu le remercieras tout à l'heure. Va te changer, car, ce soir, il y a cinéma sur la place. Oui, tous les mois, on projette un film en plein air. Tout le village est convié.

J'ai souri. Comme à Conakry.

— En attendant, peux-tu me donner un coup de main ?

— Que veux-tu que je fasse ?

— Lave les verres. On va en avoir besoin.

— Je voudrais remercier ceux qui t'ont aidée à aménager ma chambre.

— Ils seront tous là ce soir.

Quand j'ai eu terminé mon travail, la nuit était tombée. Je suis montée me laver et me changer. Je me suis coiffée avec soin et parfumée légèrement avec quelques gouttes d'Après l'ondée.

La salle du café était comble. Pour la première fois, j'y voyais des femmes qui avaient mis leurs plus beaux habits. Marie-Jeanne était au comptoir et l'homme blond servait les clients. J'ai proposé mon aide, mais Marie-Jeanne a refusé sous prétexte que j'allais salir ma robe. Elle aussi avait fait un effort de toilette et portait un corsage de dentelle blanche qui laissait apercevoir une combinaison rose et sa poitrine opulente.

24.

Il faisait nuit noire. On avait sorti les chaises du bistrot pour les habitués. Chacun des habitants de Coursegoules avait apporté la sienne. Tout le monde s'est assis devant un drap tendu entre deux arbres et la séance a commencé. C'était un film avec Raimu que j'avais déjà vu : *La Femme du boulanger*. La copie n'était pas très bonne, le son non plus, mais personne ne s'en est plaint. Après la projection, les spectateurs se sont retrouvés au café. J'ai donné un coup de main à Marie-Jeanne qui était débordée ; le grand blond a aidé lui aussi. C'est à cette occasion que j'ai appris qu'il s'appelait Per, était danois et qu'il avait été dans la Légion étrangère. Je l'ai remercié chaleureusement pour ses fleurs. Il m'a semblé que, sous son hâle, son visage s'empourprait.

Peu à peu le café s'est vidé et nous nous sommes retrouvés seuls. Marie-Jeanne nous a demandé de tout éteindre et de fermer.

— Je ne sens plus mes jambes, a-t-elle dit en nous quittant d'un pas lourd et traînant.

Per et moi avons éteint les lumières et d'un commun accord nous sommes sortis sur le seuil et nous sommes assis sur le banc de pierre appuyé contre la façade. La nuit était étoilée, d'une douceur infinie, parfumée de lavande. Nous sommes restés un long moment silencieux, le dos appuyé contre le mur, la tête levée vers le ciel, fumant nos cigarettes. J'ai appuyé ma tête contre son épaule. Un sentiment de sécurité m'envahissait. Per ne bougeait pas, ne disait rien : cela n'avait pas d'importance. Quatre heures ont sonné au clocher voisin.

— Le jour va bientôt se lever. Va te reposer, a-t-il dit d'une voix douce.

Je me suis levée, j'ai posé un baiser sur sa joue et j'ai rejoint ma jolie chambre. Je me suis déshabillée et, nue, me suis glissée entre les draps qui sentaient la lavande. Mes pensées tout occupées par Per, je n'arrivais pas à trouver le sommeil. S'était-il vraiment engagé dans la Légion étrangère ? Que fuyait-il ? Avait-il commis un crime ? Peut-être était-il allemand. Je résolus d'en avoir le cœur net. Sur cette résolution je me suis endormie.

En ouvrant les yeux, j'ai entendu sonner dix coups au clocher voisin. Je me suis étirée en pensant avec joie à la journée qui m'attendait et à la soirée à venir : Marie-Jeanne m'avait dit que ce soir il y avait bal au village avec des musiciens de la région. J'ai écarté le rideau et reçu la beauté du paysage comme un coup : les pieds de lavande se balançaient doucement sous un vent léger qui exhalait leur parfum délicieux. J'ai respiré à pleins poumons. J'ai poussé un cri : une légère douleur au côté droit venait de me couper le souffle. Je suis descendue faire ma toilette, me demandant qu'elle robe j'allais mettre. Je n'avais guère de choix : je n'en avais apporté que deux. La blanche, peut-être ? Je l'ai sortie de l'armoire, elle était toute froissée, j'allais devoir la repasser. Je suis descendue avec la robe. Le café était presque vide à cette heure. J'ai entendu du bruit dans la cuisine où j'ai trouvé Marie-Jeanne s'affairant dans ses casseroles. Quand elle m'a vue, elle s'est écriée :

— Bien dormi, pitchoune ? Tu t'es couchée à pas d'heure.

— C'est vrai... la nuit était si douce.

— Et le gars si beau.

J'ai rougi.

— Ne rougis pas, c'est de ton âge, ma belle. Si j'avais vingt ans, je me mettrais sur les rangs.

Elle a ri avec bonne humeur. Je me suis servi un bol de café, tenu au chaud sur le coin de la cuisinière.

— Où as-tu mis le pain ?

— C'est fête, alors j'ai acheté des croissants et des brioches.

— Quelle bonne idée !

Je me suis goinfrée des délicieux gâteaux.

— J'aimerais bien que ce soit tous les jours fête. J'ai une robe à repasser, tu as un fer ?

— Donne, je suis la reine du repassage. Quand j'étais jeune, je travaillais dans une blanchisserie de Marseille. C'est à moi que la patronne confiait les pièces délicates.

J'acceptai : j'étais une piètre repasseuse.

Je suis sortie sur le seuil, fumer ma première cigarette. Des ouvriers s'affairaient à dresser un parquet pour le bal, ils m'ont saluée de la main et de la voix. Je leur ai rendu leur salut et suis rentrée pour proposer mon aide à Marie-Jeanne.

— Pour ce soir, j'ai engagé des extras, nous pourrons profiter de la soirée.

— Tu n'as pas vu Per ?

— Si, tôt ce matin, c'est lui qui est allé chercher les croissants.

— Ah ! Où habite-t-il ?

Elle m'a jeté un coup d'œil qui m'a fait détourner la tête.

— Je sais pas trop. On dit qu'il a une *guitoune* quelque part dans la montagne.

— Il y a longtemps qu'il habite ici ?

— Oui, il est arrivé à la Noël 45. Il faisait un froid de gueux. Il n'avait qu'une maigre capote militaire, raide de crasse, pour se protéger du froid et une musette. Il était maigre à faire peur. Je lui ai donné un grog et lui ai fait une omelette qu'il a dévorée avant de s'effondrer sur la table : il dormait. Comment avait-il atterri ici ? Lui-même n'en savait rien. Des hommes qui étaient là l'ont porté dans la grange et ont jeté une couverture sur lui. Il a dormi trois jours durant. À son réveil, je lui ai servi du café et des tartines. Pendant qu'il mangeait, je le regardais. Sous la barbe et la saleté qui couvraient ses joues, on devinait qu'il était jeune : vingt, vingt-cinq ans tout au plus. Comme il gelait dehors, je lui ai donné une bassine d'eau chaude, du savon de Marseille, une serviette et un rasoir que j'utilisais pour raser les poils de mes jambes et je l'ai laissé seul. Une demi-heure plus tard, je suis revenue et devant moi se tenait un des plus beaux gars que j'aie jamais vus. Propre, débarrassé de sa barbe, il portait pas plus de vingt ans. Dans la malle de mon défunt père, j'ai trouvé des habits et des chaussures qui pouvaient lui aller. « Merci. Merci beaucoup, madame », a-t-il dit avec un accent que je ne connaissais pas. « Comment t'appelles-tu ? » lui ai-je demandé. « Per. Je suis danois. » Depuis, il est resté, travaillant pour les uns et les autres. Peu à peu, les habitants de Coursegoules l'ont adopté. C'est un des nôtres maintenant.

Elle se tut. Je me taisais aussi, songeuse.

À midi, nous avons mangé du jambon cru de montagne et quelques olives noires. Ma robe repassée, je suis montée dans ma chambre et je l'ai soigneusement accrochée dans l'armoire. Je me suis allongée pour une sieste : je devais être en forme pour ce soir. Je n'ai pas eu le temps d'aller au bout de ma pensée.

25.

Le parquet était monté pour les danseurs et une modeste estrade pour les musiciens. Des guirlandes et des lampions de couleur avaient été accrochés aux branches des platanes. Il régnait sur la petite place une grande effervescence : chacun avait fait des efforts de toilette et de cette foule montaient diverses fragrances dominées par la lavande.

Quand je suis entrée dans le café, j'ai complimenté Marie-Jeanne pour sa robe : un imprimé rouge, noir et blanc. Elle s'est rengorgée et m'a dit qu'elle venait du meilleur faiseur de Cannes.

— Tu as l'air d'une fiancée dans la tienne, a-t-elle ajouté.

— Tu trouves ?

— Oui, tu es ravissante ! Tu vas faire tourner bien des têtes.

J'ai haussé les épaules en riant et suis sortie pour voir les préparatifs. L'orchestre – un accordéoniste, un batteur et un chanteur – s'installait sur l'estrade. Sur le bord de la piste, des dames étaient assises sur les chaises qu'elles avaient apportées et papotaient en observant les garçons et les filles qui attendaient impatiemment le début du bal.

Une fois la nuit tombée, le chanteur s'est avancé et a souhaité une bonne soirée au public. La foule a applaudi et la musique a commencé. Quelqu'un m'a saisie dans ses bras et j'ai reconnu un des habitués du café qui avait déjà du mal à garder son équilibre. Après deux tours de danse, je me suis réfugiée dans le café où j'ai heurté en entrant un grand homme blond.

— Pardon ! ai-je dit en essayant de passer.

J'ai entendu des rires. De quoi riait-on ? J'ai levé la tête et j'ai éclaté de rire à mon tour. Per ! Per avait rasé sa barbe, et cela le rajeunissait terriblement, mon légionnaire ! Dans son beau costume bleu marine, il avait l'air d'un grand nigaud. Marie-Jeanne, la première, a eu pitié de lui.

— T'inquiète ! Ils sont jaloux ! T'occupe et invite-la à danser avant qu'un autre ne te la prenne.

Alors, je fus enlevée par deux bras forts qui m'ont portée jusqu'à la piste où l'orchestre jouait une valse. C'était un merveilleux danseur. Je me sentais légère, légère... Je me suis laissé emporter, les yeux fermés, ma tête appuyée sur son épaule, respirant son odeur d'homme. Il a resserré son étreinte. J'ai senti l'hommage de son sexe dressé. Après une courte interruption où nous sommes restés enlacés, les musiciens ont joué un slow. Je me sentais fondre contre lui, bougeant à peine, tout envahie d'un désir qui allait grandissant. J'aurais voulu que cela ne s'arrête jamais !

Plus bas, venant de la route, ont résonné des coups de klaxon, des cris, des crissements de pneus. Des têtes se sont tournées en direction du bruit : était-ce une bande des environs qui venait chercher la bagarre ?

Dans la rue principale, une voiture tentait, à coups de klaxon, de fendre la foule qui s'écartait mollement sur son passage. À l'entrée de la place elle s'est arrêtée. J'ai reconnu avec colère la voiture américaine, les amis de Sandy et, parmi eux, Phanette. Je me suis avancée.

— Comment avez-vous su où j'étais ?

— Pierre a téléphoné et on vient te chercher, ma chérie, a répondu Phanette.

— Je suis très bien, je ne veux pas partir.

Sandy et ses amis riaient. Ils sont descendus et se sont dirigés vers le café où Marie-Jeanne les attendait les poings sur les hanches.

— Holà, vous autres ! Que venez-vous faire ici ?

Ils ont eu un moment d'hésitation.

— Nous venons voir Régine, a répondu Sandy, et prendre un verre si vous le voulez bien.

— Entrez. Qu'est-ce que je vous sers ?

— Du whisky !

— On n'a pas ça ici.

— Donnez-nous ce que vous voulez.

Marie-Jeanne leur a versé du vin blanc. Les Américains ont levé leur verre. Per s'est approché de moi et m'a dit à voix basse :

— Tu veux que je les renvoie d'où ils viennent ?

— Ce n'est pas la peine, ils reviendront.

— Pas si on leur casse la gueule !

Phanette s'est avancée et a lancé un regard venimeux à mon nouvel ami.

— Il faut rentrer ; nous prenons le train dans trois jours. L'aurais-tu oublié ?

Oui, je l'avais oublié ! Une grande lassitude m'a envahie tout à coup. C'était la fin des vacances, il allait falloir retrouver Pierre et la vie quotidienne. J'ai senti monter une formidable envie de pleurer.

— Tu peux rester, si tu veux, m'a dit Per tendrement.

— Ça m'étonnerait, a dit méchamment Phanette, elle a un mari qui l'attend.

J'ai vu le regard stupéfait de Per qui se voilait peu à peu. J'ai pris les devants.

— Merci d'être venus me chercher. Je rentrerai après-demain. Rassure-toi, Phanette, je ne manquerai pas le train.

Après leur départ, j'ai dansé avec Per, mais le charme était rompu.

— Viens faire un tour, m'a-t-il dit.

Nous avons quitté le bal et sommes partis vers la montagne. La lune était pleine et chaque accident du terrain se dégageait avec netteté. Son bras posé sur mon épaule me semblait pesant. Il s'est arrêté et m'a fait asseoir. On n'entendait que le chant des cigales.

— Tu es mariée depuis longtemps ?

— Six mois.

— Tu l'aimes ?

— Non, dis-je dans un souffle.

— Pourquoi ne divorces-tu pas ?

— Ce n'est pas si simple... Je ne sais rien faire et je n'ai pas d'argent.

— L'argent, ce n'est pas grave, on peut très bien s'en passer.

— Toi, peut-être, tu vis comme un sauvage mais moi...

Il m'a regardée d'un air apitoyé. Cela m'a agacée, mais je le comprenais. Qui voudrait s'embarrasser de quelqu'un tel que moi ? J'ai demandé :

— Pourquoi t'es-tu engagé dans la Légion ?

— C'est une longue histoire !

— Raconte !

— Ce n'est pas intéressant.

— Pourquoi dis-tu cela ? Tu as honte ?

Oh ! Le regard qu'il m'a jeté !

— Honte ? C'était la guerre, a-t-il murmuré.

— La guerre, elle a bon dos !

— Tais-toi, ce n'est pas si simple. Tant de gens ont souffert, sont morts sans savoir pourquoi. Laissons les morts en paix.

— C'est trop facile ! J'ai vu un village, dans le Limousin, où tous les habitants avaient été brûlés vifs, les femmes et les enfants dans l'église, les hommes dans les granges par des soldats nazis !

— Je sais.

Nous sommes restés silencieux un long instant.

— Tu pars bientôt, ne pourrions-nous pas passer ces dernières heures en paix ?

Le son de sa voix était suppliant. Est-ce que tout le monde n'avait pas des choses à cacher après cette guerre ? J'ai posé ma tête sur sa poitrine : son cœur battait fort. J'ai écarté sa chemise et l'ai embrassé à petits coups. Je l'ai senti se détendre. Ses mains ont glissé sous ma robe. Je me suis laissé faire, ronronnante, offerte.

— Tu me plais...

— Moi aussi, tu me plais... J'aimerais rester contre toi jusqu'à la fin des temps.

J'avais envie qu'il me prenne, là, sur cette terre aride, sous ce ciel si grand. Je gémis.

— Viens, dit-il.

Le lendemain, je suis partie, comme je l'avais prévu la veille, cueillir la lavande avec une dizaine de femmes et autant de gamins. Marie-Jeanne m'a prêté un grand chapeau de paille. On m'a montré comment couper la fleur à l'aide d'une petite serpette. Bientôt, j'ai eu la main engourdie. Je n'avais pas imaginé que cela était si dur. À la mi-journée, j'avais les mains écorchées et douloureuses. Une vieille femme m'a conseillé d'arrêter. J'ai accepté avec soulagement et suis revenue au café où Marie-Jeanne a poussé des cris en voyant mes mains abîmées. Elle me les a lavées avec douceur, les a enduites d'une pommade et les a enveloppées dans un linge blanc.

— Garde ça toute la nuit, au matin, on ne verra plus rien.

Elle avait raison, au matin, il ne restait aucune trace. Je lui ai fait mes adieux. Nous savions, l'une et l'autre, que nous ne nous reverrions jamais, que notre amitié n'était qu'une parenthèse dans nos vies.

Per avait emprunté une camionnette pour me conduire à Vence. Nous avons roulé en silence jusqu'à la gare des autocars. Je suis montée sans avoir eu le temps de prendre mon billet. Per a couru longtemps à côté du car mais j'ai pu lui jeter un papier sur lequel j'avais inscrit mon nom et mon adresse.

Arrivée à Cannes, j'ai rejoint l'appartement en marchant le long de la Croisette. Quand je suis arrivée, Phanette finissait de faire ses bagages ; elle était seule. Elle m'a reçue froidement. Je l'ai embrassée sur la joue et je suis descendue sur la plage pour un dernier bain. Le temps avait changé, la fin de l'été s'annonçait. L'eau était encore tiède. J'ai nagé quelques instants et me suis allongée sur ma serviette de bain. Quand Phanette m'a réveillée, le soleil s'était couché, je frissonnais. Nous sommes allées manger des nems et écouter Sandy une dernière fois.

Le public du cabaret avait changé, plus âgé, plus chic. Sa belle voix emplissait la salle mais le charme était rompu. Son tour de chant terminé, Sandy est venue s'asseoir à notre table, l'air triste et songeur.

— Après votre départ, ce ne sera plus pareil ici. Heureusement, je rentre aux États-Unis bientôt.

— Nous viendrons te voir, a dit Phanette.

Sandy eut un sourire sans joie : elle savait bien qu'elle ne nous reverrait plus.

26.

À notre arrivée, Pierre m'attendait sur le quai.

— Ça te va bien les cheveux courts, a-t-il dit en m'embrassant.

Il a déposé Phanette en bas de son immeuble et l'a remerciée pour les vacances qu'elle m'avait offertes.

Nous avons roulé quelques instants en silence quand j'ai remarqué que nous ne prenions pas la direction de la rue Geoffroy-Saint-Hilaire.

— Nous n'allons pas à la maison ?

— Non, j'ai rendu l'appartement, cela coûtait trop cher.

— Où allons-nous ?

— Chez mes parents, à Pontoise.

— À Pontoise !

Une grande tristesse m'a envahie, de la colère aussi.

— Pourquoi ne m'as-tu rien dit ?

— Je ne voulais pas gâcher tes vacances. Ne t'inquiète pas, tu pourras continuer à aller à tes cours. Il y a des trains toutes les heures.

J'allais devoir vivre à Pontoise, dans cette petite ville que je détestais, chez des gens charmants auxquels je n'avais rien à dire. Durant tout le trajet, j'ai senti monter en moi une haine féroce envers cet homme qui s'arrogeait le droit de m'exiler hors de Paris. Je me sentais aussi seule qu'au temps du cahier volé, prise au piège. Personne à qui me confier, à qui dire mes angoisses devant cet avenir qui m'effrayait. Avais-je un avenir d'ailleurs ? J'en doutais. Plus je m'éloignais de Paris, plus ma peine grandissait.

L'accueil de mes beaux-parents a été aimable et réservé. Pendant le dîner, Henri, le frère de Pierre, a fait la conversation. Nous sommes allés nous coucher tôt dans la chambre de jeune homme de Pierre où il y avait des lits jumeaux. Mon mari s'est glissé dans mon lit et m'a fait l'amour. Je pensais à Per, à ses lèvres, à sa peau douce et hâlée. J'ai gémi. Pierre a cru que c'était de plaisir.

Le lendemain, j'ai annoncé que je devais aller à Montmorillon voir mes parents. Je suis partie, après avoir acheté à Paris des tweeds magnifiques pour me faire faire une robe et un ensemble par Mme Petitpied, notre couturière.

À mon retour, j'ai téléphoné à Louis Féraud qui m'a donné rendez-vous pour le lendemain dans sa boutique du faubourg Saint-Honoré et m'a engagée comme mannequin-vendeuse. Ma robe de tweed a eu un succès tel auprès des clientes de la boutique que Féraud m'a demandé s'il pouvait s'en inspirer. J'ai accepté, imaginant la fierté de Mme Petitpied de voir son travail copié par un couturier parisien. À l'époque, je portais des escarpins dont les hauts talons ne m'empêchaient pas de courir et je ne sortais jamais les mains nues.

Très vite, le métier de vendeuse m'a ennuyée. La morgue des clientes était insupportable. Au grand regret de Louis Féraud, j'ai quitté le magasin.

La vie a repris. Je n'ai pas osé retourner au cours Simon à cause de mes cheveux courts et, surtout, à l'idée de revoir Phanette. Le matin, je partais en voiture avec Pierre qui me laissait à la gare d'Asnières ou de Colombes d'où je prenais le train pour Paris. Une fois, il m'a déposée à la gare d'Argenteuil où j'ai attendu sur le quai. Un homme seul faisait les cent pas. Il s'est arrêté à ma hauteur et m'a dit, après m'avoir dévisagée :

— Vous avez des yeux d'Argenteuil.

J'ai éclaté de rire en me demandant quelle sorte d'animal était l'argenteuil. Le train est entré en gare et nous nous sommes installés dans le même compartiment, loin l'un de l'autre.

À Paris, je passais mes journées à errer dans les rues, les grands magasins, au cinéma, sur les quais où j'achetais des livres. Le soir, je regagnais Asnières par l'autobus que je prenais porte de Champerret, puis Pierre et moi rentrions à Pontoise où, dans la sinistre salle à manger aux tentures vertes, nous attendait la famille. Ensuite, après la vaisselle que nous faisions Fernande, ma belle-mère, Henri, mon beau-frère et moi, nous lisions ou nous jouions aux cartes. Cette vaisselle était pour moi une humiliation sans bornes. Je sais, cela est excessif, mais cela était. Quelquefois, nous dînions à Paris et allions au cinéma avec Denise et son mari Michel qui était dentiste. Les surprises-parties ont repris chez Henri Viard avec de nouvelles têtes. C'est chez lui que j'ai eu entre les mains de nouveaux volumes de la Bibliothèque internationale d'érotologie, publiée par Jean-Jacques Pauvert. J'aimais le format carré de ces livres dont les illustrations, très réalistes, de *L'Érotisme au cinéma*[1], de *La Métaphysique du strip-tease*[2] ou d'*Hollywood-Babylone*[3] me plaisaient beaucoup. La mère de notre ami tricotait des robes. Je lui en commandai une en laine d'un beau violet : le résultat fut étonnant, la robe me moulait comme une seconde peau.

Nous allions écouter du jazz au Caveau de la Huchette ou au Blue Note. Aux Trois Baudets, il y avait Georges Brassens, dont la chanson « Le gorille » faisait scandale. Je découvris Barbara à L'Écluse, Gilbert Bécaud à l'Olympia, Charles Aznavour.

---

1. Lo Duca, *L'Érotisme au cinéma*, Jean-Jacques Pauvert, Paris, 1958-1962.
2. Denys Chevalier, *Métaphysique du strip-tease*, Jean-Jacques Pauvert, Paris, 1960.
3. Kenneth Anger, *Hollywood Babylone*, Tristram, Auch, 2013.

J'avais trouvé un emploi de réceptionniste au magazine *Votre Beauté* dont les bureaux étaient rue du Faubourg-Saint-Honoré. Le directeur de la revue était un homme d'une grande laideur qui faisait à mon avis une mauvaise publicité pour le magazine. Mon travail consistait à recevoir les visiteurs et à répondre au téléphone. Ce n'est que des années plus tard que j'ai appris que François Mitterrand avait été le président-directeur général des éditions du Rond-Point qui possédaient, entre autres, *Votre Beauté*. Que serait-il advenu si nous nous étions rencontrés à ce moment-là ? Sans cesse houspillée par le gnome, j'ai abandonné mon travail au bout de deux ou trois semaines.

Un soir, je suis allée dîner seule dans un célèbre restaurant de fromages, rue d'Amsterdam, chez Androuët où j'étais déjà venue avec Pierre. Au moment de payer, je me suis aperçue que je n'avais pas assez d'argent. Honteuse, je l'ai dit au garçon qui appela Androuët.

— Ce n'est pas grave, vous me paierez une prochaine fois. C'est un plaisir que de voir une jeune et jolie fille aimer le fromage à ce point-là.

Je l'ai remercié et suis revenue acquitter ma dette quelques jours plus tard.

27.

Les mois passaient, monotones. Je lisais beaucoup. J'essayais d'écrire, sans jamais terminer le roman en cours. Pour me détendre, je faisais de la tapisserie, je dessinais. Je m'étais fait teindre les cheveux en blond comme dans la chanson. Je me suis retrouvée enceinte mais il n'était pas question de garder cet enfant. Devant mon refus d'être mère, un médecin m'a posé une sonde et m'a donné rendez-vous la semaine suivante pour remplacer la sonde. Bientôt, j'ai été prise de douleurs à crier. Un médecin est venu, qui a constaté que je faisais une fausse couche. Pierre a enterré le fœtus dans le jardin : c'était un garçon.

Peu après, je me suis mise à tousser. Un pneumologue a diagnostiqué une caverne au poumon droit et m'a annoncé que je devais partir en sanatorium et me soigner sérieusement.

Ma belle-mère m'a cédé sa chambre et elle est devenue ma garde-malade. Je dois dire qu'elle s'est acquittée de cette tâche avec une tendre efficacité. C'est elle qui me faisait mes piqûres quotidiennes, après s'être exercée sur une orange, tandis qu'une infirmière venait chaque matin me poser une grosse aiguille dans le bras pour m'injecter le P.A.S.[1] Au bout

---

1. Paraminosalicylic.

d'un mois, j'allais mieux mais le médecin a insisté pour que je sois hospitalisée. On m'a trouvé une place au sanatorium de Bligny, à Briis-sous-Forge, dans la région parisienne. J'allais y passer un an ! J'aurais préféré me retrouver dans un établissement du mont d'Arbois, mais l'endroit était réputé pour être un lieu de débauche. Peu de temps après mon arrivée au sana, je suis redevenue séropositive malgré les antibiotiques. On m'a fait un pneumothorax.

Les journées me paraissaient interminables, ponctuées par la visite du médecin, des achats de magazines au marchand qui s'installait dans la matinée à l'entrée de la salle à manger. Dans *France-Soir*, j'ai dévoré le roman d'Anne et Serge Golon, *Angélique, la marquise des anges,* publié en feuilleton. Après le déjeuner, nous devions nous reposer deux heures pendant lesquelles je lisais ou je tricotais. Je fis connaissance d'une autre malade, Geneviève G., avec laquelle je disputais de longues parties d'échecs et de canasta. Chaque dimanche, Pierre venait me voir. Tous les trois mois, nous avions une permission de sortie qui était impatiemment attendue.

Malgré la méthode Ogino, je me suis retrouvée enceinte une nouvelle fois. Je savais que l'avortement était autorisé dans les cas de folie ou de tuberculose et les religieuses qui nous soignaient le savaient aussi. Cependant, elles ont tout fait pour que, enceinte de quatre mois, cela ne soit plus possible.

À Bligny, il y avait des spectacles qui nous distrayaient du quotidien et auxquels les hommes et les femmes du site assistaient ensemble. Ce qui donnait lieu à de nombreux échanges d'œillades et de billets doux. Mais la surveillance était telle que les rencontres étaient impossibles.

J'ai quitté le sanatorium enceinte de six mois. Quand je me suis retrouvée seule dans la rue, j'ai été paniquée dès qu'un homme me regardait. J'avais tiré mes cheveux en un chignon serré. Nous nous sommes installés à Asnières, au-dessus de l'atelier de machines-outils que fabriquait Pierre. Le logement se composait d'une grande pièce et d'une cuisine-cabinet de toilette.

J'ai tricoté des brassières, de petits chaussons, des bonnets, j'ai acheté des couches, des langes et un couffin d'osier que j'ai garni de dentelles blanches.

J'ai accouché le 30 janvier 1956, dans une clinique de la rue Lauriston, d'un petit garçon que j'ai prénommé Franck. J'ai refusé de le prendre dans mes bras par peur de le contaminer, ce qui a choqué le personnel soignant. Ne pouvait-il comprendre les craintes d'une jeune mère de donner sa maladie à son enfant ? On l'a mis en observation à l'hôpital Laennec où nous pouvions le voir une fois par semaine. Mais ma première visite a été la dernière : je ne supportais pas de voir mon bébé à travers une vitre en compagnie d'autres mères qui grimaçaient et disaient des mots tendres à leur enfant. C'était ridicule et humiliant. Trois ou quatre mois après sa naissance, nous avons pu le reprendre. Quand je l'ai tenu dans mes bras, j'ai failli le laisser tomber, tant il était lourd. Il était le portrait craché de mon beau-père, ce qui le ravissait et me désolait.

Le retour à la maison a été triste. J'étais désemparée devant ce gros bébé qui gesticulait dans son bain ou sur la table à langer. Son parrain, Jacques L., nous avait offert un landau dans lequel je le promenais l'après-midi. Je détestais cela : pousser une voiture d'enfant me semblait indigne de moi ! D'où me venaient de telles idées ? J'avais toujours vu les jeunes mères pousser avec fierté la voiture de leur bébé. Je les détestais avec leur air satisfait, leur certitude d'être le sel de la terre et d'avoir donné naissance à un prodige. Je n'arrivais pas à comprendre cela. Ma belle-mère a décrété que je n'étais pas capable de m'occuper d'un enfant. Elle a trouvé une nourrice à Nesles-la-Vallée, près de Pontoise. Franck devait y rester jusqu'à l'âge de quatre ans.

Avec Pierre, je retrouvai les copains avec lesquels nous allions dîner ou danser chez les uns ou les autres. Je restais souvent seule dans un coin, refusant de danser d'autres danses que des slows. Je n'arrivais pas à danser le rock.

J'ai revu Manon et la bande dont les préoccupations me paraissaient futiles. Un nouveau garçon s'était joint à eux, Gérard B., plus âgé de deux ans et qui travaillait dans le garage de son père. L'été du départ pour Conakry, je l'avais retrouvé à La Tranche-sur-Mer où nous avions flirté. Un après-midi, en sortant de l'eau, nous avons roulé l'un sur l'autre en riant. Bientôt nos jeux sont devenus plus excitants. Il a glissé ses doigts sous mon bikini. Soudain, je l'ai repoussé en criant : une paire de sandales de plastique rouge était auprès de nous. Gérard s'est redressé et s'est trouvé face à un pêcheur à la mine rigolarde.

— Faut pas faire ça sur la plage, a-t-il dit.

Balbutiant, Gérard a déclaré :

— C'est la première fois, m'sieur !

— Ça, je l'avais remarqué, a dit l'autre en éclatant de rire. Nous l'avons regardé partir, les épaules secouées de rire.

Plus tard, je l'ai laissé me faire la cour, m'offrir des livres et des fleurs. Un jour, je suis partie avec lui en compagnie de Manon à Montmorillon où je suis devenue sa maîtresse. Hélas, pas plus qu'avec Pierre, je n'ai éprouvé de plaisir.

Jacques L. est revenu de Conakry pour les vacances et nous avons repris nos sorties parisiennes. Je suis tombée amoureuse de lui et je l'ai dit à Pierre qui s'est empressé de le répéter à son ami. Cela a créé un malaise entre nous et augmenté le désir que j'avais de faire l'amour avec lui. Quelque temps plus tard, avec la bénédiction de mon mari, je suis partie le rejoindre à Dakar où il avait été nommé directeur d'une nouvelle succursale de tissus imprimés. Avant le voyage, j'ai acheté, dans une librairie proche de la gare Saint-Lazare, un roman dont on parlait beaucoup, c'était *Histoire d'O*[1] de Pauline Réage et *La Philosophie dans le boudoir*[2] de Sade.

À la descente d'avion, Jacques m'attendait. J'allais vers lui, serrant contre moi mon ours en peluche. Il m'a prise dans ses bras et je me suis laissée aller contre son torse. J'éprouvai à la fois un sentiment de paix et d'inquiétude. Il m'a emmenée chez lui, dans une maison située dans la banlieue de Dakar. Dès que nous avons passé le seuil, il m'a soulevée, m'a portée dans sa chambre et posée sur un lit en désordre. Il m'a enlevé mes vêtements avec nervosité, puis s'est débarrassé des siens. Nous étions nus l'un en face de l'autre. Je le sentais ému, je ne l'étais pas moins. Je me suis blottie contre lui et me suis laissé caresser comme un petit animal. J'ai gémi quand il a mis son visage entre mes cuisses. Sous sa langue, je poussais des cris. J'avais hâte qu'il me prenne. Il s'est allongé sur moi et j'ai senti son sexe dur contre mon ventre.

— Tu veux ? a-t-il murmuré.

— Viens !

Quand il s'est enfoncé en moi, j'ai eu l'impression d'avoir trouvé ce que j'étais venue chercher si loin. Nous avons fait l'amour plusieurs fois. Je ne jouissais pas mais j'éprouvais un immense bien-être. Nous avons dormi quelques heures et nous avons refait l'amour. Quel démon m'a poussée à déclarer :

— Tu m'as fait faire une belle connerie !

Il s'est raidi, s'est redressé et m'a regardée avec un mélange de chagrin et de colère.

— Ce n'est pas moi qui suis venu te chercher.

Il avait raison. Je l'ai chevauché en m'excusant :

— Pardonne-moi, je ne sais pas pourquoi j'ai dit cela.

La nuit était tombée, nos corps en sueur luisaient dans la pénombre.

---

1. Pauline Réage, *Histoire d'O*, Le Livre de Poche, Paris, 2008.
2. Donatien Alphonse François de Sade, *La Philosophie dans le boudoir*, Flammarion, coll. « GF », Paris, 2007.

— J'ai faim ! me suis-je écriée en me redressant.

Il a éclaté de rire.

— Va prendre une douche, je t'emmène au restaurant.

Le dîner fut excellent et très gai. Rentrés à la maison, nous avons refait l'amour avec lenteur. Nous nous sommes endormis soudés l'un à l'autre.

Le lendemain matin, il est parti pour son travail, en me donnant rendez-vous dans un bistrot qui était sur la plage.

— N'oublie pas ton maillot.

J'ai appelé un taxi et l'ai retrouvé à l'endroit indiqué en compagnie de deux couples qu'il m'a présentés comme étant ses amis. C'est pendant ce déjeuner qu'il fut décidé que je devais apprendre à conduire : une voiture était indispensable pour se rendre en ville. J'ai applaudi à cette idée. Une des jeunes femmes m'a accompagnée dans une auto-école où je me suis inscrite. Ma première leçon aurait lieu le lendemain matin. C'est ainsi que quinze jours plus tard, je passais et obtenais mon permis de conduire.

— Vous êtes très douée. On dirait que vous êtes née avec un volant entre les mains, m'a dit le professeur.

Je n'avais pas grand mérite, Pierre m'avait très souvent confié le volant quand nous nous promenions.

Le week-end, nous allions pique-niquer dans les îles en face de Dakar où je faisais des orgies d'oursins et de coquillages qui ressemblaient à de petits pieds de biche. Les autres jours de la semaine, je me promenais dans la ville, je lisais ou je brodais. J'avais entrepris de reproduire au point de croix la *Sylvette* que Picasso avait peinte à Vallauris en 1954. Pour cela, j'avais acheté un poster représentant le tableau. Je possède toujours cette tapisserie, que je trouve des plus réussies et dont j'ai fait un coussin. C'est à Dakar que j'ai lu *La Philosophie dans le boudoir*. Cette lecture, combinée avec celle d'*Histoire d'O*, m'a bouleversée et mise dans un état d'excitation intense.

Un après-midi, j'ai assisté à la visite du général de Gaulle. Une foule impressionnante avait envahi les rues et lançait des slogans hostiles au Général. En uniforme, l'homme du 18 juin dominait la foule.

Pierre m'écrivait presque chaque jour, me donnant des nouvelles de Franck. Dans une de ses lettres, il me disait qu'il n'était pas en bonne santé et attendait les résultats des examens prescrits par les médecins. Dans une autre lettre, il m'annonçait que lui aussi était tuberculeux. Cela a été comme un coup de tonnerre. Je m'en voulais de l'avoir quitté, de n'être pas auprès de lui comme il avait été auprès de moi. Jacques m'a trouvée en larmes.

— Tu dois rentrer, m'a-dit-il après avoir lu la lettre.

De son bureau, nous avons appelé Pierre et lui avons annoncé mon retour.

— Ce n'est pas la peine, je vais mieux, ce n'était qu'une fausse alerte.

J'ai senti la moutarde me monter au nez. Quoi ! Il aurait inventé cette histoire de maladie pour me culpabiliser et me faire revenir ? J'ai fait part de mes doutes à mon amant qui rétorqua :

— Peut-être, mais c'est un appel au secours. Tu dois rentrer, sinon, tu ne te le pardonneras jamais et moi non plus.

J'ai éclaté en sanglots.

— Est-ce que tu te rends compte de ce que va être ma vie ?

— Oui, mais tu ne peux pas faire autrement.

Quatre jours plus tard, j'étais dans l'avion où je me laissai caresser par un steward.

28.

En quittant l'aéroport, après une nuit sans sommeil, j'ai pris un taxi pour me conduire à Pontoise. Il était très tôt, les rues étaient désertes. Soudain, j'ai entendu un brusque coup de frein, un cri et le bruit d'un choc sourd : une femme venait d'être fauchée par une auto qui s'est arrêtée quelques mètres plus loin. Mon chauffeur est descendu de sa voiture et a couru vers le corps allongé. J'étais tétanisée, incapable de bouger, ne voyant que le sang sur la chaussée et une jambe nue qui n'avait rien à faire là. J'ai entendu les sirènes de la police. Il y avait maintenant beaucoup de monde dans la rue. J'ai vu dans ce drame un mauvais présage ; je me suis mise à pleurer. Le chauffeur est revenu et s'est installé derrière son volant.

— La pauvre femme a été tuée sur le coup ; elle n'a pas souffert.

Il a démarré et jeté un coup d'œil dans son rétroviseur.

— Vous êtes toute pâle... Ça va ?

Je n'ai pas répondu, il n'a pas insisté.

Comme je m'y attendais, l'accueil de ma belle-famille a été des plus froids. Dès le lendemain, nous sommes allés voir Franck. C'était un beau petit garçon aux joues rouges qui a refusé que je le prenne dans mes bras. J'ai dissimulé la peine que cela me faisait. Ne l'avais-je pas méritée ? Par la suite, cela s'est arrangé. Quant à Pierre, il n'avait aucun des signes habituels de tuberculose et ne suivait aucun traitement. M'avait-il menti ? Je ne pouvais pas croire à une telle duplicité. À mes questions il répondait :

— Je vais mieux.

J'ai eu l'impression d'être trahie.

Je n'en pouvais plus de cette vie : chaque jour, le désir d'en finir devenait plus fort. Un soir alors que toute la famille était partie se coucher, je suis restée dans le salon. Comme dans un rêve, je suis allée chercher un verre d'eau dans la cuisine. J'avais dans ma poche des comprimés de Gardénal subtilisés dans l'armoire à pharmacie de ma belle-mère et je les ai avalés. Je me suis étendue sur le divan du salon et j'ai allumé une cigarette en attendant la mort, quand on a sonné à la porte du jardin. C'étaient des voisins. Je suis tombée dans l'entrée et... me suis réveillée à l'hôpital. Les infirmières n'ont pas été tendres avec moi, jugeant mon geste imbécile.

— Comment peut-on vouloir mourir à cet âge ?

Je suis rentrée le lendemain sans que personne fasse allusion à ma tentative de suicide.

Étais-je sincère dans mon désir de mourir ?

Je suis allée avec Franck habiter quelque temps à Montmorillon chez mes parents, revenus de Conakry, où, en échange du vivre et du couvert, j'aidais Papa dans l'affaire de matériel scolaire qu'il venait de monter. Il y avait une pièce de libre dans la maison où il avait installé ses bureaux. Avec son accord, j'y ai aménagé un studio. Maman était heureuse d'avoir son petit-fils auprès d'elle et de s'en occuper. Il est entré à l'école maternelle.

Mes parents avaient acheté une maison dans une nouvelle cité que je détestais. C'est alors que ma mère a appris qu'elle était enceinte. Quand elle me l'a annoncé, j'ai eu une réaction odieuse :

— Mais à ton âge, c'est dégoûtant !

Elle a baissé la tête pour cacher ses larmes. Était-ce en souvenir des mots qu'elle avait prononcés au moment du cahier volé – « Régine fait des choses dégoûtantes avec Manon » – qu'à mon tour, je lui ai dit des mots infects ? Ou, inconsciemment, étais-je jalouse de ce bébé à naître ? En écrivant cela, j'éprouve encore de la honte. Peu après, elle a perdu le bébé. Par la suite, on a découvert que ma mère avait un cancer. N'ayant pas de Sécurité sociale, elle avait attendu longtemps avant de consulter. Le cancer avait fait des ravages. Le chirurgien l'a opérée sans nous laisser beaucoup d'espoir. Quelques semaines plus tard, elle partait pour Paris à l'Institut Curie subir des rayons qui lui ont brûlé le ventre mais sauvé la vie. Elle est revenue à Montmorillon et a repris son quotidien, ne se ménageant en rien. Quelquefois je la voyais grimacer.

— Ce n'est rien, répondait-elle quand je l'interrogeais.

Notre petite bande s'était dispersée. Heureusement, il y avait de nouveaux venus, tous plus âgés que moi. Bernard P. était interne à l'hôpital. Très souvent, nous nous réunissions chez lui pour écouter des disques et danser le cha-cha-cha. Très vite, il est tombé amoureux de moi. Je ne lui ai pas résisté longtemps. Il m'a demandé si je comptais rester longtemps à Montmorillon.

— Oh non ! J'aimerais tant retourner à Paris et y travailler.

— Cela ne doit pas être impossible. J'ai un ami qui s'occupe du Drugstore qui vient de s'ouvrir sur les Champs-Élysées, il y a une librairie à l'intérieur.

— Une librairie !

— Comme tu aimes les livres, j'ai pensé que tu pourrais t'en occuper.

— Ce serait merveilleux !

— Je vais voir ce que je peux faire.

Ce soir-là, je fus presque amoureuse de lui. Quelques jours plus tard, il m'a annoncé :

— Tu as rendez-vous avec le chef du personnel du Drugstore la semaine prochaine.

Je lui ai sauté au cou. J'allais pouvoir quitter ce trou. Bernard me regardait d'un air triste et j'ai compris son sacrifice. Je me suis blottie contre lui et j'ai murmuré :

— Merci.

Il m'a serrée fort.

— J'espère que tu seras heureuse et que tu ne m'oublieras pas.

L'entretien d'embauche passé, j'ai été engagée comme libraire sous les ordres de Jeanine R. J'ai assimilé le métier en quelques jours, folle de bonheur d'être au milieu de livres.

Maman avait accepté de garder Franck, ce que j'avais annoncé à Pierre, ainsi que mon intention de travailler. Dans la foulée, je lui ai dit avoir loué une chambre de bonne rue de Tocqueville dans le XVIIe arrondissement : Asnières était trop éloigné de mon lieu de travail. C'était une pièce au sixième étage, sans confort avec l'eau et les toilettes sur le palier. Le soir, je faisais cuire une épaisse soupe de flocons d'avoine, sur un réchaud à alcool. J'écoutais la radio en faisant de la tapisserie ou des réussites, assise sur le lit étroit d'où je voyais, par la fenêtre, le ciel le plus souvent gris. Je lisais beaucoup. Sans m'en parler, Pierre avait acheté un appartement à Marly-le-Roi, qui serait achevé dans les prochains mois. J'ai pensé que j'avais le temps de voir venir.

Mon travail au Drugstore me plaisait : ouvrir les paquets, sortir les livres, les enregistrer, les parcourir, les exposer sur la table ou les mettre en rayon. J'aimais le contact avec les clients, les discussions sur tel ou tel ouvrage, les conseils que me donnaient certains, les relations avec les représentants auprès desquels j'ai beaucoup appris, les rencontres avec les écrivains qui venaient s'assurer que leur ouvrage était bien en place, les hommes politiques, les journalistes. C'était l'époque où un papier dans *Le Monde* lançait un livre.

C'est comme cela que j'ai vendu des piles de *Nord*[1] de Céline, du *Matin des magiciens*[2] de Louis Pauwels, du *Petit Nicolas*[3] de Sempé et de *La Fosse de Babel*[4] de Raymond Abellio. J'ai été déçue par cette dernière lecture, ayant dévoré *Les yeux d'Ézéchiel sont ouverts*[5], son roman précédent. Autre grand succès, *Le Mépris*[6], d'Alberto Moravia. Les livres de Colette, qui venait de mourir, se vendaient bien aussi. J'ai développé le rayon de livres érotiques, surtout ceux publiés en anglais, par Maurice Girodias, dans sa maison d'édition, The Olympia Press, où était paru le roman de Nabokov, *Lolita*[7]. Le succès de ce rayon m'a valu des observations de Marcel Bleunstein-Blanchet, le patron de Publicis. Malgré le soutien de Slavik, qui avait construit le Drugstore, j'ai été contrainte d'en éliminer un grand nombre.

Dans mes commandes aux représentants, je privilégiais les Éditions de Minuit, François Maspero, Jean-Jacques Pauvert et le Terrain vague. C'est sans doute dans cette librairie des Champs-Élysées, que se sont vendus le plus grand nombre d'exemplaires de *La Question*[8] d'Henri Alleg, qui dénonçait la torture en Algérie et d'*Aden Arabie*[9] de Paul Nizan. Aux éditions Pauvert je proposais surtout les ouvrages d'érotologie et les romans de Georges Bataille. Cela a été un choc pour moi de découvrir *L'Érotisme*[10], *Le Bleu du ciel*[11], *Histoire de l'œil* et *Le Mort*[12]. Ce dernier texte m'inspira des années

---

1. Louis-Ferdinand Céline, *Nord*, Folio, Paris, 1976.
2. Louis Pauwels et Jacques Bergier, *Le Matin des magiciens*, Folio, Paris, 1972.
3. René Goscinny et Jean-Jacques Sempé, *Le Petit Nicolas*, Folio Junior, Paris, 2010.
4. Raymond Abellio, *La Fosse de Babel*, Gallimard, Paris, 1984.
5. Raymond Abellio, *Les yeux d'Ézéchiel sont ouverts*, Gallimard, Paris, 1978.
6. Alberto Moravia, *Le Mépris*, Librio, Paris, 2008.
7. Vladimir Nabokov, *Lolita*, Folio, Paris, 2007.
8. Henri Alleg, *La Question*, Minuit, Paris, 2008.
9. Paul Nizan, *Aden Arabie*, La Découverte, Paris, 2002.
10. Georges Bataille, *L'Érotisme*, Minuit, Paris, 2011.
11. Georges Bataille, *Le Bleu du ciel*, Gallimard, Paris, 1991.
12. Georges Bataille, *Madame Edwarda, Le Mort, Histoire de l'œil*, 10/18, Paris, 2002.

plus tard un court récit, *L'Orage*[1], qui m'a valu bien des critiques de la part de mon entourage.

À la librairie, j'ai fait la connaissance du compositeur Jean Prodromidès dont j'avais entendu la musique composée pour *Les Perses* à la télévision dans un café de Pontoise, au milieu de consommateurs bruyants que cela n'intéressait pas. Nous sommes devenus amis, puis amants. D'autres clients regardaient la jeune libraire avec insistance, surtout quand je grimpais à l'échelle chercher un livre : ils ne m'intéressaient pas.

Sur les Champs-Élysées, j'étais aux premières loges pour voir passer les fréquentes manifestations. J'abandonnais alors la librairie pour me précipiter dans la rue. Des partis de gauche scandaient :

— Le fascisme ne passera pas !

Et ceux des tenants de l'Algérie française hurlaient :

— Algérie française ! Algérie française !

Cela donnait lieu à des échauffourées noyées dans les gaz des grenades lacrymogènes lancées par les CRS. Il régnait à Paris un climat de suspicion étouffant. Les Parisiens ne s'habituaient pas aux militaires armés de mitraillettes, patrouillant devant les palais de la République, aux abords des gares. Beaucoup avaient peur de voir débarquer les parachutistes du général Massu. Le « Je vous ai compris » lancé par le général de Gaulle, à Alger, n'avait été compris ni de l'armée, ni des Français d'Algérie, ni des Algériens. Le référendum plébiscitant largement la Ve République, suivi de l'élection de Charles de Gaulle à la présidence de la République, ne suffisait pas à calmer les esprits, tant en France qu'en Algérie. Il régnait une tension telle que chacun se regardait avec méfiance. En 1961, un soir, dans un restaurant où je dînais avec Pierre, je l'ai pris en photo. Un homme m'a arraché l'appareil des mains en criant :

---

1. Régine Deforges, *L'Orage*, Pocket, Paris, 2007.

— Il est interdit de prendre des photos qui peuvent servir à l'ennemi.

Le maître d'hôtel et les serveurs l'ont entouré et poussé vers la sortie tandis que l'énergumène hurlait :

— Vive l'OAS ! À bas le traître de Gaulle !

Je tremblais de la tête aux pieds, incapable de maîtriser ma peur devant ce déferlement de haine. Je n'avais vu alors dans la guerre d'Algérie qu'un combat où mouraient de jeunes hommes, des attentats, tantôt du FLN, tantôt de l'OAS, les caricatures de Siné dans *L'Express* d'alors. Pour être tout à fait sincère, j'en étais restée aux départements français d'Algérie, ce qui montre mon ignorance en matière politique. Il a fallu la lecture de *La Question,* entre autres, et des éditoriaux de certains journaux, pour que je prenne conscience de ma méconnaissance de la gravité des événements tant en France qu'en Algérie. Comment avais-je pu me tenir à l'écart de cela ? Je n'ai pas de réponse mais, comme au temps de mon enfance, je trouvais la situation passionnante, et d'une certaine manière, irréelle. Je sais, ce n'est pas correct de dire les choses ainsi, mais pourquoi ne devrais-je me montrer que sous un jour favorable ? Quoi qu'il en soit, bien des années après, Gisèle Halimi, m'a dit :

— J'ai toujours cru que vous aviez été porteur de valises[1].

J'ai ri du compliment que je savais ne pas mériter. D'ailleurs, aurais-je été porteur de valises ? Je ne le crois pas, non par manque de courage, mais simplement parce que j'aurais eu l'impression de trahir mon pays. Cela dit, j'ai le plus grand respect pour ceux et celles du réseau Jeanson et les chrétiens de gauche qui obéissaient à des convictions humanistes sincères.

---

1. On appelait « porteurs de valises » ceux qui transportaient des fonds et des faux papiers pour aider les combattants algériens, membres du FLN.

29.

J'avais insisté auprès du représentant des éditions Jean-Jacques Pauvert pour qu'il organise une rencontre avec cet éditeur que j'admirais. Cela a pris des mois. Mais un jour d'été, il m'a donné un rendez-vous au Flore.

Il y avait peu de consommateurs en ce début d'après-midi. J'ai remarqué un homme jeune, seul, vêtu d'un costume de toile beige froissée, chaussé de pataugas, ce qui était alors très inhabituel. Je lui ai demandé s'il était Jean-Jacques Pauvert. Devant sa réponse affirmative, j'ai été surprise : je m'attendais à rencontrer un homme plus âgé. Mon étonnement l'a fait sourire. Je me suis assise, et j'ai débité mon compliment.

— Vous aviez tellement l'air d'une jeune libraire, m'a-t-il dit plus tard.

Nous avons parlé de Sade, de Bataille, de Vian. Je l'écoutais bouche bée, fascinée par ses propos. La fin de l'après-midi était très avancée lorsque nous nous sommes quittés avec la promesse de nous revoir bientôt. Nous nous sommes revus très souvent. Il m'invitait à déjeuner ou à dîner dans de grands restaurants, me donnait des rendez-vous dans des bars d'hôtel et, chaque fois, semblait heureux de me voir. Il était marié et à aucun moment je n'ai pensé qu'il pouvait s'intéresser à moi autrement qu'amicalement. Plus tard, il m'a dit que mon aveuglement, quant à son plaisir de me voir, l'avait amusé.

J'ai donné ma démission du Drugstore pour aller à l'Élysée Store ouvrir un rayon librairie. J'avais engagé, pour me seconder, une libraire de profession, Marie-Christine Schneider, jolie femme, qui fumait beaucoup, mère de trois enfants qu'elle élevait seule. Lors de notre premier rendez-vous, elle avait bu pour se donner du courage, cela se sentait et m'avait émue. Nous avons sympathisé.

Des éditeurs, des écrivains, des journalistes ont pris l'habitude de fréquenter la librairie. Parmi eux, Yves Berger, Jean-Claude Fasquelle et Bernard Privat qui m'ont fait rencontrer Roger Vailland. J'avais lu *Drôle de jeu*[1] et *Les Mauvais Coups*[2] que j'avais aimés. Il avait reçu le prix Goncourt avec *La Loi*[3] que je n'avais pas lue. Nous allions souvent prendre un verre au bar du Pont Royal. Vailland buvait force whiskies, discourait et riait fort. J'aimais quand il me parlait de son travail :

— Je ne fais jamais de plan. Au début, c'est à la fois plus vague et plus précis qu'un plan. Une fois la première scène écrite, je me sens moins libre. Écrire un roman, c'est la réponse globale à toutes les stimulations reçues pendant le temps de l'écriture.

Très vite, il m'a fait la cour et m'a offert son dernier livre, *Le Regard froid*[4], dans lequel il faisait l'éloge du libertinage. Du libertin, il n'avait que le vocabulaire. Pour le reste, il était émotif comme un adolescent. Son visage était rouge de désir dans le restaurant où il m'a invitée à dîner la première fois. Devant ses avances, j'ai beaucoup plaisanté. Sa femme Éli-

---

1. Roger Vailland, *Drôle de jeu*, Phébus, Paris, 2009.
2. Roger Vailland, *Les Mauvais Coups*, Grasset, coll. « Les Cahiers Rouges », Paris, 2011.
3. Roger Vailland, *La Loi*, Folio, Paris, 2000.
4. Roger Vailland, *Le Regard froid*, Grasset, « Les Cahiers Rouges », Paris, 2007.

sabeth m'a écrit par la suite en me faisant grief de cette fin de soirée. Cela m'a amusée et j'ai espacé nos rencontres.

À quelque temps de là, Vailland m'a invitée à venir passer quelques jours dans sa maison de Meillonnas, près de Bourg-en-Bresse, me précisant qu'Élisabeth était d'accord. J'ai décliné cette aimable invitation.

L'appartement, acheté par Pierre à Marly-le-Roi était prêt, il ne restait que quelques travaux de finition. J'ai fait monter dans la pièce principale une bibliothèque qui occupait tout un panneau et tapisser de toile de Jouy la plus grande chambre. Aux puces, j'avais trouvé une étagère de style Napoléon III pour ranger les partitions musicales qui allait très bien avec des chaises de la même époque venant de Blanche. J'ai quitté la rue de Tocqueville. Comme j'avais décidé que je ne pouvais m'occuper de la maison, de mon fils et continuer à travailler, avec l'accord de Pierre, j'ai demandé à Maman, que Papa avait quittée prétextant un travail dans le Midi, si elle pouvait venir s'occuper de nous.

Pratiquement sans ressources, elle avait accepté à la seule condition que mon frère Bernard puisse être avec elle ; nous étions d'accord. Grâce à sa présence, Franck a eu une vie calme et ordonnée, et moi, j'avais l'esprit tranquille. Quant à Pierre, il semblait heureux de cette cohabitation.

Je n'aimais pas cette nouvelle demeure qui, heureusement, était proche de la magnifique forêt de Marly et de Saint-Germain-en-Laye, jolie ville pleine de libraires et d'antiquaires, de bars aussi, fréquentés par les soldats américains d'une base voisine.

J'ai décidé de faire partie d'un syndicat pour défendre les intérêts du personnel et la direction me licencia. Marie-Christine prit ma place et je me retrouvai sans emploi. J'ai demandé à Jean-Jacques Pauvert de m'aider à trouver du travail, lui disant qu'il aurait peut-être besoin de moi un jour.

Qu'est-ce que je voulais dire par là ? Je revois cette conversation comme si elle avait eu lieu hier. C'était à l'angle de la rue Dauphine et de la rue de Nesles ; il faisait froid.

— Je vais y réfléchir, m'a-t-il répondu.

Quelques jours plus tard, il m'a proposé de visiter les libraires à travers la France pour leur parler de sa maison d'édition. J'ai accepté avec enthousiasme, ce qui n'a pas été le cas de ses collaborateurs ni de mon mari : mais avaient-ils le choix ? Je suis partie pour Genève avec Jean-Jacques qui voulait me faire rencontrer quelques libraires. C'est là que nous sommes devenus amants et où j'ai découvert le plaisir pour la première fois.

Pierre m'avait offert une Fiat 500 rouge pour remplacer ma vieille quatre-chevaux qui avait rendu l'âme. Je me suis lancée sur les routes de France et j'ai fait consciencieusement mon travail et découvert l'état de la librairie française du moment. Dans l'ensemble, j'étais bien accueillie sauf en Bretagne où le nom de Jean-Jacques Pauvert était synonyme du diable. Je revois cette famille de libraires bredouillant :

— Nous n'avons besoin de rien.

Très vite, j'ai abandonné les petits hôtels, tellement déprimants, pour des hôtels plus luxueux où je dépensais tout ce que je gagnais. Un soir, je suis arrivée, fatiguée, aux Baux-de-Provence à L'Oustau de Beaumanière, où le propriétaire, Raymond Thuillier, m'a reçue comme une reine. Je n'avais pas faim, seulement envie d'un potage et d'un œuf à la coque qui me furent servis dans la grande salle à manger. J'ai bu un délicieux vin de Provence et suis montée me coucher dans un lit à baldaquin, où j'ai passé une nuit merveilleuse. Le lendemain matin, après un copieux petit déjeuner, j'ai visité Les Baux avant de repartir.

Au cours de ces voyages, je dînais seule, ce qui rendait les maîtres d'hôtel mal à l'aise. Ils se croyaient obligés de me donner la plus mauvaise table, tant la présence d'une femme seule leur paraissait incongrue. Je me mettais alors en colère et exigeais à voir le directeur qui, pour éviter un scandale, me faisait donner une autre table. Il est souvent arrivé que des clients solitaires m'invitent à la leur. Je refusais avec un sourire et, quelquefois, j'avais du mérite tant l'ennui était fort. Je me plongeais dans mon livre.

J'ai profité de ces déplacements pour écumer les librairies d'ouvrages anciens et les brocanteurs : j'avais du mal à entasser mes achats dans la petite voiture. C'est comme cela que j'ai trouvé à Nantes, passage Pommeraye, les dix-sept volumes du *Grand Larousse du XIXe siècle,* un monument jamais égalé de la langue française. Depuis, j'ai offert l'œuvre de Pierre Larousse à chacun de mes trois enfants.

Jean-Jacques me rejoignait fréquemment et nous passions alors des moments merveilleux. Nous nous donnions rendez-vous, la nuit, sur une route, proche de l'endroit où j'étais. Avec quelle force nous nous étreignions. Souvent, nous roulions dans le fossé où nous faisions l'amour. Une nuit, nous nous sommes promenés dans les ruines d'un château de Gilles de Rais. Était-ce Machecoul ou Champtocé ? Je ne sais plus.

À mon retour, je faisais un compte rendu de mes visites, accompagné de commentaires sur la situation des éditions Pauvert dans les librairies visitées. Le constat était, dans l'ensemble, plutôt négatif. Je suggérai que ma visite soit suivie de celle d'un représentant, ce qui resta lettre morte.

Jean Dubuffet m'avait demandé si j'accepterais de m'occuper de ses catalogues sur l'art brut publiés par Jean-Jacques.

— Avec plaisir, lui ai-je répondu mais, avant, il faut me dire ce que c'est que l'art brut.

Cela l'avait fait sourire et nous sommes convenus d'un rendez-vous rue de Sèvres, dans le musée où il avait rassemblé ses collections. Pendant tout un après-midi, il m'a expliqué ce qu'il appelait l'« art brut » et quels artistes en faisaient partie. Il s'est arrêté devant le buste du facteur Cheval et m'a dit :

— Voici un grand artiste qui a passé sa vie à construire le Palais idéal à l'aide de pierres qu'il ramassait en faisant ses tournées de facteur. Son palais, qui reçoit des milliers de visiteurs du monde entier, est un hymne à la nature, inspiré de la Bible et des mythologies égyptienne et hindoue. Il fut soutenu dans son travail par André Breton et Picasso qui a donné son nom au palais. Max Ernst, Dalí et Tinguely l'ont admiré.

Près du buste, il y avait une sorte de poème que j'ai retranscrit :

> *Fils de paysan, je veux vivre et mourir*
> *pour prouver que dans ma catégorie*
> *il y a aussi des hommes de génie*
> *et d'énergie. Vingt-neuf ans, je suis resté facteur rural.*
> *Le travail fait ma gloire*
> *et l'honneur mon seul bonheur ;*
> *À présent, voici mon étrange histoire*
> *où le songe est devenu*
> *quarante ans après, une réalité.*

— C'est en quelque sorte son testament. Il était autodidacte comme la plupart des artistes présents ici, a expliqué Dubuffet.

Il s'est arrêté devant une œuvre gigantesque.

— C'est un tableau d'Augustin Lesage. Il était mineur et, dans le fond de la mine, il a entendu une voix qui lui disait : « Un jour, tu seras peintre. » Il avait trente-cinq ans. Il a quitté la mine et acheté des toiles, des couleurs et des pinceaux. Voici Aloïse Corbaz qui fut hospitalisée pour troubles mentaux. C'est alors qu'elle a commencé à écrire et à dessiner sur des feuilles de papier d'emballage cousues ensemble pour obtenir de plus grands formats. Elle dessinait sur les deux faces sans marge aucune. Ici, c'est Henry Darger.

Orphelin de mère, il avait été élevé dans une institution catholique. Il parlait seul, n'acceptait aucune autorité, se masturbait de préférence en public. Il fut interné à l'Institut Lincoln dans l'Illinois pendant sept ans. À seize ans, il a réussi à gagner Chicago où il a trouvé un emploi de portier dans l'hôpital catholique de la ville où il resta jusqu'en 1963. Il collectionnait toutes sortes de détritus : images pieuses déchirées, poupées cassées, bouts de ficelle, bandes dessinées, chaussures dépareillées. Il a écrit et dessiné les aventures des sept princesses du royaume Abbienria. Ses descriptions sont crues, les tortures décrites avec complaisance. Son œuvre est répartie dans différents musées. Voici Madge Gill. C'était une enfant illégitime, née à Londres, qui a été placée dans un orphelinat à l'âge de neuf ans. Elle se disait guidée par un esprit du nom de Myminerest. Elle a commencé à dessiner à soixante et onze ans, après son divorce. Elle travaillait la nuit avec des crayons noirs et de couleur. Ce que vous voyez ici est une de ses broderies.

— J'aime beaucoup.

— Vous me dites quand vous en aurez assez ?

— Continuez, c'est passionnant.

— Voici une œuvre de Martha Grünenwald. Elle ne dessinait que des femmes qui étaient des animaux, des fleurs, des oiseaux, avec des crayons de couleur, de la gouache et des crayons-bille. Enfant, elle accompagnait son père qui était musicien ambulant. À sa mort, elle a continué de chanter aux terrasses des cafés.

Je me suis arrêtée devant un tableau.

— De qui est-ce ?

— Gaston Chaissac. Un drôle de bonhomme. Nous sommes brouillés.

— Pourquoi ?

— Nous n'avions pas la même conception de l'art. Il n'a pas accepté que je lui dise : Vous ne pouvez pas être un créateur et être salué par le public à ce titre, il faut choisir entre faire de l'art et être tenu pour un artiste : l'un exclut l'autre.

— C'étaient des paroles très dures.

— C'est vrai. Je les ai regrettées mais le mal était fait.

— Avez-vous des tableaux de Clovis Trouille ? Il fait partie de l'art brut, non ?

— Je l'ai exposé en 1949, je crois. J'aime assez ce qu'il fait mais ce n'est pas vraiment un autodidacte en matière de peinture. Il est sorti premier de l'École des beaux-arts d'Amiens. Pauvert a bien fait de publier un livre sur lui, sur son travail. C'est un peintre subversif. Breton disait qu'il était « le maître du tout est permis ». Ce qui est assez juste. Son exposition : « Voyous, Voyants, Voyeurs » était intéressante. Je le crois sincère dans sa démarche. N'a-t-il pas dit : « Il est vrai que je n'ai jamais travaillé en vue d'obtenir un grand prix à une biennale de Venise quelconque, mais bien plutôt pour mériter dix ans de prison et c'est ce qui me paraît le plus intéressant.

— Il était l'ami d'Alfred Courmes et de Matisse, n'est-ce pas ?

— Oui, mais il avait beaucoup plus de talent qu'eux.

— Faut-il être fou ou pratiquement analphabète pour faire partie de ce que vous appelez « l'art brut ».

Il réfléchit.

— Il faut avoir conservé son regard d'enfant et ressentir l'absolue nécessité de peindre, d'écrire ou de broder comme cela vient.

— Je brode beaucoup. Un jour, si cela vous intéresse, je vous montrerai mes broderies.

— J'en serais enchanté.

Le ton sur lequel il me répondit n'était pas très enthousiaste.

— Que pensez-vous de Molinier ? ai-je demandé un jour à Dubuffet.

— Molinier a trois passions : la peinture, les filles et le pistolet, et il veut transformer le monde en un vaste bordel.

Celui qu'André Breton appelle : « le peintre du vertige ». C'est lui faire bien de l'honneur. En tant que peintre, je suis réservé mais en tant que photographe, chapeau !

— Quand je suis allée le voir, chez lui, à Bordeaux, il m'a offert quelques-unes de ses photos toutes très érotiques.

— C'est normal, c'est un obsédé sexuel qui aime se déguiser en femme, avec tout l'attirail : guêpière, bas noirs, perruques, chaussures à hauts talons. Il est très fier de son cul et de ses longues jambes.

— Il aime la compagnie des femmes. Par exemple, Emmanuelle Arsan, l'auteur d'*Emmanuelle*[1] et Xavière Gauthier.

— Bien sûr, puisqu'il se rêve femme.

— Saviez-vous qu'il se masturbe en peignant et badigeonne ses toiles avec son sperme ?

— Je l'ai entendu dire. Je trouve cela affligeant.

— Affligeant ? Pourquoi ?

— Je n'aimerais pas avoir chez moi un tableau de ce monsieur, dégoulinant de foutre.

C'est à la demande de Jean-Jacques, qui voulait éditer un livre sur lui et sur son travail, que j'avais rendu visite à Pierre Molinier à Bordeaux. Il m'avait reçue dans un appartement qui ressemblait plus à une décharge qu'à un lieu de vie. Après m'avoir guidée au milieu d'un capharnaüm inimaginable, il m'avait fait entrer dans une grande pièce qui lui servait à la fois de chambre à coucher, de salon, de studio de photographe et de cuisine. Je retrouve dans mon journal le compte rendu de cette visite :

> *Molinier vit dans une pièce encombrée de mannequins en cire, de chaussures à hauts talons, de livres érotiques, de photos porno, de miroirs, de paravents. Ce petit homme qui se veut élégant – jusqu'à embêter plus de quinze fois son tailleur – explore très à fond le domaine de sa sexualité. Il fabrique des godemichés dont il vérifie l'efficacité sur lui-même. Molinier*

---

1. Emmanuelle Arsan, *Emmanuelle*, Belfond, Paris, 2013.

m'avait proposé un café que j'avais bu avec répugnance dans une tasse ébréchée, d'une propreté douteuse. Il avait posé sur la table des cartons remplis de photos le représentant nu ou portant bas et guêpière noirs : sur la plupart des photographies, il portait un masque noir. Je remarquai la qualité de ses tirages que je regardai interdite, très mal à l'aise. Il prend de nombreuses photos de lui bandant, déchargeant, une rose dans le cul, juché sur de hauts talons. Sur la plupart des photographies, il portait un loup noir le visage en partie masqué. Ainsi, il a l'air d'une jolie femme qui serait pourvue d'une queue de belle dimension.

— J'ai de belles jambes, vous ne trouvez pas ? Vous ne voudriez pas poser pour moi ? m'avait-il demandé.

La gorge nouée, j'avais secoué la tête. Il avait haussé les épaules avec un sourire désabusé, puis m'avait montré un grand tableau représentant une femme nue crucifiée. Je trouvais le tableau beau et dérangeant.

— Pour obtenir ce glacis, je le badigeonne avec mon sperme.

Il disait la vérité : j'étais au bord de la nausée. Nous étions allés nous promener dans le quartier de Mériadeck, dans le marché aux puces où il aimait flâner à la recherche de vieux vêtements pour se travestir et nous avons déjeuné dans un boui-boui fréquenté par des clochards et des puciers. Dans l'après-midi, un photographe ambulant nous a photographiés sur les quais. À la gare Saint-Jean, il m'avait remis un lourd carton contenant des photos pour son éditeur.

Ces voyages m'ont fait découvrir la France dont la diversité m'émerveillait. J'ai visité les musées, les églises, les vieux quartiers. Un jour, au musée de Colmar, je suis tombée en arrêt devant deux petits tableaux, peints sur bois, représentant des vierges folles. Le musée était désert. J'ai décroché un des tableaux et l'ai glissé sous ma cape. J'ai franchi le seuil sans encombre. Au milieu de la place enneigée, prenant conscience de mon geste, je suis retournée au musée et j'ai

remis la vierge folle à sa place. Quand je raconte cette histoire, on me fait remarquer que j'ai eu beaucoup de chance.

Jean-Jacques avait copié pour moi un texte de Paul Valéry
qu'il aimait beaucoup, *La Soirée avec monsieur Teste*. Comme
justification, il avait écrit : *Rien n'est gratuit, rien ne vient du
hasard. Ainsi nulle autre que Régine ne devait sans doute me
ramener à ce texte, que j'ai fini de recopier pour elle le 22 décembre
1963*. Ce geste m'a violemment émue et je considère qu'il a
été un des cadeaux les plus importants de ma vie. Il est, bien
sûr, destiné à notre fille Camille.

Depuis quelques mois, je prenais des cours de reliure chez
Mlle Hinstin, rue du Pont-de-Lodi. J'avais un plaisir immense
à « sauver » de vieux bouquins, en les habillant de cuir ou de
toile. J'étais devenue assez capable mais j'étais trop rapide
dans l'exécution d'un travail où le temps joue un rôle très
important. Quoi qu'il en soit, j'ai réalisé pour *Monsieur Teste*
une belle reliure en chèvre d'oasis rouge et fait dorer les
tranches à l'or fin. Chaque fois que je le relis, j'éprouve une
forte émotion : *La bêtise n'est pas mon fort*. Aujourd'hui, je
caresse le beau cuir de ce livre qui m'est si précieux.

Un jour, j'ai pris mon courage à deux mains pour
annoncer à Pierre que je voulais divorcer avec tous les torts à
ma charge. Pierre a eu la garde de Franck et il a accepté
que Maman reste pour s'en occuper jusqu'à ce que j'aie un
appartement pour les recevoir.

30.

Jean-Jacques avait trouvé un studio meublé à Clichy que, bien sûr, je n'ai pas aimé. Quelque temps plus tard, il m'a annoncé qu'il avait loué un petit appartement, rue des Écoles. À peine entrée, j'ai su que j'étais chez moi et que j'y serais heureuse. Ce fut presque le cas.

Au retour d'un voyage, j'ai trouvé, épinglé sur l'oreiller, un mot écrit sur un bout de papier kraft :

> *Les circonstances, mon ange, m'ont empêché de remplir cette maison de fleurs pour vous accueillir. Je ne peux qu'allumer du feu. Au moins, trouverez-vous en arrivant une chaleur qui vous viendra de moi. Je vous embrasse.*

Jean-Jacques venait me voir tous les jours et quelquefois passait la nuit avec moi. J'aimais me réveiller à ses côtés.

Pierre avait vendu l'appartement de Marly-le-Roi et installé Maman, mon frère et Franck à Saint-Ouen-l'Aumône dans une maison vétuste appartenant à son père. Bientôt, Éric, le fils de Chantal, est venu les rejoindre, afin de poursuivre ses études plus facilement. J'aimais beaucoup mon neveu et j'étais heureuse que Franck ait un compagnon. Ils avaient trois ans de différence et s'entendaient très bien.

Chaque dimanche, je venais leur rendre visite. Dans l'après-midi nous allions nous promener sur les bords de l'Oise ou dans la forêt de L'Isle-Adam : Franck n'avait pas son pareil pour trouver des champignons et, à la saison, nous revenions avec des paniers remplis de cèpes ou de girolles. Quand je repartais, je m'en voulais de les laisser dans cette maison délabrée et mal chauffée.

Quant à Pierre, il avait aménagé un studio au-dessus de l'atelier d'Asnières.

Franck me tenait rigueur d'avoir quitté son père. Il était venu passer une journée rue des Écoles où je lui avais annoncé mon intention de divorcer. Nous étions allongés sur le lit. Je l'ai senti se raidir contre moi. Je l'ai pris dans mes bras et lui ai dit des mots tendres.

— Laisse-moi, m'a-t-il dit en me repoussant.

Je n'ai pas insisté. Il pleurait doucement et, bientôt, je pleurais aussi.

Cela ne se passait pas comme je l'avais espéré. Pourtant, j'avais suivi les conseils du Dr Diatkine que j'étais allée consultée pour savoir quelle conduite adopter.

— Ne culpabilisez jamais, m'avait-il recommandé.

Il avait mille fois raison. Notre premier contact avait pourtant été mauvais, peut-être à cause de son physique et de l'horrible appartement de la rue Marbeuf où il m'avait reçue. Mais Franck alla le voir deux ou trois fois par an et il s'entendait bien avec lui. Peu à peu, mes relations avec Diatkine sont devenues presque amicales, en tout cas neutres. Par la suite, j'ai appris à mieux le connaître : c'était un homme généreux, attentif aux autres et l'un des grands spécialistes de l'enfance en difficulté. Bien plus tard, nous nous sommes croisés dans les jardins de l'hôtel de Lassay où il m'a dit son admiration pour mon courage : cela m'a fait plaisir.

Maurice Girodias venait d'ouvrir, rue Saint-Séverin, quartier fréquenté à l'époque par les Arabes, un restaurant, un bar, une boîte de jazz, un théâtre et un cabaret, appelés

La Grande Séverine. Nous y avons passé des soirées mémorables en compagnie de Max Ernst, de Dorothea Tanning, de Dalí et de Gala. C'est là qu'un soir de novembre 1963, nous avons appris qu'un attentat avait eu lieu contre le président des États-Unis, John Kennedy. L'assistance était comme paralysée, silencieuse. Girodias a fait signe à l'orchestre et, spontanément, les musiciens ont joué l'hymne américain : la salle s'est levée. Dans la rue, des groupes se formaient, commentant la nouvelle. Le lendemain, les images de l'assassinat, diffusées par toutes les télévisions du monde, ont bouleversé l'opinion mondiale.

J'avais dit à Jean-Jacques que j'aimerais avoir un enfant de lui.

— Pourquoi pas ? m'a-t-il répondu, l'air à la fois ému et amusé.

Ma joie a été immense quand j'ai appris que j'étais enceinte.

J'ai continué à visiter les libraires à travers la France, cette fois à bord d'un break Aston Martin aux montants de bois, offert par Jean-Jacques. Je le conduisais très vite, doublant camions et voitures, ce qui n'était pas toujours du goût de leurs conducteurs. Un jour, dans une petite ville de l'Est, l'un d'eux m'a coincée à un feu rouge, m'a saisie par le revers de ma veste à travers la vitre baissée et m'a violemment cogné la tête contre la portière. Arrivée à l'hôtel, j'ai remarqué que j'avais une belle ecchymose qui virait au bleu et le lendemain j'avais la moitié du visage d'un noir jaunâtre.

Je rentrais souvent déprimée par l'état de la librairie française. Comment imaginer que ces piles de livres aient des lecteurs puisque personne n'en parlait ? Depuis, la situation s'est aggravée, les livres ont une espérance de vie de plus en plus courte et sont en concurrence avec des ouvrages écrits par des présentateurs de télévision, des comédiens, des sportifs, des hommes politiques. Ces non-livres envahissent les librairies au détriment des ouvrages littéraires.

La plupart des libraires me parlaient d'Albertine Sarrazin dont Jean-Jacques venait de publier *L'Astragale*. Que pouvais-je leur dire ? Que je trouvais le livre bon mais que je n'aimais pas la fille. Cette petite brune, échappée de prison, aux cheveux courts et frisés, m'exaspérait. En réalité, j'étais jalouse, jalouse de l'intérêt que Jean-Jacques lui portait et de son talent. Je parlais aussi aux libraires de l'art brut et des catalogues de Dubuffet pour lesquels ils ne manifestaient aucun intérêt : j'étais déçue ; Jean Dubuffet comprendrait-il que ses travaux qui lui tenaient à cœur laissent à ce point les libraires indifférents ?

De passage à Limoges, j'avais constaté l'état déplorable de la librairie limougeaude. Il ne restait que deux librairies dignes de ce nom. Jean-Jacques Pauvert est venu et il a rencontré le trésorier payeur de la ville avec lequel il s'est associé pour ouvrir une librairie. Dans un immeuble qui venait d'être construit, nous avons trouvé un local place de la République, dont nous avons confié l'aménagement au département librairies d'Hachette. Le résultat était idéal et cette librairie fut pendant longtemps une des plus belles de France. Je l'avais baptisée La Gartempe, du nom de ma rivière qui prenait sa source dans le Limousin. Les libraires du coin étaient jaloux, paraît-il. Comme je les comprenais ! J'ai passé commande de plusieurs centaines de livres qu'Évelyne, la belle-fille de Roumagnac, et moi avons rangés dans les rayons de bois clair. C'est à cette occasion que Claude Tchou a fait remarquer à Jean-Jacques qu'il exilait ses ex à New York tandis que lui les envoyait à Limoges. Jean-Jacques m'a rapporté cette méchanceté en riant.

— Je ne trouve pas cela drôle ! ai-je dit en dissimulant mes larmes.

Tous les quinze jours, j'allais à Paris en voiture rejoindre mon amant. Quel que soit le temps : pluie, brouillard, neige. Je roulais vite, trop vite. J'aimais traverser la Sologne dans le brouillard et je m'arrêtais pour déjeuner dans un routier sur le bord de la route où, comme d'habitude, j'étais la seule femme non accompagnée.

Mais j'aimais aussi me promener dans Limoges à la recherche de mon enfance. Qu'est-ce qui nous pousse sans cesse à remettre nos pas dans ceux de nos jeunes années ? Le jardin d'Orsay était bien sûr mon lieu de prédilection avec la rue du Clocher où, enfant, j'accompagnais Maman à la parfumerie où elle achetait sa poudre. À cette époque, ce n'était pas une mince affaire que de trouver une poudre de riz qui convienne à la carnation de chacune. Et c'est avec l'aide de la vendeuse, que ma mère choisissait les couleurs adaptées à son teint : un peu de rose, de vert, de mauve, de jaune... pour arriver au ton idéal. C'est rue du Clocher que j'ai acheté à crédit mon premier manteau de fourrure en lapin noir et, toujours à crédit, ma première machine à écrire, une Hermes Baby de couleur vert pâle, sur laquelle, plus tard, j'allais taper, avec deux doigts, mon premier roman : *Blanche et Lucie...*

J'ai loué un grand appartement avenue du Midi dans lequel je m'installai avec Maman, Franck et mon neveu Éric que ses parents m'avaient confié.

Le jour de l'inauguration de La Gartempe, le Tout-Limoges était présent. Le poète, Georges-Emmanuel Clancier, originaire de la région, était l'invité d'honneur. La télévision et la presse locales étaient là. Hélas, sous des dehors aimables, la rupture entre les Limougeaux et moi était définitive. Ils n'approuvaient pas l'orientation que je voulais donner à la librairie : sciences humaines, bandes dessinées, érotisme, science-fiction, policiers, surréalisme et beaux-arts. La femme du trésorier était la plus acharnée, rien ne trouvait grâce à ses yeux, le choix des livres, ma gestion, ma manière d'être et de m'habiller.

— Vous êtes une femme, une femme... ! Je préfère m'arrêter là.

Après deux mois de tension, j'ai abandonné la partie. Chaque jour, mon ennemie m'interpellait en public :

— Madame Deforges, je suis étonnée de vous voir ici : vous n'avez plus rien à y faire !

— Tant que rien n'est signé, je reste.

— Nous verrons ça devant le tribunal de commerce.

Je tremblais de la tête aux pieds et Jean-Jacques me conseilla d'appeler Me Bomsel. Celui-ci me dit de faire venir un commissaire de police, car cette femme n'avait rien à faire dans la librairie dont j'étais la gérante. Son mari et son avocat étaient catastrophés et je vivais cela comme un nouvel échec malgré ce que disait Jean-Jacques :

— Il faut tirer un trait.

Facile à dire ! Encore une fois, j'étais en butte à la méchanceté et à la mesquinerie. Heureusement, j'allais toucher un confortable dédommagement : deux millions d'anciens francs payables sur six mois. On me régla sur-le-champ le mois en cours et celui à venir. Je n'avais jamais eu autant d'argent ! Mais il allait falloir déménager à nouveau.

Éric, mon neveu et filleul, a fait sa communion solennelle à Saint-Michel-du-Mont. Son père et sa mère, de retour d'Afrique, étaient présents ainsi que plusieurs membres de la famille. Un agréable repas nous a réunis dans une ravissante auberge des environs de Limoges. La fête était un peu gâchée parce que j'étais enceinte et n'étais pas mariée ! On me le fit remarquer. Quand je l'avais annoncé à Maman, elle s'était écriée :

— Ma pauvre petite !

Je lui avais dit que j'étais très heureuse et le père aussi.

Quand Franck a su qu'il allait avoir un frère ou une sœur, il a été fou de joie.

— On l'appellera Camille, si c'est une fille comme dans *Les Petites Filles modèles*[1].

Conséquence malheureuse de cette situation : on m'a retiré Éric qui est parti habiter à Montmorillon chez une de mes tantes.

---

1. Sophie de Ségur, *Les Petites Filles modèles*, Fleurus, Paris, 2013.

31.

J'avais trouvé à louer dans le XVe arrondissement, rue de Javel, un grand appartement qui appartenait à la belle-fille de Sonia Delaunay. Ma mère et moi l'avons rénové entièrement. Malgré mon gros ventre, montée sur un escabeau, sous les yeux effarés de ma mère, j'ai repeint le plafond. Ma machine à coudre, achetée à crédit nous a permis de faire des rideaux et une portière séparant la salle à manger du salon. À la Samaritaine j'ai acheté des bibliothèques en bois blanc assez basses pour être mises sous les larges fenêtres et que j'ai peintes. Les meubles étaient ceux de Maman, retirés du garde-meubles dont Papa n'avait pas payé le loyer depuis des mois ! Ma chambre ne comportait qu'un grand lit recouvert d'une couverture de coton blanc et une table de chevet. Par la suite, il y a eu le berceau de Camille.

Je portais bien ma grossesse sans aucun des désagréments habituels. J'aimais sentir le bébé bouger, j'éprouvais un sentiment de plénitude. Mon pneumothorax s'était résorbé de lui-même et je ne consultais plus que trois ou quatre fois par an le Dr Ortega dont la seule recommandation était : pas de longues expositions au soleil.

Je suis entrée le 24 octobre dans une clinique proche des Champs-Élysées. En attendant la naissance, Jean-Jacques et moi avons joué aux échecs. Malgré les douleurs, j'ai gagné la partie. Camille est née le 25 octobre à vingt et une heures vingt-cinq. Je retrouve ce que j'écrivais dans mon journal à ce moment-là :

C'est une fille ! Une belle petite fille de trois kilos six cents. Elle a un petit duvet brun sur la tête. Sa peau est la plus douce du monde. Ses grands yeux sont gris-bleu, son nez est légèrement épaté, ses oreilles ressemblent à des coquillages et ses mains minuscules s'agrippent aux miennes.

— Eh bien, voilà ! a dit Jean-Jacques.

Quand j'ai serré Camille dans mes bras, j'ai pensé à Franck que j'avais repoussé par peur de le contaminer. Il a manifesté sa joie d'avoir une sœur en exécutant une sorte de danse de Sioux, accompagnée de cris. Jean-Jacques est allé déclarer la petite à la mairie et, quand je suis sortie de la clinique, je suis allée la reconnaître, ce que n'avait pu faire son père puisqu'il était marié. Agathe Gaillard est venue voir mon bébé en compagnie de Jean-Philippe Charbonnier et lui a offert une très jolie robe au crochet de chez Gudule. Marie-Christine Schneider et sa fille Maria sont venues elles aussi. Maria a dessiné des cartes qui représentent des couples longilignes, vêtus de longues robes et de tuniques fleuries. Les femmes portent des hennins. Elles annonçaient la naissance de Camille.

Une semaine plus tard, j'étais de retour à la maison. La vie s'est organisée, rythmée par les biberons. Jean-Jacques a consulté un avocat sur l'avenir de notre enfant : il voulait laisser des traces de sa paternité en cas de décès.

J'avais fait la connaissance de Gérard Brémond, le promoteur immobilier d'Avoriaz, près de Morzine, qui m'a demandé d'ouvrir une librairie dans l'hôtel des Dromonts. J'ai accepté car le travail était bien rémunéré. À l'époque, il n'y avait que deux immeubles construits et l'hôtel des

Dromonts. Autour, la montagne et la neige. J'ai rencontré les architectes : Jacques Labro, Jean-Jacques Orsoni, Pierre Lombard, Jean-Marc Roques et Andrzey Wujec, tous jeunes, sympathiques et amoureux de leur métier. Le courant est passé immédiatement entre nous. L'hôtel des Dromonts était loin d'être terminé. J'ai aménagé la librairie et les livres que j'avais commandés commençaient à arriver. J'avais choisi beaucoup de romans policiers mais aussi des essais et des nouveautés. Le jour de l'ouverture, il y avait toujours de l'eau et la cheminée monumentale de l'hôtel conçue par Wujec s'obstinait à ne pas tirer. Malgré cela, l'inauguration a eu lieu avec les notables savoyards dans une ambiance bon enfant. Avec les architectes, nous avons trinqué au succès de l'entreprise en buvant du champagne devant la cheminée, qui tirait enfin et où flambait un tronc d'arbre. Je suis redescendue à Morzine complètement ivre et j'ai couché avec Pierre L. et sa femme.

Pendant ce séjour, j'ai essayé d'apprendre à skier avec une maladresse hilarante. En jupe, je m'élançais – façon de parler – sur les pistes. Jusqu'à aujourd'hui et malgré de nouvelles tentatives, je suis incapable de tenir sur des skis.

À Avoriaz, j'ai fait la connaissance de Camille Albane, une jeune coiffeuse qui avait été choisie pour ouvrir le salon de coiffure de la station. Nous sommes restées amies jusqu'à sa disparition. Jean-Jacques m'a annoncé par téléphone qu'il venait d'acheter un appartement à Avoriaz : je le félicitai d'un ton aigre-doux.

Une fois rentrés, Jean-Jacques et moi, nous sommes partis à Rome, Venise, Amsterdam et Bruxelles. Il a été décidé que je ne reprendrais pas mes visites aux libraires mais m'occuperais d'une librairie que Jean-Jacques avait découverte place Clichy. Pour m'aider, j'ai fait appel à Gérard et à Geneviève Bourgadier qui voulaient quitter Montmorillon. Parallèlement, sur les conseils et avec l'aide de Jean-Jacques, j'ai créé, en 1967, les éditions L'Or du temps : hommage à André Breton qui disait : « Je cherche l'or du temps[1]. »

Parce qu'on ne trouvait pas de livres érotiques en librairie, j'ai décidé d'en publier. Le premier a été un livre anonyme attribué à Aragon, *Le Con d'Irène*[2]. J'avais écrit à deux reprises à l'auteur des *Yeux d'Elsa*[3], pour lui demander l'autorisation de le publier. Bien que n'ayant pas reçu de réponse, j'ai pu l'éditer car ce livre n'avait pas d'auteur officiel. Il fut distribué sous le titre *Irène*, le titre original étant jugé trop scandaleux. Ce fut mon premier et seul acte d'autocensure : cela n'a pas empêché la saisie par la police de l'ouvrage quarante-huit heures après sa mise en vente. Cette saisie eut lieu le 22 mars 1968, jour de la Sainte-Léa !

J'ai été convoquée à la Mondaine, au Palais de justice, par le commissaire Ottavioli. On m'a installée dans une salle encombrée de bureaux, bordée par des cellules dans lesquelles étaient enfermés les délinquants de la nuit. Je me suis assise devant la table désignée par un inspecteur, qui était jonchée de photos pornographiques comme je n'en avais jamais vu. Le commissaire Pierre Ottavioli s'est assis en face de moi et a commencé à m'interroger. Il souriait en hochant la tête. À un moment, il m'a demandé :

— Et maintenant, quels sont vos projets ?

— Continuer mon métier !

— C'est bien ce que je pensais. Alors, voilà ce qui va vous arriver : tous les livres que vous allez publier seront interdits à l'affichage. Vous serez alors astreinte au dépôt préalable de vos publications analogues. Vous n'en tiendrez pas compte malgré les lourdes amendes. Vous serez alors inculpée d'outrage aux bonnes mœurs par la voie du livre et condamnée.

J'écoutais, le cœur battant, sans comprendre. Je devais être

1. André Breton, *Manifeste du surréalisme*, Folio, Paris, 2003.
2. Mercure de France, Paris, 2000.
3. Seghers, Paris, 2012.

très pâle car le policier m'a demandé si je voulais un verre d'eau ? J'ai signé le compte rendu de mon audition et suis sortie par le grand escalier du Palais de justice, face à la place Dauphine.

Il faisait beau. Les arbres de la place Dauphine étaient encore dénudés. Soudain très lasse, je me suis assise sur un banc. Tout tournait. Après quelques instants, je me suis levée péniblement et, laissant glisser mes doigts sur la pierre du parapet du Pont-Neuf, j'ai marché jusqu'à la rue de Nesle aux éditions Jean-Jacques Pauvert où on s'est pressé autour de moi : Gisèle la secrétaire, Jean-Pierre Castelneau, Jean Castelli...

— Alors ? Comment ça s'est passé ? Dites-nous...

Le récit de mon interrogatoire les a atterrés. Jean-Jacques avait les larmes aux yeux. Nous sommes allés déjeuner et il m'a entraînée dans un petit hôtel où il m'a longuement fait l'amour.

J'ai de nouveau écrit à Aragon pour lui demander l'autorisation de republier *Le Con d'Irène*. Pas de réponse. Je l'ai réédité. Heureusement les imprimeurs me firent crédit.

Madeleine Chapsal m'a invitée à une soirée mondaine où se trouvaient : Jérôme Lindon, Jacques Lacan, Claude Gallimard, Jean-Jacques Servan-Schreiber, Françoise Giroud, Dominique Desanti, Claude Simon, Colette Duhamel, Jean-Jacques Pauvert, Michel Foucault... Madeleine m'a présentée à Lacan qui m'a dit :

— Vous ne connaissez sûrement pas l'histoire et les circonstances de la publication du *Con d'Irène*.

J'étais sans voix. Il a poursuivi :

— Moi, j'ai l'édition originale avec les illustrations de Masson.

— C'est quelque chose que je ne peux pas m'offrir.

Madeleine me regardait avec inquiétude. Délibérément, je quittai la star et me réfugiai auprès de Dominique Desanti. Madeleine s'est approchée et m'a demandé à voix basse :

— De quoi avez-vous parlé ?

— Aucun intérêt.

— Aucun intérêt !

— Tu devrais savoir qu'on peut être intelligent et très con. C'est son cas.

— Oh ! Comment peux-tu dire des choses pareilles ?

Je me détournai.

Quelques semaines plus tard, Lacan m'a invitée à déjeuner avec Madeleine à Guitrancourt où il avait une maison de campagne en précisant de ne pas oublier nos maillots de bain.

— Pourquoi aller chez ce vieil arrogant ! Qu'est-ce que tu lui trouves ? ai-je dit à mon amie.

— Il est remarquablement intelligent.

— J'ai commencé un de ses livres qui m'a assommée.

— Tu n'as probablement pas compris.

C'était vrai et je me demandais combien de gens étaient comme moi.

Le jour dit, Madeleine s'est arrêtée devant une maison d'assez belle apparence.

— Le Prieuré, a dit Madeleine.

Le maître de maison nous a accueillies sur le pas de la porte et a proposé une visite de la maison dont le clou était le tableau de Gustave Courbet, *L'Origine du monde*. Cette œuvre fameuse était dissimulée derrière un panneau dans une salle à manger aux murs peints par André Masson. J'étais saisie par le travail de Courbet. Mais comment dire mon émotion devant tant de beauté ? Cela ne regardait pas Lacan !

Nous sommes passés à table où Sylvia, sa femme, qui avait été celle de Georges Bataille, nous a rejoints. La conversation a roulé sur l'édition du *Con d'Irène*, illustrée par Masson. Le célèbre Lacan semblait ignorer les problèmes que j'affrontais en publiant ce livre. Histoire de l'agacer, je dis que je n'avais pas d'estime pour l'œuvre de Masson, quelle que soit sa cote. Madeleine était furieuse et me lançait des regards noirs. La maîtresse de maison souriait. Pour embêter son mari, j'ai failli parler avec elle des livres de Georges Bataille qui m'avaient plu et troublée. Après le déjeuner et le café servis près de la piscine, nous sommes allés enfiler nos maillots de bain. Lacan rentrait son ventre autant que possible, comme un vieux séducteur qui fait l'intéressant. Je me suis jetée à l'eau. Madeleine, qui est une excellente nageuse, a plongé. Le maître nous a rejoints. Je suis sortie de l'eau et me suis allongée sur une chaise longue à côté de Sylvia. Sur le chemin du retour, Madeleine m'a longuement reproché ma mauvaise éducation et mon absence de manières.

Au moment de la saisie d'*Irène*, j'ai appelé les rédacteurs en chef des principaux journaux en criant au scandale. Certains ont réagi avec de gros titres : « La papesse de l'érotisme » ou « La scandaleuse Régine ». Yvan Audouard, dans *Le Canard enchaîné*, adjura Aragon de se dénoncer comme l'auteur du livre. Hélas, la plupart des éditoriaux s'étonnèrent qu'une jeune femme publiât des « ouvrages licencieux » et non que lesdits ouvrages fussent saisis. Aucun ne s'est inquiété de cette atteinte à la liberté d'expression. Philippe Bouvard m'a invitée dans son émission tournée chez Maxim's où je m'efforçai d'être à mon avantage : belle, insolente et sereine, du moins en apparence...

Sans le dire à Jean-Jacques, j'étais terrorisée à l'idée de me retrouver devant le tribunal.

Bien des années plus tard, j'ai écrit un petit livre que j'ai intitulé d'un vers emprunté à Jehan Rictus, un poète que j'aime : *À Paris, au printemps, ça sent la merde et le lilas*, illustré d'un dessin de Wolinski me représentant nue, assise sur une pile des livres que j'avais publiés, tenant un long fume-cigarette.

32.

En même temps que la maison d'édition, j'avais créé une entreprise de vente par correspondance. Sur mon catalogue était inscrit « La conquête du sexe » et la couverture représentait un tableau d'Ingres : *Le Bain turc*. Le résultat de la première prospection a été honnête : j'ai reçu de nombreuses commandes accompagnées de chèques. J'ai déménagé pour la rue de l'Échiquier où je m'installai un confortable bureau. C'est alors que j'ai proposé à Manon de venir travailler avec moi : elle était d'accord. Alexis Ovtchinnikov s'occupait de la fabrication et M. B. de la comptabilité. J'allais m'apercevoir un peu tard qu'il détournait des chèques. Pour la vente par correspondance, j'avais lancé une collection intitulée « La Bibliothèque privée[1] » dans laquelle se retrouvaient les classiques de la littérature érotique : *Gamiani*[2], *Les Mémoires d'une chanteuse allemande*[3], *Fanny Hill*[4], *Le Portier des chartreux*[5], *Les Onze Mille Verges*[6] et *Les Exploits d'un jeune don Juan*[7]

---

1. La collection « La Bibliothèque privée contemporaine » a été créée par Régine Deforges en 1969.
2. Alfred de Musset, *Gamiani*, Garnier, Paris, 2010.
3. Wilhemine Schröder-Devrient, *Mémoires d'une chanteuse allemande*, Garnier, Paris, 2011.
4. John Cleland, *Fanny Hill*, Garnier, Paris, 2011.
5. *Le Portier des Chartreux, histoire de Dom Bougre écrite par lui-même*, Actes Sud, Paris, 2008.
6. Guillaume Apollinaire, *Les Onze Mille Verges*, Librio, Paris, 2009.
7. Guillaume Apollinaire, *Les Exploits d'un jeune don Juan*, Folio, Paris, 2002.

d'Apollinaire, *Ma vie secrète*[1], etc., et des textes contemporains : *L'Anglais décrit dans le château fermé*[2] d'André Pieyre de Mandiargues, livre abominable, *Les Trois Filles de leur mère*[3] de Pierre Louÿs, *La Nue*[4] de Michel Bernard, *La Transparence*[5] de Julien Saguet et quelques autres. Malgré les interdictions, la plupart de ces livres se vendaient bien. Quant à la vente en librairie, elle était inexistante, les libraires craignant d'être ennuyés par la police et condamnés à de lourdes amendes.

Pour faire connaître mes livres, je faisais des publicités dans la presse affirmant que je publiais les « meilleurs livres érotiques ». Dans certains placards, j'apparaissais tenant mon chat noir dans mes bras ou vêtue comme une hippie avec plumes et colliers. Plus tard, je me suis exposée nue dans mes catalogues où les interdictions étaient signalées par des étoiles : quatre étoiles indiquaient le summum d'interdictions d'un titre.

Pendant ce temps, Mai 68 avait lieu. Avec ses slogans : « Vive le surréalisme ! », « Aimez-vous les uns sur les autres ! » « Sous les pavés, la plage ! », « Élections, pièges à cons ! », « Jouissez sans entraves ! », « L'art est mort, ne consommons pas son cadavre ! », « Il est interdit d'interdire ! ». Ce dernier correspondait mal avec ce que je vivais ! J'ai participé à la « révolution » en vendant *L'Enragé*, publié, en juin, par Pauvert et en distribuant des tracts sur les trottoirs de la place de Clichy, rabrouée par les passants qui n'appréciaient pas la tournure prise par les événements.

J'ai assisté à des manifestations à la Sorbonne et au théâtre de l'Odéon. J'allais écouter aux Beaux-Arts les féministes, dont les propos naïfs, idiots ou simplement sans intérêt, me

---

1. Anonyme, *Ma vie secrète*, La Musardine, Paris, 2007-2009.
2. André Pieyre de Mandiargues, *L'Anglais décrit dans le château fermé*, Gallimard, Paris, 1993.
3. Pierre Louÿs, *Trois filles de leur mère*, Payot, Paris, 2013.
4. Michel Bernard, *La Nue*, Payot, Paris, 2013.
5. Julien Saguet, *La Transparence*, La Bibliothèque privée, Paris, 1969.

surprenaient. Ces dames, quand elles me reconnaissaient, se montraient extrêmement désagréables avec moi, me traitant de « pornographe » et de « collabo », sous prétexte que je flattais les vices des hommes qui considéraient les femmes comme des objets.

J'ai fais partie du Comité d'action étudiants-écrivains qui se tenait à la faculté de Censier, où avaient lieu des réunions avec Claude Roy, Marguerite Duras, Maurice Blanchot, Robert Antelme, Dionys Mascolo, Michel Dansel... Se donnant du « camarade » à tour de bras, ces importants personnages discutaient de la condition ouvrière et de la nécessité de faire la révolution. Révolution ! Ils n'avaient que ce mot à la bouche. Ils s'en gargarisaient, le prononçaient avec gourmandise. Ils n'avaient pas de termes assez durs pour la politique du général de Gaulle et de sa police. Le pouvoir était à prendre et c'était la classe ouvrière qui le prendrait avec l'aide des intellectuels. Devant des propos aussi fermes que définitifs, je me taisais, intimidée par ces écrivains si sûrs d'eux. Je n'étais à leurs yeux qu'une jeune pornographe, plutôt décorative, qui annonçait fièrement dans ses publicités : « Je publie les meilleurs livres érotiques. »

La mode était aux minijupes que je portais avec des perruques roses, turquoise ou grises. Au même moment apparurent les collants, dont le célèbre Mitoufle, qui permettaient de montrer haut les cuisses sans se sentir impudique, ce qui n'était pas le cas avec les bas et les porte-jarretelles. On pouvait s'asseoir sur un tabouret de bar sans dévoiler la peau au-dessus du bas. Le collant a apporté une liberté de mouvement interdite jusque-là mais, avec lui, disparaissait l'érotisme lié au bas. Très vite, j'ai remis mes porte-jarretelles.

C'était le temps de la libéralisation des mœurs, du moins vue d'une certaine presse féminine. Des cinémas projetaient des films pornos qui, à côté de ceux diffusés aujourd'hui par Canal Plus, paraîtraient bien anodins aux amateurs du genre.

Des partouzes avaient lieu dans les milieux bourgeois et jusqu'en province. Cette ambiance me troublait plus que je ne voulais l'admettre. Jean-Jacques, non plus, n'y était pas indifférent. Louis Pauwels nous avait présenté Laslo Havas, un intellectuel hongrois, très laid, amateur de jeux érotiques. Je l'ai suivi un après-midi à Ville-d'Avray, au Roi René, établissement qui recevait des couples en mal d'amours multiples. Combien d'hommes m'ont fait l'amour ? Je n'en sais rien. J'étais dans un état second, n'éprouvant aucun plaisir et pensant à Jean-Jacques. Dans une salle, à côté du bar, j'ai vu une très jolie jeune femme se faire prendre par un chien : cela m'a dégoûtée et m'a émue en même temps.

Je parlai à Jean-Jacques de cet après-midi à Ville-d'Avray. À ma grande surprise, il a pleuré. Je ne comprenais pas. Pourquoi ces larmes, lui qui me poussait, par ses propos, à des jeux interdits ?

Un fabricant de médicaments, ami de Louis Pauwels, nous a invités à Chevreuse, dans sa maison construite par l'architecte Jacques Couëlle. Il y avait à l'intérieur une piscine où évoluaient de jolies filles nues : j'ai refusé de me joindre à elles et suis restée, blottie dans un coin, buvant et fumant, apparemment indifférente aux ébats de ces messieurs. Sur le chemin du retour, je n'ai pas desserré les dents.

J'étais invitée à des dîners et des surprises-parties qui se terminaient en orgies. Je n'y participais pas, me contentant de bavarder avec de jeunes femmes qui préféraient ma compagnie à celle des mâles en rut. Ceux-ci me lançaient des regards dépourvus d'aménité ; je pouvais lire dans leurs pensées : « Qu'est-ce que c'est que cette emmerdeuse qui publie des livres érotiques et se conduit comme une rosière ? » Inutile de dire que ces situations m'amusaient.

Pendant cela la « révolution » continuait.

Un jour, au Comité d'action écrivains-étudiants, un employé de la RATP a expliqué les raisons de la grève dans son entreprise. Il parlait très bien et, à la fin de son exposé, il a demandé une déclaration de soutien aux camarades écrivains. Après son départ, chacun a loué la clarté de ses propos et les participants ont essayé tant bien que mal de rédiger une proclamation. On entendait :

— Je me demande si ces termes sont compréhensibles par le peuple ?

L'autre, après lecture, répondait :

— Ce mot est un peu compliqué, non ?

Le *camarade ératépiste* est revenu plusieurs fois demander si les camarades-écrivains avaient bientôt terminé. La quatrième fois, il a pris la feuille des mains de Blanchot pour la lire. À son air, on voyait bien que cela n'allait pas. Il s'est assis au bout de la table et, dans un silence inouï, a écrit. Au bout d'une dizaine de minutes, Marguerite Duras a lu son texte et, d'une voix vibrante d'émotion, a déclaré :

— Le peuple a parlé ! Écoutons-le !

C'était dit avec une telle emphase que j'ai failli éclater de rire. Je ne suis pas beaucoup retournée au Comité d'action érivains-étudiants.

Malgré les événements, un Congrès des libraires se tenait à Biarritz. Les réunions étaient sans grand intérêt, tout le monde pensait à ses problèmes d'essence. Plus d'avions, plus de trains pour rentrer à Paris. J'ai loué une voiture et suis remontée avec deux représentants et une attachée de presse avec lesquels je m'arrêtai dans un Relais et Châteaux, ce dont ils m'ont parlé pendant longtemps.

À Paris, la grève générale avait été décrétée. Les usines, les entreprises étaient occupées par les ouvriers, les théâtres par les comédiens. Les ordures débordaient des trottoirs, au grand bonheur d'énormes rats. De longs cortèges sillonnaient la ville. Le Quartier latin appartenait aux étudiants qui réclamaient le retour de Daniel Cohn-Bendit exilé en Allemagne. Il régnait une ambiance de kermesse. On distribuait des tracts appelant à la révolution, on chantait. Il n'y avait plus de métro, ni de bus, ni de sucre, ni d'essence : Maman avait du mal à faire le marché.

À chaque carrefour du Quartier latin, des étudiants refaisaient le monde devant un auditoire attentif. À la Sorbonne, occupée, régnait un grand bordel. Les amphithéâtres étaient envahis par une foule de jeunes, étudiants ou non. Jean Genet fut applaudi. Boulevard Saint-Michel, Aragon fut hué. Dans l'université de Paris des détritus de toutes sortes s'entassaient. Une crèche avait été ouverte pour laisser les jeunes mères manifester en toute tranquillité. Dans la cour, des tréteaux étaient installés sur lesquels se trouvaient des publications révolutionnaires que l'on vendait à la criée. Des garçons à la mine inquiétante, les Katangais, casqués, armés de bâtons ou de chaînes de vélo, tentaient de mettre de l'ordre, avec une brutalité au moins égale à celle des CRS. Ils venaient de banlieue et entendaient profiter du désordre pour affirmer leur force. Les étudiants les redoutaient.

33.

Je continuais à arpenter le quartier de Pigalle, préservé des excès de la « révolution », toujours à la recherche de sensations fortes, de rencontres excitantes, de lieux étranges. Décidément, je n'arrivais pas à me détacher d'une littérature depuis longtemps dépassée. Carco, Mac Orlan, Jehan Rictus, Bruand, Kessel avaient chanté le quartier et ses habitants. Depuis des lustres ils avaient disparu des librairies et seuls quelques attardés comme moi les lisaient encore. Passe pour Kessel qui venait de publier *Les Cavaliers*[1] et dont le film de Buñuel *Belle de jour*, tiré de son livre[2], connaissait un grand succès dont profitait la réédition de *L'Équipage*[3]. Je l'avais croisé à deux ou trois reprises dans un cabaret russe, Le Raspoutine, où Pierre m'avait emmenée. J'avais aimé cette ambiance de folie où la viande flambait au bout d'un sabre, où la vodka se buvait comme de l'eau, où la musique vous emportait dans un univers sauvage. Kessel avec sa crinière de vieux lion fatigué buvait comme un forcené, mangeait son verre ou le jetait derrière lui. Quand il se levait, à peine titubant, un nouveau verre à la main, je le dévorais des yeux et quand nous partions, vers quatre ou cinq heures du matin,

---

1. Joseph Kessel, *Les Cavaliers*, Folio, Paris, 1982.
2. Joseph Kessel, *Belle de jour*, Folio, Paris, 1989.
3. Joseph Kessel, *L'Équipage*, Folio, Paris, 1983.

il était toujours là. Nous rentrions à la maison, la tête pleine de musique tzigane. Une nuit, nous avons croisé l'assassin de Raspoutine, le prince Youssoupov, en compagnie de Kessel. Les deux hommes semblaient s'entendre à merveille et buvaient comme des trous.

J'ai été suivie par des flics une fin d'après-midi parce qu'ils m'avaient vue distribuer des tracts. J'avais couru dans le XIe jusqu'à un café qui se trouvait être un bar à putes. Essoufflée, j'avais commandé un verre.

— On n'accepte pas les femmes seules, m'avait dit Carmen, la taulière.

Mais, devant mon air indifférent, elle n'avait pas insisté. Je suis restée une heure ou deux. Une fille s'est approchée de moi et m'a demandé si je voulais monter. J'ai répondu que non et lui ai offert un verre. La nuit commençait à tomber. J'ai regagné la place de Clichy où Gérard et Geneviève Bourgadier s'inquiétaient de ma longue absence.

Par la suite, je suis retournée chez Mme Carmen qui m'accueillait en habituée. Un jour, j'ai invité une des filles à déjeuner dans un bon restaurant. Une fois installées à la table, devant sa gêne, j'ai regretté mon geste.

Quand j'ai eu besoin d'argent, je me suis demandé si je ne pourrais pas vendre mes charmes moi aussi mais Carmen m'a ri au nez gentiment.

— Tu n'es pas faite pour ça ! Tu n'as pas eu assez faim.

Elle avait peut-être raison.

Quand a eu lieu le Salon du livre de Nice, cette année-là, j'ai pris un stand pour exposer mes livres. Le fond du stand était orné d'une grande photo en noir et blanc où je tenais dans mes bras le chat noir de la maison. Geneviève Bourgadier m'avait accompagnée. Un jour que j'étais seule et lisais, un homme s'est arrêté longuement devant le stand. J'ai levé les yeux et lui ai souri. Il m'a rendu mon sourire et m'a dit :

— Vous avez un petit enfant dans les yeux.

Cela m'a amusée : j'avais reconnu André Frossard, le journaliste catholique du *Monde,* qui venait de publier : *Dieu existe, je l'ai rencontré*[1] : il avait bien de la chance !

J'ai fait à cette occasion la connaissance de Gaston Defferre qui m'avait dévorée des yeux lors de l'inauguration. Nous sommes devenus amis. J'aimais son goût avoué des femmes.

En Allemagne, Jean-Jacques et moi sommes allés rencontrer Beate Uhse, la reine de la pornographie outre-Rhin. Elle nous a fait visiter son usine, ses entrepôts, ses bureaux avec une évidente satisfaction. Mes publications auprès des siennes étaient du niveau de la Bibliothèque rose. Sur du papier glacé, s'étalaient, en couleurs, des scènes de zoophilie comme je n'en avais jamais imaginé. Jean-Jacques s'extasiait et complimentait la blonde Allemande qui, je l'ai appris plus tard, avait été une fervente nazie. Jean-Jacques était subjugué par cette abondance de luxure. En quittant la blonde *gretchen,* il m'a demandé ce que je pensais de tout cela.

— Comment pouvez-vous trouver ces cochonneries dignes d'intérêt ?

— Mais cela marche bien !

— Peut-être, mais sans moi !

Je boudai durant tout le voyage du retour.

1. André Frossard, *Dieu existe, je l'ai rencontré,* Fayard, Paris, 1975.

34.

Le moment était venu de comparaître devant Mme Rozès, présidente de la 17e chambre correctionnelle, pour *Le Con d'Irène* que la police avait saisi dans les bureaux de L'Or du temps, chez Hachette, le distributeur, et chez les quelques rares libraires qui avaient reçu l'ouvrage. J'étais naïvement fière que les policiers n'aient pas trouvé les paquets du *Con d'Irène* sur lesquels j'étais assise. Pour le procès, moi qui porte le plus souvent du noir, je m'étais habillée de blanc de la tête aux pieds. J'étais, selon le mot de Victor Hugo, « vêtue de lin blanc et de probité candide ». La salle était remplie de journalistes et d'avocats venus voir la « pornographe ». Je me tenais debout, les jambes molles, le cœur battant, redoutant de me trouver mal. Mme Rozès s'est étonnée qu'« une jeune femme telle que moi publie ce genre d'ouvrages ».

Que répondre ? J'avais seulement pensé qu'on était en France, pays des droits de l'homme et de la liberté d'expression. Devant la 17e chambre, les deux étaient bafoués.

Je n'avais pas dormi de la nuit. Je vacillais. J'enfonçais mes ongles dans les paumes de ma main, m'accrochant à cette souffrance pour ne pas tomber. Je ne voulais pas leur donner le plaisir de voir à quel point ils m'atteignaient. Perdre la face devant eux, jamais ! Le matin de ce triste jour, Maman m'avait serrée longuement contre elle. J'avais réprimé un sanglot : ne pas ajouter à son angoisse et à sa honte. Car je savais que, pour elle, passer en jugement était signe que l'on avait commis quelque chose d'infamant. Je l'avais doucement repoussée en disant :

— Ce ne sera rien, tu verras.

Quelques mois plus tard, on a fêté les femmes qui avaient été les premières à s'illustrer dans des fonctions jusque-là réservées aux hommes : première femme général, première femme haut magistrat, première femme chef d'entreprise, etc. J'étais, paraît-il, la première femme éditeur à avoir créé sa propre maison. Je fis une émission à RTL en compagnie de femmes venues d'autres pays. Elles m'ont manifesté leur mépris en apprenant que j'étais un éditeur de livres pornographiques. À une soirée qui nous réunissait, ces mêmes femmes désapprouvèrent ma présence. Simone Rozès est venue à mon secours :

— Mme Deforges ne publie pas de livres pornographiques mais des livres érotiques de grande qualité.

Je n'en revenais pas ! Mme Rozès s'est approchée de moi et m'a murmuré :

— Vous ne m'en voulez pas ?

— Non, vous faisiez votre travail et je faisais le mien.

À côté de toutes ces femmes si satisfaites d'elles-mêmes, habillées de manière conventionnelle, je faisais tache par mes vêtements et mon allure. Ce même jour, dans les escaliers du restaurant de l'Assemblée nationale, j'avais croisé Françoise Giroud qui s'était arrêtée net devant moi en s'écriant : « Vous ! Ici ! » Pauvre femme !

J'ai publié un jeu de l'oie érotique dessiné par Wolinski qui n'avait rien compris à la règle de ce jeu et un puzzle, le Libido, œuvre de Willem, tirés chacun à mille exemplaires. Pour donner une idée de mon sens des affaires, je perdais de l'argent à chaque vente. Malgré cela, j'étais très fière de ces jeux. Je faillis éditer un jeu de fléchettes représentant saint Sébastien. Par chance, le coût de la fabrication m'a fait renoncer à ce projet.

Jérôme Lindon m'encourageait à persévérer et à lutter contre la censure.

— Vous êtes le fer de lance de notre combat ! clamait-il.

Cela ne l'empêcha pas de publier dans la presse un article où il s'étonnait que l'on ait interdit *Tombeau pour cinq cent mille soldats*[1] de Pierre Guyotat, publié par Gallimard, et non *Les Onze Mille Verges*[2] de Guillaume Apollinaire, édité par L'Or du temps. Les censeurs qui ne pouvaient plus faire interdire *Les Onze Mille Verges*, publié depuis plus d'un an, se vengèrent sur *Les Exploits d'un jeune don Juan*[3] du même Apollinaire. J'ai reproché à Lindon d'avoir attiré sur moi les foudres de la censure. Il reconnut avoir été maladroit et s'en excusa.

Je recevais beaucoup de courrier et de manuscrits, hélas presque tous mauvais. Dans certaines lettres, on m'encourageait à persévérer dans cette voie, à continuer à me battre contre la censure avec courage. D'autres lettres étaient obscènes, voire amusantes. Nombreux étaient ceux ou celles qui voulaient me rencontrer. Un jour, un inconnu sonna au bureau et déclara qu'il fallait qu'il me parle.

— Je n'ai pas le temps, dis-je à ma secrétaire.

— Il dit que c'est important et que cela ne vous prendra pas longtemps.

J'ai cédé. Un homme jeune et élégant est entré et m'a saluée.

— Pardonnez-moi d'avoir insisté mais j'ai besoin de votre avis.

— Pourquoi ?

— Pour que vous compreniez, je dois vous montrer quelque chose.

---

1. Pierre Guyotat, *Tombeau pour cinq cent mille soldats*, Gallimard, Paris, 1980.
2. *Op. cit.*
3. *Op. cit.*

Il est ressorti et revenu traînant un tronc d'arbre. Je n'en croyais pas mes yeux.

— Qu'est-ce que cela veut dire ?

— Je vais vous expliquer : ma femme et moi nous aimons faire l'amour de toutes les manières possibles. Pour son plaisir et le mien, je l'attache à ce tronc d'arbre qui est habituellement dans notre jardin. Mais, depuis quelque temps, elle refuse d'y être attachée à la vue des voisins et des passants.

— Qu'y puis-je ?

— Elle veut votre avis sur cette situation.

— Pourquoi moi ?

— Parce que vous êtes une spécialiste des choses de l'érotisme et que votre avis compte beaucoup pour elle.

— C'est ridicule !

— Pour vous, peut-être, pas pour nous. Elle désire que vous veniez dîner à la maison. Nous habitons avenue Wilson. Cela serait pour nous un grand honneur si vous acceptiez.

Sans y croire, je me suis entendue accepter l'invitation pour le lendemain. Heureux, il m'a baisé la main et il est reparti avec son morceau d'arbre. J'appelai Alexis et lui racontai ce qui venait de m'arriver.

— Vous n'allez pas accepter ?

— Pourquoi pas ? Ce sera peut-être amusant.

— Amusant, j'en doute. Dangereux, peut-être.

Son inquiétude me fit rire.

— Je verrai bien.

Je suis allée au rendez-vous. Une jeune femme élégante m'a ouvert la porte et m'a chaleureusement remerciée d'avoir accepté. Le tronc d'arbre trônait dans un coin de la pièce.

— Mon mari vous en a parlé, je crois ?

J'ai acquiescé.

— Passons à table !

Le repas a été servi par un domestique en gants blancs. Caviar, blinis, vodka, champagne. Après le dîner, la femme est sortie pour revenir entièrement nue : elle avait un corps ravissant. Docilement, elle s'est agenouillée devant le tronc où son époux l'a attachée. Le spectacle était troublant. Il tenait à la main un long fouet avec lequel il l'a frappée : elle a gémi, bien que les coups m'aient semblé légers. Bientôt, ils manifestèrent une grande excitation. Je voyais le moment où ils allaient faire l'amour. Je suis sortie. Dans le hall, m'attendait le domestique, mon manteau à la main.

— Madame a passé une bonne soirée ?

— Oui, le dîner était excellent.

— J'en suis ravi, madame. J'ai appelé un taxi. À bientôt.

Je riais encore dans le taxi qui me ramenait à la maison. Ils renouvelèrent leur invitation à laquelle je n'ai pas répondu.

Des bibliothèques, des sociétés savantes me demandaient de faire des conférences sur mon métier d'éditeur d'ouvrages érotiques. J'acceptais. Devant des auditoires attentifs, je crois que je ne m'en tirais pas trop mal. Parmi les auditeurs, beaucoup étaient étonnés de la répression dont je faisais l'objet, de l'attitude de la presse qui refusait mes publicités, de celle des autres éditeurs, des banques à qui la Banque de France avait conseillé de ne pas accorder de prêts ni de découverts à des « éditeurs publiant des ouvrages contraires aux bonnes mœurs ». À la fin de ces conférences, j'étais très applaudie. Rassérénée, je repartais retrouver mes ennuis.

Quelques mois plus tard, je me suis retrouvée à nouveau, cette fois en compagnie d'Éric Losfeld, devant le tribunal pour avoir édité *L'Anglais décrit dans le château fermé*[1] d'André Pieyre de Mandiargues, publié sous le pseudonyme de Pierre Morion. Mandiargues avait demandé des droits d'auteur de vingt pour cent, ce qui était excessif pour un ouvrage publié sous pseudonyme. Quand il a su que je comparaissais devant la 17e chambre correctionnelle pour son livre, il m'a écrit,

---

1. Gallimard, Paris, 1993.

avec des stylos-bille de différentes couleurs, pour me rappeler que je m'étais engagée à respecter son anonymat. Son manque de confiance et de courage m'ont dégoûtée. Je ne comprenais pas que l'on renie ce que l'on avait écrit. Face au tribunal, j'ai refusé de donner le véritable nom de l'auteur, me retranchant derrière le secret professionnel. Ce ne fut pas le cas de Losfeld qui donna le nom de l'écrivain pour lequel il était entendu. J'avais honte pour lui. Bien sûr, j'ai été condamnée.

Pascal Pia m'avait envoyé une lettre de soutien désabusée, sans illusion sur la France où

> [...] *le mot liberté suffit à faire rentrer les gens dans leur coquille. Je ne crois pas à la liberté d'expression que je réclame, ni à l'abolition de la censure, ni à la bonté, ni à l'intelligence, ni à l'honnêteté, ni à la sincérité des gens. Je les vois autour de moi, lâches, avides, menteurs, traîtres, tricheurs, goujats, maquereaux, valets... Je les méprise, je les hais : ils me font peur et cette peur redouble mon mépris et ma haine. Je leur en veux car je me sens atteint par leur abjection. Je crains de ne pas valoir mieux qu'eux, et même, en écrivant ces mots, les larmes aux yeux, je crains de me jouer la comédie.*

Cher Pascal Pia, comme ce monde a dû vous décevoir, vous qui vous étiez battu pour la liberté tout en sachant que les hommes ne l'aiment pas, la redoutent même.

J'aimais beaucoup le voir et j'ai souvent déjeuné avec lui. Fascinée, je l'écoutais me parler d'Apollinaire, de leur dernière rencontre qui avait eu lieu devant l'église de Saint-Germain-des-Prés, d'Albert Camus, qu'il avait engagé au journal *Alger républicain* et qui lui avait dédié son premier livre : *Le Mythe de Sisyphe*[1], du journal *Combat*, de Malraux, de l'Occupation. Il avait le don de rendre vivants des gens et des

---

1. Albert Camus, *Le Mythe de Sisyphe*, Folio, Paris, 1985.

époques que je n'avais pas connus. Il habitait près de la gare de l'Est, un appartement encombré de livres. J'allais le chercher chez lui et nous déjeunions dans un restaurant du quartier. Je garde un souvenir ému de ces moments, de sa patience envers une jeune femme ignorante. Il aimait ma curiosité, mon amour des textes érotiques l'amusait et il me parlait du livre qu'il écrivait, *Le Dictionnaire des œuvres érotiques*[1], qui serait édité par le Mercure de France.

Jean-Jacques Pauvert et Éric Losfeld ne s'aimaient pas et n'avaient aucune estime l'un pour l'autre. Jean-Jacques lui reprochait d'avoir fait imprimer clandestinement un certain nombre d'exemplaires d'*Histoire d'O*[2]. Par mesure de représailles, Jean-Jacques avait fait tirer, tout aussi clandestinement, *Emmanuelle*[3], ce roman érotique à grand succès. J'avais été chargée de dissimuler le stock, ce qui me déplaisait souverainement. Losfeld, l'apprenant, est entré dans une colère folle et un jour que je passais devant sa librairie rue du Cherche-Midi, il m'a interpellée et insultée.

---

1. Pascal Pia, *Dictionnaire des œuvres érotiques*, Robert Laffont, coll. « Bouquins », Paris, 2001.
2. *Op. cit.*
3. *Op. cit.*

35.

Les livres que je publiais étaient interdits les uns après les autres. Or les amendes de trente mille francs étaient très au-dessus de mes moyens. Heureusement, la vente par correspondance marchait bien, mais cela me suffisait tout juste à payer les salaires, les charges et le loyer. J'ai donc quitté la rue de l'Échiquier, au loyer trop élevé, pour un petit local, rue de Coulmiers dans le XIVe. L'endroit était sinistre. Je n'avais plus avec moi que Manon et mon frère, l'homme à tout faire de la maison. Manon se voulait un rempart contre le mauvais sort qui s'acharnait sur moi. Je voyais son désarroi à chacune de mes condamnations. Elle aurait aimé que je me confie à elle : cela m'était impossible. Non parce qu'il s'agissait d'elle mais simplement parce que je ne m'étais jamais confiée à quiconque, pas même à Jean-Jacques, surtout pas à Jean-Jacques ! Par orgueil ? Par pudeur ? Par peur de n'être pas comprise ? D'être jugée ? Tout cela sans doute. Manon me disait :

— Tu n'as pas d'amis !

Comme elle avait raison ! J'étais seule, oh, comme j'étais seule ! Je l'ai toujours été, depuis un certain été où ceux et celles que je croyais être mes amis m'ont abandonnée. Je ne peux pas me laisser aller à l'amitié : je redoute le moment de la trahison que je ne supporterais pas. L'autre me semble un ennemi qui cherche à me mettre en difficulté, qui me juge sans indulgence, sans savoir qui je suis vraiment. Je le ressens très fort et cela me laisse totalement démunie. Alors, je préfère manifester de l'indifférence ou du dédain, ce qu'on ne me pardonne pas. Je m'en fous ! Du moins, je fais semblant.

Je n'étais pas heureuse. Je pensais souvent à la mort comme étant un refuge. Sans Franck, sans Camille, sans Maman, je me serais sans doute donné la mort.

Par-dessus tout, je doutais de moi, du bien-fondé de mes publications érotiques. Elles dérangeaient tant de gens et intéressaient si peu de lecteurs. Ma naïveté avait été de croire qu'elles concernaient un grand public : je me trompais. La plupart des hommes et des femmes font l'amour sans imagination, pour satisfaire un besoin immédiat plus que par goût de l'érotisme. Un article du journal *Actuel*, « Le sexe en jachère », le démontrait fort bien. La conclusion était affligeante, notamment sur la vie sexuelle à la campagne où les viols collectifs étaient monnaie courante.

Je retrouve dans le journal que je tenais à l'époque ce sentiment désabusé :

> *J'en ai marre de lire des manuscrits érotiques. C'est toujours la même chose, de moins en moins excitant : c'est vraiment difficile de trouver un bon bouquin à publier dans ce fatras.*

Je recevais alors une trentaine de manuscrits par mois... Pour m'encourager, Jean-Jacques m'avait écrit un petit mot qui devait, selon lui, me donner la force de faire mon métier.

> *Les auteurs sont des putes.*
> *Les directeurs littéraires sont des sous-maîtresses.*
> *Les agents sont de petits maquereaux.*
> *Le tôlier, le patron,*
>   *Le grand mac,*
>   *c'est*
> *L'ÉDITEUR*

J'étais l'éditeur, mais je ne me sentais pas le « grand mac » ! J'étais, au contraire, une pauvre gamine qui avait voulu jouer dans la cour des grands, où il n'y avait que des hommes, qui ne se gênaient pas pour afficher leur condescendance quand ce n'était pas leur mépris. Ils m'encourageaient, comme Christian Bourgois, à « tenir bon face à la censure », à montrer mes jambes dans le bureau du juge d'instruction pour « obtenir son indulgence ».

> *On a beaucoup parlé de pornographie, ces temps-ci. Beaucoup de voix se sont élevées pour combattre « le monstre », « le fléau ». Quels visages avaient ces voix ? Il y avait à faire un* PORTRAIT DE L'ANTI-PORNOGRAPHE : *Jean Cau, le MLF, les prostituées de Ulla, monseigneur Marty, Georges Marchais... Qu'ont-ils de commun ? Beaucoup de traits, qui composent le portrait en pied d'un personnage bien étrange, inconnu,* RÉVÉLATEUR. *Sur la demande expresse de la maison Albin Michel, ce portrait, qui intéresse plusieurs éditeurs, pourrait devenir une* LETTRE OUVERTE À L'ANTI-PORNOGRAPHE, *si les conditions étaient intéressantes, bien sûr.*

Ces lignes sont de Jean-Jacques Pauvert, qui n'a pas mis son projet à exécution. Dommage ! De mon côté, j'essayais d'écrire un essai intitulé : *Le Tueur et son sexe.* Je n'allai pas plus loin que le titre.

Je n'étais pas la seule à avoir des ennuis avec la censure. Un matin de novembre 1970, où je recherchais dans *Le Journal officiel* (c'était la première chose que je faisais en arrivant à mon bureau) si de nouvelles interdictions frappaient mes livres, j'ai découvert qu'*Hara-Kiri* venait d'être interdit. Je le lisais depuis le premier numéro, aimant l'insolence, l'esprit de rébellion qui l'animait : beaucoup des collaborateurs de l'hebdomadaire étaient devenus des amis. J'ai pris mon téléphone et j'ai appelé François Cavanna pour lui dire mon soutien. À ma grande honte, j'ai été celle par qui la triste nouvelle est arrivée. Il est resté sans voix.

— C'est à cause de la couverture : *Bal tragique à Colombey, un mort !*

À l'autre bout du fil, j'entendais des cris, des jurons.

— Je suis désolée, dis-je.

— Je sais. Merci.

Cette couverture méritait-elle une interdiction pour son allusion à la mort du général de Gaulle et à l'incendie du Cinq-Sept, à Saint-Laurent-du-Pont, où cent quarante personnes avaient trouvé la mort ? D'accord, elle était d'un goût douteux, bien dans l'esprit de l'hebdo qui se définissait comme « bête et méchant ».

La semaine suivante sortait *Charlie Hebdo*, avec les mêmes collaborateurs.

On m'a demandé de poser nue dans des magazines. J'acceptai par défi et par goût du jeu avant d'utiliser ces photos pour mon catalogue d'éditeur et mes cartes de vœux. Provocation ? Sans doute. On se sert de ce qu'on peut quand on est acculé. Cela me ramenait au temps de mes navigations sur la Gartempe. Je ne regrette rien !

Que pensait ma mère de ce tintamarre ? Je n'en sais rien. Selon notre habitude, nous ne parlions pas de ces choses. Elle continuait à s'occuper de nous, de la maison avec sa gentillesse coutumière. Grâce à elle, les enfants connaissaient une stabilité que, seule, je n'aurais pu leur donner.

— N'embêtez pas votre mère, disait-elle souvent aux enfants.

Papa envoyait de temps en temps de ses nouvelles : il vivait sur la Côte d'Azur. Mon frère, Bernard, partageait notre maison et continuait ses études de coiffeur.

36.

Je n'en pouvais plus de l'atmosphère qui régnait à Paris, des articles graveleux de la presse qui s'intéressait plus à mes fesses qu'aux livres que je publiais, des passants qui m'interpellaient, souvent grossièrement. Par contre, j'avais le soutien des femmes, croisées dans la rue ou les grands magasins, qui me disaient :

— Bravo ! Continuez ce que vous faites. Vous finirez par avoir gain de cause !

J'ai décidé de m'éloigner quelque temps. Mais où aller ? Je n'avais pas d'argent... J'avais entendu parler de séjours dans des couvents. J'ai choisi le monastère des visitandines de Bourg-en-Bresse où j'ai été accueillie gentiment par la sœur chargée des « retraitantes » qui me dit que le silence était une des règles de leur ordre. Cela me convenait : je n'avais aucune envie de bavarder. On m'a donné une cellule, indiqué l'heure des repas. La première fois que je suis entrée dans le réfectoire, je me suis sentie intimidée par la présence des religieuses, une vingtaine. On m'a installée à une table vide dont le chêne foncé brillait. Le repas de légumes était excellent. En tant que « retraitante », j'avais droit à un petit pichet de vin auquel je ne touchai pas. Une religieuse, juchée en haut d'une chaire, lisait la vie d'un saint – j'ai oublié lequel –, donnait des extraits du journal *La Croix* d'une voix monotone. Je passais mes journées à lire, à broder, à faire des réussites, à écrire dans mon journal ou à me promener dans le parc. Par courtoisie, j'allais à certains offices. Un dominicain était venu porter la « bonne parole » aux sœurs. J'étais parmi elles. L'homme de Dieu leur parlait comme à des demeurées : du Petit Jésus et de sa bonne mère, la Très Sainte Vierge Marie. Ce qui m'a agacée. Une autre chose m'a choquée : pendant mon séjour, on a retiré la clôture de bois qui séparait la congrégation des fidèles venus assister aux offices. Voyant mon étonnement, la sœur tourière m'a dit avec fierté :

— Comme cela, on ne pourra plus dire que nous ne sommes pas modernes. Nous sommes maintenant mêlées aux laïcs.

Je trouvais cela idiot ! Qu'auraient dit ces saintes femmes si elles avaient su que j'étais un éditeur de livres érotiques ? Heureusement, elles n'étaient pas vraiment de leur temps.

Un des auteurs de Jean-Jacques, Jean Carrière, était sur la liste du prix Goncourt pour son roman *L'Épervier de Maheux*[1]. Voulant mettre tous les atouts de son côté, j'ai demandé au prêtre de dire une messe, sans lui donner la raison, ce qu'il a accepté. Le lendemain, je me suis rendue à la chapelle où il a annoncé qu'il disait la messe pour une faveur particulière. Je riais sous cape en pensant à la tête qu'il ferait s'il savait que c'était pour l'éditeur de Sade. Deux jours plus tard, j'ai reçu un télégramme de Jean-Jacques m'annonçant que Carrière avait eu le prix Goncourt. « À vous ce prix, mon cœur. » Peu après, j'ai pris congé des visitandines qui m'ont promis de prier pour moi et qu'elles allaient regretter ma présence et mes cheveux roux.

À mon retour à Paris, je suis allée à Notre-Dame pour faire dire une messe d'action de grâces en remerciement à Dieu d'avoir exaucé mon vœu. J'ai trouvé un jeune prêtre à la

---

1. Jean Carrière, *L'Épervier de Maheux*, Robert Laffont, Paris, 2002.

sacristie à qui j'ai fait ma demande. Quand il a voulu connaître la cause, j'ai hésité à lui dire la vérité. Mais je ne pouvais pas lui mentir, n'est-ce pas ? Il m'a écoutée d'un air surpris et puis m'a dit, après un court silence :

— Pour celui qui a édité le *Littré* et les œuvres complètes de Victor Hugo, cela vaut bien une messe chantée !

Je n'en demandais pas tant. La messe a été célébrée le lendemain matin.

J'avais prévenu Jean-Jacques et Jean Carrière, qui ont refusé d'assister à l'office. Je me suis rendue seule à Notre-Dame. J'ai croisé le prêtre se rendant à l'autel : il m'a adressé un clin d'œil. La messe dite, je demandai au prêtre ce que je devais.

— Rien. Priez.

Je suis allée rejoindre Jean-Jacques à La Bûcherie où nous avons déjeuné en compagnie de Carrière qui n'en revenait pas qu'une messe ait été dite pour lui à Notre-Dame.

Par la suite, j'ai continué à me rendre chez les visitandines, à Nevers, à Poitiers, à Nantes, à Nancy. À chaque séjour, j'avais envie de rester auprès de ces femmes pour oublier ce monde dans lequel je ne trouvais pas ma place.

C'est à Dijon que j'ai acheté un bibelot en porcelaine représentant une femme vêtue à la mode des années vingt, assise sur une malle, tenant un livre entrouvert à la main. Je ne savais pas que c'était le début d'une collection qui compte maintenant une cinquantaine de statuettes. Autre collection, entreprise à peu près à la même époque, celle de portraits et de nus féminins. Cela avait commencé par une sainte Philomène... « Mes femmes », comme j'appelle cette collection, sont toujours présentes sur les murs du salon.

Les affaires étaient catastrophiques et, pourtant, j'étais capable de vider mon portefeuille pour aller dîner à La Maison du caviar où j'éprouvais un sentiment de puissance et de désinvolture du genre « Qui vivra verra ».

Je ne sais pas comment Maman s'en tirait avec le peu d'argent que je lui donnais pour la maison. Grâce à son génie de l'économie, ni les enfants ni moi n'avons manqué de rien. J'évitais de lui parler de mes difficultés, des interdictions, des procès, de mes condamnations... Pourquoi l'inquiéter ? Elle avait bien assez des soucis avec le quotidien.

J'ai été condamnée par la 11e chambre correctionnelle à quatre mois de prison avec sursis, je ne sais plus pour quel livre. Était-ce *Ma vie secrète*, *Les Trois Filles de leur mère*, *La Transparence* ? Quel choc ! Je ne pensais pas qu'ils iraient jusque-là. Dans les couloirs du Palais de justice, Jean-Michel Guth, qui m'avait précédemment condamnée, est venu me saluer en me disant que j'étais très courageuse, qu'il m'admirait beaucoup, que j'avais publié de bons livres, qu'il avait regretté de m'avoir condamnée, car il croyait que je n'étais qu'un prête-nom... Je suis allée me réfugier à la Sainte-Chapelle. Et là, j'ai pleuré. J'ai pleuré la fin de l'aventure de « Régine au pays des éditeurs ». C'était une belle histoire. J'ai tellement aimé faire des livres, voir mon nom imprimé sur les couvertures, qui, ainsi, ne mourrait pas tout à fait.

J'ai dû déposer le bilan et abandonner la rue de Coulmiers, le sinistre rez-de-chaussée où je m'étais installée après la rue de l'Échiquier.

J'ai trouvé refuge rue Dauphine, à la librairie du Palimugre, qui appartenait aux éditions Pauvert et que j'avais aménagée l'année précédente. Là, j'ai remonté une nouvelle maison d'édition et continué à publier une dizaine de livres par an. J'ai édité le premier livre d'Hervé Guibert, *La Mort propagande*[1], dont la lecture m'avait plongée dans un profond malaise. Ce n'était que sang, merde, déjections diverses, haine de soi, fascination du cul et du sperme, désir de mort, dégoût de la vie, amour-haine des garçons, solitude aussi. Un

---

1. Gallimard, Paris, 2009.

de ses amis, Jean-François Poussard, m'avait offert un portrait d'Hervé dans des tons pastel bleus et roses qui m'avait beaucoup plu. Quelques jours plus tard, il me remettait le manuscrit de son jeune modèle que j'ai lu d'une traite, subjuguée par cet univers glauque. Quand Hervé est entré dans mon bureau, j'ai été frappée par sa grande beauté et sa jeunesse : il avait vingt ans mais en paraissait dix-sept ! Comment ce jeune homme, presque un enfant, avait-il pu écrire ce texte désespéré, empli de poésie, dans lequel il criait sa haine de la vie. Il me faisait penser à François Villon. Je lui ai dit le trouble dans lequel m'avait plongée son texte.

— Vous n'en voulez pas ? me dit-il.

— Personne ne le publiera, sauf moi.

Je fanfaronnais en disant cela car, de tous les livres que j'avais édités, c'était le plus dangereux, le plus choquant et le plus actuel, de cela j'étais consciente

Je le publiai. Michel Foucault et Roland Barthes ont été parmi ses premiers lecteurs. On commençait à parler de *La Mort propagande* dans les milieux homosexuels, certains journalistes demandèrent à rencontrer l'auteur, qui refusa. Malgré cela, le succès ne fut pas au rendez-vous.

Par la suite, Hervé Guibert m'a confié certains de ses écrits et m'a fait part de ses projets. Entre autres, un roman-photo sur sainte Thérèse de l'Enfant-Jésus avec Zouc dans le rôle de Thérèse Martin. Zouc, l'humoriste suisse, toujours vêtue de noir, nous faisait hurler de rire quand nous développions les scènes. À cette occasion, j'ai appris qu'Hervé faisait de la photo avec beaucoup de talent. Il m'a montré des portraits de ses tantes, Suzanne et Louise, qu'il aimait tendrement.

Des années plus tard, quand le sida a fait irruption, j'ai relu *La Mort propagande*. Ce livre avait un accent prémonitoire. Comment Hervé avait-il su ce qui allait lui arriver ?

Je voudrais filer ma blenno [mon sida ?] à la terre entière, pestiférer la planète, polluer des dizaines de culs à la fois, je voudrais me répandre sur des fauteuils de cinéma, étaler, tartiner mon pus sur les sièges des chiottes publiques, la gourme monte, Reine Syphilis arrive, montée sur ses hauts patins, et si je saigne aussi du cul, je voudrais ouvrir des chancres dans des chairs étrangères, chaque matin mon lit est un champ de carnage, une boucherie, je me tatoue des bites sur les cuisses avec mon Waterman, mon sang a taché le drap en plusieurs endroits, non seulement l'oreiller mais aussi le milieu du drap, et le bas, à croire que je m'inverse pendant la nuit, que mon corps, alors que ma bite molle et blanche s'écoule en pus, se replie sur lui-même, et je ne saigne pas que de la bouche, sa prestidigitation dans la malle de Fu Manchu.

J'ai revu Hervé deux ans avant sa mort. Comme il avait maigri ! Nous nous sommes promenés dans Paris. Son plaisir était grand de se balader ainsi sans autre but qu'une dérive sur les bords de la Seine, dans les allées du Luxembourg, à Saint-Germain-des-Prés ! Il portait un feutre rouge qui ombrageait ses yeux cernés et cachait son crâne dégarni. Quand nous déjeunions chez Lipp, j'étais gênée par les regards qui se posaient sur lui avec insistance. Je sentais que cela lui faisait mal. J'essayais de le distraire : je n'y réussissais pas toujours. Un après-midi que nous traversions la rue de Rennes, il m'a tirée brusquement par le bras : un autobus a glissé le long de mon corps. Nous nous sommes retrouvés sur le trottoir, aussi pâles l'un que l'autre.

— Vous m'avez sauvé la vie, ai-je murmuré au bord de l'évanouissement.

Il m'a serrée contre lui en riant.

J'ai réédité *La Mort propagande*, devenu un livre culte, introuvable. Michel Leiris a écrit à son propos :

Mettre à nu certaines obsessions d'ordre sentimental ou sexuel, confesser publiquement certaines des déficiences ou des lâchetés

qui lui font le plus honte, tel fut pour l'auteur le moyen
– grossier sans doute, mais qu'il livre à d'autres en espérant le
voir amender – d'introduire ne fût-ce que l'ombre d'une corne
de taureau dans une œuvre littéraire[1].

Je viens de retrouver de courts textes qu'Hervé avait écrits à l'âge de seize ans : *Le Prince blond, Du sable sur le plancher de la classe, Thérèse et son crocodile ailé,* qu'il considérait comme des textes pour des enfants. Parmi eux, quelques lettres : « L'adolescent que j'étais encore apprenait la liberté. » Qu'a-t-il fait de cette liberté ? Il a aimé des garçons, beaucoup de garçons. L'ont-ils aidé dans cette quête ? Et Michel Foucault ? Et Roland Barthes ? Le jeune homme trop beau n'a-t-il été qu'un objet entre leurs mains ?

En réalité, Hervé était seul, désespérément seul. Quand la maladie a fondu sur lui, a-t-il trouvé du réconfort pour l'affronter ? À ce moment-là, je ne le voyais plus. J'avais de ses nouvelles de loin en loin. Je lisais ses articles dans *Le Monde.* J'apercevais son visage au détour des pages des magazines.

Nous avons été nombreux à l'accompagner dans un sinistre cimetière de la banlieue parisienne. Ses parents étaient là. J'ai compris ce qu'Hervé éprouvait envers eux. Je me suis approchée pour leur présenter mes condoléances. Sa mère m'a serré la main avec force, me remerciant de l'avoir publié. J'étais surprise. Sans la publication de *La Mort propagande,* il aurait peut-être échappé à ce milieu parisien qui le regardait comme une bête de foire.

Hervé avait écrit des choses très dures sur ses parents. Il s'en est expliqué au cours d'un entretien avec Françoise Tournier :

> *Il y a entre eux et moi un lien charnel intolérable par son intensité. J'ai pour eux un sentiment très violent et très mélangé. De la haine et de l'amour. J'ai écrit un livre sur eux qui était*

---

1. Michel Leiris, *L'Âge d'homme,* Gallimard, Paris, 1973.

un crime contre eux. *Pour ce dernier livre, j'avais peur de leur réaction. J'avais peur qu'ils ne soient pas à la hauteur à l'annonce de ma maladie. Ils ont été plus qu'à la hauteur. Leur réaction très belle, généreuse, courageuse, m'a beaucoup bouleversé. J'ai sangloté en lisant une des lettres que mon père m'a écrites alors. Il y fait sans doute référence à la dernière ligne du livre : « J'ai enfin retrouvé mes jambes et mes bras d'enfant », et il m'écrit : « Je me souviens du temps où je te tirais du bout de mes bras, mais tout bonheur est éphémère. » J'ai fait aussi ce livre dans l'espoir de transformer mes relations avec eux. Je les trouvais trop routinières*[1].

---

1. Hervé Guibert, « Chronique d'une mort annoncée », *Elle*, 25 mai 1990.

37.

En juillet 1968, j'ai emmené la famille en vacances à l'île d'Yeu. J'ai tout de suite aimé cet endroit sauvage où l'eau était glacée. Je faisais de longues promenades sur les rochers. Je m'arrêtais sur de petites plages au sable doux sur lequel je m'allongeais nue pour bronzer. Je croisais de vieux pétinistes, venus se recueillir sur la tombe du Maréchal : ils avaient quelque chose d'attendrissant.

Quand nous sommes rentrés, Paris avait retrouvé son calme : la révolution n'avait duré que le temps d'un printemps. La vie a repris.

J'ai parlé de l'île d'Yeu à Geneviève Dormann qui y est venue. Elle en est tombée amoureuse et, depuis, elle y revient chaque année.

En dépit de mes difficultés financières, avec l'accord des imprimeurs auxquels, pourtant, je devais de l'argent, j'ai envisagé de publier une nouvelle collection : « Un été 44 ». Il s'agissait de faire raconter à diverses personnalités la manière dont elles avaient vécu cet été-là du côté de la Résistance comme du côté de l'occupant. J'en ai parlé au général Buis, à Marie-Madeleine Fourcade, à Lucie Aubrac, à René Andrieu, à Michel Tournier, à Jean Dutourd, à Jean Cau, à Pierre Emmanuel, à Maurice Bardèche, à Pascal Jardin, à Jacques Borel qui disaient être emballés par ce projet. J'ai pensé aussi à Jean-Jacques Pauvert, à Emmanuel Berl, à Marguerite Duras, à Claude Roy, à Philippe Sollers, à François Billetdoux... Simultanément, je me suis lancée dans la réédition de « romans noirs » pour une collection baptisée : « La Bibliothèque noire[1] » où il y avait *Madame Putiphar*[2] de Pétrus Borel, *Arthur*[3] d'Eugène Sue, préfacé par Jean-Louis Bory, *Le Nécrophile*[4] de Gabrielle Wittkop, texte fort et redoutable, comme son auteur. Elle m'a été aussitôt antipathique et c'était réciproque. Quoi qu'il en soit, elle admirait mon « courage » et le faisait savoir.

Une autre idée m'était venue : demander à des femmes écrivains ou non d'exprimer leur colère dans différents domaines : politique, société, féminisme, etc. J'ai écrit à Marguerite Yourcenar qui m'a répondu par retour de courrier : cette idée des Coléreuses, c'était le nom que j'avais donné à cette collection, l'intéressait beaucoup ; ce n'était pas les sujets de colère qui manquaient ! J'ai écrit également à Françoise Giroud, à Simone Veil, à Françoise Sagan, à Jeanne Moreau, à Benoîte Groult, malgré nos divergences sur le féminisme, à Leonor Fini, à Edmonde Charles-Roux, à Madeleine Chapsal, Geneviève Dormann... Toutes, sauf Sagan, étaient intéressées. Quelques mois plus tard, j'ai reçu le texte de Marguerite Yourcenar, contre les femmes qui portaient des fourrures. Hélas ! Ce n'était ni fait ni à faire. Où était passé le talent de l'auteur de *Souvenirs pieux*[5] et de *L'Œuvre au noir*[6] ? Ma lettre, à la dame de Mount Desert Island, pourtant écrite en termes mesurés, devait refléter ma déception. D'autres textes ont suivi, tous décevants. J'ai abandonné cette fausse bonne idée...

---

1. La collection « La Bibliothèque noire » a été créée par Régine Deforges en 1972.
2. Pétrus Borel, *Madame Putiphar*, Phébus, Paris, 1999.
3. Eugène Sue, *Arthur*, Hachette Livre Bnf, Paris, 2013.
4. Gabrielle Wittkop, *Le Nécrophile*, Verticales, Paris, 2001.
5. Marguerite Yourcenar, *Le Labyrinthe du monde*, vol. 1, *Souvenirs pieux*, Gallimard, Paris, 1980.
6. Marguerite Yourcenar, *L'Œuvre au noir*, Gallimard, Paris, 1999.

À la librairie j'avais fait la connaissance d'un expert des affaires africaines, un économiste, Jean-Pierre D., que j'ai surnommé « le chemineau ». Très vite, il m'a confié son fantasme : être une fille. Il aimait se travestir et, souvent, je voyais arriver une créature portant perruque, chaussée d'escarpins, moulée dans une robe à fleurs, et qui me demandait de l'appeler Corinne. Il m'a confié deux manuscrits que j'ai publiés : *Le Regard colonial* et *Les Monstres moraux*. Presque chaque jour, je recevais une longue lettre dans laquelle il m'appelait : « maîtresse ». J'aimais ces lettres étranges qui m'emportaient dans un univers inconnu. Quand il était en Afrique, en Asie ou en Amérique latine, elles tenaient du roman. De ses voyages en Afrique, il me rapportait de petits personnages en bronze, protecteurs de la maison.

Corinne aimait les beaux sous-vêtements. À l'occasion de son anniversaire, je lui ai acheté des dessous en soie de chez Sabbia Rosa, ce qui l'a bouleversé. J'étais, disait-il, la seule personne à le comprendre. Je ne sais pas si cela était vrai, mais j'avais pour lui une immense tendresse et, surtout, je ne le jugeais pas. Certains penseront que je jouais avec le feu. Peut-être. Mais mon affection était sincère. Il aimait m'inviter à déjeuner dans de bons restaurants où il venait habillé en fille. Le personnel feignait d'ignorer qui il était vraiment, il était persuadé qu'on le prenait pour une femme. Il m'envoyait des photos où il prenait des poses alanguies dans des robes courtes, en bas et guêpière. C'était touchant et ridicule. Quelquefois, je me demandais si j'avais le droit de l'encourager. Il était marié et avait deux enfants. Sa femme connaissait son fantasme et l'acceptait. Ses collègues n'étaient pas au courant.

Durant cette période, j'ai reçu un manuscrit magnifique, *Zampacco, petite suite aux événements de mai*, qui était un appel au meurtre et aux désordres. J'ai voulu rencontrer l'auteur. Un grand garçon sympathique, qui fabriquait des bijoux en cuir pour faire vivre ses deux enfants dont la mère avait été assassinée au Brésil, est arrivé rue Dauphine. Je lui ai dit tout le bien que je pensais de son roman, cependant impubliable.

— Vous n'avez pas autre chose ?

Alain Vial m'a apporté un roman qui était le récit de ce qu'il avait vécu au Brésil, *Samba tristesse*, que j'ai édité. Par ailleurs, Alain était un passionné de la Révolution française. Il avait créé une revue, *L'Hermine*, calendrier républicain, dont il avait souhaité que je sois la présidente. Il signait ses articles Julien le Faucheur.

> *Foutre, ce cadeau d'un milliard aux chômistes, comment il est coupé, messieurs les Sinistres ? Ou bien est-il tiré au sort ? Nous, on voit les « chaussettes à clous » tirer les pôv' gus des Assedic à grands coups de pompe dans le derche. Foutre, c'est pas bon, ça. Ou : Foutre ! Les nantis, on le sait, ne sont pas partageux, et se découvrir pour les manants n'a jamais été dans leurs intentions. Mais auparavant, quand ils entendaient les purotins geindre, crier famine, ils organisaient le grand jeu des guerres et rapines dans les juteux pays voisins. Maintenant qu'ils s'agglomèrent, se trusent au nom de la sainte alliance des capitaux européens, kesk'on devient, nous, hein, les gueux ? On les truste aussi et on les fout par terre, dans la machine à décerveler le père Ubu. Les temps approchent. Foutre !*

Dans *L'Hermine*, Alain Vial faisait se rencontrer Victor Hugo et Charles Bukowski, Béranger et Léon Vérane, Robespierre et Alfred Jarry, Perrine Dugué, assassinée par les chouans, le 22 mars 1796, à Saint-Jean-sur-Èvre au lieu dit La Loge-Brehen pour ses sympathies révolutionnaires, et Camille Desmoulins. Je n'ai pas vendu un exemplaire de *L'Hermine*.

Un jour, Alain, accusé du vol de quelques bouteilles dans une épicerie, m'a demandé de venir témoigner en sa faveur devant un tribunal. Je lui ai fait remarquer que je n'étais pas la meilleure garantie de moralité, moi, condamnée pour pornographie. Il a insisté et je me suis retrouvée en train de faire l'éloge d'un petit voleur à l'étalage qui insistait sur l'influence qu'avait eue sur lui le film de Stanley Kubrick : *Orange mécanique*. Je ne voyais pas bien le rapport, le juge non plus. Il a été condamné à rembourser les bouteilles volées et il est sorti, libre et soulagé.

Plus tard, il m'a proposé *Les Turpitudes de Jeanne d'Arc et de Gilles de Rais*, qui était d'une pornographie triomphante. J'ai envoyé le manuscrit à Henri Guillemin, auteur de *Jeanne, dite Jeanne d'Arc*[1], pour obtenir une préface. Dans sa réponse, il m'a dit avoir été troublé d'une manière indicible mais que, par amour pour Jeanne, il ne pouvait pas présenter ce roman.

Le manuscrit est toujours dans mes tiroirs. Que serait devenu son auteur si je l'avais publié ? Un soir, son fils l'a retrouvé pendu. J'ai accompagné sa compagne, Zézé, au funérarium. Le visage d'Alain était serein... Je le revoyais dansant à La Coupole, un verre à la main, bavardant avec Juliette Gréco, à l'aise dans une veste à carreaux trop large pour lui, riant avec Irméli Jung. Plus jamais je n'entendrais son grand rire. J'ai imaginé une ballade pour un ami pendu.

Les journalistes étaient de plus en plus nombreux à me demander des interviews et les photographes à vouloir me photographier, nue de préférence. J'ai accepté de poser pour Jean Clemmer et la revue *Plexus* et de répondre aux questions de Françoise Espinasse. Certaines de ces photos ont illustré mon catalogue d'éditeur et *Minute* a prié Claude Gallimard de ne pas en faire autant. J'ai aussi posé déguisée en sœur de Saint-Vincent-de-Paul, à cause de la cornette.

Dans le même temps, se sont présentés des gens étranges. L'un d'eux, Éric Delorme, m'a proposé un manuscrit, *Manila Black*, que j'ai publié quelques années plus tard dans ma troisième maison d'édition. Forte du succès de *La Bicyclette bleue*, je croyais que les libraires feraient un effort pour vendre ce

---

1. Utovie, Paris, 2005.

livre, eux qui m'avaient remerciée de les avoir aidés à « boucler leurs fins de mois ». Quelle naïveté ! Ils ne firent pas le moindre effort. C'est à cette occasion que j'ai montré le livre à André Balland. À peine entre ses mains, il l'a jeté à travers la salle du restaurant en disant :

— Voilà ton premier retour !

J'ai failli éclater en sanglots.

Comme il fallait s'y attendre, le livre n'a pas marché. Éric Delorme vivait dans une camionnette garée sur les bords de la Seine, où il m'a invitée à déjeuner d'un plat de pâtes. Tout en mangeant et en buvant le vin que j'avais apporté, nous regardions passer les péniches, les bateaux-mouches et nous avons parlé des livres qu'il aimait, de ses projets. Un jour, il a quitté Paris pour le Japon. Nous avons correspondu pendant quelque temps. Il m'avait fait parvenir de là-bas le manuscrit de *Treize*, un roman auquel il tenait beaucoup. Je l'ai publié. Pas plus que son ouvrage précédent il n'a rencontré ses lecteurs. Qu'est-il devenu ? Mes courriers restaient sans réponse. A-t-il disparu à jamais au pays du Soleil-levant ?

Autre personnage curieux, fréquentant Le Palimugre, un banquier, toujours très élégamment vêtu, qui venait acheter des livres d'art. Nous déjeunions quelquefois ensemble. Un jour, il m'a proposé de venir me chercher à la maison pour déjeuner. Il est arrivé, portant un sac de sport défraîchi, et il a demandé où il pouvait se changer. Quelques instants plus tard, j'ai vu sortir de la salle de bains une créature échevelée qui s'est jetée à mes pieds en m'appelant « maîtresse ». J'ai éclaté de rire. Il portait une perruque blonde, des bas déchirés, des chaussures aux talons éculés, une robe froissée.

— Je voulais que vous me voyiez tel que je suis, maîtresse !

— Ce n'était pas nécessaire

Quelle mouche l'avait piqué ? Rien dans ses propos ne m'avait indiqué son fantasme. Je devais attirer les apprentis travelos ! Je lui ai ordonné de remettre ses vêtements. À nouveau, j'avais un banquier en face de moi et il est parti sans ajouter un mot. Une fois la porte refermée, je me suis demandé si je n'avais pas rêvé.

J'ai revu Jean-Michel Guth, à qui j'avais eu affaire quand il était vice-président de la 11e chambre correctionnelle. Pendant un déjeuner à La Coupole, il m'a dit à quel point il était désolé de l'acharnement des juges à mon endroit bien que je les aie tous séduits.

— Cela me fait une belle jambe, ai-je répliqué agacée.

Après un court silence, je lui ai demandé :

— Pourquoi tant d'acharnement ?

— Vous êtes trop jolie, cela ne cadre pas avec l'idée que l'on se fait des pornographes. Vous avez un air candide qui dérange ; on vous le fait payer.

— Mais c'est injuste !

— Oui. Depuis quand la justice est-elle juste ?

Je suis restée sans voix. Il a poursuivi :

— De plus, on a longtemps cru que vous n'étiez qu'un homme de paille et que c'était Jean-Jacques Pauvert qui était l'homme-orchestre.

Je n'ai rien répondu. Il est vrai que Jean-Jacques m'a aidée, que sans lui je ne serais pas devenue éditeur. Mais jamais il n'est intervenu dans mes choix, ne m'a en rien incitée à continuer, malgré les interdictions et les procès.

38.

Pour l'anniversaire de notre première nuit, Jean-Jacques m'avait écrit :

Il y a sept ans, mon cœur, vous étiez dans un hôtel de Genève avec un monsieur que vous commenciez à peine à connaître malgré deux ans et demi de fréquentation intermittente. Il y aura bientôt sept ans que ce monsieur vous écrivait une bien longue lettre, dans laquelle il vous souhaitait de devenir vous-même et d'être heureuse. Ce n'est pas moi : c'est vous qui pourriez dire ce qu'ont été pour vous ces sept années et ce que j'ai pu vous apporter ; un peu de tout, et pas toujours du plus facile. Pour moi je voudrais simplement vous dire que je ne peux pas imaginer une vie où je ne vous aurais pas rencontrée, une existence où vous ne seriez pas ; aujourd'hui, beaucoup plus qu'il y a sept ans, je le sais. Mais le 4 décembre 1963, je ne le savais pas, il faut bien dire que je le sentais sûrement plus que je ne voulais le dire. Mon ange, je vous aime. J.J.

Cette lettre m'a bouleversée et je me suis prise à espérer que notre amour allait survivre à tous nos ennuis et que nous trouverions en lui la force de les affronter.

Les interdictions continuaient. J'avais fait la connaissance à la librairie d'un homme d'affaires, Roland B., qui, après avoir assisté à l'un de mes procès, m'a donné de l'argent pour payer mes amendes. Cet homme, apparemment brutal, était sorti très ému du tribunal.

— Tout ça pour quelques cabrioles un peu lestes ! s'était-il exclamé.

Pascal Jardin, qui venait de publier *La Guerre à neuf ans*[1], et Geneviève Dormann me soutenaient aussi. Ils étaient outrés par l'attitude du juge. Je sortais des audiences, les jambes molles et le cœur au bord des lèvres, ne sachant pas comment payer ces nouvelles amendes. À quelque temps de là – était-ce pour me consoler ? –, Pascal m'a offert le manuscrit de *La Guerre à neuf ans*. Il savait combien j'avais aimé son livre : rien ne pouvait me faire plus plaisir. Un jour, au Fouquet's, sur les Champs-Élysées, il m'a tendu un chèque de trente mille francs, montant d'une de mes amendes.

— Je changerai de voiture l'année prochaine, a-t-il dit.

Cette générosité m'a profondément émue.

Nous aimions traîner dans Paris la nuit, surtout dans le quartier des Halles avec Patrick Modiano qui venait de faire paraître *La Place de l'Étoile*[2] et qui avait reçu le prix Roger-Nimier. Pascal nous entraînait dans les bars de la rue François-Ier, fréquentés par des malfrats de tout acabit. J'y ai rencontré François Marcantoni, ce truand corse qui aimait raconter son histoire. Il se présentait comme ayant rejoint la Résistance, en 1943, pour échapper au STO. Arrêté par la Gestapo, il avait été torturé. Après la guerre, il avait monté, avec le frère de Tino Rossi, un cabaret, rue Quentin-Bauchart, Les Calanques, tout en braquant quelques banques. La même année, il avait fait la connaissance, dans un bar de Toulon, d'un jeune marin, retour d'Indochine, Alain Delon, à qui il avait présenté le monde de la nuit et celui du spectacle. Marcantoni se disait producteur. Il a

---

1. Pascal Jardin, *La Guerre à neuf ans*, Grasset, coll. « Les Cahiers Rouges », Paris, 2005.
2. Patrick Modiano, *La place de l'Étoile*, Folio, Paris, 1975.

continué à braquer des banques et, en 1954, fut fiché au grand banditisme. Il est devenu membre du Service d'action civique, le SAC, tout en assurant le service d'ordre du patron de presse Robert Hersant. Une affaire d'assassinat allait bouleverser la vie de celui que la pègre considérait comme un « juge de paix » et appelait « commandant », l'assassinat de Stephan Markovic, proche d'Alain Delon et de lui-même. Dans une lettre, Markovic avait écrit : *Si je suis assassiné, ce sera à cent pour cent la faute de Alain Delon et de son parrain, François Marcantoni.* Il fut arrêté et passa onze mois en prison avant d'être libéré sous contrôle judiciaire.

Je l'ai retrouvé aux Sables-d'Olonne, au cours du Festival Simenon, initié par le juge Didier Gallot et Alphonse Boudard, auquel j'ai succédé. Toujours élégant, portant beau, escorté d'un garde du corps, Marcantoni a participé à plusieurs débats au palais de justice des Sables, sous la houlette du juge Gallot. Là, se côtoyaient d'anciens voyous, des policiers comme Roger Le Taillanter, Lucien Aimé-Blanc, et des juges d'instruction, Renaud Van Ruymbeke, Gilbert Thiel, Jean de Maillard, qui avait reçu le Grand Prix de philosophie de l'Académie française, Claude Cancès. Tout ce petit monde se retrouvait devant la cour, ainsi que des réalisateurs, des comédiens, des journalistes et des écrivains face à un public venu en nombre.

Les déjeuners sur la plage étaient très animés et Marcantoni, très entouré.

Je l'ai croisé quelquefois au Café de la paroisse à Houdan où il venait en voisin, toujours escorté d'un garde du corps. Que redoutait-il ?

Pascal Jardin aimait m'emmener dans des bars à putes où ces dames lui faisaient un accueil chaleureux et bruyant. Je me souviens de l'une d'elles, une grosse femme, spécialiste des sado-masos, qui travaillait rue Quincampoix. Ce fut elle qui m'a dit un soir :

— Les clients caoutchouc sont plus difficiles que les clients cuir.

Après son départ, Pascal m'avait expliqué ce qu'elle avait voulu dire.

— C'est évident. Elle parle de ceux qui revêtent des collants et des cagoules en caoutchouc et aiment se faire frapper durant des heures. Ceux en cuir sont plus douillets.

Un jour, il m'a offert un baigneur en porcelaine blanche, puis un autre en bois sombre, trouvés chez un antiquaire de la rue Saint-Denis : je les ai toujours.

Nous nous sommes promenés ensemble dans les Halles la veille de leur destruction. Des milliers de Parisiens étaient venus, comme nous, flâner une dernière fois dans le « ventre de Paris » qui avait inspiré Zola. Nos promenades nocturnes nous ont amenés un soir, en compagnie de Jacques Lanzmann, près du Drugstore des Champs-Élysées en flammes. Devant l'ampleur du sinistre, et connaissant les lieux, j'étais convaincue qu'il s'agissait d'un incendie criminel. Je contemplais ce désastre, fascinée par sa terrible beauté.

Pascal avait une vie sentimentale compliquée avec femme, enfants et maîtresses. Tout le monde s'entendait bien et travaillait ensemble. Pascal écrivait des scénarii qui étaient mis en scène par ses amis Claude Sautet ou Pierre Granier-Deferre, sur des dialogues, le plus souvent, de Pascal lui-même ou d'Audiard.

Il m'avait emmenée chez Emmanuel Berl, qui habitait au Palais-Royal avec sa femme Mireille, la chanteuse. Nous déjeunions alors au Grand Véfour où Berl, enveloppé dans un plaid écossais, avait sa table. Nous dînions quelquefois avec Bernard de Fallois dont la culture et l'intelligence nous fascinaient.

Pascal avait tenu à me faire rencontrer son père, Jean Jardin : celui-ci avait été un proche collaborateur de Pierre Laval et un ami de Raymond Abellio, qui avait servi de précepteur en Suisse à Pascal enfant. Jean Jardin, malgré sa petite taille et un physique ingrat, était un séducteur qui recevait de jolies femmes, des hommes politiques de tous bords et des hommes d'affaires à l'hôtel Raphaël, avenue Kléber. Comme je m'étonnais du va-et-vient de visiteurs qui, selon moi, n'auraient pas dû se trouver là, Pascal m'a dit en riant :

— Tu ne connais pas le monde !

Son père aimait nous emmener déjeuner dans de grands restaurants où il avait sa table et où il était accueilli en seigneur. Je me souviens d'un déjeuner au Taillevent, rue Lamennais, où il avait fait assaut de drôlerie et de courtoisie. Pascal avait une grande admiration pour Paul Morand qui avait été, d'après lui, l'amant de sa mère.

Il ne parlait jamais du passé collaborationniste de son père : il avait dit tout ce qu'il avait à dire dans *La Guerre à neuf ans*. Dans le même temps ont paru des romans consacrés à des pères collaborateurs qui ont tous rencontré un certain succès. J'ai fait remarquer à mon ami qu'on ne parlait pas beaucoup de ceux qui s'étaient engagés dans la Résistance.

— Ce n'est pas à la mode, sans doute, répliqua-t-il.

Pierre Emmanuel, ancien résistant, pensait la même chose. Il ajoutait :

— On n'a pas encore écrit ce que fut l'Occupation en France, comment certains se sont retrouvés dans la Résistance et d'autres dans la Milice.

Je ne savais pas alors que j'écrirais *La Bicyclette bleue*.

39.

L'argent se faisait rare et j'ai décidé de mettre en vente ma bibliothèque d'ouvrages féministes et de romans écrits par des femmes : près de mille livres de toutes les époques. J'intitulai le catalogue : *Les Femmes avant 1960*. Comment cette collection avait-elle commencé ? Par la lecture d'*Histoire de ma vie*[1] de George Sand, qui est un hymne à la liberté et au courage. Suivaient des textes où il était question des femmes, de leur condition, de leur sexualité, le plus souvent écrits par des hommes, des romans publiés par des femmes. Vers le deux centième volume, j'ai pris conscience que j'amassais un formidable tas de pièces à conviction. Pour quel procès ? Il suffit de regarder les titres pour en avoir une idée. Presque tout a son importance. À mon sens, l'*Histoire du pantalon féminin*[2] n'est pas moins significative que l'étude sur *La Condition ouvrière féminine au XIXᵉ siècle*. Il faudrait tout lire pour avoir un avis éclairé. « Voici le temps où les mystères doivent sortir de l'ombre », me disait Raymond Abellio.

J'ai mis un soin maniaque à composer ce catalogue et à choisir les illustrations. Le résultat a été à la hauteur de mon ambition. De grands libraires, Jammes, Loliée, Touzot, m'ont

---

1. George Sand, *Histoire de ma vie*, Le Livre de Poche, Paris, 2009.
2. Romi, *Histoire pittoresque du pantalon féminin*, Jacques Grancher, Paris, 1979.

félicitée, ce dont je ne fus pas peu fière. D'autres m'ont demandé qui avait établi le catalogue.

— Moi, bien sûr, puisqu'il s'agit de ma bibliothèque et que chacun de ces livres me rappelle un moment de ma vie.

— Pourquoi vous en défaire ?

Je ne répondais pas tant c'était évident.

J'ai envoyé le catalogue à quelques centaines d'éventuels acheteurs : le résultat a été des plus encourageants. Antoinette Fouques, qui venait de fonder le MLF, Mouvement de libération des femmes, est venue à la librairie, accompagnée d'une collaboratrice. Elle avait choisi un certain nombre de titres. Mais, en parlant avec elle, je me suis rendu compte qu'elle ne connaissait pas grand-chose à l'histoire des mouvements féministes. Je lui ai dit qu'ils avaient été vendus. Un très séduisant jeune homme a acheté *Mémoires d'une révolutionnaire*[1] de Vera Figner, traduit du russe par Victor Serge. Je ne savais pas que nous allions nous revoir...

Des universités américaines ont demandé mon catalogue pour le département d'ouvrages féministes de leur bibliothèque. Depuis, il sert de base de recherche aux étudiants et fait, paraît-il, autorité. Cela a diminué un peu ma peine de les avoir perdus... Il faut être bibliophile pour comprendre : chacun de ces livres avait été choisi, lu, restauré quelquefois. Ils représentaient un moment de ma vie intellectuelle. Une bibliothèque est le miroir de celui qui la possède. Elle reflète ses goûts, ses préoccupations, ses curiosités : rien n'est neutre. Quand j'entre pour la première fois dans un appartement, je cherche la bibliothèque. Que de déceptions ! On sent souvent que ces livres ne sont là que pour la frime, choisis en fonction de leur reliure et non de leur contenu. La bibliothèque la plus décevante fut celle d'un célèbre journaliste littéraire qui ne comportait que des ouvrages de club aux couvertures en skyvertex...

---

1. Gallimard, Paris, 1930.

Certains de mes amis s'étonnent de voir cohabiter les textes érotiques avec les écrits mystiques, les romans policiers avec la poésie, les ouvrages politiques avec les albums de broderie, l'histoire littéraire avec les récits et les guides de voyages, sans parler des livres pour enfants. J'ai tenté de mettre un peu d'ordre dans tout ça : le résultat n'est pas probant. Si je cherche un livre, il est rare que je mette la main dessus. J'en arrive à croire qu'ils ont leur vie propre et s'amusent à jouer à cache-cache avec moi.

Plus tard, j'ai dû vendre les livres dont je m'étais servie pour écrire sur la guerre d'Indochine et la guerre d'Algérie, parce que je n'avais pas de place pour les garder.

— Vous allez faire le bonheur d'autres lecteurs, m'a dit le libraire.

Je ne me suis pas séparée de ceux sur la Seconde Guerre mondiale ni de ceux sur la révolution cubaine.

On m'a souvent demandé ce que je ferais si j'héritais d'une importante bibliothèque. Je la vendrais ! Je n'imagine pas avoir des livres que je n'aurais pas choisis un à un. Tout le contraire de Lacan !

Dans la collection La Bibliothèque privée, j'ai publié en édition de luxe un beau livre d'André Hardellet, *Lourdes, lentes*[1], pour lequel j'ai été poursuivie pour outrage aux bonnes mœurs. Bien qu'ayant signé du pseudonyme de Steve Masson, Hardellet n'a pas voulu me laisser seule devant le tribunal. Il est allé au commissariat de son quartier, rue de Beaubourg, et s'est dénoncé comme étant l'auteur de ce livre « pornographique ». Le commissaire, qui le connaissait bien, a tenté de le dissuader : rien n'y a fait. Il tenait à m'accompagner. Je n'ai jamais eu l'occasion de lui dire combien son geste m'avait touchée et m'avait donné envie de me battre une nouvelle fois contre ce monstre froid et vorace appelé « censure ». De leur côté, Pascal Jardin, Geneviève Dormann

---

1. 10/18, Paris, 1977.

et Jacqueline de Guitaut avaient tenus à être présents. Nous nous sommes retrouvés à la 17e chambre correctionnelle face au président Hennion. André avait mis les mains dans ses poches.

— Cessez de vous tripoter, monsieur Hardellet, a ordonné Hennion d'une voix tonitruante.

Un murmure de protestation s'est élevé dans le public. André est devenu écarlate et a ôté ses mains de ses poches avec un air abruti. Je me suis retenue d'insulter ce magistrat qui abusait de sa position. Il nous a interrogés sur les conditions de la publication de *Lourdes, lentes*. Jean-Jacques Pauvert est venu à la barre dire qu'il avait, lui aussi, publié ce texte destiné à la vente en librairie, alors que mon édition était réservée à la vente par correspondance.

— Ce n'est pas de vous qu'il s'agit aujourd'hui, monsieur Pauvert, mais de Mme Deforges, a rétorqué Hennion.

Je pensai alors à la lettre de Pierre Emmanuel reçue le matin même dans laquelle il s'indignait de *l'absurdité de poursuites à propos d'un livre déjà publié par un autre éditeur sans qu'il ait été lui-même poursuivi, alors que vous l'êtes pour un tirage limité de la même œuvre. Mon point de vue sur l'ensemble de la question – et sur ce cas particulier – est le suivant : la loi est la loi, et ne peut être modifiée dans son esprit qu'en conséquence d'une évolution des mentalités, laquelle ne s'opère que lentement et correspond à une maturation de la conscience publique. Je m'élève donc contre la loi, qui peut être regardée comme l'image, discutable par certains, de cette conscience publique à un moment donné. Mais la loi, pour être appliquée, demande des critères. Le respect de la loi elle-même exige qu'ils soient parfaitement définis.*

À la barre est arrivé Julien Gracq, qui, malgré son horreur du public, avait tenu à soutenir son ami en déclarant :

— Hardellet est le créateur d'une poésie profondément authentique, son inspiration est nervalienne, axée sur les souvenirs d'enfance. Cet ouvrage n'a aucun rapport avec les livres pornographiques.

Georges Brassens, René Fallet, Guy Béart, Claude Gallimard, l'éditeur des poèmes d'Hardellet, ont déposé en sa faveur. Le juge a écouté ces témoignages d'un air distrait, indifférent à la qualité de ces témoins. À la fin de l'audience, André et moi, nous nous sommes embrassés. Je suis partie comme on fuit, sans attendre mes amis qui me faisaient des signes.

En sortant du tribunal, j'ai aperçu André, qui marchait, seul, place Dauphine, tête baissée, les mains dans le dos ; je le croyais avec ses amis. Je me suis approchée de lui et j'ai remarqué son air égaré.

— Cela ne va pas ? Où sont vos copains ?

— Je leur ai demandé de me laisser ; ils n'ont pas insisté. Maintenant, la solitude me fait peur. Voulez-vous venir prendre un verre à la maison ? J'ai un excellent bordeaux !

Nous avons bu et fumé de l'herbe, ce qui m'a donné le fou rire et à Hardellet une grande mélancolie. Après avoir dîné dans un petit bistrot où il avait ses habitudes, je lui ai proposé d'aller danser au Bal de la marine.

— Il existe toujours ?

À notre arrivée, il n'y avait pas encore beaucoup de monde. André était aux anges. Il regardait les filles avec des yeux gourmands, surtout celles qui avaient de gros seins. Quand l'orchestre a joué un slow, il s'est levé pour inviter une belle et forte fille aux cheveux décolorés.

— Je crois que j'ai une touche, a-t-il dit en s'asseyant.

J'ai souri.

— Je peux vous laisser seul ? Je suis fatiguée : la journée a été rude.

— Je vous raccompagne.

— Ce n'est pas la peine. Restez auprès de votre belle cavalière, sinon un autre va vous l'enlever.

Quelque temps plus tard, nous avons appris que nous étions condamnés pour « outrage aux bonnes mœurs par la voie du livre ». Hardellet a été comme assommé par cette condamnation.

— Que diraient mes parents ? ne cessait-il de répéter en pleurant.

Nous avons fait appel. Peu de temps après, il est mort dans la honte et le chagrin. Je n'ai pas pardonné au président Hennion. Je le considère comme l'assassin d'un poète.

Peu avant, j'avais voulu publier des livres pour enfants écrits par de véritables écrivains et j'avais demandé à André de m'écrire un conte. Ma demande l'avait amusé et, quelques jours plus tard, il m'avait remis une vingtaine de feuillets recouverts de sa grande écriture : c'était *L'Oncle Jules*[1], un texte merveilleux. Plusieurs années après, j'ai demandé à Wiaz de l'illustrer. Quand a été imprimé le livre, j'ai eu le cœur serré : André ne verrait jamais son oncle Jules... J'espérais, cependant, que là où il était, au paradis des poètes, il était content...

Ma condamnation pour outrage aux bonnes mœurs m'interdisait de voter, de gérer une entreprise et d'avoir la garde de mes enfants en cas de divorce. C'est qu'on ne plaisantait pas avec les bonnes mœurs à l'époque ! Quelques mois plus tard, mes droits civiques m'ont été rendus par Georges Pompidou, président de la République... Ceux d'André Hardellet lui furent-ils rendus à titre posthume ?

Peu de temps après, Jean-Jacques m'écrivait ces lignes :

> *Ah ! Mon cœur, comme je vous veux du bien en ce moment et comme cela m'est doux et précieux. Il faut que je vous le dise. Je vous sens bien, et je vous sens me sentir. Nous communiquons et c'est bien le plus important. Le reste n'est pas grand-chose à côté. Ne vous tourmentez pas, mon Ange, pour tous ces problèmes.*

---

1. André Hardellet, *L'Oncle Jules*, Régine Deforges, Paris, 1986.

Il y a des gens qui sont là pour vous décharger un peu de ces paquets encombrants. Je suis le premier de ceux-là. Si vous m'aimez, si vous me comprenez, je peux soulever beaucoup plus. C'est peut-être en pensant à l'amour qu'Archimède a dit qu'avec un point d'appui, il soulèverait le monde.
À vous. J.J.

Cette lettre m'a bouleversée et agacée : comment voulait-il que je laisse « ces problèmes » de côté, que je ne me tourmente pas ? Certes, il était le premier à m'aider, à supporter mes déboires, à porter « ces paquets encombrants », mais c'est moi qui étais en première ligne, moi qui subissais les avanies des juges, moi qui avais peur ! Malgré ma confiance en lui, je n'osais lui avouer ma peur : peur des convocations chez le juge d'instruction, de l'avenir qui me paraissait sombre, des journalistes qui me regardaient tantôt d'un air narquois, tantôt d'un air concupiscent et me posaient des questions que je jugeais déplacées. Je ne voulais pas qu'il ait honte de moi, de mes terreurs de petite fille. Au contraire, je voulais qu'il soit fier de mon courage face à l'adversité. Mais pouvait-il imaginer ce que j'endurais ? En écrivant cela, je suis envahie d'une terreur rétrospective qui me laisse tremblante avec ces pauvres mots qui tentent de dire le désarroi d'une femme qui ne comprend pas ce qui lui arrive. Maintenant, je sais que je n'aurais pas la force de subir à nouveau ces épreuves. Où l'ai-je trouvée, cette force ? Dans mon refus de l'injustice ? Dans ma fierté ? Des vers de Musset me reviennent en mémoire :

> *J'ai perdu ma force et ma vie*
> *Et mes amis et ma gaieté ;*
> *J'ai perdu jusqu'à ma fierté*
> *Qui faisait croire en mon génie[1].*

---

1. Alfred de Musset, « Tristesse », *Premières poésies : poésies nouvelles*, Gallimard, Paris, 1976.

Et le poète d'ajouter :

> *Le seul bien qui me reste en ce monde*
> *Est d'avoir quelquefois pleuré.*

J'ai tant pleuré en ce temps-là que mes yeux devaient être très beaux, puisqu'il paraît qu'il faut pleurer au moins une fois par jour pour avoir les yeux brillants...

Heureusement, il y avait Camille, ma merveille, qui me consolait de bien des soucis. Comment dire le charme de cette enfant, sa gentillesse naturelle, sa gaieté ? « Mon petit scorpion », comme je l'appelais, car elle était née sous le signe du Scorpion. Heureusement, elle n'avait rien de la vilaine bête.

40.

Jean-Jacques avait eu l'idée d'un livre d'entretiens entre Pauline Réage et moi. Dominique Aury a accepté de répondre à mes questions avec une confiance qui m'a touchée. J'avais, avec l'auteur d'*Histoire d'O*[1], des rapports d'une tendresse infinie, faite d'affection et de respect profonds : je savais qu'elle éprouvait envers moi la plus douce des amitiés. Nous nous rencontrions chez elle, à Malakoff ou à Boissise-la-Bertrand, où elle avait une maison de campagne. Malgré sa gentillesse, elle m'intimidait et je le lui ai dit.

— Que je puisse intimider qui que ce soit, et surtout vous, cela me confond. Je ne comprends pas. Parce que je me tais ? Mais je vais vous parler...

— Je vous en remercie. Tout d'abord, pourquoi avez-vous écrit ce livre violemment et consciemment immoral, où les scènes de débauche à deux ou plusieurs personnages alternent avec des scènes de cruauté sexuelle, qui contient un ferment détestable et condamnable, et par là même outrage les bonnes mœurs ?

C'est en ces termes qu'une commission a émis un avis demandant des poursuites.

Elle a souri avant de me répondre :

---

1. *Op. cit.*

— Violemment et consciemment immoral, c'est beaucoup dire. J'ai toujours envie de répondre comme la Junie de Britannicus : « **Je** n'ai mérité ni cet excès d'honneur ni cette indignité. » Les camps de concentration offensent les bonnes mœurs, et la bombe atomique, et les tortures... La vie tout court offense les bonnes mœurs, à tout instant, et non pas les diverses manières de faire l'amour. Pour répondre à votre question : j'ai écrit ce livre pour l'homme que j'aimais, pour séduire mon amant.

— Pourquoi le séduire, il était déjà votre amant ?

— Parce qu'on a toujours peur que cela ne dure pas.

Mon cœur s'est serré en entendant ses paroles. J'ai dit un peu bêtement :

— C'est hélas vrai !

Nous nous sommes tues quelques instants. J'avais conscience que ce silence n'était pas bon entre nous. Je devais reprendre la main. Pourquoi ce terme de joueur m'est-il venu à l'esprit ? Je me suis entendue lui dire trop haut :

— Dans sa préface à votre livre, Jean Paulhan écrit :

J'avance drôlement dans O *comme dans un conte de fées – on sait que **les** contes de fées sont les romans érotiques des enfants –, comme dans un de ces châteaux féeriques, qui semblent tout à fait abandonnés*[1].

Dominique a eu un rapide sourire.

— Comme c'est juste ; il s'agit bien là d'un conte de fées, de ces histoires que l'on se raconte avant de s'endormir.

— La publication de ce texte, c'était aussi pour le séduire ? ai-je demandé d'une voix redevenue normale.

— Non, c'est lui qui avait envie qu'il soit publié.

— Comment l'avez-vous écrit ?

— La nuit, d'une traite, sans ratures, en trois mois. Au matin je lui remettais les pages que j'avais écrites. Il les lisait

---

1. Jean Paulhan, préface d'*Histoire d'O*, Pauline Réage, Fayard, Paris, 2012.

dans la journée et me demandait la suite. Pendant plusieurs nuits, pour lui être agréable, après avoir écrit soixante pages, j'ai bâti le roman, raconté l'histoire d'O.

— Cela a-t-il changé vos relations ?

— Non... enfin, peut-être... Je sentais que le regard qu'il posait sur moi était plus, comment dire ? Attentif. Oui, c'est cela, attentif.

— Jean Paulhan a dit en parlant d'*Histoire d'O* : « Enfin une femme qui avoue ! » A-t-il eu raison ? Votre livre serait-il un aveu ?

— Non, en aucun cas. Pour faire un aveu, il faut reconnaître qu'on a commis une faute. J'ai joué avec mes fantasmes et avec ceux de mon amant.

Elle se tut quelques instants et me demanda à brûle-pourpoint :

— Connaissez-vous ces vers de Chrétien de Troyes ?

> *Amour sans crainte, amour sans peur*
> *Est feu sans flamme et sans chaleur,*
> *Jour sans soleil, ruche sans miel,*
> *Été sans fleur, hiver sans gel*[1]*...*

— C'est beau, ai-je murmuré.

Dominique est restée songeuse quelques instants. Brusquement, je lui ai dit :

— Pourquoi ne pas avoir signé de votre nom ?

— Je n'ai pas votre courage, ma petite enfant. J'ai pensé à ma mère qui vivait encore et que ce livre aurait peut-être chagrinée.

— Pourquoi ce prénom de Pauline ?

— À cause de la sœur de Bonaparte, la scandaleuse Pauline Borghèse, et de Pauline Roland.

Je ne lui ai pas fait remarquer que Dominique Aury était aussi un pseudonyme. Pourquoi Anne Desclos se cachait-elle ainsi ? Je n'ai pas osé le lui demander.

---

1. Chrétien de Troyes, *Cligès*, Champion Seuil, Paris, 2006, v. 3894.

Nous avons parlé des jours durant avec cet abandon que donne la confiance dans l'autre.

Au cours d'une de nos conversations, je lui ai rappelé qu'elle avait écrit à propos de Fénelon que *la créature ne saurait porter à son créateur qu'un amour absolu. Abandonnée entre les mains divines, l'âme amoureuse de son Dieu peut-elle avoir d'autre volonté que la sienne ? L'amante ne peut avoir d'autre volonté que celle de l'amant. Accepter n'est pas si facile. Il n'est pas de plus rigoureuse école d'ascétisme que l'enseignement spirituel de Fénelon, aucun amour n'est plus cruel que le pur amour.*

— J'avais cru comprendre que vous étiez croyante.

Un peu de rose était monté à ses joues pâles tandis qu'elle me parlait avec une fougue qui ressemblait à une profession de foi.

— Quel besoin de foi pour comprendre ? L'amour suffit. L'amour profane et l'amour sacré sont le même amour, ou devraient l'être. Seul l'objet change, en admettant qu'il soit décent d'employer le mot d'objet quand il s'agit de Dieu.

Dominique Aury prétendait ne pas connaître la jalousie, allant même jusqu'à procurer des femmes à son amant, pensant :

— Quel plaisir puis-je lui donner, que celle-ci ou une autre ne lui donne aussi ?

Lors de mon premier séjour dans sa maison de Boissise-le-Bertrand, elle m'a installée dans la chambre de Jean Paulhan. La pièce était restée en l'état depuis sa mort. La table était encombrée de livres, de papiers. J'ai regardé mon amie avec colère et repoussé violemment le tout qui s'est éparpillé par terre. Je lui signifiai que je n'étais pas dupe, que je n'étais pas une fille offerte à son amant. Je ne pouvais cependant m'empêcher d'être émue par cette fidélité au-delà de la mort. Je disposai mes affaires sur la table, maintenant vide. Elle était sur le seuil et me regardait en souriant. Sans un mot, elle a ramassé les livres et les papiers et les a emportés. Plus tard, elle m'a dit :

— Vous m'avez aidée à accepter sa mort.

Je l'écoutais me parler de ses « turpitudes », amusée par son air de ne pas y toucher. Il était difficile, en voyant Dominique, de l'imaginer dans les scènes érotiques qu'elle évoquait avec un naturel confondant. Comment cette femme, aux courts cheveux blonds, toujours vêtue de vêtements bleu marine, gris ou marron, pouvait-elle se transformer en une créature portant guêpière et bas noirs ? Son air sage suggérait, ainsi que l'avait remarqué Julien Gracq, que l'on avait affaire à une religieuse... Peut-être en était-elle une au fond d'elle-même. Elle a bien publié cette *Anthologie de la poésie religieuse française*[1] qui va de Rutebeuf à Péguy en passant par François Villon et Verlaine ? *Composer une anthologie, c'est choisir des fleurs*, écrit-elle dans sa préface. Les fleurs qu'elle nous donne ici composent un bouquet qui dit l'amour de Dieu et lui demandent pitié au moment de la mort. Je me prends à envier la foi, parfois naïve, de ces poètes, leur confiance en leur Créateur et en la Vierge Marie. Que nous reste-t-il de ces élans mystiques ? Nous sommes démunis devant une vie dont nous ne comprenons pas la raison ni la finitude.

Il y avait plus de deux heures que nous parlions ce jour-là quand, soudain, je lui ai demandé :

— Avez-vous eu des relations féminines ?

— Vous voulez savoir si j'ai eu des amoureuses ? Oui, plusieurs.

Une question me brûlait la langue.

— Est-ce vrai que c'est Édith Thomas qui vous a inspiré le personnage d'Anne-Marie dans *Histoire d'O* ?

Dominique a rougi légèrement.

— Elle avait bien d'autres qualités que son homosexualité. C'était une femme courageuse qui a participé à la Résistance, malgré une santé défaillante ; elle était tuberculeuse. C'était un excellent écrivain...

— Je n'ai lu d'elle que son livre sur Louis Rossel et *Les Pétroleuses*[2].

---

1. Poésie/Gallimard, Paris, 1997.
2. Gallimard, Paris, 1963.

— Très bons ouvrages. Son *Pauline Roland*[1] est de tout premier ordre.

Dominique a fermé les yeux et a murmuré :

Dans ces temps-là, les nuits, on s'assemblait dans l'ombre
Indignés, secouant le joug sinistre et noir
De l'homme de décembre, et l'on frissonnait, sombre
Comme la bête à l'abattoir...

— C'est un de ses poèmes, « Les oreilles rouges ». Nous avions beaucoup de choses en commun : la poésie, bien sûr, mais aussi le goût de la clandestinité, du secret, de l'érotisme, des femmes...

Nous nous sommes quittées sur ces paroles.

Je viens de voir sur Internet une photo de Jean Paulhan assis devant ce même bureau, recouvert des mêmes papiers... Que cela est troublant !

Dominique Aury disait aussi qu'elle aurait aimé être prostituée, que « la mort n'est pas la pire des choses », qu'il y a chez les hommes « un besoin de violence et de cruauté, de danger et de désespoir que la guerre satisfait. Que dans l'homme une part d'abomination a besoin de venir au jour ». Elle me parlait du quiétisme, de l'abandon entre les mains de Dieu qu'elle comprenait, bien que n'étant pas croyante. Elle me disait combien elle admirait mon courage, le courage qu'elle n'avait pas eu, de « publier à découvert des érotiques, d'affronter les moqueries, les insultes, les polices ».

« Un jour, je vous ai vue, à une exposition, dans l'embrasure d'une porte : les cheveux acajou, les yeux innocents, la peau si blanche, les petites dents pointues dans le sourire de la bouche éclatante, le long corps fin et lustré, vous sembliez une furette, une hermine changée en femme, une de ces créatures de blason, ironiques et farouches, qui s'échappent sans fin.

---

1. Marcel Rivière, Paris, 1956.

Dans la cohue, j'ai entendu une jeune fille auprès de moi dire à une autre en vous désignant : "Tu vois, c'est Pauline Réage." Elle avait bien raison, Pauline Réage aurait dû être ce mince animal sauvage et doux. J'avais tort de n'être pas vous. À partir de là, vous parler était facile. » Elle me disait aussi que je réunissais en moi *les éléments dont la conjonction compose pour l'imagination un philtre puissant qui rend toute femme irrésistible : le constant péril, un corps facile, un cœur fidèle.*

— N'avez-vous pas écrit cela à propos de Manon Lescaut ?

— Je vois, ma petite enfant, que vous m'avez lue attentivement.

Pascal Jardin avait beaucoup aimé cette phrase. Il a désiré rencontrer Dominique Aury qui a accepté et il lui a demandé l'autorisation de la reprendre.

— Elle est à Régine. Elle en fait ce qu'elle veut.

Bien sûr, j'ai accepté que mon ami s'en serve. Je ne sais pas s'il l'a fait.

Un autre jour, je lui ai demandé :

— Vous souvenez-vous de ce qu'écrivait François Mauriac à propos de votre livre ?

— Oh oui ! Je m'en souviens ! Jean Paulhan ne décolérait pas ! Pensez donc : Mauriac, persuadé que Paulhan en était l'auteur, avait écrit :

> *L'exhibitionnisme des vieillards ! Il faut dire aux enfants que les livres nouveaux attirent, comme quelquefois devant les cages des singes du Jardin des Plantes : « Ne regarde pas les singes ! » Les muses de ce temps bourdonnent au-dessus des latrines des maisons de correction.*

J'éclatai de rire !

— Mais, vous le connaissez par cœur !

— Oh oui ! Jean le lisait et le relisait avec un masochisme qui m'amusait et tout à la fois m'étonnait. Je ne l'avais jamais vu dans une telle colère. Il faut dire que ces deux-là ne s'aimaient guère.

Jean-Jacques Servan-Schreiber nous a invités, Jean-Jacques et moi, à Nancy pour parler d'une éventuelle publication de *Histoire d'O* dans *L'Express* ainsi que de mes entretiens avec Pauline Réage, auxquels il fallait, selon lui, trouver un titre. J'avais pensé à *Entretiens*, mais cela lui semblait trop fade.
— Que diriez-vous de *O m'a dit* ?
— C'est un titre racoleur.
— C'est ce qu'il faut pour la presse.
Le livre parut donc sous ce titre et les « bonnes pages » furent publiées dans l'hebdomadaire. Cela a coïncidé avec la sortie du film de Just Jaeckin, tiré du roman. Cette publication a déclenché un scandale parmi les lecteurs et dans la rédaction. Françoise Giroud a dit à J.J.S.S. :
— Vous voulez suicider le journal ?
Quant à Paul Guimard, il a démissionné en signe de protestation. Malgré, ou à cause de ce scandale, les ventes de *L'Express* se sont envolées.
Je viens de retrouver les numéros consacrés à la publication de *Histoire d'O* et de *O m'a dit*[1] et de relire la préface de Jean Paulhan.

Quand Jean Paulhan avait été convoqué chez le juge d'instruction à propos de sa préface à *Histoire d'O*, il avait reconnu que c'était une lecture dangereuse : « Pas plus, cependant, que celle de la Bible », avait-il précisé.
Pour Dominique Aury, *la question est de savoir si la littérature est ou n'est pas dangereuse. Là-dessus, on peut s'accorder. Si la littérature est efficace, il semble qu'elle devrait être aussi dangereuse, comme l'alcool ou l'aspirine, ou une paire de ciseaux, ou un courant électrique. Ce premier point étant posé (mais il est discutable), il faut décider quelle sorte de littérature peut être dangereuse. D'avance, il*

---

1. J.J. Pauvert, Paris, 1995.

semble qu'on devrait laisser de côté les deux formes de littérature générale considérées comme les plus pernicieuses (sans préjudice de leur qualité : il y en a d'excellentes, et même de géniales ; il y en a d'exécrables, et de la dernière vulgarité) : ce sont les érotiques et les policiers. Ils ne cherchent à tromper et ne trompent effectivement personne : contes de fées pour grandes personnes, aventures de Tintin pour adultes, ils relèvent probablement de la psychanalyse, comme le rêve éveillé ; ils éclairent pour chaque époque le contenu des mythes collectifs, mais quelle incidence ont-ils sur le réel ? Ce n'est pas pour avoir lu Sade que Jack l'Éventreur massacrait les prostituées de Londres. Les gangsters américains n'ont pas attendu de lire Chase ou Cheney pour mitrailler leurs compatriotes. Ces remarques devraient être banales, comme appeler « littérature de défoulement » ces rêves organisés qui offrent une inoffensive dérivation aux instincts secrets de luxure et de meurtre des plus paisibles citoyens[1].

Quand je lui ai donné à lire ces entretiens, elle m'a dit :

— Ma petite enfant, on ne vous entend pas assez.

— Mais, c'est de vous qu'il s'agit ! Ce que j'ai à dire n'est pas important.

— Vous vous trompez. Je connais peu de femmes ayant votre courage. Ici, on ne le voit pas assez. Retravaillez certains passages, soyez plus transparente.

— Je vais essayer.

J'ai relu ce que j'avais retranscrit de mes propos : je ne trouvais pas cela passionnant. Cependant, je voulais faire plaisir à Dominique. Je développais le passage sur la jalousie qu'elle disait ne pas connaître :

La jalousie, c'est le sentiment d'amour poussé à l'extrême ; c'est le désir de se fondre dans l'autre, d'être l'autre, de s'approprier l'autre. La jalousie, c'est la gorge sèche, les mains crispées, le cœur comme arrêté et qui repart tout à coup brutalement ; c'est le corps fouillé par une lame qui se plie sous la douleur, les genoux qui se dérobent, c'est les hurlements étouffés par les

---

1. « Le scandale de *Lolita* », *La Nouvelle Revue française*, n° 77, mai 1959.

coussins, les poings et le front meurtris contre les murs ; c'est le désir de réduire l'autre en miettes, de lui arracher les yeux, le sexe, le cœur de lui faire éprouver dans son corps la souffrance qui me taraude[1].

En relisant ces lignes, comme je la ressens cette jalousie. Un goût amer envahit ma gorge.

Quand Dominique Aury a lu ce qui précède, elle m'a dit :

— Comme vous avez dû souffrir, ma petite enfant !

Dominique Aury insistait pour que je la rejoigne au prix Femina. Peu après le succès de *La Bicyclette bleue*, ces dames m'ont élue en même temps que Claire Gallois. Quand Geneviève Dormann l'a appris, elle s'est écriée :

— Ne va pas avec ces vieilles peaux ! Tu vas prendre un sérieux coup de vieux !

Pour les remercier de m'avoir jugée digne de siéger parmi elles, je leur ai fait livrer des plantes carnivores.

Parmi elles, j'aimais beaucoup Zoé Oldenbourg dont le talent était grand, Suzanne Prou qui nous a annoncé un jour que sa petite-fille était atteinte du sida et Marie Susini qui, je l'appris plus tard, avait été hostile à mon élection.

À chacune des réunions, je m'asseyais aux côtés de Dominique. Je la taquinais souvent car elle ne votait que pour les auteurs Gallimard. Elle me répondait en souriant :

— Que voulez-vous, ma petite enfant, j'ai lu ces livres en manuscrits, je les ai aimés, c'est normal que je vote pour eux.

Cela m'agaçait. Une année, Pascal Quignard était le favori. J'ai réussi à ce qu'il n'obtienne pas le prix, malgré les qualités de son livre, en faisant remarquer aux membres du jury que nous allions nous couvrir de ridicule en faisant exactement ce qu'avait annoncé *Le Canard enchaîné*.

Je raccompagnais souvent mon amie chez Gallimard. Elle était toujours chargée d'un lourd cartable contenant des

---

1. Régine Deforges, in Madeleine Chapsal, *La Jalousie*, Fayard, Paris, 1994.

manuscrits qu'elle lirait dans la soirée. Elle marchait très droite, ne voulant pas que je me rende compte de sa fatigue : cela m'attendrissait. Elle maigrissait à vue d'œil et paraissait de plus en plus exténuée. Bientôt, elle n'est plus venue aux réunions : elle était malade.

J'allai à Boissise lui rendre visite. Quand j'entrai dans sa chambre, je fus saisie par l'odeur qui y régnait. Sa belle-fille voulait absolument qu'elle marche un peu dehors. Bien que nous la soutenions, Dominique trébuchait dans sa chemise de nuit sale. J'étais au bord des larmes. Comment pouvait-on laisser cette femme dans ce triste état ? Nous l'avons reconduite à sa chambre et je l'ai aidée à se remettre au lit. Oh ! Le pauvre sourire qu'elle m'a adressé. J'ai repris ma voiture. Je me suis arrêtée en pleurant pour fumer une cigarette. Je ne devais jamais la revoir.

Il est paru, il y a peu de temps, un livre sur Dominique Aury, écrit par une jeune femme, Angie David. Tout au long de ma lecture, je me disais : « C'est toi qui aurais du écrire ce livre. Toi seule pouvais lui rendre hommage et la montrer telle qu'elle était, avec ses peurs, son courage et cet abandon à l'autre qui me la rendait si chère et m'agaçait tout à la fois. »

41.

La campagne me manquait. J'avais remarqué que la couleur verte des prés, des champs et des arbres m'apaisait. Sonia Delaunay m'a loué une maison dans un hameau. J'avais obtenu de sa propriétaire la remise de six mois de loyer en échange de travaux importants. Je m'étais fait une joie de rencontrer ce peintre dont j'admirais le talent. Hélas, la femme n'avait pas le charme de sa peinture : elle manquait totalement de générosité. J'appris que le poète Vladimir Maïakovski avait fait de nombreux séjours dans cette maison et que, dans une remise, il y avait des panneaux peints et calligraphiés par lui.

J'ai acheté quelques meubles, mis le chauffage central, et une salle de bains. Un jardinier a discipliné le jardin et Maman et moi, nous avons planté des asperges, des pommes de terre et d'autres légumes. Je me souviens de mon émerveillement lors de la première récolte de pommes de terre. Allongée à plat ventre, je les déterrais tel un trésor. Comment une seule pomme de terre pouvait-elle en donner autant ?

J'ai aménagé le grenier en bibliothèque et en salle de télévision. De nombreux amis venaient passer le week-end. C'était alors de longs repas, des promenades en forêt et des visites chez les brocanteurs de la région.

J'avais fait la connaissance, chez Jacqueline de Guitaut, de René Andrieu, rédacteur en chef de *L'Humanité*. Cela m'avait amusée de rencontrer un communiste chez ma belle amie en compagnie de fêtards. Nous nous sommes revus. Il venait me chercher pour aller dîner et quand je lui demandais où il avait garé sa voiture, invariablement, il me répondait :

— À gauche, évidemment !

Je l'emmenai passer un week-end à la campagne et nous avons fait l'amour. Cette relation lui posait un problème parce que je n'étais pas de son sérail. Quand nous faisions les courses à Houdan, des gens le reconnaissaient et lui adressaient la parole : cela le gênait. François Maspero est venu lui aussi passer un week-end. Au cours d'une promenade dans la forêt de Rambouillet, nous avons joué à la guérilla, rampant pour n'être pas vus de l'ennemi. Il riait comme un enfant : j'aimais son rire.

Jacqueline de Guitaut, qui était directrice chez Dior, venait régulièrement et tenait à s'occuper des repas. J'ai en mémoire un dîner où le sanglier n'en finissait pas de cuire... J'aimais beaucoup mon amie Guitaut qui savait réunir autour d'elle des écrivains, des comédiens, des couturiers, des journalistes et des hommes politiques. Chez elle, rue de Savoie, je rencontrais le dessinateur Roland Topor, le comédien Mathieu Carrière, les historiens Georges Duby et François Furet, Georges Perec, Éric de Rothschild, l'éditeur italien Guilio Einaudi... Je l'avais connue mariée à Christian Bourgois, chez Geneviève Dormann où, en buvant force champagne, nous avions sympathisé. Très vite, nous sommes devenues amies, ce que Christian lui a reproché : je n'étais pas quelqu'un de convenable ! Quand elle me l'a raconté, quoique profondément blessée, j'ai pris le parti d'en rire.

Elle est toujours ma grande amie, ma complice, celle avec qui j'ai passé des soirées de gaieté et de folie...

Je voyais souvent Sonia Rykiel. J'aimais les vêtements qu'elle créait. Un jour, alors que je choisissais, dans sa boutique de l'avenue du Général-Leclerc, un pantalon et un pull-over d'un violet profond, j'ai demandé à la vendeuse si elle savait où je pourrais trouver des chaussures assorties. Elle m'a regardée d'un air ahuri et je suis partie avec mes achats, en haussant les épaules. Sans que je le remarque, Sonia avait assisté à l'entretien. Elle devait me dire, plus tard, que je l'avais intéressée par ma demande et la manière dont je portais ses vêtements. Quand elle a quitté l'avenue du Général-Leclerc pour ouvrir une nouvelle boutique rue de Grenelle, je suis devenue une cliente assidue, malgré mes faibles moyens. Pendant des années, à chaque nouvelle collection, j'ai acheté un ensemble noir et un autre de la couleur à la mode et ces vêtements ne se sont jamais démodés.

Elle et moi avons pris l'habitude de passer quelques jours ensemble au mois de juillet, tant au Coual, dans le Lot, qu'à l'île de Ré. Nous avions des fous rires de gamines qui agaçaient nos amants qui n'y comprenaient rien. Que pouvaient-ils comprendre aux hortensias noirs qui poussaient, selon nous, dans les ruelles de Saint-Cirq-Lapopie ? À nos chuchotements, à nos promenades dans les herbes hautes ? À nos accès de gourmandise : pour Sonia, d'horribles chocolats bourrés d'amandes et de fruits confits, pour moi, des cabécous et des clafoutis aux cerises bien noires.

Un été, je suis partie pour Ramatuelle où on m'avait prêté une maison, avec Franck et Camille. Nous fîmes le voyage dans la voiture, prêtée, elle aussi, par Roland B. Nous sommes arrivés en fin de journée. Quelle déception en découvrant une cabane qui ne comportait qu'une pièce sans aucun confort où logeait un essaim de frelons. Franck a couru au village alerter les pompiers qui sont venus avec l'équipement nécessaire. Pendant qu'ils chassaient ces horribles bestioles, nous sommes allés dîner à l'auberge du village. Épuisés par cette journée nous nous sommes couchés, Franck sous la tente qu'il avait apportée, Camille et moi dans le lit. Le lendemain, comme il n'y avait pas d'eau, nous avons fait notre toilette au lavoir municipal et, par la suite, notre lessive sous l'œil curieux des touristes étrangers qui nous photographiaient. Notre emploi du temps était simple : ménage, toilette, petit déjeuner à l'auberge où il y avait une délicieuse confiture de cerises, courses et plage. Je louais une mobylette pour Franck et nous déjeunions de sandwichs sous un parasol.

Pascal Jardin m'avait dit qu'il se trouvait à Saint-Tropez pour quelques jours et qu'il aimerait me voir. Chez lui, il y avait toute la bande de Stéphane, sa femme, et nous avons passé une journée agréable. Le lendemain, nous sommes partis visiter La Garde-Freinet et Port-Grimaud que je n'ai pas aimé du tout.

Une ou deux fois, j'ai pu retrouver Jean-Jacques qui faisait bâtir une maison au Rayol, ce qui me rendait triste et jalouse. Jamais nous n'aurions de maison ensemble !

Peu de temps après notre retour, nous avons appris la mort d'Albertine Sarrazin des suites d'une opération du rein ; elle avait vingt-neuf ans. « Albertine Sarrazin termine son étrange destin », pouvait-on lire dans la presse. Jean-Jacques a accusé le coup. Je me suis abstenue de tout commentaire et l'ai encouragé à se rendre à l'enterrement.

À son retour, nous sommes allés voir des films pornos dans l'arrière-salle d'un café de Pigalle : c'était lamentable et pas excitant du tout.

En ce temps-là, Paris au mois d'août était une fête, comme l'avait écrit Hemingway, un lieu de liberté, de plaisirs de toutes sortes, dans une ville sans voitures, sans hordes de touristes. Les beaux quartiers étaient déserts. Difficile de trouver une boulangerie ou un fleuriste ouverts. Tout d'un coup, la cité appartenait aux piétons, aux errants des bords de la Seine, aux promeneurs du Luxembourg, aux joueurs de boules des Arènes. Les passants marchaient à petits pas, le nez en l'air, tout au bonheur d'être à Paris. La nuit, on sentait même l'odeur des roses, des glycines, de l'herbe mouillée. Beaucoup d'hommes se retrouvaient célibataires, débarrassés de femme et d'enfants pour tout un mois. C'était le temps des rencontres sans importance, agréables, vite oubliées.

C'est au bar du Montana, rue Saint-Benoît, que j'ai fait la connaissance de Jean Castel et de Jean-Claude Merle qui dirigeait La Discothèque. Très vite, ils m'ont prise sous leur protection, s'étonnant qu'une jolie fille, si court vêtue, vienne seule boire un porto en tenant un long fume-cigarette à la main.

Les noctambules se rapprochaient les uns des autres, allaient danser chez Castel ou chez Régine, dans les bals de la rue de Lappe ou sur les bords de la Marne, à Nogent, manger une soupe à l'oignon aux Halles, encore en pleine activité, où, mêlés aux *louchébems* – nom d'argot donné aux bouchers parisiens –, ils prenaient un petit déjeuner à l'aube, les yeux battus, avant d'aller se coucher seuls ou non.

J'ai largement profité des mois d'août à Paris, savourant chaque instant de cette solitude qui n'en est pas une dans cette ville qui se prête aux rencontres. Jean-Jacques était-il au courant de mes escapades amoureuses ? Je n'en sais rien. Cette solitude me pesait quelquefois. Bien des nuits, je me suis retrouvée seule, assise au bord du canal Saint-Martin ou sur les berges de la Seine, des idées noires plein la tête. Ou bien, roulant dans le bois de Boulogne, regardant le manège des partouzeurs.

C'est au cours d'une de ces nuits, où tout devient possible, que j'ai rencontré Gary Hemming. Il était assis sur un banc du boulevard Saint-Germain, pieds nus dans des espadrilles déchiquetées, posés sur un sac à dos, les cheveux longs et en bataille, une barbe blonde de plusieurs jours. Il fumait en dodelinant de la tête. Sa figure me disait vaguement quelque chose. Je lui ai demandé s'il n'avait besoin de rien. Il m'a fait un grand sourire amical.

— *Yes*, j'ai faim ! a-t-il répondu avec un accent américain.

Au Old Navy, bistrot ouvert toute la nuit, j'ai acheté un sandwich et une bière pour « mon Américain ». Sans me remercier, il a dévoré le sandwich.

— Pas si vite ! Cela va vous faire mal.

— Vous parlez comme ma mère !

Cela m'a fait rire. Je lui ai tendu la bière qu'il a bue au goulot. Son repas terminé, il a allumé une Gitane et moi une Philips Morris.

— Où dormez-vous ?

— Ici, sans doute.

— Venez à la maison.

Il avait l'air heureux de ma proposition. Rue Saint-Benoît, nous sommes montés dans ma voiture dont j'ai baissé la vitre pour chasser l'odeur de « mon Américain ». Vivement que l'on soit arrivés pour qu'il prenne un bain ! ai-je pensé.

À la maison, tout le monde dormait. Je fis signe à mon hôte de ne pas faire de bruit et de me suivre à la cuisine où je préparai du café. Pendant qu'il buvait un café, je lui fis couler un bain. Tout ce remue-ménage a réveillé Maman. Je lui ai dit que j'avais ramené quelqu'un qui ne savait pas où dormir.

— Je vais préparer son lit, a-t-elle répliqué simplement.

Quand « mon Américain » l'a vue, il s'est levé et s'est incliné respectueusement.

— Bonne nuit, a dit Maman, qui est retournée se coucher.

Il a pris son bain, lavé ses cheveux, s'est rasé et il est apparu métamorphosé. Et je l'ai reconnu. C'était Gary Hemming, celui qui avait sauvé des alpinistes allemands aux Drus, dans le massif du Mont-Blanc, en 1966. Les journaux avaient fait largement état de ce sauvetage et avaient surnommé le sauveteur le « Beatnik des neiges ».

Avant d'aller nous coucher, nous avons bavardé quelques instants en buvant et en fumant.

Le lendemain matin, Franck s'est précipité dans ma chambre en criant :

— Il y a un homme qui dort dans le salon !

Je l'ai rassuré en lui disant que c'était un ami.

— Comment s'appelle-t-il ?

— Gary Hemming, il est américain.

J'ai préparé le petit déjeuner auquel « mon beatnik » a fait honneur. Maman avait profité de son sommeil pour laver ses vêtements et il s'est confondu en remerciements. Pendant qu'ils séchaient, je lui ai prêté un vieux pantalon, une chemise et une paire de chaussettes et Maman, qui avait jeté les espadrilles, lui a donné une paire de souliers que Papa avait oubliée lors de sa dernière visite. Ainsi équipé, il avait l'air d'un jeune étudiant américain. Pendant le déjeuner, il nous a raconté le sauvetage des Allemands, décrivant les circonstances épouvantables de l'ascension : orage, pluie, froid. Franck l'écoutait bouche bée.

— La montagne, pour moi, c'est une expérience physique complète, un engagement absolu où je mets ma vie en jeu. Une erreur, et je perds.

Il a éclaté de rire.

— Il ne faut pas se prendre au sérieux, l'humour est nécessaire.

Ensuite, je lui ai fait visiter Paris. Tout lui plaisait : les bouquinistes, les bateaux-mouches, la tour Eiffel, l'Arc de triomphe, Notre-Dame, Montmartre et Pigalle. Dans un café de la rue de Buci, il a tenté de m'embrasser ; je l'ai repoussé gentiment.

— Vous êtes une allumette !

Je ne comprenais pas. Il a insisté :

— Vous êtes une allumette !

J'ai ri. Il voulait dire : « Vous êtes une allumeuse ! » Là, il exagérait. Avait-il pris le fait de lui offrir un lit comme une invitation ?

Il a passé une nouvelle nuit à la maison et m'a vanté les effets du LSD, moyen efficace à ses yeux de se dépasser. Je ne lui ai pas dit mon aversion pour les drogues : il se serait sans doute moqué de moi. Nous sommes allés aux studios des Buttes-Chaumont voir : *La Conquête de l'Angleterre par les Normands* consacré à la bataille d'Hastings, tourné à Caen pour la télévision, par Jean Herman que l'on connaîtra plus tard sous le nom de Jean Vautrin. Gary Hemming, avec de longues moustaches, tenait le rôle du roi Harold. Non sans mal car il ne connaissait pas son texte. Dans le film, on ne voyait que ses yeux bleus, son sourire et ses cheveux blonds. Il est reparti le lendemain. Par la suite, j'ai appris sa mort au bord d'un lac dans le Wyoming, d'une balle dans la tête. Suicide ? Assassinat ? On ne l'a jamais su. Cela m'a fait de la peine. Il avait trente-neuf ans...

42.

Franck allait sans enthousiasme à l'école de la rue Saint-Charles. Mais il travaillait bien. Il avait une adoration pour Camille, lui donnait volontiers son biberon ou son bain, sous l'œil attentif de sa grand-mère.

Jean-Jacques venait souvent voir sa fille. À chacune de ses visites, il semblait surpris d'être le père de cette enfant gaie et pleine d'entrain qui lui tendait les bras sans connaître le lien qui les unissait. Quand je lui ai dit, quelques années plus tard, qu'il était son frère, elle m'a regardée fièrement avec une grande joie dans le regard et m'a dit :

— Je le sais depuis longtemps !

Est-ce cette année où Franck a fait une fugue ? Il était sept heures du soir et n'était pas encore rentré. Je suis allée à l'école où le directeur m'a affirmé que tous les élèves étaient partis. Mais, en sortant de son bureau, j'ai croisé un couple dont le fils était un ami de Franck : leur fils Didier avait aussi disparu. Nous sommes allés au commissariat où l'on nous a fait attendre pour finir par nous dire que les garçons devaient être chez nous ; ce n'était pas le cas. J'appelai Pierre, espérant que son fils avait peut-être eu envie de le voir. Il n'avait aucune nouvelle. J'ai réfléchi. La nuit était tombée quand, tout à coup, j'ai compris. Franck me parlait sans cesse des Templiers depuis que nous étions allés visiter le château de

Gisors où un gardien bavard nous avait raconté qu'il avait découvert le trésor des Templiers. Certains historiens pensaient que cette légende reposait sur un fond de vérité. Il n'en fallait pas plus pour que mon petit garçon se mette à rêver de coffres débordant de pièces d'or et de pierreries. J'ai rappelé son père pour lui donner rendez-vous devant la mairie de Gisors. J'ai roulé vite, très vite, dans la nuit noire. Quand je suis arrivée, Pierre était déjà sur place. Je lui ai expliqué pourquoi je croyais que Franck devait être dans le coin. Nous sommes allés à la gendarmerie où se trouvaient les parents de Didier. Les enfants avaient été ramassés par les gendarmes qui s'étaient étonnés de voir deux gamins si jeunes faire du stop en pleine nuit. Ils avaient l'air penauds. Franck s'est précipité vers nous. Pendant le trajet de retour, il m'a demandé :

— Comment m'as-tu retrouvé ?

— À cause du trésor des Templiers.

— Tu crois qu'il se trouve dans le château ?

— Je n'en sais rien. Dors. Mais, avant, raconte-moi comment vous êtes arrivés à Gisors ?

— Nous avons pris le train jusqu'à Pontoise où nous avons emprunté deux mobylettes...

— Volées, tu veux dire !

— Volées, si tu veux. Celle de Didier est tombée en panne, je l'ai pris sur le porte-bagages de la mienne jusqu'à ce qu'elle aussi tombe en panne. Nous avons continué à pied. Qu'est-ce que la nuit était noire ! Didier était mort de peur. J'ai cherché le château. Nous avons fait du stop. Une voiture s'est arrêtée : c'était une voiture de la gendarmerie. Ils nous ont embarqués comme des voleurs. À la gendarmerie, ils ont appelé nos parents. Ceux de Didier ont répondu, pas vous. Ensuite, ils nous ont donné quelque chose de chaud à boire et vous êtes arrivés.

Maman nous attendait. Quand elle a vu Franck, elle l'a serré contre elle en pleurant.

— Mon petit ! Mon petit !

L'affaire m'avait donné l'occasion de constater à quel point mon fils était sensible aux histoires les plus extravagantes. Devais-je surveiller ses lectures ? Je ne le pensais pas, sachant, par expérience, que rien ne détourne le lecteur de son rêve.

J'ai reçu un curieux manuscrit du Canada, *Aïcha la rebelle*[1], accompagné de dessins érotiques naïfs de l'auteur, un certain André Théveneau. J'ai décidé de le publier à mille exemplaires avec ses illustrations. Le roman se passait pendant la guerre d'Algérie où les tortures s'accompagnaient de scènes érotiques ; c'était le pendant pornographique de *Tombeau pour cinq cent mille soldats*[2] de Pierre Guyotat, publié par l'honorable maison Gallimard. Le livre n'a eu aucun succès. Pour mon plaisir, j'ai relié un exemplaire accompagné des dessins originaux.

J'ai retrouvé des textes et des dessins érotiques du même auteur. Qu'en faire ?

Manon travaillait toujours avec moi. Elle avait une nouvelle amie, Françoise V., ravissante et très sympathique, avec qui elle flirtait. Bernard Gaugain, le libraire, regardait tout cela de haut, avec une ironie amusée. La vie sexuelle de ce garçon était pour moi un mystère.

La librairie du Palimugre était devenue le lieu de rendez-vous des amateurs d'étrange et de tatouages qu'ils exhibaient volontiers. À leur demande, j'avais fait venir des livres du Japon, de maîtres dans l'art du tatouage qui connurent un grand succès. Au même moment s'ouvrait la FNAC, qui faisait des remises importantes à ses clients. Certains des habitués du Palimugre allaient y acheter des ouvrages courants, ne nous laissant que les livres difficiles à obtenir.

Les affaires étaient de plus en plus dures tant pour la maison d'édition que pour la librairie.

---

1. Régine Deforges, Paris, 1977.
2. Gallimard, Paris, 1967.

Je viens de relire quelques pages de mon journal de l'époque :

Il faut que j'arrive à exprimer mon angoisse. Je dois trouver quel est mon handicap profond face au travail, à l'argent, à la société. Mon comportement m'effraie. Je suis comme emmurée à l'intérieur de moi-même. Je voudrais m'intéresser à autre chose qu'à moi. Je n'y arrive pas ! J'enrage ! Je suis mécontente de moi ! Ma veulerie est de plus en plus grande ! Mon esprit est flottant. Les jours s'écoulent sans joie. Chaque matin apporte l'angoisse et la nuit l'insomnie. L'avenir s'annonce dur, très dur. Je me regarde avec lucidité, mais passivement. Je me juge durement, mais avec désinvolture. Je vis dans les rêves. Je fuis la réalité, même la plus pressante. Je perds le goût des choses simples. Ma lassitude augmente. Je vieillirai seule : le temps a eu raison de mon amour. Je suis perdue... J'ai peur de ne plus aimer Jean-Jacques...

J'avais visité, rue Saint-André-des-Arts, un appartement qui me plaisait beaucoup. L'annonce était rédigée ainsi : *Appartement de cinq pièces plus trois*. Je croyais qu'il s'agissait de trois chambres de bonne. Erreur, il s'agissait de deux appartements situés au même étage : cinq et trois pièces. Idéal pour moi : la famille pourrait vivre dans le cinq pièces et moi dans le plus petit. Après avoir trouvé l'argent nécessaire, nous avons signé chez un notaire de Sarcelles. J'ai entrepris des travaux, à commencer par une grande bibliothèque dans ma chambre tendue de velours bronze. Maman et moi avons choisi pour l'appartement familial un papier peint à grandes fleurs comme c'était la mode de l'époque. Franck, Camille et Maman avaient leur chambre. Mon frère Bernard dormait dans celle de sa mère.

Au cours d'un dîner chez Henri Philippon, auteur de livres sur la cuisine provençale et périgourdine, de guides divers et de l'almanach de Saint-Germain-des-Prés, Jean-Jacques et moi avons fait la connaissance de Michel et de Marina de Grèce, de Marthe de La Rochefoucauld et de la chanteuse Nicoletta. Le dîner était délicieux et fort joyeux.

À la demande de Michel de Grèce, je commençai à organiser chez lui des dîners où j'invitais des écrivains. Ces dîners étaient très gais, malgré la nourriture déplorable. Jamais je n'ai réussi à obtenir que soit servi un bon repas. C'est ainsi qu'ont défilé à la table princière Yves Navarre, qui venait de recevoir le prix Goncourt, Jean-Edern Hallier, qui en était très jaloux, Madeleine Chapsal, Pierre Combescot, Geneviève Dormann, Pascal Jardin, Jean-Jacques Pauvert, Pierre Emmanuel, Pierre Bourgeade, Claude Durand, Jean-Claude Brisville, Tony Duvert, Nelly Kaplan, Dominique Aury qui appela Michel de Grèce « monseigneur », en esquissant une révérence, ce qui m'agaçait de sa part.

J'avais rencontré chez eux Niki de Saint Phalle et Jean Tinguely, tous les deux très sympathiques. Tinguely nous a emmenés dans la forêt de Fontainebleau voir la cabane qu'il s'était construite dans les bois. Dans son atelier, nous avons vu ses sculptures et ses mobiles. Niki n'avait pas encore commencé ses *Nanas* ni son *Jardin des tarots*.

Un été, Michel de Grèce nous a invités, Camille et moi, à passer quelques jours chez lui à Athènes. Était là Frédéric Mitterrand avec qui j'ai visité Delphes et de nombreuses îles où nous accostions avec le grand voilier qui appartenait au père de Marina. À bord, la nourriture était meilleure qu'à Paris : tomates, olives noires et feta, plus rarement du poisson grillé. J'étais surprise par le dénuement des îles dont le seul commerce était une épicerie-buvette aux étagères vides. Il y avait aussi des réceptions très courues par la bonne société d'Athènes où Michel m'a présentée à son oncle, « le roi d'Italie », devant qui j'ai refusé de me lever et de faire une révérence. J'ai fait la connaissance de Constantin Caramanlis avec lequel j'ai sympathisé et qui m'a demandé de l'accompagner à Salonique, ce que j'ai accepté avec joie. Cette ville me faisait rêver, depuis que j'avais vu *Salonique, nid d'espions*, avec Louis Jouvet, Pierre Fresnay, Charles Dullin et Viviane Romance. D'Athènes, le voyage en avion était court. Je marchais aux côtés de Caramanlis sur un tapis rouge, vêtue d'une de mes blouses de coton noir et chaussée d'espadrilles, avec pour tout bagage un baluchon formé avec un large carré de tissu noir, contenant mon passeport, un porte-monnaie et un livre. J'ai été un peu déçue par la ville, laide et banale, mais amusée d'être accueillie avec déférence par des hommes politiques grecs qui devaient se demander ce que je faisais auprès de leur Premier ministre.

Cette année-là et la suivante, j'ai revu Michel de Grèce à de nombreuses reprises pour travailler sur des romans policiers écrits à six mains : Michel, Frédéric et moi-même : l'intrigue devait se dérouler dans les milieux cosmopolites européens que Michel connaissait bien. Frédéric et moi avions accepté de participer à cette aventure pour notre ami qui ne se sentait pas le talent d'écrire lui-même ce genre de roman. Très vite, j'ai compris que cela n'aboutirait jamais, tant nos conceptions de l'intrigue policière et de la littérature étaient éloignées. Nos rencontres de travail devenaient de plus en plus tendues : le projet n'a pas abouti.

43.

La première fois que je suis allée à Ré, invitée par Madeleine Chapsal, j'avais emmené Camille et j'avais commencé un roman sur mes grands-mères, Blanche et Lucie. Cette fois, je m'étais promis d'aller au bout du travail entrepris et j'ai tenu parole. Durant mon séjour, j'écrivais toute la journée, face à un mur, pour ne pas me laisser distraire. Je ne m'accordais quelques pauses que pour accompagner Camille à la plage et faire des courses de première nécessité, Madeleine s'occupant du reste. À la fin des vacances, j'avais écrit une centaine de pages.

Cet été-là, j'ai lu l'Apocalypse de saint Jean à ma fille. Comme elle se plaignait de ne rien comprendre, j'ai acheté des feuilles de papier à dessin, des crayons de couleur et des feutres et je me suis lancée dans l'illustration de ce texte sacré. J'y ai pris un grand plaisir et j'ai été heureuse de voir que Camille semblait comprendre le récit de Jean, grâce, peut-être, à la naïveté de mes dessins plus proches de ceux d'un enfant de dix ans que de ceux d'une adulte.

Pour rattraper le temps perdu à dessiner, je me levais de plus en plus tôt.

Avant les vacances, quelques amis éditeurs m'avaient demandé ce que je faisais.

— J'essaie d'écrire un roman.

Tous avaient répondu :

— Il faudra nous le montrer.

J'avais parlé à Jean-Jacques de mon projet. Il m'avait regardée d'un drôle d'air avant de me dire :

— Vous, vous n'écrirez jamais !

Cette réflexion m'avait anéantie. Comment pouvait-il me parler si durement ? Je l'avais quitté en retenant mes larmes et, rentrée à la maison, je m'était jetée sur mon lit en sanglotant.

Les travaux que j'avais entrepris rue Saint-André-des-Arts étaient restés en suspens par manque d'argent. Pour table de travail, je ne disposais que d'une planche posée sur des briques. Mais j'ai continué à écrire et, bientôt, est arrivé le mot « fin ». J'ai tenu ces quelques pages serrées contre moi et me suis regardée dans une glace avec un air triomphant.

— Tu as gagné ! ai-je murmuré à voix haute.

J'avais gagné contre la peur, contre la haine, la bêtise et l'humiliation. J'ai gardé cette habitude enfantine d'interpeller mon reflet, en serrant mon travail contre moi.

J'ai demandé à Dominique Aury de lire mon roman et de me donner sincèrement son avis. J'avais remis le manuscrit à ceux qui me l'avaient demandé : Roland Laudenbach de La Table Ronde, Bernard de Fallois, Yves Berger de chez Grasset et Alex Grall qui dirigeait les éditions Fayard. Deux jours plus tard, j'ai reçu un appel de Laudenbach m'annonçant que mon roman lui plaisait. Dans le même temps, Alex Grall et Bernard de Fallois me dirent la même chose. Ce qui ne fut pas le cas d'Yves Berger qui m'a avoué avoir été très déçu. (Par la suite, devant le succès de *La Bicyclette bleue*, il reconnaîtra s'être trompé.) Malgré cet avis négatif, je me suis sentie rassurée. La semaine suivante, j'avais rendez-vous avec Laudenbach, Fallois et Grall. Laudenbach m'a proposé un à-valoir important. Je lui ai dit que je voulais réfléchir. Je suis allée voir Alex Grall à qui j'ai annoncé le montant proposé par La Table Ronde. Il m'a dit :

— Je double !

J'ai éclaté de rire et tendu ma main en disant :

— Topons là ! Comme le font les marchands de tapis ou de bestiaux.

Nous avons topé avec des fous rires. Il m'a aussitôt signé un chèque. Je suis allée, en courant, légère, rejoindre Bernard de Fallois rue Christine à La Cafetière où nous avions rendez-vous et je lui ai dit tout de go que j'avais signé avec Fayard.

— Combien ? m'a-t-il demandé.

Je lui ai dit le montant.

— C'est bien. J'aurais été jusqu'à... mais pas au-delà.

Nous avons bavardé quelques instants et nous sommes quittés bons amis.

En le quittant, je suis passée rue de Nesle, aux éditions Pauvert où j'ai agité mon chèque sous le nez de Jean-Jacques.

— Vous m'aviez bien dit que je n'écrirais jamais ?

— Je me suis trompé. Je suis très heureux pour vous.

Il avait l'air sincère.

Le surlendemain, Dominique Aury m'a téléphoné pour me dire tout le bien qu'elle pensait de mon livre et que Gallimard acceptait de le publier.

— Pourquoi ne m'avez-vous pas dit que vous le présentiez à Gallimard ?

— Je voulais vous faire une surprise.

— Vous étiez donc bien sûre que ce livre leur plairait ?

— Oui. Je n'en ai pas douté un seul instant.

J'ai été émue de sa confiance. Mal à l'aise, je lui ai dit que j'avais signé avec Fayard.

— Quel dommage ! soupira-t-elle après un court silence.

Par la suite, Antoine Gallimard m'a reproché d'avoir « trahi » mon amie. J'ai tenté de lui dire que je n'étais pas au courant de sa démarche : il ne m'a pas crue. Heureusement, Dominique ne m'en a pas tenu rigueur.

Je repense avec amusement à Georges Lambrichs, directeur littéraire chez Gallimard, avec qui je prenais un verre au bar du Pont-Royal, qui m'avait dit le plus sérieusement du monde à propos de *Blanche et Lucie* dont il avait lu le manuscrit :

— Si j'avais su que je le lisais pour rien !

A-t-il compris mon éclat de rire ? Pas sûr.

Je me souviens de mon émotion quand j'ai tenu mon livre imprimé entre mes mains : je n'arrivais pas à réaliser que c'était bien « mon » livre, publié sous le titre de *Blanche et Lucie* et dont j'avais choisi la couverture. La presse a été bonne, et j'ai été sur la première liste du prix Goncourt. Le roman a obtenu un joli succès. Je le donnai à lire à Maman qui, après lecture, m'a dit ce simple mot :

— Chapeau !

J'ai été invitée à passer à « Apostrophes » où Bernard Pivot m'a fait des compliments. Et puis je suis passée à autre chose...

En même temps que *Le Nécrophile*[1], j'ai publié *Les Chansons de salle de garde*[2], *Madame Puthiphar*[3] de Pétrus Borel, *Le Jardin parfumé*[4], roman arabe de Cheikh Nefzaoui, *L'Île*[5] d'Anne Lauris et *Le Bel Aujourd'hui*[6] de Claude Eymouche : ces deux derniers furent interdits à la vente aux mineurs. Par ailleurs, aucun de ces livres n'eut de succès ! La Commune libre de Montmartre m'attribua le prix Chevalier de La Barre, récompensant « mon combat contre la censure ! » et me fit, à cette occasion, citoyenne d'honneur. Derrière la fanfare des petits poulbots, j'ai déambulé à travers les rues de la Butte en compagnie de Léo Campion, de Robert Sabatier, de Jacqueline de Guitaut et de Camille qui n'était pas peu fière.

---

1. Verticales, Paris, 2001.
2. La Table ronde, Paris, 1972.
3. Régine Deforges, Paris, 1972.
4. Régine Deforges, Paris, 1973.
5. Régine Deforges, Paris, 1972.
6. La Table ronde, Paris, 1974.

J'ai poursuivi mon travail d'éditeur. La publication de livres érotiques ou non devenait de plus en plus difficile. J'ai parlé à Guy de Roquemaurel, un de mes banquiers, qui m'a conseillé de trouver des partenaires disposés à mettre de l'argent dans une maison d'édition. J'ai demandé également conseil à François Cariès qui travaillait à la banque Rothschild : sa réponse a été la même. Ils en avaient de bonnes ! Croyaient-ils sincèrement que je trouverais un mécène, surtout pour publier des livres ! Peut-être, si je leur avais proposé une boîte de nuit ou, mieux, un film avec une grande vedette, aurais-je trouvé cette bête rare ! J'avais l'impression de me débattre dans une gigantesque toile d'araignée, où l'animal, doté de nombreuses pattes, cherchait à m'attraper et à me dévorer. Parfois, j'avais des moments de panique qui me laissaient anéantie, au bord de la nausée, sans forces. Je faisais des efforts inouïs pour donner le change à ceux ou celles que je croisais à la librairie et surtout à Jean-Jacques. Je connaissais ses soucis et ne voulais pas y ajouter les miens. Quand je repense à cette époque, je suis saisie d'un tremblement que j'ai du mal à maîtriser. Où ai-je trouvé la force de surmonter cela ? Sont-ce mes prières adressées à un Dieu auquel je ne croyais pas ?

Comme si cela ne suffisait pas, j'ai reçu une *contrainte par corps*, me menaçant d'emprisonnement en cas de non-paiement de mes amendes.

Que devais-je faire ? Jean-Jacques était atterré et Me Matarasso bien embêté. J'en parlai à Pierre Emmanuel qui s'écria :

— Il faut alerter la presse et recueillir des signatures en votre faveur.

— Comment faire ?

— Je m'en charge.

Il tint parole et rédigea un texte intitulé : « Les frontières de l'interdit » qui fut publié par *Le Figaro*[1] :

---

1. *Le Figaro littéraire*, 17 mars 1973.

Enfreindre tout interdit, même dans le domaine de l'imaginaire, peut conduire à la folie, et ces livres sont démentiels avec rigueur. Ils approchent d'un point extrême de l'être, du lieu de non-retour. D'où leur fin, généralement catastrophique. Le lien qu'ils révèlent entre l'esprit et le sexe, entre le sexe, le sang, l'ordure, la mort, l'équivoque relation qu'ils soulignent entre victime et bourreau, tout cela est odieux à notre confort intellectuel. Mais cela est de l'énigme de l'homme, que notre temps redécouvre dans le chaos de l'histoire et du désordre des mœurs.

L'académicien concluait :

Signer la pétition pour Régine Deforges est ma façon de soulever l'interrogation suivante : quelle est la logique d'ensemble des autorisations et des interdictions ? La pornographie qui s'installe chez nous pour durer pose-t-elle ou non une question sociale, voire un problème philosophique, et notre société a-t-elle les yeux assez ouverts, l'âme assez solide, pour se les poser sans préjugé d'aucune sorte ? On peut concevoir qu'incapable de se les poser, elle se contente de laisser faire, parce que ainsi va la pente des mœurs. Mais, dans ce cas, pourquoi cette sévérité contre un artisan de l'érotisme alors qu'il existe un commerce du sexe ?

À la suite de cet éditorial du poète-académicien, Alexandre Astruc, Hugues Aufray, Georges Brassens, le général Buis, Cabu, Jean et Yolande Castel, Cavanna, Choron, Michel Décaudin, Sonia Delaunay, Jean Dubuffet, Eiffel, Faizant, René Fallet, Max-Pol Fouchet, Abel Gance, Gébé, Agathe Godard, Eugène Ionesco, Félix Labisse, Louis Malle, Claude Mauriac, Darius Milhaud, Louis Pauwels, Reiser, Alain Resnais, Alain Robbe-Grillet, Éric de Rothschild, Sonia Rykiel, Mort Shuman, Jean Seberg, Sempé, Philippe Soupault, Roger Vadim, Wolinski ont signé la pétition. Certains éditeurs français ne l'ont pas fait. Jérôme Lindon est allé jusqu'à me dire qu'il ne pouvait pas signer cette pétition, car « j'en avais fait une affaire personnelle », même remarque de Paul Flamand, directeur des Éditions du Seuil. J'étais abasourdie !

Mais c'était moi que l'on voulait mettre en prison ! Comment ne pas en faire une affaire personnelle ?

Je me rappelais le temps où ils m'encourageaient à tenir tête à la censure :

— Vous êtes le fer de lance de notre combat, avait affirmé Lindon.

J'ai lu dans mon journal :

> *Je ne crois plus à la liberté d'expression que je réclame, ni à l'abolition de la censure, ni à l'intelligence, ni à la bonté, ni à la sincérité, ni à l'honnêteté. Ce monde est pourri et s'effondre sous nos pas, nous entraînant dans sa fange ! Je ne vois autour de moi que des lâches, des menteurs avides, des tricheurs et des traîtres, des maquereaux et des valets. Je les méprise, je les hais !*

Je retrouve un texte qui accompagnait la pétition de Pierre Emmanuel :

> *Régine Deforges, éditeur, après avoir vu sa maison, L'Or du temps, coulée par les interdictions, les saisies, les poursuites et les condamnations, se voit réclamer, personnellement, le règlement de lourdes amendes avec contrainte par corps dans les cinq jours à défaut de paiement. Ceci pour avoir refusé de s'auto-censurer en faisant le dépôt préalable de tous les livres ainsi que lui ordonne l'article 14 de la loi du 16 juillet 1949. Cette mesure est non seulement humiliante pour l'éditeur mais ruineuse puisqu'il doit faire le dépôt de cinq exemplaires tels qu'ils seront vendus en librairie et attendre trois mois le bon plaisir des censeurs. Régine Deforges dont le courage a été salué à maintes reprises par la presse internationale est incapable de faire face.*
> *L'emprisonnement d'un éditeur à Paris pour « refus de dépôt préalable de ses livres », c'est-à-dire de censure préalable, est donc une question de jours.*

Les soussignés protestent contre cette nouvelle atteinte à la liberté d'expression et au libre exercice du métier du livre et rappellent que la loi du 29 juillet 1881 proclame que « l'imprimerie et la librairie sont libres ». Ils demandent la remise totale des sommes dues par Régine Deforges.

De plus, Régine Deforges s'est vu notifier par M. Sablerolles, juge d'instruction, après saisie de cinq de ses publications par la police, six inculpations pour outrage aux bonnes mœurs par la voie du livre. Elle doit donc se présenter en mars prochain devant la 17e chambre correctionnelle et se voir, selon toute vraisemblance, condamner à de nouvelles amendes et, pourquoi pas, à des peines d'emprisonnement.

Antoine Blondin m'envoya un mot :

Je pense que la censure est une injure personnelle. Car le fait même de peindre, de sculpter ou d'écrire, implique une telle retenue que venir nous dire, par la suite, ou nous imposer, un quelconque « diktat » revient à se substituer à nous, qui sommes assez attentifs pour savoir ce qui peut choquer le bon sens, le bon goût, et nos mères. L'auto-censure (passez-moi l'expression) est le premier devoir d'un artiste. Faites en sorte que ce ne soit pas le dernier, ou, alors, venez fouiller dans nos corbeilles à papier(s).

À l'étranger, ce n'était guère plus brillant : j'ai reçu un avis de destruction par le feu de la traduction d'*Irène* en Grèce. En Italie, le tribunal de Turin me condamna ainsi que Jean-Jacques Pauvert, Jérôme Lindon, Éric Losfeld, Christian Bourgois pour « publications obscènes » et nous menaça d'emprisonnement si nous entrions en Italie...

Pour couronner le tout, j'ai reçu une lettre du maire du VIe arrondissement disant :

Je vous informe qu'à la suite d'un avis de l'Institut national de la statistique des études économiques, je vous ai radiée des listes électorales de mon arrondissement. Si vous désirez connaître le motif de cette radiation, il vous appartient de vous présenter personnellement au bureau de ma mairie.

Je m'y attendais. Me Matarasso m'avait annoncé que du fait de ma condamnation pour *outrage aux bonnes mœurs*, je ne pourrais plus voter. Plus tard, je fus amnistiée par le président Pompidou.

Je relève dans mon journal de l'époque ces mots de mon mal-être : *Je perds ma vie ! Je me veux calme, raisonnable, apaisée, aimable, gaie... Rien de tout cela ne semble fait pour moi. Je possède encore la vitalité de la jeunesse : pour combien de temps ? Je guette l'apparition du premier signe de vieillesse : j'essaie de m'y préparer.*

Pourquoi écrire ces mémoires qui me replongent dans le passé ? Il me semble que toutes ces années ont été vécues par quelqu'un d'autre, quelqu'un qui ne comprenait rien, ne savait rien ! Pourquoi revivre cette peur de perdre Jean-Jacques, de n'être plus aimée de lui ? Pourquoi tant de tromperies alors avec des hommes que je n'aimais pas ? Pour compenser ? Compenser quoi ? Le fait qu'il soit marié ?

— Je n'aime pas interrompre ce que j'ai entrepris, m'avait-il dit un jour.

J'étais prévenue... Qu'attendais-je alors ? D'être préférée ? Sans doute. Quoi qu'il en soit, ce que je revis me fait mal.

44.

En dépit de mon manque d'argent, j'aimais recevoir des amis. Romain Gary m'avait interrogée sur André Pieyre de Mandiargues qu'il ne connaissait pas et qu'il avait très envie de rencontrer. J'en parlais à Mandiargues qui me répondit avec une certaine condescendance.

— Eh bien, faites un dîner si vous voulez.

Sont venus Geneviève Dormann et Pascal Jardin et puis Romain, en retard. Ses cheveux noirs soigneusement plaqués, ses yeux d'un bleu intense auxquels il avait assorti sa chemise froissée. Il était vêtu d'une sorte de pantalon de treillis et chaussé de bottes de parachutiste. Pendant le dîner, il a écouté bouche bée le « grand romancier » qui pérorait d'une façon que je jugeais déplacée et ridicule. Gary, fasciné, se goinfrait et buvait beaucoup. À ma demande, il nous a parlé de son engagement auprès du général de Gaulle, de l'escadrille de Nancy, du groupe de bombardiers Lorraine, de sa fierté d'être Compagnon de la Libération, ce qui a provoqué un méchant rire de Mandiargues qui devenait de plus en plus désagréable et montrait le mépris dans lequel il tenait mon hôte. Je ne savais plus où me mettre.

À la fin du repas, Romain Gary s'est levé en titubant pour partir. Je l'ai raccompagné jusqu'à l'ascenseur.

— C'est un drôle de type, ce Mandiargues, a-t-il dit simplement.

314

Furieuse, j'ai demandé à Mandiargues pourquoi il avait été aussi déplaisant envers quelqu'un qui l'admirait tant.

— Parce que c'est un mauvais écrivain, a-t-il rétorqué.

Quand j'en ai parlé à Jean-Jacques, il m'a dit :

— C'est parce qu'il est jaloux.

— Jaloux ?

— Oui, il ne supporte pas que Gary ait plus de talent que lui.

J'ai revu Romain de loin en loin. Un jour, au milieu des années soixante-dix, je l'ai aperçu dans la rue, sur le trottoir opposé à celui où je marchais. Il m'a vue, m'a fait un grand signe de la main et a crié :

— Il ne faut pas croire tout ce qu'il y a dans les livres !

Dans *Au-delà de cette limite votre ticket n'est plus valable*, le héros de la Seconde Guerre mondiale, l'homme couvert de femmes, venait de reconnaître qu'il était, comme tous les autres hommes, victime de la peur du *fiasco*, selon le mot cher à Stendhal. Ce cri, jeté d'un trottoir à l'autre, par-dessus la circulation, ne m'avait pas rassurée. Je ne devais plus le revoir.

Son suicide ne m'a pas surprise. Il a mis fin à ses jours en se tirant une balle dans la bouche avec son colt 38. Il avait laissé un mot : *Les fervents du cœur brisé sont priés de s'adresser ailleurs. Je me suis bien amusé, au revoir et merci.*

Je revois sa longue silhouette, légèrement voûtée, s'éloigner... j'aurais dû le rattraper, lui proposer de prendre un verre au Flore ou aux Deux Magots...

Il me revient en mémoire un autre dîner où j'avais invité Pierre Emmanuel et sa femme, Janine Loo, la fille de l'antiquaire chinois qui possédait la « pagode » de la rue de Courcelles, Jean-Jacques Pauvert et une ou deux autres personnes. Un ami m'avait offert des perdreaux et un autre d'excellentes bouteilles de bordeaux. Le repas avait été délicieux et mes hôtes satisfaits. À quelque temps de là, j'ai dû payer une nouvelle amende : je n'avais pas le premier sou. Avec gêne, j'ai demandé à Janine Loo de me prêter cet argent. Sa réponse m'a fait de la peine.

— Ce n'est qu'un mauvais moment à passer. Bientôt, vous pourrez nous régaler à nouveau, de bons vins et de gibier.

Cela avait été dit avec une telle méchanceté que je l'ai quittée sans un mot, profondément humiliée.

À l'époque, je voyais souvent Pierre Emmanuel. Nous avions le projet de publier une collection relative aux mouvements autonomistes français, dont la presse parlait beaucoup. Tout cela au nom de la liberté d'expression. Nous l'avions baptisée : « Terres charnelles ».

J'ai écrit aux autonomistes corses, basques, bretons, normands, occitans, alsaciens, flamands. À l'exception du Basque, ils étaient venus me voir au Palimugre, rue Dauphine. Leurs discours me semblaient très confus. J'ai mis cela sur le compte de leur situation politique car certains d'entre eux avaient des ennuis avec la justice. Je leur ai demandé d'écrire un manifeste, pour préciser leur pensée et le programme de leur mouvement. Je suis allée à Bayonne à la rencontre du leader basque qui ne vint pas au rendez-vous qu'il m'avait donné. Dans les jours qui ont suivi, j'ai reçu les premiers textes indépendantistes. Hélas ! C'était un ramassis de généralités, de haine, parfois, de bêtise, souvent. Quand je les ai montrés à Pierre Emmanuel, il fut aussi consterné que moi.

— Ce n'était peut-être pas une bonne idée, a-t-il murmuré. J'ai parlé des Terres charnelles à Alain Peyrefitte qui s'est mis en colère, a dit qu'il fallait vous enfermer, qu'il ne fallait pas plaisanter avec l'unité du pays, qu'il fallait être ignorant de l'histoire de France pour donner la parole à de dangereux individus, dont certains avaient fricoté avec les nazis. Et il a ajouté : elle n'a pas assez d'ennuis avec la justice avec ses livres pornos pour qu'elle se lance dans ce genre de publications ? Pardonnez-moi, je n'ai pas pensé à mal, je voulais qu'il nous donne son avis.

— Vous l'avez maintenant, ai-je répliqué sèchement.

Par la suite, je me suis renseignée sur mes interlocuteurs : Peyrefitte avait raison, certains avaient été proches du nazisme, l'un d'eux avait même été condamné à mort par contumace ; tous étaient de droite quand ce n'était pas d'extrême droite.

Je renonçai aux Terres charnelles, non par crainte des foudres du ministre, mais parce que aucun des « manifestes » reçus n'était publiable et qu'ils donnaient une idée négative des mouvements autonomistes français.

J'ai revu Pierre Emmanuel de loin en loin. Il m'a offert son beau recueil de poèmes *Sophia*[1] dans lequel un poème m'était dédié : « Sex Shop poème », avec une belle et affectueuse dédicace.

La nuit à Paris, une chose m'étonnait : je ne rencontrais jamais d'autres femmes seules dans un restaurant, un bar, un cabaret ou une boîte de nuit et j'ai eu envie de rédiger un *Guide de la femme seule à Paris.* J'en parlai à Jean-Jacques et à Dominique Aury qui ont trouvé l'idée excellente.

Ces sorties finissaient par me coûter cher et je devais trouver un éditeur pour les financer. Christian Bourgois m'a fait une petite avance sur mes frais. J'ai commencé à sillonner Paris avec un autre regard mais je voulais avoir l'avis de la police sur cette entreprise. Le patron de la brigade mondaine a été très accueillant et m'a écoutée attentivement. Qu'avait-il à dire aux femmes qui aiment sortir seules dans la capitale ?

— Qu'elles restent chez elles ou qu'elles sortent en groupe, munies d'un sifflet.

— D'un sifflet ?

— Oui, c'est le meilleur moyen pour mettre en fuite les individus gênants.

Cette réponse m'a irritée.

— Pourquoi une femme ne pourrait-elle pas circuler où bon lui semble ?

---

1. Le Seuil, Paris, 1973.

— C'est dangereux. Une femme seule est toujours une proie pour un homme.

— Ce n'est pas normal !

— Non, mais c'est comme ça !

J'ai quitté les bureaux de la Mondaine en colère, mais bien décidée à poursuivre.

J'ai invité Sonia Rykiel, Jacqueline de Guitaut, Agathe Gaillard, Madeleine Chapsal et Anne Ségalen à dîner dans un restaurant russe pour leur parler de mon guide et avoir leur avis. Mes belles amies ne m'ont pas paru emballées : elles n'en voyaient pas l'utilité. Je leur ai demandé ce qu'elles faisaient quand elles se retrouvaient seules dans une ville inconnue. Elles m'ont toutes répondu :

— On appelle le room service.

J'étais consternée ! Si des femmes qui gagnaient bien leur vie, que je jugeais « libres », se conduisaient ainsi, qu'en était-il des autres ? J'ai dû avoir l'air malheureuse car l'une d'elles m'a dit :

— Cela pourrait intéresser les femmes d'affaires américaines.

J'étais furieuse.

— Je me fous des Américaines ! Toutes les femmes sont confrontées, un jour ou l'autre, à ce genre de problème. Et je trouve injuste qu'elles restent confinées dans leur chambre d'hôtel et ne voient les villes qu'à travers les vitres d'un taxi, sous prétexte que ce n'est pas convenable qu'une femme seule aille au restaurant ou au spectacle !

Je me suis levée pour payer le dîner et, les laissant là, j'ai repris ma voiture. J'ai roulé longtemps, sans but. Je me suis arrêtée dans un bar de la porte Champerret pour boire un gin tonic. La salle aux lumières tamisées était presque vide. Une prostituée se faisait les ongles, une autre lisait son horoscope. Le barman m'a servie sans quitter sa cigarette de sa bouche. Un homme entre deux âges, roulant des mécaniques, s'est approché de moi :

— Comment une jolie fille comme vous peut-elle être seule ? Je peux vous tenir compagnie ?

— Ne vous donnez pas cette peine, je suis très bien ainsi !

— Pimbêche ! a-t-il grommelé en regagnant sa place.

Je vidai mon verre, payai et regagnai ma voiture.

Je me retrouvai rue Watt. J'aime cette rue étrange et inquiétante qui passe sous les voies du chemin de fer. Ce n'était pas la première fois que j'y venais. Quelque chose m'y attirait. Était-ce la chanson de Boris Vian que chantait Philippe Clay ?

> *C'est une rue bordée d'colonnes*
> *Où y a jamais personne...*

J'ai fait la connaissance d'Éric de Rothschild chez Jacqueline de Guitaut qui m'a invitée pour quelques jours à Lafite où il recevait ses amis : écrivains, peintres, photographes de renom, gens de la mode et du spectacle et jolies femmes. Si les vins étaient de tout premier ordre, il n'en était pas de même de la table, indigne de ces grands crus dont il nous régalait avec prodigalité. Je suis revenue souvent à Lafite. Quand Éric recevait dans le domaine familial, il avait l'habitude d'offrir à ses hôtes le cru de leur année de naissance. Le mien était une mauvaise année. Ce ne fut pas le cas de celui de la naissance de Pierre, 1949, qui était un des grands crus du siècle.

À Lafite, nous avons fait la connaissance du photographe Helmut Newton et de sa femme, Alice Springs, elle aussi photographe de grand talent. Newton passait son temps à photographier les invités d'Éric, estimant leur faire un grand honneur, et cela agaçait Pierre au plus au point, ce qui surprenait le célèbre photographe.

— Mais tout le monde aime être photographié par moi !

Cette réflexion avait fait sourire son épouse qui avait détourné la tête et rencontré mon regard ironique, accompagné d'un rire complice.

— Croyez-vous que le maître va nous offrir quelques-uns des clichés qu'il a pris de nous ? lui ai-je demandé.

— Cela m'étonnerait ! a-t-elle répliqué.

En effet, nous n'avons jamais vu les photographies prises ce jour-là.

Un jour a eu lieu un duel entre Lafite et Mouton, le château voisin. Qui offrirait les meilleurs crus ? À Mouton, nous avons eu droit à un sorbet d'un château-d'yquem de 1855 car, selon Philippine de Rothschild, il n'était pas consommable autrement.

Lors d'un séjour à Lafite, j'ai rencontré Jean Lafont qui vivait en Camargue et nous a invités à venir lui rendre visite. Il nous a montré sa maison et les livres de sa bibliothèque qui avait appartenu à Marie-Laure de Noailles. Les livres étaient en piteux état, prenant la poussière, moisissant sur des étagères posées à même le sol humide. Parmi eux, quelques merveilles dont l'édition originale de mai 1911 d'*Isabelle* d'André Gide. Devant le peu de cas que notre hôte faisait de ces merveilles, Pierre, choqué de voir ces livres maltraités, voulut prendre l'exemplaire d'*Isabelle* : je l'en empêchai.

— Mais, c'est pour le sauver. Lafont ne mérite pas de l'avoir ; il n'en connaît même pas la valeur.

Plus tard, j'ai eu la chance de découvrir cette édition rarissime à la librairie Loliée et de l'offrir à Pierre.

J'avais rencontré au cours d'un dîner chez Jacqueline de Guitaut Pierre Combescot qui écrivait, et écrit toujours, dans *Le Canard enchaîné*, sous le pseudonyme de Luc Decygnes, des chroniques sur le ballet et l'opéra, et dont les pitreries me faisaient hurler de rire. Il se rêvait ballerine et son grand plaisir était de se travestir en danseuse étoile et de danser *Le Lac des cygnes*. Ce qu'il fit lors d'un dîner chez Sonia Rykiel, après s'être changé dans la voiture. La tête des passants de la rue des Saints-Pères, devant notre ami en tutu, était des plus comiques.

Avec lui nous nous sommes retrouvés chez Jean Lafont, en Camargue. Il fut décidé que nous irions danser à La Churascaia, à Aigues-Mortes, que les habitués appelaient « La Chu ». Pour cela il fallait se travestir. Mon mari rechignait à se laisser maquiller, coiffer d'une perruque, vêtir d'une robe moulante et à chausser des escarpins. Le résultat fut surprenant : il était devenu une jolie fille... barbue. J'étais morte de rire. Dans la boîte, il eut un franc succès. Drôle d'endroit que cette discothèque où se mélangeait une faune de tous âges et de tous sexes, portant des tenues extravagantes, qui se trémoussait au son d'une musique assourdissante. Combescot était en gitane très maquillée, avec chignon noir orné d'un grand peigne, châle bariolé et jupe à volants. Très vite, je me suis réfugiée dans les jardins où des couples se caressaient sans la moindre retenue. Nous avons quitté l'endroit à quatre heures du matin et nos amis félicitèrent Pierre pour son entrain et sa bonne humeur.

45.

J'ai reçu des États-Unis le manuscrit d'un roman érotique, *Massimissa*[1], de Jean-Jacques Peyronnet, qui était consul à La Nouvelle-Orléans. C'était un homme mince, aux yeux clairs et aux cheveux blonds. Il était très heureux que j'accepte de le publier, sous le pseudonyme, hélas, de Jorge Ricardo Gomez. Peu après, il m'a invitée à La Nouvelle-Orléans. Je suis partie avec mon amie Guitaut et nous avons passé une semaine à New York où il faisait un froid de gueux. Nous sommes allées à Harlem écouter du jazz, dîner dans Little Italie.

À La Nouvelle Orléans, Jean-Jacques Peyronnet nous a prêté un cabriolet sport italien d'un rouge éclatant pour nous promener. Nous sommes allées à Baton Rouge déjeuner dans un restaurant fréquenté par des hommes portant des chemises à carreaux et des jeans. Ils nous ont regardées comme des bêtes curieuses : nous étions les seules femmes.

Un jour où nous roulions le long d'un cours d'eau, en pleine campagne, à bord de la Porsche, nous nous sommes arrêtées dans une station-service pour faire le plein. Des hommes de tous âges, vêtus de salopettes rapiécées de couleur passée, coiffés de chapeaux de paille qui les faisaient ressembler à des épouvantails, quelques-uns pieds nus, ont

---

1. Régine Deforges, Paris, 1976.

322

surgi de partout. Beaucoup étaient goitreux et avaient l'air idiots. Ils nous dévisageaient et tournaient autour de la voiture en la touchant : nous n'étions pas rassurées et nous sommes reparties sans demander notre reste.

Nous avons fait une promenade à bord d'un bateau à roue sur le Mississippi. J'étais fascinée par les arbres dont les branches, recouvertes de mousse, plongeaient dans l'eau, par les oiseaux et les crocodiles que nous apercevions. Dans la salle à manger du bord, pour la première fois, j'ai absorbé quelque chose qui ressemblait à un « McDo » que je trouvais infect ! Après que j'eus été reçue par l'université de La Nouvelle-Orléans avec tous les égards dus à « un éditeur courageux », notre hôte nous a emmenées dîner dans le « vieux carré » et écouter du jazz au Preservation Hall.

Nous avons été invitées à une fête pour la « tuerie du cochon ». Je me faisais une joie de cette invitation, persuadée que j'allais retrouver l'ambiance des tueries de cochons de mon enfance. Que nenni ! Nous nous sommes retrouvées au milieu d'une assemblée de gros Américains, de leurs épouses et de leurs enfants obèses, tous blancs, vêtus de leurs plus beaux atours et buvant un mauvais vin dans des gobelets en carton. La tuerie proprement dite consistait en charcuteries aux teintes étranges, posées sur des plats en plastique, sur lesquelles se précipitaient les convives au son d'un orchestre country. Le consul faisait assaut de civilités tandis que Guitaut et moi, nous nous étions réfugiées aussi loin que possible de la foule bruyante.

Dès mon arrivée, le consul m'avait fait une cour à laquelle je n'avais pas été insensible. Dans sa chambre, décorée aux couleurs du drapeau français, un immense lit se trouvait sur une estrade. Peu après, Guitaut nous a quittés pour rentrer à Paris. Jean-Jacques Peyronnet m'a emmenée faire un voyage au Mexique. Nous avons visité les pyramides de Cancún que j'ai réussi à escalader péniblement ; la descente s'est révélée plus difficile que la montée, étant donné l'étroitesse des marches et la sensation de vertige que j'éprouvais. J'ai été surprise de l'attitude de la population indienne, revêche et menaçante. Sa laideur aussi m'a étonnée. Contrairement au consul, j'aimais la cuisine mexicaine et le mescal ne me faisait pas peur. Je suis rentrée en France, heureuse de mon séjour.

Par la suite, j'ai revu Jean-Jacques Peyronnet plusieurs fois à Paris et au Moulin d'Andé où il habitait quand il était en France. Le moulin d'Andé est un des derniers moulins pendants, c'est-à-dire dont on peut hausser ou baisser la roue. Presque tous ceux qui subsistent datent du XVIIe siècle. Celui-ci est dans un endroit bucolique fréquenté par des écrivains, des peintres, des musiciens, des cinéastes qui y trouvent le calme nécessaire à leurs travaux. François Truffaut, Louis Malle, Robert Enrico, Jean-Paul Rappeneau y ont séjourné. Les repas y étaient fort gais et les hôtes agréables. Jean-Jacques Peyronnet aimait cet endroit. Je ne savais pas alors qu'il était gravement malade. Peu de temps après, il fut hospitalisé pour un cancer des os. Je suis allée lui rendre visite à l'hôpital où j'ai été surprise de voir combien il avait rapetissé. Il est mort peu après. Il a été enterré dans le petit cimetière proche du moulin d'Andé. Son livre, *Massimissa*, n'eut pas le succès qu'il méritait.

Je retrouve quelques-unes de ses lettres toutes de tendresse et d'amitié. Au-delà de la mort, ses mots sont toujours vivants et me troublent. Un « jamais plus » résonne en moi et me serre le cœur. Jamais plus de caresses au creux des lits, de baisers fous, de corps trempés de sueur... Jamais plus !

> *Le détachement de toute passion, chez l'homme à son déclin, ce « Jamais plus » qui retentit dès que surgit un jeune visage dans le champ de son regard, cette distance désormais entre lui et les êtres, comme s'il les apercevait devenus chaque jour plus petits sur la rive déjà quittée et dont la barque s'éloigne[1]...*

---

1. François Mauriac, *Nouveaux Mémoires intérieurs*, 10/18, Paris, 2006.

Je suis allée à Saint-Paul-de-Vence, à la fondation Maeght, invitée par Françoise Giroud à une rencontre avec des « femmes remarquables ». J'y ai retrouvé mes chères Sonia Rykiel, Dominique Aury et Madeleine Chapsal et fait la connaissance de Dominique Desanti, de Julia Kristeva, de Dolorès Grassian, de Maïmé Arnodin et de Denise Fayolle. À la demande de Françoise Giroud, j'ai pris la parole... devinez sur quoi : la littérature érotique...

Parce que j'avais fait partie du jury du Premier festival international du film pornographique, *L'Express* me demanda un papier sur le cinéma porno, que j'intitulai : « Je n'aime pas le cinéma porno ». Pendant les projections, j'avais remarqué que j'étais pratiquement la seule femme. *Comme c'est difficile, de nos jours, d'échapper à la spécialisation ! La mienne, paraît-il, depuis les éditions L'Or du temps, est l'érotisme,* ai-je écrit en préambule. J'étais bien embêtée d'avoir à rendre compte des films que j'avais vus : *Le Feu au ventre, Suce et tais-toi, Le sexe qui parle* et j'en passe, qui tous m'avaient déçue : mise en scène inexistante, dialogues à pleurer de rire, jeu des acteurs minable. Et surtout, trouble érotique quasi nul. Je concluais sur une note optimiste : *Si ceux et celles qui voient ces films en sortent avec l'envie de faire l'amour à leur partenaire, cela n'aura pas été inutile.*

Au début des années soixante-dix, grâce à Pascal Jardin, j'avais fait la connaissance de Raymond Abellio. Je n'avais lu de lui que *Les yeux d'Ézéchiel sont ouverts*[1] qui m'avait beaucoup impressionnée. Pourquoi s'est-il intéressé au jeune éditeur que j'étais ? Je n'en sais rien. Était-ce à cause des livres que je publiais ? De mes procès ? À chacun de nos déjeuners, il dressait mon thème astral de la journée.

— S'il n'avait pas été bon, je ne serais pas venu.

---

1. Gallimard, Paris, 1949.

Il me parlait de la Bible, de ses recherches sur la kabbale. Quand il acceptait de venir dans mon quartier, ce qui était rare, je sentais chez lui une certaine réticence. Un jour que nous marchions rue des Grands-Augustins, j'ai murmuré, en frissonnant :

— Pourquoi fait-il toujours un vent froid dans cette rue ?

— C'est à cause des courants telluriques, m'a-t-il répondu.

— Qu'est-ce que c'est ?

— Ce sont des courants qui traversent la terre et qui ont de l'influence sur le comportement humain.

— Mais encore ?

— Ces courants harmonisent les relations entre les hommes. Certains sont négatifs et font que l'harmonie disparaît. Ainsi, dans cette rue, les relations commerciales ou amicales ne sont pas possibles. Il se trouve que vous le ressentez.

— Je crois comprendre. Rue de Rennes, par exemple, je me sens en danger.

— Alors, n'empruntez pas cette rue.

— Par contre, je ne ressens pas du tout la même chose quand je descends dans le trou des Halles. Au contraire, j'éprouve une sorte de paix. J'aimerais que vous y veniez avec moi.

— Quand vous voulez.

Peu de temps après, nous avons fait cette expérience et Abellio m'a expliqué :

— C'est normal que vous n'éprouviez aucune crainte ici. Vous êtes sur un lieu de sacrifices, purifié par tout le sang versé au cours des siècles et, sur l'emplacement du cimetière des Innocents. Regardez les différentes strates du sol. Nous avons atteint le sol intouché de Paris. Ici, rien ne peut vous arriver.

Je suis rentrée à la maison, apaisée.

Je lui ai demandé de me raconter sa vie. Avec son accent rocailleux, il m'a parlé de son engagement à gauche, auprès de Léon Blum – « J'ai obéi à mes passions. J'étais naïf » –, de ses études à l'École polytechnique, de la guerre où il avait été fait prisonnier, de ses neuf mois d'oflag, de sa libération, de l'astrologie qu'il considérait comme « une science et une sagesse », de sa condamnation à la fin de la guerre, de son exil en Suisse où Jean Jardin lui avait donné le vivre et le couvert, de son premier livre : *Heureux les pacifiques*[1], de sa lecture de la Bible, de Pascal Jardin qui avait eu tant de mal à apprendre à lire, quand il était son précepteur, de la vie politique française qui lui paraissait « hors du temps », de la littérature contemporaine si éloignée du réel, comme du fantastique et de l'idéal révolutionnaire, de l'émission d'« Apostrophes » à laquelle il avait participé à l'occasion de la parution de ses mémoires, avec Régis Debray, Olivier Todd, Natacha Michel, Jean-Paul Dollé, Gilles Lapouge. Régis Debray lui semblait un « révolutionnaire authentique », les autres n'étant que des « bavards ». J'avais vu l'émission et j'étais assez de son avis.

Certains de mes amis de gauche m'ont reproché cette relation avec un ancien « collabo ». J'ai tenté de leur expliquer que Raymond Abellio, de son vrai nom Georges Soulès, avait été confondu, en 1948, avec un gérant de biens juifs sous l'Occupation, portant le même nom et condamné, par contumace, à dix ans de travaux forcés à cause de cette homonymie. Il avait été gracié en 1952 en raison des témoignages de résistants et du général de Bénouville. Entre-temps, il s'était réfugié en Suisse où Jean Jardin lui avait donné du travail. Mes amis ne me crurent pas, mettant en doute le témoignage de Bénouville.

J'ai continué à voir Raymond Abellio sans évoquer son passé. Un jour que je me suis plainte de la difficulté d'écrire, il m'a dit :

---

1. 10/18, Paris, 1969.

— Vous verrez, ce sera de plus en plus difficile.

— Comment cela ?

— Vous deviendrez de plus en plus exigeante. Vous passerez des heures sur une phrase, un mot, sans pour autant que vous soyez satisfaite du résultat. La réussite de vos livres est à ce prix.

Ce n'était guère encourageant !

À chacun de nos déjeuners, je le trouvais changé, amaigri, mangeant sans appétit, le regard perdu derrière ses lunettes de myope : il rapetissait à vue d'œil. Je le quittai, triste, emportant mon thème astral du jour en pensant au mot de De Gaulle : « La vieillesse est un naufrage. »

Je viens de relire ce qu'écrivait François Mauriac dans son journal, en 1945.

> *Je m'y connais en vieillesse : voilà déjà longtemps que je la fréquente...*
>
> *J'ai acquis le droit, hélas ! à l'âge où je suis parvenu, d'avouer que je ne crois guère au « beau vieillard » bien que j'en aie connu que j'aimais tendrement. La vieillesse n'est jamais belle, parce qu'un supplice n'est jamais beau...*
>
> *Le vieillard perd sur tous les tableaux, car il ne bénéficie même pas de l'engourdissement des passions. Les jeunes gens sont plus purs que les vieillards chez qui, trop souvent, l'imagination hérite de la puissance perdue. Au vrai, la grandeur de la vieillesse ne saurait être que d'ordre spirituel : un beau vieillard c'est un saint vieillard. Mais ils sont plus rares qu'on ne l'imagine, parce que la vieillesse est le total d'une vie et que chacun de nos actes, la moindre pensée, se retrouve dans le résultat[1].*

Comme ils étaient proches Mauriac, l'écrivain chrétien, et Bataille, l'amateur d'érotisme, quand ils parlaient de la vieillesse !

---

1. François Mauriac, *Journal et mémoires politiques*, coll. « Bouquins », Robert Laffont, Paris, 2008.

L'enfant du 15 août

La vieillesse renouvelle la terreur à l'infini. Elle ramène l'être sans finir au commencement. Le commencement qu'au bord de la tombe j'entrevois est le porc qu'en moi la mort ni l'insulte ne peuvent tuer. La terreur au bord de la tombe est divine et je m'enfonce dans la terreur dont je suis l'enfant[1].

---

1. Georges Bataille, *Ma mère*, 10/18, Paris, 2004.

46.

Lors d'un de mes voyages à travers la France, j'ai rencontré Agathe Gaillard, une très jolie fille qui travaillait dans une librairie de Nîmes. Nous avons sympathisé et elle m'a invitée à déjeuner chez sa mère qui nous fit une morue à la provençale, inoubliable.

Peu de temps après, Agathe est venue à Paris où elle a trouvé du travail à La Hune, la librairie du boulevard Saint-Germain. Un soir, à la fermeture, je suis venue la retrouver pour aller prendre un verre. La responsable de la librairie, peu aimable au demeurant, s'est écriée en me voyant, d'une voix désagréable :

— Ah ! Régine Deforges, on a l'impression que tout est facile pour vous !

Merci, madame ! Vous ne savez pas le bien que vous m'avez fait à ce moment-là, malgré votre ton acerbe et alors que je me débattais dans des difficultés sans nom ! Les leçons de Mlle Dumas avaient porté leurs fruits : « Mesdemoiselles, ne faites jamais pitié ! »

J'aimais la gaieté d'Agathe, sa beauté, sa légèreté, son sens de l'humour. Elle avait un léger accent méridional et Jean-Jacques la trouvait fort à son goût, ce que je comprenais et ce qui, cependant, m'agaçait. Nous sortions quelquefois avec lui mais nous préférions nos virées entre filles. Tard dans la nuit, je la raccompagnais chez elle, en banlieue. Jean-Jacques et moi l'avions surnommée « Lolotte ». Pourquoi Lolotte ? Elle ne ressemblait pas du tout à la fille adoptive de Bécassine. Par la suite, Agathe ouvrit, rue du Pont-Louis-Philippe, une galerie de photographies où elle a exposé, entre autres, des photos d'Hervé Guibert, de Jean-Philippe Charbonnier, Robert Doisneau, Pierre Molinier, Isis, Gisèle Freund, Cartier-Bresson...

Étais-je toujours amoureuse de Jean-Jacques ? Il m'arrivait d'en douter. S'il ne voyait pas d'un mauvais œil mes relations avec Pascal Jardin ou Raymond Abellio, il se moquait volontiers de mes rencontres avec François Mitterrand qui, selon lui, n'était pas un homme de gauche et qui, de plus, avait menti lors de la *ridicule* affaire de l'attentat de l'Observatoire. Je supportais de moins en moins ses sarcasmes. Un après-midi où nous avions fait l'amour, il m'a dit :

— Je vous aime.

Au lieu de la joie escomptée, j'ai pensé : « Pauvre con ! Il est trop tard ! » J'ai retenu mon envie de pleurer. Pourquoi avait-il tant attendu pour me dire ces mots que j'avais si longtemps espérés ? Je l'ai laissé repartir sans rien dire. J'ai passé la nuit à boire et à fumer, repoussant cette évidence qui m'envahissait : « Je ne l'aime plus ! » Je me suis endormie à l'aube et réveillée la bouche pâteuse. Toute la journée, je fus comme absente, travaillant machinalement, lisant des manuscrits que j'oubliais aussitôt.

Dans la matinée, Jean-Jacques m'a téléphoné pour m'inviter à déjeuner à La Cafetière. Quand je l'ai rejoint, il était déjà installé.

— Vous avez mauvaise mine, a-t-il remarqué.

Je n'ai pas répondu et me suis plongée dans la lecture du menu que je connaissais par cœur. Jean-Jacques m'a parlé de ses prochaines publications, de ses nouveaux auteurs, toutes des femmes : Françoise Lefèvre, Chantal Chawaf, Nicole Avril... Je ne l'ai pas écouté. Je le regardais avec un sourire et pensais : « Je n'en ai rien à foutre de tes bonnes femmes ! »

Il a fini par remarquer que j'étais ailleurs.

— Je vous ennuie ?

— Oui ! ai-je répondu en riant.

J'ai repoussé mon assiette et demandé un café tout en allumant une cigarette. Il m'a raccompagnée à la librairie sans me demander de monter faire l'amour dans le minuscule studio que j'avais aménagé dans l'immeuble.

Est-ce ce même jour qu'il y avait un cocktail littéraire, pour Grasset, je crois, à l'hôtel Montalembert ? J'y suis allée seule et, dans le hall, j'ai aperçu Jean-Jacques et sa femme Christiane, en conversation avec Bernard Privat et Jean-Claude Fasquelle. Je me suis approchée avec mon plus joli sourire. Christiane Pauvert a détourné la tête, les lèvres pincées, tandis que je saluais les trois hommes. Yves Berger m'a dit quelques mots aimables. Je me suis éloignée et j'ai pris le verre de champagne qu'un garçon me tendait. Je l'ai vidé d'un trait et reposé sur une table avant de me diriger vers la sortie, avec un fort sentiment de liberté. Une envie de rire m'a saisie. Je me suis retournée pour jeter un dernier regard à cet homme que j'avais aimé passionnément. Qu'était devenu cet amour ?

Dans la rue, l'air était doux : le soleil se couchait derrière les verrières du Grand Palais. J'avais envie de danser. Je me sentais légère, légère... Mes pas m'ont portée chez Castel. Il était tôt. Au rez-de-chaussée, il n'y avait que Jean Castel et deux ou trois de ses amis dont Wolinski qui m'ont accueillie chaleureusement. Après quelques verres de champagne, Castel m'a dit :

— Nous allons dîner à Montmartre, tu viens avec nous ?

J'ai accepté avec plaisir. Je n'ai aucun souvenir des heures qui ont suivi. Le lendemain matin, je me suis réveillée seule dans mon lit. Qui m'y avait amenée ?

Jean-Jacques partit pour le Midi avec sa famille. Je restai à Paris. Maman et les enfants étaient à la campagne.

Un soir d'été, rue Saint-André-des-Arts, un grand garçon blond et barbu m'a accostée. Son discours était amusant et nous avons pris un verre dans un café du coin. Nous nous sommes revus : il s'appelait Charles Bridoux, travaillait dans la publicité et dessinait des timbres pour la Poste. Sur ses conseils, j'ai acheté vingt tableaux naïfs, servant à illustrer les couplets de chansons des rues. Les toiles étaient en très mauvais état et représentaient des scènes de vie des prostituées, de leur détention à la Petite Roquette ou à Saint-Lazare et de leur quotidien à la prison. J'ai fait restaurer dix de ces tableaux qui, depuis, ornent les murs de ma salle à manger. Les dix autres attendent un éventuel amateur.

C'est au mois de mai 1978 que j'ai fait la connaissance de Wiaz, le dessinateur du *Nouvel Observateur*, dont j'admirais, chaque semaine, les dessins. Serge Lafaurie, un des rédacteurs, m'a donné son numéro de téléphone et je l'ai appelé en lui disant que je voulais lui confier un travail. Il est arrivé sur sa mobylette en fin de matinée et a frappé à la porte de mon bureau qui donnait sur la cour du 20, rue Dauphine. Je n'aimais pas que mes visiteurs entrent par là et j'ai accueilli froidement un beau jeune homme qui m'était inconnu. Pas tout à fait cependant. N'était-ce pas lui qui avait acheté *Mémoires d'une révolutionnaire*, présentés dans mon catalogue *Les femmes avant 1960* ?

Il m'a dit :

— J'ai rendez-vous avec Régine Deforges, je suis Wiaz.

— C'est moi, ai-je répondu.

Nous étions aussi étonnés l'un que l'autre. J'avais cru mon dessinateur beaucoup plus âgé étant donné la maturité dont il faisait montre dans ses dessins. Il a été surpris et déçu lorsque je lui ai demandé une caricature de Jacques Chirac. Il devait m'apprendre, un peu plus tard, qu'il avait espéré que je lui demanderais des illustrations érotiques. Le surlendemain, il m'a apporté un dessin de Chirac qui m'a plu et dont je me suis servie pour faire la couverture du pamphlet de Gilbert Comte dans la collection Nos grands hommes. Cette collection, d'un format étroit, devait comporter plusieurs portraits à charge tant d'hommes politiques que d'écrivains et de diverses personnalités. On devait y trouver un Raymond Barre par Frédéric Grendel, un Malraux par Jacques Bonhomme (sous ce pseudonyme, choisi par moi, se cachait Jean-Jacques Pauvert), un Amin Dada par Pierre Merle, un Michel Debré par Pierre Sergent dont Wiaz refusa de faire l'illustration de couverture sous prétexte que Pierre Sergent était un ancien de l'OAS, un Françoise Sagan par Pol Vandromme, un Georges Marchais par Michel Dansel, un Paul VI par Hubert Monteilhet. D'autres portraits étaient prévus comme ceux de Bernard-Henri Lévy, Régis Debray, Jean-Edern Hallier... Ce dernier me dit qu'il connaissait quelqu'un qui pouvait écrire un pamphlet contre lui, je n'en doutai pas un seul instant, tant le personnage était antipathique et imbu de lui-même.

Hachette avait accepté de diffuser la collection à condition que je tire dix mille exemplaires de chacun des titres, afin de faire une mise en place d'au moins sept mille exemplaires. J'étais enchantée... J'ai vite déchanté... La mise en place fut de mille exemplaires et encore !

47.

Pierre Wiarensky, dit Wier, et moi déjeunions de plus en plus souvent ensemble sous les regards moqueurs de Manon et de Bernard Gaugain, le libraire qui le plaignait de tomber amoureux de moi. Je venais de publier avec Madeleine Chapsal un livre, *La Jalousie,* qui avait fait dire à un journaliste : « Je ne souhaite pas à mon pire ennemi de tomber sur Régine Deforges ! » Pierre a lu le livre et m'a regardée d'un air inquiet. Malgré cela, il m'a offert l'édition originale des *Martyrs* de Chateaubriand ; ce fut son premier cadeau.

Un 24 août, Pierre m'a invitée à dîner chez Pharamond, un restaurant des Halles, dont la spécialité était les tripes à la mode de Caen, un de mes plats préférés : je m'en régalai sans remarquer la tête de Pierre qui m'avoua plus tard son dégoût. Nous avons marché le long des quais. La nuit était douce. Nous nous sommes arrêtés et, penchés sur le parapet, nous avons regardé couler la Seine. Il m'a prise dans ses bras et m'a embrassée. Je l'ai entraîné vers la maison où il a passé la nuit. C'était un amant doux et puissant. Le lendemain, il s'est levé tôt, car il devait partir avec des amis pour Sanary. À son retour, nous nous sommes revus avec plaisir. Deux mois plus tard, il s'installait rue Saint-André-des-Arts tout en conservant son appartement, rue du Faubourg-Saint-Denis.

Les affaires étaient catastrophiques, tant celles de la vente par correspondance que de la librairie. Il y eut, heureusement, plus tard, la loi Lang sur le prix unique des livres, qui sauva quelques librairies de la faillite. Je vendis à une antiquaire de la rue Mazarine quelques objets que Pierre m'aida à transporter, et à un libraire de la rue de l'Odéon, mes Paul d'Ivoi et mes Jules Verne dont les couvertures illustrées étaient très recherchées. Mais cela ne suffit pas. J'ai déposé le bilan.

Très vite, je désirai un enfant de Pierre. Quand je le lui ai dit il a eu l'air étonné et un peu effrayé. Quelques mois plus tard, j'étais enceinte. Quand j'annonçai la nouvelle à Camille, elle se jeta dans les bras du futur père en disant :
— Merci !
Étant donné mon âge, j'avais fait des examens pour m'assurer que l'enfant que je portais était normal. Tout était en ordre : j'attendais une fille à qui j'ai donné le prénom de Léa en souvenir de la Léa de *Chéri*[1], le roman de Colette, qui était pour moi le comble de l'amoureuse.

C'était l'été, nous avons loué une maison à Ars-en-Ré. Peu de temps après, j'ai appris que Franck était à l'hôpital de Poitiers à la suite d'une tentative de suicide. Était-ce pour cacher mon inquiétude que je suis entrée dans une colère folle, traitant mon fils de tous les noms ? Pourquoi avait-il voulu mourir ? Était-ce ma faute ? Pierre m'a dit de me calmer. Nous avons empilé vêtements, linges et chaussures dans les valises que nous avons jetées dans la voiture. J'ai pris le volant. Il y avait peu de monde sur la route en ce milieu de mois ; nous sommes arrivés juste à temps pour monter à bord du bac : j'ai oublié ce que fut la route entre La Rochelle et Poitiers ; sans doute ai-je roulé trop vite, en dépit des

---

1. *Op. cit.*

injonctions de Pierre. En fin d'après midi, nous sommes arrivés à l'hôpital.

Franck avait bonne mine dans son lit blanc, ses cheveux bouclés lui faisaient une sorte d'auréole, ses poignets étaient enveloppés de pansements. Quand il m'a vue, il a eu un air de panique, la tête d'un gamin s'attendant à être fortement grondé. J'étais partagée entre la joie de le voir ainsi sain et sauf et la colère, qui remontait en moi, pour la peur qu'il m'avait causée et qui me faisait trembler. J'aurais voulu le serrer fort dans mes bras, lui dire que je l'aimais, qu'il était mon fils chéri, mais il y avait trop de monde dans la chambre...

Peu avant d'être enceinte, j'avais entrepris d'écrire l'histoire du vol de mon journal et ce qui en était résulté. Je n'avais pas imaginé que je serais submergée à ce point de douleur ni que je ressentirais de nouveau l'humiliation vécue avec autant de colère et de chagrin. Je roulais dans la campagne poitevine, hurlante et en pleurs, essayant d'évacuer cette haine qui bouillonnait en moi. De retour devant ma table de travail, j'essayais, avec mes mots, de dire ce qu'avait ressenti, cet été-là, la gamine de quinze ans que j'étais alors. Je revivais chaque instant avec une intensité inouïe. J'entendais les insultes, je voyais les regards haineux, les sourires moqueurs. Tout mon corps se souvenait de ces moments. J'étais assommée par la peur qui montait en moi. J'étais à nouveau seule face à la meute qui me déchirait. Je me levais parfois, en m'appuyant au mur, pour aller vomir des filets de bile.

J'ai publié *Le Cahier volé*, aux éditions Fayard, qui, malgré une presse élogieuse, ne rencontra qu'un succès d'estime. Invitée par Bernard Pivot dans son émission « Apostrophes », j'ai fait, selon certains, un tabac. Jamais mes parents ne me parlèrent du livre. Je n'ai jamais su ni osé leur demander ce qu'ils en avaient pensé. Comment aurais-je imaginé que l'enfant que je portais en moi en serait meurtrie ? Je ne l'ai su que bien des années plus tard quand j'ai reçu de New York un coup de téléphone de Léa, en pleurs, disant :

— Maman ! Pardon ! Maman ! Pardon ! Pardon !

Affolée je pensais au pire : un accident, un viol ! J'essayais de la calmer. En hoquetant, elle m'a dit :

— J'ai lu *Le Cahier volé* ! Pardon, Maman !

Je restai quelques instants sans voix. Pourquoi avait-elle lu ce livre si loin de nous, elle qui avait refusé de le lire car, selon elle, j'avais écrit des choses désagréables sur ses grands-parents ? Je lui ai dit que tout cela était loin, que j'aimais son grand-père et sa grand-mère, que je leur avais pardonné. Que je lui en parlerais à son retour. Quand j'ai raccroché, je l'ai sentie plus sereine.

Ce ne fut que quelques jours après cet appel téléphonique que j'ai violemment réagi, tremblant de la tête aux pieds. Cela me fit prendre conscience que si j'avais pardonné, il m'était impossible d'oublier.

À son retour, a-t-elle parlé de cette lecture avec Maman ? Je n'en sais rien. Mais il me semble que cela a renforcé son amour pour ses grands-parents.

Nous sommes allés visiter Rome : c'était l'anniversaire du pape. Nous étions sur la grande place du Vatican, entourés de milliers de fidèles, attendant la bénédiction papale. Malgré moi, j'étais émue de penser que l'enfant, qui était dans mon ventre, allait être bénie.

On m'a hospitalisée à l'hôpital de Port-Royal à cause d'une tension trop élevée. J'ai pris mon mal en patience en écrivant un conte pour enfants, *Léa au pays des dragons*, que j'ai illustré. Les dragons s'appelaient Franck et Camille et le loup, il faut toujours un loup dans les histoires pour enfants, Barnabé.

Est-ce la contrariété d'être hospitalisée qui a fait que j'ai accouché rapidement, seule dans la salle de travail. Léa est sortie comme un boulet de canon, ce qui m'a fait pousser un cri tel que les sages-femmes sont accourues, inquiètes, pour me trouver, tenant le bébé par une jambe pour l'empêcher de tomber de la table.

Pierre s'est extasié devant la jolie petite fille. Quant à mon père, dès qu'il la vit, il en tomba amoureux. Éric de Rothschild est venu, précédé d'un énorme plateau d'oursins. Léa était le premier petit-enfant de Claire Mauriac, la mère de Pierre, et devait rester le seul. L'arrière-grand-mère de Léa, Jeanne Mauriac, admira la nouveau-née, trouvant qu'elle avait de « bons principes physiques ». L'avenir devait lui donner raison : Léa devint ravissante.

Je suis rentrée à la maison un peu déprimée. J'avais oublié qu'un bébé donnait autant de travail. Nous avons trouvé, avec l'aide de Da Silva, la concierge, qui venait faire chaque jour le ménage, une jeune fille pour s'occuper du bébé. Il y en eut une, puis deux, puis trois : aucune ne convenait, quand se présenta une jolie jeune fille portugaise de dix-huit ans, Lurdes. Elle était douce, travailleuse et intelligente : Camille et elle devinrent vite amies. Peu à peu, elle a remplacé Da Silva dans les tâches ménagères. Depuis trente ans, elle s'occupe de la maison avec une intelligence et une gentillesse rares. Sans elle, je serais perdue. Elle est devenue ma troisième fille, attentive à mon bien-être, retrouvant ce que j'égare et m'aidant, depuis le départ de Jacques H., mon secrétaire. Bien sûr, elle ne remplace pas totalement Jacques, dont j'ai dû me séparer pour des raisons financières, mais elle me permet de ne pas me perdre dans le courrier. Jacques H. a travaillé avec moi pendant de nombreuses années, supportant mes sautes d'humeur avec patience. Sa courtoisie et son savoir-faire étaient très appréciés de ceux qui avaient affaire à lui : il me manque.

À Pâques, nous sommes allés, Pierre et moi, à Arles pour la féria : je n'avais jamais assisté à une corrida. À la première mise à mort, j'ai éclaté en sanglots. Pierre m'a serrée contre lui. Peu à peu, je me suis habituée, fascinée par ce spectacle de sang et de mort. Un vieux torero, El Viti, a raté sa mise à mort : le sang giclait dans tous les sens sous les cris de la foule : je me suis cachés le visage.

Au cours de la féria, j'ai fait la connaissance des dessinateurs Gérard Lauzier et Régis Franc. Un soir, nous sommes tous partis dîner dans une magnifique villa des environs d'Arles. La maîtresse de maison, heureuse d'avoir des illustrateurs de talent, leur demanda, après le dîner, de dessiner quelque chose sur les murs blancs du salon. Wiaz, Franc et Lauzier se faisaient prier et Pierre dit :

— Régine pourrait vous dessiner un dragon : elle est très forte en matière de dragons.

Un peu surprise, j'ai accepté, à la déception de l'hôtesse qui, cependant, m'a donné des fusains. Je me suis campée devant un mur que j'ai couvert avec un dragon. Les « vrais » dessinateurs regardaient, médusés, les larges traits noirs de mon œuvre. Alors, ils se sont lancés à leur tour à l'assaut des murs restants. Le résultat final était surprenant mais mon dragon était le plus impressionnant ! L'hôtesse se confondit en remerciements et nous raccompagna à notre voiture. Seuls, nous avons éclaté de rire !

— Quel culot ! dit Lauzier.

— Il est très réussi ton dragon, affirma Régis Franc.

Nous sommes retournés chez la dame le lendemain, car j'avais oublié une écharpe. Dans l'entrée, des ouvriers portaient de larges panneaux de verre.

— C'est pour protéger vos œuvres, nous dit fièrement l'hôtesse.

Dans un coin de la pièce, un garçonnet de six ou huit ans pleurait.

— Tu vois, ce sont eux qui ont le droit de dessiner sur les murs, pas toi ! lui dit sa mère d'un ton sévère.

Nous sommes partis pliés en deux de rire.

Papa venait de plus en plus souvent à Paris. Un jour, Maman me demanda ce que je penserais s'ils revivaient ensemble. Je fus surprise et vaguement irritée : comment pouvait-elle accepter de revivre avec un homme qui s'était si mal conduit envers elle ? Je ne comprenais pas ! Cependant, je lui répondis que c'était sa vie, que je ne pouvais choisir à sa place. Papa est revenu. Ils restèrent quelque temps rue Saint-André-des-Arts avant de s'installer à Vanves.

48.

J'ai été convoquée par le nouveau patron de la Mondaine qui voulait faire ma connaissance ! Il ne s'était pas inquiété de savoir si, moi, j'avais envie de le connaître. Il m'a reçue très aimablement dans son bureau. Cependant, il ne put s'empêcher de déplorer « la décadence de notre société dont nous étions les pourrisseurs ! ». J'ai souri et lui ai demandé :

— Pourquoi vouliez-vous me voir ?

— Je voulais voir à quoi vous ressembliez. Edgar Schneider m'avait fait un portrait très élogieux de vous.

— Voilà qui est fait ! ai-je dit en me levant.

Au même moment, j'ai entrepris la réédition des *Mystères du peuple* d'Eugène Sue. Le premier volume est paru avec une préface de François Mitterrand, alors premier secrétaire du Parti socialiste, que j'avais rencontré place du Palais-Bourbon. Cette première rencontre avait été très agréable, Mitterrand s'était montré curieux de mes projets et m'avait dit toute son admiration pour mon travail et mon courage : j'étais aux anges ! Il a accepté d'écrire cette préface et je lui ai laissé les deux gros volumes de l'édition populaire des *Mystères du peuple*. Il m'a parlé ensuite de la Bible avec une connaissance qui montrait que ce livre n'avait pas de secret pour lui. J'avoue avoir été surprise. Un mois plus tard, je suis venue aux nouvelles : il avait égaré les livres ! J'étais très ennuyée.

Les Mystères du peuple étaient alors difficiles à trouver. Je lui ai fait porter une nouvelle édition et j'ai attendu.

Le texte qu'il m'a remis était sans intérêt, indigne de lui. Je l'ai publié sans oser le lui dire, espérant que sa signature assurerait la vente de l'ouvrage. Entre-temps j'avais rencontré Jean-Pierre Chevènement, Georges Marchais, Dominique Desanti auxquels j'avais également demandé une préface pour les tomes suivants. Tous avaient accepté. Malgré mes efforts, le premier volume des *Mystères du peuple*, prônant l'insurrection, est sorti dans l'indifférence générale.

Il n'est pas une réforme sociale, politique ou religieuse que nos pères n'aient été forcés de conquérir de siècle en siècle, au prix de leur sang par l'Insurrection.

Cette phrase figurait en tête de chaque volume de l'édition originale et donnait la teneur de l'ouvrage. Bien plus tard, *Les Mystères du peuple* ont été publiés dans la collection « Bouquins[1] » sans, hélas, beaucoup de succès. C'est pourtant un livre magnifique !

J'ai revu François Mitterrand à de nombreuses reprises : nous regardions les livres chez les bouquinistes des quais, visitions les galeries d'art et dînions le plus souvent dans un restaurant vietnamien de la place Maubert, proche de son domicile. Il me faisait une cour discrète que j'affectais de ne pas remarquer car je le trouvais trop vieux pour qu'il devienne mon amant.

Un soir où il était venu me chercher pour dîner, il s'est attardé devant ma bibliothèque et a sorti un livre de Sainte-Beuve intitulé : *Le Clou d'or*[2].

— Je ne connais pas ce livre.

Je ne sais pourquoi je lui dis que Sainte-Beuve pensait qu'une amitié réelle entre un homme et une femme ne pouvait exister que s'ils avaient fait l'amour ensemble.

---

1. Robert Laffont, Paris, 2003.
2. Coll. « Petite bibliothèque Ombres », Paris, 2000.

Pendant que je parlais, je me disais : « Tu es folle de lui raconter ça ! Tu apportes de l'eau à son moulin, il va croire que c'est une invite de ta part. » J'ai vu, devant son air étonné, que je ne me trompais pas. Nous sommes sortis dîner et, comme d'habitude, nous avons parlé littérature. Nous n'avions pas les mêmes goûts. Je me sentais plus proche de Chateaubriand et Giono, par exemple, que de Chardonne ou de Morand qu'il aimait particulièrement, ce que j'avais du mal à comprendre, ces deux auteurs me semblant de très petits maîtres. Mais c'est Mitterrand qui m'a fait lire *Le Sabbat*[1] de Maurice Sachs dont je me suis inspirée pour créer le personnage de Raphaël Malh dans *La Bicyclette bleue*.

J'ai fait partie de son comité de soutien. Le jour de son élection, nous nous sommes retrouvés, avec quelques amis, chez Marie-France Pisier. Nous étions fous de joie. Nous avons décidé de rejoindre la Bastille. Nous n'étions pas les seuls à avoir eu cette idée ! Tout Paris était embouteillé. Les gens klaxonnaient : nous étions heureux ! Dans les rues régnait une liesse sans égale. À un moment, nous nous sommes trouvés coincés à côté d'une deux-chevaux. À l'intérieur se trouvait une famille vietnamienne. À l'arrière, les enfants avaient l'air joyeux tandis que les parents, eux, semblaient effondrés. Avoir fait des milliers de kilomètres pour de nouveau être rattrapé pas les communistes ! Nous leur avons fait de grands sourires pour essayer de les réconforter, pour leur dire qu'ils ne risquaient rien : je ne suis pas sûre que nous ayons réussi. Le lendemain, au cours d'une réception dans un grand hôtel, je suis allée féliciter l'heureux élu qui me murmura :

— Dire qu'il va falloir que j'attende sept ans !

Même devenu président de la République, il ne changeait pas : toujours aussi dragueur !

---

1. Gallimard, Paris, 1979.

Plusieurs fois, j'ai été invitée à déjeuner à l'Élysée, en compagnie d'écrivains ou d'hommes politiques. Ces déjeuners étaient très animés, François Mitterrand en hôte soucieux de ses invités les incitait à parler de leur travail ou de leurs projets. Cependant, quelque chose m'agaçait : quand il me présentait, il ajoutait avec de la gourmandise dans la voix que je publiais des livres *olé olé*. Je remarquais qu'avec les hommes politiques qu'il recevait, il était caustique, souvent blessant. Je revois encore la tête de Michel Rocard et celle de Jacques Attali après une de ses sorties. Je me souviens aussi d'un déjeuner auquel avait été convié Frédéric Dard. Celui-ci avait dévoré le président des yeux pendant tout le repas, oubliant de manger et de boire. Quand Mitterrand lui adressait la parole, il rougissait et répondait en bégayant. J'avais envie de lui venir en aide, mais cela aurait sans doute renforcé son embarras. Les autres invités n'avaient pas ce regard indulgent sur le père de San Antonio : leurs regards moqueurs étaient éloquents, ils avaient du mal à retenir leur hilarité. Si l'un d'eux avait ri, je crois que je l'aurais remis à sa place.

J'aimais bien l'homme mais je n'étais pas une fan de ses romans. Je préfère entre autres lire Simenon. Je sais bien que l'on peut aimer à la fois celui qui disait avoir écrit ses livres avec trois cents mots et avoir inventé les autres et celui qui, avec quelques phrases très simples, montrait l'ambiance d'un bouge ou celle d'un petit hôtel de province. L'un était un bouffeur de mots qu'il mâchait avant de les recracher sur sa page. L'autre recherchait le plus clair, le plus immédiatement compréhensible pour le lecteur. Je ne savais pas alors que les deux hommes se connaissaient et s'appréciaient.

Frédéric Dard souffrait de n'être pas reconnu comme un écrivain à part entière, malgré l'admiration de Jean Cocteau qui l'appelait « l'écrivain de la main gauche » et disait : « San Antonio, c'est de l'écriture en relief, un aveugle pourrait le lire avec la peau des doigts », et celle de Robert Escarpit, qui lui avait consacré un colloque universitaire. Frédéric Dard se sentait prisonnier de son succès, il disait être enfermé dedans comme dans un donjon.

« Panique pas, mon grand, je me suis dit, il va falloir t'installer, on va faire tapisser la chambre, on va mettre des miroirs pour que ça fasse plus large, on va peindre des trompe-l'œil, des sous-bois. Et c'est ça, je me suis installé ! Et j'ai compris que plus je me ferais plaisir, plus je ferais plaisir au lecteur. »

Il disait aussi :

« C'est la postérité qui confirme le talent des écrivains, les vrais, les tout grands, les pléiadisés. Elle leur amène la gloire posthume, elle leur amène les tirages. Ce sont des gens qui travaillent pour le futur. Moi, ma postérité, je la vis ! Ma postérité, c'est simplement ce que je fais puisque ça marche, puisque j'ai tout de suite ce que les autres ont une fois morts ! Pourquoi voulez-vous que je me casse le derrière : je n'ai pas de souci d'avenir, puisque la gloire je l'ai de mon vivant, puisque les gros tirages, je les ai aujourd'hui, puisqu'on s'occupe de moi maintenant. Pourquoi voulez-vous que je me soucie d'être dans le lot de ceux qui resteront ? Je m'en fous ! »

À deux ou trois reprises, Pierre, qui était un de ses fans, lui procura un grand plaisir en lui demandant des dédicaces sur ses premiers romans devenus introuvables.

La première fois que j'ai déjeuné à l'Élysée, j'ai supplié François Mitterrand d'intervenir auprès de Margaret Thatcher pour qu'elle fasse cesser les grèves de la faim des nationalistes irlandais qui risquaient leur vie comme l'avaient risquée Bobby Sands et Francis Hughes. Mitterrand s'est mis en colère et m'a répondu sèchement qu'il n'avait pas à intervenir dans la politique britannique, que ce serait une ingérence dans les affaires d'un pays ami : je ne savais plus où me mettre. Peu après, Ray McCreesh, Patsy O'Hara, Joe McDonnell, Martin Hurson, Kevin Lynch, Kieran Doherty,

Tom McElwee et Mickey Devine sont morts de faim dans les geôles de la « Dame de fer ».

Bien des années plus tard, apprenant que François Mitterrand devait se rendre au Viêtnam, je lui ai demandé de faire partie du voyage car je voulais écrire sur la guerre d'Indochine et que j'avais besoin de voir le pays. Il m'a regardée en souriant et m'a répondu :

— On verra.

Dans la soirée, j'ai reçu un appel de l'Élysée pour m'annoncer que j'étais conviée à accompagner le président : j'étais folle de joie ! Le voyage fut fantastique. Dans l'avion, François Mitterrand rendit visite à ses hôtes à plusieurs reprises, bavardant avec l'un, avec l'autre. Le soir, il m'a invitée à dîner à sa table, ce qui était, aux dires de certains, un honneur. Nous nous sommes arrêtés au Cambodge où nous avons assisté à de somptueuses et ennuyeuses réceptions. Je me souviens de l'une d'elles où nous marchions sur un interminable tapis rouge et, de chaque côté, se tenaient des femmes, en vêtements du pays, qui nous saluaient agenouillées, les mains jointes. Nous avons visité les ruines d'Angkor, où patrouillaient des soldats. On nous a conseillé de ne pas nous éloigner du chemin principal à cause des mines laissées par les Khmers rouges. Avec Célia de Lavarène, nous n'avons pas tenu compte de ces mises en garde et nous nous sommes éloignées du groupe. Nous avons marché au milieu de la jungle et des immenses statues renversées sur lesquelles s'amusaient de petits singes. À part le bruit des insectes et les couinements des singes, il régnait un profond et angoissant silence qui, peu à peu, nous a fait peur. Nous sommes retournées rejoindre les autres. Je me suis échappée de l'hôtel pour aller au marché où ma présence a suscité la curiosité des Cambodgiens, surtout celle des Cambodgiennes qui touchaient mes vêtements et mes cheveux.

Ce court séjour a été inoubliable. J'ai visité la maison d'Hô Chi Minh, située au bord d'un lac, en compagnie du maire de Mulhouse, Jean-Marie Bockel. Je me suis assise devant son bureau avec émotion. On m'a montré sa chambre au lit étroit et ses sandales faites avec de vieux pneus. J'étais envahie par une émotion quasi religieuse, demandant à l'esprit de l'oncle Hô de m'inspirer pour le récit dans lequel j'allais me jeter avec une sorte de désinvolture, un culot frôlant la naïveté, consciente de mon ignorance de l'âme du peuple vietnamien, de sa culture, de ses rapports avec la France. Des canards nageaient sur le petit lac devant la maison, l'eau était noire... J'étais folle de me jeter dans une telle entreprise... Mais n'avais-je pas été folle de me lancer à la poursuite de criminels de guerre nazis ? Une petite voix me disait : « Ce n'est pas la même chose. » Non, ce n'était pas la même chose. Il s'agissait d'une guerre d'indépendance *dôc lâp* contre laquelle était engagé mon pays.

L'ambassade de France a donné un déjeuner où étaient invités tous les dignitaires du régime. J'étais assise entre un général français et un ministre vietnamien. La cuisine était délicieuse. On a apporté sur la table un plat d'olives noires dont je me suis servie abondamment sous l'œil étonné des convives français. J'ai compris leur étonnement quand je les goûtai : c'étaient des truffes. Le rouge a envahi mon front. Au cours de ce déjeuner, j'ai fait la connaissance du général Giáp qui m'arrivait à l'épaule et de sa femme. J'étais très impressionnée face au vainqueur des armées françaises et américaines. Il parlait un français parfait. Je lui ai dit que je voulais écrire un roman sur la guerre d'Indochine. Il m'a écoutée attentivement, m'a dit qu'il serait heureux de m'aider et m'a donné ses coordonnées.

Autre sujet d'étonnement, la francophilie des Viêtnamiens, malgré l'influence américaine qui se faisait sentir surtout à Saigon, dans le sud. À Hanoi, ce n'était pas le cas. Les Viêtnamiens les plus âgés mettaient un point d'honneur à parler français. Parmi les plus jeunes, nombreux étaient ceux inscrit à l'Alliance française. Nous nous amusions à voir les habitants d'Hanoi sortir des boulangeries, une baguette sous le bras... Malgré cela, le gouvernement français semblait oublier que de nombreux pays francophones voulaient établir avec la France des relations culturelles et commerciales. J'en voulais à mon pays de laisser la place aux États-Unis.

49.

J'ai accepté pour des raisons financières qu'Hachette édite sous mon nom une collection de romans érotiques de poche, Cécile et Jean, dont certains avaient pour auteurs des écrivains de renom, comme moi, en mal d'argent. D'autre part, à la demande d'un producteur, j'ai écrit de courts scénarios érotiques. On m'a demandé d'en être le metteur en scène. J'en étais bien incapable ! On m'a assuré que je serais secondée par des assistants. J'ai fini par accepter. Quelle erreur ! On a tourné en France, en Italie, à Hong Kong.

Les producteurs voulaient appeler le film : *Les Filles de madame Claude*, mais j'ai trouvé ce titre mauvais et ne correspondant pas à ce que j'avais écrit. À la fin du tournage, ce fut grâce à un ami de Pierre, Alain Sussfeld, que les producteurs ont accepté le titre de *Contes pervers*. Sous ce titre, plus tard, j'ai publié des nouvelles inspirées de deux ou trois scénarios.

Le dessinateur Gérard Lauzier tenait le rôle d'un cardinal dans un des sketches où il devait, ensuite, se travestir en religieuse. Pour cela, nous avons tourné à l'abbaye de Royaumont, lui vêtu d'une robe de cardinal et moi d'un habit de nonne. Quand il vit les rushs des scènes où il était en bonne sœur, il s'est trouvé si ridicule – il l'était – qu'il a voulu se retirer de l'aventure. J'ai réussi, non sans mal, à ce qu'il n'abandonne pas le tournage. Au cours d'une scène, j'avais demandé au caméraman de filmer en élargissant la prise de vues. Il m'avait répondu que ce n'était pas possible. Par la suite, j'ai appris que cela s'appelait un zoom arrière et qu'on s'était moqué de moi.

Nous sommes partis pour Hong Kong tourner un nouvel épisode. J'ai été fascinée par cette ville si profondément chinoise. Sur place, nous attendait une équipe de techniciens australiens qui ne parlaient pas français. Mon anglais étant des plus pauvres, on imagine la difficulté. J'ai fait transformer une jonque en tripot et engagé des figurants chinois qui avaient l'air de se payer notre tête. Nous avons tourné également au marché aux voleurs que j'avais découvert en cherchant des pyjamas de coton noir comme ceux que portaient les vieilles femmes : j'en avais acheté plusieurs. Quand l'équipe m'a vue habillée de la sorte, elle ne m'a pas épargné ses sarcasmes. Je leur ai expliqué qu'il faisait très chaud et que je n'avais apporté que des vêtements d'hiver. Dans la rue, les Chinoises que je croisais me saluaient le pouce en l'air ; elles, elles trouvaient très bien mon accoutrement ! Le tournage s'est poursuivi en Italie où Pierre m'a rejointe.

Plus le temps passait, plus je me faisais l'effet d'être Bécassine faisant du cinéma. De retour en France, nous nous sommes aperçus qu'il manquait des bobines tournées à Hong Kong. On a organisé des prises de vues au bois de Boulogne à l'arrière de la voiture où on ne voyait que des deux-chevaux Citroën... Quoi qu'il en soit, le film a eu davantage de succès que celui d'Alain Resnais, sorti en même temps... ce dont ce dernier s'est plaint en souriant.

C'est au retour de Hong Kong que le petit Vania, le fils de Fabienne et d'Henri, est tombé malade. Peu après, il est mort d'une méningite. Avant même que la mère de Pierre ne me l'annonce, je savais ce qu'elle allait m'apprendre. Nous étions nombreux autour des parents au cimetière Montparnasse, désemparés et malheureux. Léa avait de la fièvre et nous avons cru, son père et moi, qu'elle avait attrapé le mal du petit Vania : heureusement, il n'en était rien.

Ensuite, nous sommes partis en Italie pour poursuivre le tournage où j'ai compris toute la difficulté qu'il y avait à faire jouer des scènes érotiques par les comédiens. Nous avons tourné dans les bois aux alentours de Rome, parmi les prostituées qui se réchauffaient autour de braseros. Malgré la gentillesse de l'équipe italienne, j'ai vu la fin de cette aventure avec soulagement.

J'ai repris mon travail à la librairie. Cependant, je voulais continuer à écrire mais en échappant à la tentation d'écrire des livres plus ou moins autobiographiques. Donc je me suis attelée à ce que j'appelais « un vrai roman », c'est-à-dire une histoire qui n'avait rien à voir avec moi. J'avais lu, longtemps auparavant, l'*Histoire des Francs*[1] de Grégoire de Tours et j'avais été séduite par le caractère de la reine Radegonde qui avait préféré le couvent à la royauté. Elle avait fondé le monastère de Sainte-Croix, à Poitiers, pour recevoir les filles de la noblesse. Elles y étudiaient le grec, le latin et l'hébreu. Certaines faisaient des études de médecine. C'est à partir de l'*Histoire des Francs* que j'ai construit une histoire que j'intitulai : *La Révolte des nonnes*. Dans le roman, Radegonde a recueilli une petite fille, sauvée par une louve, qui est devenue sa fille adoptive. Mon projet était d'écrire les aventures d'une dynastie de femmes à travers l'histoire de France. Pour cela, j'ai lu tout ce qui avait été publié par les historiens du haut Moyen Âge et les historiens contemporains. Je suis allée à Poitiers au centre d'études supérieures de civilisation médiévale où j'ai été reçue, n'étant pas médiéviste, comme un chien dans un jeu de quilles. J'en ai été mortifiée. Mais j'ai continué mes recherches tout en poursuivant l'écriture du roman.

---

1. Coll. « Les Belles Lettres », Denoël, Paris, 1963.

Photo de Pierre Molinier,
peintre et photographe admiré
par André Breton, et qui appartenait
au groupe surréaliste.
Son œuvre est presque entièrement
vouée à l'érotisme.

Avec Marc Cholodenko, qui reçoit
le prix Crazy Horse 1985 au milieu
des danseuses du cabaret éponyme.

Devant la 17ᵉ chambre correctionnelle,
entourée par les éditeurs Jérôme Martineau
et Éric Losfeld. À gauche André Berri, à droite
Ange Bastiani.

Avec mon amie Sonia Rykiel dans le cimetière
mérovingien de Civeaux, dans la Vienne.

Mon ami l'abbé Pierre chez lui, le jour où il m'avait invitée à dîner.

Remise du Prix de la mémoire au Dalaï-Lama (1989).

Willy Ronis, un des grands photographes français dont l'œuvre couvre le xxᵉ siècle, chez moi à Paris (1992).

À Malagar que j'ai tant aimé.

Roland Laudenbach, directeur des éditions de La Table Ronde, m'avait dit que mon projet l'intéressait et m'avait signé un contrat. Les romans historiques marchaient bien : il voulait rééditer le succès du livre de Jeanne Bourin, *La Chambre des dames*[1]. Toutes les cent pages, je lui soumettais mon travail et il s'en disait satisfait. Au bout d'un an, il m'a convoquée dans son bureau, où se trouvait Michel Déon qui, lui aussi, avait lu mon manuscrit. Laudenbach m'a dit que cela n'allait pas du tout, ne ressemblait pas à ce qu'il attendait de moi, que tout était à revoir. J'étais consternée d'autant que je lui avais remis mon travail au fur et à mesure de son avancement ! Pierre m'avait bien dit que certaines choses n'allaient pas, que je m'appuyais trop sur les historiens, que ce n'était pas assez personnel... Quant à Michel Déon, il a été très dur :

— J'attendais mieux de vous !

J'ai repris mon manuscrit, déchiré des dizaines de pages et me suis remise au travail. Quelques mois plus tard, j'étais assez satisfaite du résultat. Pas l'éditeur qui m'a dit :

— Quelqu'un d'autre va le réécrire pour vous.

J'ai reçu ces mots comme une gifle et déclaré que ce texte était définitif.

— En ce cas, nous en vendrons dix mille au lieu des cent mille escomptés.

J'ai demandé un rendez-vous à Claude Durand, qui venait de succéder à Alex Grall à la tête des éditions Fayard. Je voulais qu'il me donne son avis le plus sincère. Il m'a rappelée dès le lendemain en me disant qu'il était prêt à le publier en l'état et qu'il allait en parler à Laudenbach : ce qu'il a fait. Quoi qu'il en soit, le roman fut édité à La Table ronde. *La Révolte des nonnes* reste à ce jour mon livre préféré, celui qui me ressemble le plus et que je relis avec plaisir. Le succès ne fut pas grand mais m'a valu, de la part d'historiens,

---

1. La Table ronde, Paris, 2005.

des félicitations qui m'ont mis du baume au cœur. Ainsi, Georges Duby m'a dit qu'il aurait aimé l'écrire.

— Pourquoi n'écrivez-vous pas de romans ? lui ai-je demandé.

Sa réponse me surprit :

— Je n'ose pas.

Je l'aurais embrassé pour tant de modestie. *La Révolte des nonnes* a poursuivi sa carrière avec bonheur dans des collections club et surtout en poche où il est sans cesse réimprimé.

Sans l'attitude méprisante de Roland Laudenbach et de Michel Déon à propos de mon travail sur *La Révolte des nonnes*, aurais-je accepté de me lancer dans une nouvelle aventure ? J'en doute.

50.

À quelque temps de là, Jean-Pierre Ramsay m'a demandé d'écrire un roman inspiré d'*Autant en emporte le vent*[1]. J'ai trouvé l'idée idiote :

— On ne refait pas *Autant en emporte le vent*! lui ai-je répliqué.

— Cela s'inscrit dans une collection pour laquelle je demande à des écrivains de s'inspirer de chefs-d'œuvre du passé pour écrire un nouveau livre. Ainsi, Poirot-Delpech travaille-t-il sur *La Dame aux camélias*[2], un autre sur *Robinson Crusoé*[3], un autre sur *Les Misérables*[4].

J'ai demandé à réfléchir. Pierre, à qui j'ai fait part de cette proposition, m'a dit que je ne pouvais pas accepter, ce livre n'étant pas dans le domaine public. J'ai rapporté ces propos à Ramsay qui les a écartés avec dédain en disant qu'il n'y avait pas de problème ; il ne pouvait pas prévoir le succès qui allait tout balayer devant lui. Finalement, Pierre a eu raison de me mettre en garde, mais, si je l'avais écouté, je n'aurais jamais écrit *La Bicyclette bleue*[5], et ça, je ne me le serais jamais par-

---

1. Margaret Mitchell, *Autant en emporte le vent*, Gallimard, coll. « Quarto », Paris, 2013.
2. Alexandre Dumas, *La Dame aux camélias*, Pocket, Paris, 2013.
3. Daniel Defoe, *Robinson Crusoé*, Le Livre de Poche, Paris, 2013.
4. Victor Hugo, *Les Misérables*, Flammarion, coll. « Étonnants classiques », Paris, 2013.
5. Régine Deforges, *La Bicyclette bleue*, Le Livre de Poche, Paris, 2008.

donné ! En fait, Pierre avait tort d'avoir raison, et moi, j'avais raison d'avoir tort.

À la suite de quoi, Jean-Pierre Ramsay a organisé un déjeuner avec les directeurs littéraires des journaux de Paris et de province, afin de leur faire part de ce projet. Aucun n'a élevé la moindre objection sur un éventuel plagiat !

J'ai relu le roman de Margaret Mitchell avec un grand plaisir et décidé, malgré l'avis négatif de Pierre, de m'en inspirer. Je voulais situer l'action de mon livre pendant la dernière guerre et l'ai annoncé à l'éditeur qui a décrété :

— Personne ne s'intéresse plus à la Seconde Guerre mondiale.

— Peut-être, mais moi, ça m'intéresse.

Ramsay m'a proposé les services d'une documentaliste. Pourquoi pas ? me dis-je. J'ai indiqué à la jeune femme les grandes lignes de ce qui pouvait m'intéresser au début de la Seconde Guerre mondiale. Ce qu'elle m'a rapporté ne m'évoquait rien, manquait de vie et surtout était inintéressant. J'ai décidé de me documenter par moi-même. J'ai acheté des journaux de l'époque qui m'ont donné l'ambiance qui régnait à Paris et à Bordeaux.

Après avoir dévoré des dizaines d'ouvrages sur cette période, je me suis lancée dans l'écriture avec enthousiasme, m'entourant de cartes d'état-major pour suivre l'avancée des troupes du général Gudérian. À mesure que l'armée allemande envahissait la France, je prenais conscience de l'étendue du désastre et, souvent, Pierre me retrouvait en larmes. Il m'avait confié les carnets tenus par son père, le prince Yvan Wiazemsky, sous-officier de cavalerie, fait prisonnier du côté de Compiègne, et ceux de son supérieur, le lieutenant Houdoy. Ces journaux étaient le récit de combats courageux, mais aussi celui d'une retraite. Une phrase m'avait bouleversée : *Sous la mitraille, les chevaux se tiennent bien !*

Il me fallait trouver un lieu qui serait le pendant du Tara de Scarlett O'Hara. C'est alors que je pensai à Malagar, la demeure tant aimée de François Mauriac.

J'avais été séduite par cette grande maison. J'y avais trouvé ce qu'inconsciemment j'avais toujours cherché : un endroit simple et harmonieux d'où rien ne pouvait me chasser puisqu'elle était dans la famille Mauriac depuis des siècles. C'était l'endroit idéal pour y faire vivre mon héroïne. Tout s'est organisé autour de cette demeure et de sa région, du rôle de ses habitants pendant l'Occupation et la Résistance. *La Bicyclette bleue* aurait été différente dans un autre contexte.

Je vivais ce que j'écrivais avec intensité et douleur, honte aussi. L'exode sur les routes, les bombardements d'Orléans, pour lesquels je me suis inspirée du livre de Céline, *Bagatelles pour un massacre*[1], des gens tués sur le chemin de l'exil, la débandade des soldats, les incendies, les enfants perdus... Je souffrais dans mon corps des malheurs des Français. Le récit de l'entrée des troupes allemandes dans Paris a été un moment de chagrin et d'humiliation. Dans la presse de l'époque, j'ai recherché le détail qui « faisait vrai », tel le prix du ticket de métro ou du vichy-fraise. Cela me semblait important, même si le lecteur s'en fichait. Le 18 juin, le général de Gaulle a lancé son appel à la radio de Londres : je me suis sentie soulagée. Enfin, quelqu'un qui voulait continuer à se battre ! À partir de ce moment, de Gaulle est devenu un de mes personnages.

Au bout d'une centaine de pages, j'ai voulu tout arrêter : Léa n'était pas Scarlett, François Tavernier ne ressemblait pas à Rhett Butler. Mes héros étaient plus naïfs, moins intéressés, sincèrement patriotes. J'ai résolu de leur laisser toute liberté, en respectant les caractères que je leur avait donnés. J'ai été heureuse d'avoir pris cette décision de m'éloigner d'*Autant en emporte le vent* et de laisser libre cours à mon imagination.

---

1. Denoël, Paris, 1937.

Alors j'ai connu de vrais moments de bonheur avec mes personnages, car, à mesure que j'écrivais, j'approfondissais ma connaissance de cette guerre dans laquelle je jetais mes héros, curieuse de savoir ce qu'ils allaient devenir, comment ils allaient réagir devant tel ou tel problème.

Je me suis levée chaque jour à six heures du matin, heureuse de me retrouver dans la petite chambre de bonne qui me servait de bureau, aux murs recouverts de cartes d'état-major. J'en redescendais une heure plus tard pour réveiller Léa et lui préparer les crêpes qui constituaient son petit déjeuner. Ensuite, je la regardais partir pour l'école, portant fièrement son cartable rose sur son dos.

J'avais écrit cinq cents pages et je n'étais qu'en 1942, alors que je voulais aller jusqu'à la fin de la guerre, en 1945. Jean-Pierre Ramsay, furieux, m'a annoncé qu'il y aurait un second volume, mais que les suites ne marchaient jamais. L'avenir allait démontrer combien il avait tort. Nous nous sommes accrochés à propos du titre. Il penchait pour *Léa*, du nom de mon héroïne, car cela faisait penser à *Emmanuelle*.

— Mais ce n'est pas un roman érotique ! m'écriai-je. Il s'appellera : *La Bicyclette bleue*.

Bicyclette, c'était une idée de Pierre, car tout le monde alors circulait à bicyclette, et bleu, de moi, parce que le bleu porte bonheur. Furieux, l'éditeur a accepté.

Jean-Claude Gawsewitch, directeur commercial chez Ramsay, avait procédé à un premier tirage de quinze mille exemplaires, avec une mise en place de huit mille, ce qui avait mis Jean-Pierre Ramsay dans une rage folle :

— Je t'avais dit dix mille ! Quinze mille ! Tu es fou ! On ne les vendra jamais !

Le livre parut en septembre de l'année 1981. Hector de Galard, rédacteur en chef au *Nouvel Observateur*, qui avait été un de mes premiers lecteurs, a affirmé à Pierre :

— Ça va faire un triomphe, malgré de légères erreurs.

— Lesquelles ? a demandé Pierre.

— Régine fait boire à ses personnages du dom pérignon : ce n'est pas possible.

— Pourquoi, dom Pérignon n'est-il pas l'inventeur du champagne ?

— Oui, mais c'est une appellation de 1955. De plus, de Gaulle n'était pas secrétaire d'État à la guerre il n'était que sous-secrétaire.

— Je sais qu'il était sous-secrétaire d'État, rétorquai-je, quand Pierre m'a fait part de cette conversation.

J'ai appris par l'éditeur que c'est à l'impression qu'un typographe avait donné cette promotion à Charles de Gaulle...

Bertrand Poirot-Delpech écrivit un bon article dans *Le Monde* mais ce fut le bouche à oreille qui lança le livre : il est resté en tête des meilleures ventes des mois durant.

Je n'avais pas vraiment conscience de tout cela, occupée que j'étais à écrire la suite des aventures de Léa et de François dans la France occupée. Je me suis rendue plusieurs fois à Bordeaux pour consulter les archives de l'époque. Je n'ai jamais oublié la pièce aux murs recouverts de dossiers, contenant mois par mois, année par année, les lettres de dénonciation reçues par la Gestapo et la Milice. J'y ai passé de longues matinées et de longs après-midi, seule, à lire, à prendre des notes, séchant mes larmes d'un revers de la main. Je quittais les lieux dans un état profond de détresse et de dégoût.

L'année suivante, j'ai demandé à y retourner travailler : on m'a refusé l'autorisation. Comme j'insistais, rappelant que l'année précédente j'y avais eu libre accès, on consentit à me dire que ce n'était pas possible car il y avait une affaire judiciaire en cours qui interdisait la consultation des documents sensibles. Très vite j'appris qu'il s'agissait de l'affaire Papon.

J'en ai parlé à Pierre Bécamps, que j'avais rencontré à plusieurs reprises pour sa connaissance du Bordeaux de l'Occupation et de la Résistance. À la Libération, il avait été chargé de récolter le plus de témoignages et de documents possible sur cette triste période. Il a publié sur ces événements des ouvrages documentés et passionnants.

— Vous devriez en parler à Michel Slitinsky, il en connaît un bout sur la question et voue à Papon une haine implacable.

— Pourquoi ?

— Il le tient pour responsable de la déportation et de la mort des juifs bordelais, dont son père Abraham, arrêté et déporté en 1942, par la police sous les ordres du secrétaire général Maurice Papon, qui supervisait le CGQJ, le service des questions juives. Abraham Slitinsky est mort à Auschwitz. C'est en passant par les toits que Michel, qui n'avait que dix-sept ans, a réussi à s'échapper. Caché chez différentes familles de la région, il a rejoint la Résistance dans les maquis d'Auvergne, les Mouvements unis de la Résistance (MUR).

— J'aimerais bien le rencontrer.

— Je vais lui parler de vous et de votre travail. Il sera sûrement intéressé et heureux de répondre à vos questions.

C'est comme cela que, deux jours plus tard, j'ai fait la connaissance de Michel Slitinsky, homme jovial et généreux, qui a eu la patience de répondre à mes questions, même si elles le firent quelquefois sourire par leur naïveté. Il consacra sa vie à faire connaître les traîtres de l'époque. Bécamps et lui ont poursuivi leur quête jusqu'à la fin de leurs jours avec le désir de transmettre aux générations nouvelles le courage de leurs aînés et le drame des familles juives déportées. Ces rencontres m'ont beaucoup appris.

Je suis très sensible au temps, qu'il soit beau ou froid, et je pense qu'on est influencé par le soleil ou la pluie. J'ai recherché le temps qu'il faisait au moment de l'exécution d'otages au camp de Souges, près de Bordeaux, en 1942. Éric de Rothschild m'avait dit que les maîtres de chai tenaient un carnet des conditions météorologiques. C'est grâce à cela que j'ai appris qu'au matin de l'exécution, il pleuvait et il faisait froid. Mais cela ne me suffisait pas. J'avais besoin d'une autre certitude sur le temps qu'il faisait ce 21 septembre 1942. J'ai trouvé dans les carnets du père du directeur des archives bordelaises, la même observation, rédigée dans les mêmes termes : *Dans la nuit du 20 au 21 septembre, le temps jusque-là sec et beau, s'est mis à la pluie et au froid.* J'ai donc pu écrire dans quel climat ces jeunes hommes, dont j'avais reconstitué les circonstances de l'arrestation, étaient allés à la mort. J'ai reçu par la suite de nombreux courriers des familles me demandant comment j'avais eu ces renseignements. Je leur ai répondu : la plupart m'ont remerciée et m'ont félicitée pour mon exactitude.

Par un après-midi caniculaire d'août, Pierre et moi avons marché le long de l'avenue du Maréchal-Pétain où se tenait le siège de la Gestapo et où de nombreuses personnes avaient été interrogées et torturées. Les maisons ne portaient plus les mêmes numéros du fait de nouvelles constructions. Nous avons fini par trouver l'endroit où habite, maintenant, un médecin spécialiste des « maladies du langage ». Nous regardions l'inscription sans y croire : la réalité dépassait la fiction ! C'était effrayant de penser qu'en ce lieu, on avait essayé de faire parler les personnes arrêtées. Avec l'aide de Pierre, j'ai descellé l'ancienne plaque d'émail bleu au numéro barré de blanc et l'ai emportée comme un trophée. Elle est toujours chez moi.

J'ai longuement marché à travers la campagne bordelaise, imaginant les résistants se déplaçant parmi les champs de blé ou de tabac, aujourd'hui remplacés par des champs de maïs. J'ai interrogé de nombreux témoins, tout en me méfiant de leur mémoire, quarante ans après les faits. Les Allemands envoyés en Gironde, étaient pour la plupart des vignerons, des négociants en vins qui connaissaient les viticulteurs bordelais, ayant commercé avec eux avant la guerre. C'étaient des gens avec lesquels ils avaient travaillé, ce qui peut expliquer leur attitude de part et d'autre. Cela n'excuse en rien la collaboration mais permet de la comprendre.

Tout dans le Bordelais était différent, le courage comme la trahison. J'ai travaillé sur « l'affaire Grandclément » du nom d'un chef de l'OCM[1] qui avait donné des renseignements sur son réseau à Friedrich Dohse, le chef de la Gestapo de Bordeaux, en échange de la liberté de sa femme. Grandclément fut exécuté, avec sa femme Lucette et son garde du corps, Marc Duluguet, par Roger Landes alias Aristide, chef d'un réseau anglais, le SOE. Après avoir longuement réfléchi, enquêté sur chacun des protagonistes et fait parler les témoins survivants, j'avais reconstitué les circonstances de ce drame. Quand j'ai été sûre de mon fait, j'ai envoyé à Londres mes conclusions à Aristide qui m'a téléphoné pour me dire que ce que j'avais écrit était vrai et qu'il serait à Paris le lendemain pour me rencontrer. Je garde de cette rencontre un sentiment mitigé : je comprenais l'exécution de Grandclément, j'avais du mal à accepter celle de sa femme.

— Nous ne pouvions pas laisser de témoins derrière nous ; la guerre n'était pas finie, me répondit-il.

À la même époque, j'ai reçu Henri Fenet, commandant de la division SS Nordland, plus connue sous le nom de division Charlemagne, dans le studio que j'avais acheté rue de Buci. À la tête de ses Waffen SS, il avait été le dernier défenseur du bunker d'Hitler. L'homme ne payait pas de mine mais, dès qu'il a commencé à parler, un grand froid m'a envahie : il n'avait pas changé ; il avait été « loyal jusqu'à la fin », bref, il était toujours nazi. Après son départ, j'ai ouvert grand la fenêtre pour chasser ces miasmes de haine et j'ai adressé une prière à Saint-Germain-des-Prés, dont je voyais la pointe du clocher. J'ai mis plusieurs jours à me remettre de cette rencontre.

J'ai vu des miliciens, des collaborateurs, des résistants, qui tous s'étonnèrent qu'une jeune femme se plonge dans les

---

1. Un des huit grands réseaux de la Résistance intérieure française.

méandres d'une époque qu'elle n'avait pas connue. Pas connue, certes, mais suffisamment pour en être imprégnée au point d'essayer de comprendre les engagements de chacun de mes visiteurs.

Que serait devenu ce roman si j'en avais situé l'action, comme prévu, dans la région lyonnaise ? Un fait important m'avait fait changer d'avis : le criminel de guerre nazi, Klaus Barbie, venait d'être extradé de Bolivie grâce à l'acharnement de Serge Klarsfeld et de Régis Debray, et ramené en France pour être jugé, à Lyon, pour crime contre l'humanité. Je ne voulais pas qu'il soit dit que je me servais de cet événement pour écrire mon livre. Mon personnage, François Tavernier, s'appelle ainsi parce que Tavernier est un nom que l'on rencontre souvent dans le Lyonnais : je n'ai pas cru devoir le changer en changeant les lieux où se déroulait l'action.

La prédiction d'Hector de Galard s'est révélée exacte et, chaque fois qu'il croisait Pierre, il lui demandait :
— Alors ? Comment va notre livre ?

Les ventes s'envolaient et les réimpressions se succédaient. Je n'y prêtais guère attention, plongée dans mon travail avec une assiduité dont je ne me serais pas crue capable. Ce qui changeait, c'était que l'éditeur me donnait tous les chèques que je lui demandais.

Avec mauvaise humeur, Jean-Pierre Ramsay m'avait fait signer un contrat pour la « suite » à laquelle je travaillais d'arrache-pied, en me redisant : « Les suites, ça ne marche jamais ! » Son manque d'enthousiasme m'avait blessée. Mais je n'étais qu'au début de ma déception.

Un matin de 1982, je suis arrivée à la maison d'édition où régnait un grand remue-ménage. La rousse standardiste, Calipsto, avait les joues et les yeux rouges, Jean-Claude Gawse-witch marchait de long en large, l'air affairé devant les employés qui, comme moi, se demandaient ce qui se passait. Je croisai un inconnu, Alain de Sédouy, qui s'est présenté comme étant le nouveau patron des éditions Ramsay. Nous avons très vite appris la vérité : Ramsay avait vendu sa maison à la Gaumont sans en parler à quiconque. Je me suis laissée tomber sur une chaise. Comment cela était-il possible ? J'avais vu Jean-Pierre Ramsay quelques jours auparavant et il ne m'avait rien dit !

Bientôt, la résistance et la collaboration bordelaises n'eurent plus eu de secret pour moi mais, à mesure que j'en prenais connaissance, j'avais l'impression de m'enfoncer dans des marécages d'où je ne sortirais pas indemne : ce fut le cas. Mon peu de confiance en la nature humaine s'en est trouvé renforcé. J'ai conservé cependant un solide bon sens qui me faisait remettre les choses dans leur contexte à savoir que ceux qui vivaient à cette époque étaient confrontés à des choix souvent difficiles et que les juger à l'aune des années quatre-vingt était sinon impossible, du moins injuste. Combien de patriotes étaient devenus pro-Vichy à la suite de Mers el-Kébir, sans pour autant ressembler à Joseph Lécussan, officier de marine, parti pour Londres rejoindre le général de Gaulle et faisant demi-tour en apprenant la destruction de la flotte française, le 3 juillet 1940, sur l'ordre de Churchill dans le cadre de l'opération Catapult, opération qui fit 1 380 morts du côté français. De retour en France, il s'engagea à Toulouse dans la Milice où il devint directeur aux questions juives. Joseph Darnand le nomma chef régional de la Milice à Lyon. Ce fut lui qui assassina de ses mains Victor Basch, président de la Ligue des droits de l'homme, et qui organisa la rafle de soixante-dix juifs à Saint-Amand-Montrond, dans la nuit du 21 au 22 juillet 1944. À la fin de la guerre, il s'enfuit en Espagne où il fut arrêté, jugé, condamné et fusillé le 25 septembre 1946.

Est-ce à ce moment-là que j'ai appris l'existence d'Hélie Denoix de Saint Marc, résistant à dix-neuf ans, arrêté à Bordeaux en 1943 et déporté à Buchenwald où il survécut grâce à un Letton ? Revenu en France, il intégra Saint-Cyr. À vingt-trois ans, il partit pour l'Indochine dans la Légion étrangère et se retrouva à la frontière chinoise. Il apprit la langue vietnamienne et à connaître les Vietnamiens. Il reçut l'ordre d'évacuer avec ses soldats, laissant les populations aux prises avec le Viêt-minh qui les massacra. Jamais Saint Marc ne se pardonna cet abandon. Après la chute de Diên Biên Phu, il se retrouva en Algérie sous les ordres du général Massu et participa au putsch des généraux. Après leur échec, il se constitua prisonnier. Jugé, il fut condamné à dix ans de réclusion criminelle et il passa cinq ans à la prison de Tulle.

51.

Au début des années quatre-vingt, nous avons passé deux étés dans la propriété de Louis Malle, que nous avions louée au Coual, près de Lugagnac, non loin de Saint-Cirq-Lapopie, un merveilleux village où avait vécu André Breton. Pierre avait aussi loué deux vélomoteurs, avec lesquels nous avons exploré la région, nous arrêtant dans de petits bistrots à la cuisine abondante, nous régalant de cabécous, petits fromages de chèvre délicieux. Des amis, Régis Debray, Sonia Rykiel, Madeleine Chapsal, Pierre et Nicole Kalfon, Yves Got, Serge Lafaurie, sont venus à tour de rôle passer quelques jours avec nous. Nous avons pris plaisir à leur faire découvrir les beautés du coin. Camille était là avec une amie. Léa devenait de plus en plus belle et de plus en plus turbulente se disputant sans cesse avec Laurence, la fille de Régis, de trois ans son aînée, et Vanda, ma petite-fille. Car j'étais grand-mère. Je devais cela à Franck. Cette enfant, qui n'avait que trois ans de moins que Léa, était gaie et charmante.

Le dernier été, l'hebdomadaire *Elle* m'a demandé d'être la rédactrice en chef d'un de ses numéros. Amusée, j'ai accepté. Sur la couverture, on pouvait me voir avec Léa et Vanda. Toute une équipe de photographes, de journalistes, une coiffeuse, Camille Albane, une maquilleuse et le rédacteur, Jean Dumoulin, sont venus au Coual puis à Malagar. Tout ce monde a envahi les maisons qui ont résonné de rires et de cris.

Nicolas Bréhal avait fait une longue interview de moi. À une question de Nicolas me demandant si être éditeur, ce n'était pas se mettre des bâtons dans les roues, quand on est écrivain, j'avais répondu :

— Peut-être.

— Par masochisme, alors ? Par exigence ?

— Plutôt. François Mauriac a dit : « Il y a deux types d'écrivains : ceux qui se mouillent jusqu'à la taille et ceux qui se mouillent jusqu'au cou. » J'espère être de cette dernière catégorie.

C'est dans ce numéro de *Elle* que j'ai présenté les écrivains qui me semblaient les plus prometteurs : Jacques Almira, Jean-Marc Roberts, Nicolas Bréhal, Régis Jauffret, Gilles Laurendon, Hervé Guibert, Didier Van Cauwelaert, Yann Queffélec et Patrick Besson. Je posais, assise au milieu d'eux. L'avenir ne m'a pas donné tort : ils ont tous réussi. Je remarque cependant qu'aucune femme ne figure à mon palmarès. Est-ce misogynie de ma part ? Je ne crois pas. J'aurais pu ajouter Sylvie Germain, Françoise Lefèvre, Françoise Chandernagor, Geneviève Dormann... Dans ce même numéro, il y avait un reportage sur mes maisons de vacances : Malagar, bien évidemment, où j'ai été heureuse et qui m'a porté chance, où l'on voit Léa et Vanda en train de dessiner ou de se promener à bord de la charrette conduite par Robert, le mari de Simone, la cuisinière, ou au Coual, le joli manoir du Lot. J'avais écrit un papier sur : « Pourquoi j'aime Robert Mitchum », qui m'avait séduite dans *La Nuit du chasseur* et par son disque : *Calypso is Like So*. J'aimais sa haute silhouette, son air gouailleur, sa dégaine. Je sais de quoi je parle. Un jour d'été, des années auparavant, boulevard Saint-Germain, j'avais remarqué un homme, habillé comme seuls certains Américains savent l'être : pantalons et vestes flottants, décontraction des formes et des tissus. Sans y prendre garde, je m'étais mise à le suivre car il avait une démarche de marin. À un moment, il s'était arrêté pour allumer une cigarette et il s'était retourné. L'espace d'un instant, nos yeux s'étaient croisés : et j'ai reconnu Robert Mitchum. Aujourd'hui encore, je regrette de ne pas l'avoir abordé. Par la suite, je l'ai rencontré au cours du Festival du film policier de Cognac où nous étions membres du jury. Par un heureux hasard ma chambre était voisine de la sienne et j'entendais le moindre de ses raclements de gorge. Avouerai-je que j'ai regardé par le trou de la serrure de la porte qui séparait les deux appartements dans l'espoir d'apercevoir mon idole ? J'allais même, honte suprême, lui tendre mes deux poings sur lesquels j'avais écris : *love* et *hate*, comme dans *La Nuit du chasseur*. On avait dû lui faire le coup un nombre incalculable de fois...

Dans *Elle*, il y avait aussi des pages consacrées à mes tabliers de paysanne chinés à travers les provinces françaises sur les marchés et dans des merceries d'un autre âge et à mes ouvrages au point de croix, plus un portrait de Sonia Rykiel qui est une de mes fiertés. Quelques recettes de cuisine aussi et mes adresses parisiennes de restaurants et de boutiques.

C'est au Coual que j'ai appris la disparition de Pascal Jardin. Cette annonce m'a assommée. Je le savais malade mais je n'avais jamais pensé qu'il pouvait mourir. C'est Alexis Ovtchinnikoff qui me l'a annoncé en disant :

— Ce sont les amis, ceux qui nous aiment, qui doivent nous apprendre les mauvaises nouvelles.

Je comprenais ce qu'il voulait dire ; malgré tout, pendant quelque temps je lui en ai voulu. Pascal connaissait cette maison, y avait travaillé avec Louis Malle. Blottie dans l'encoignure d'une fenêtre moyenâgeuse, j'ai pleuré doucement l'ami perdu. Malgré les années passées, il me manque toujours.

Un été, lassée d'appeler Maman pour lui demander comment réaliser telle ou telle recette, j'ai résolu de faire un livre de cuisine pour mon seul usage. Je m'y suis attelée avec enthousiasme. À mesure que ces recettes prenaient forme, je pensais à les publier sous le titre : *Ma cuisine*. Ce qui a été fait aux éditions Ramsay. Le livre a été illustré de photographies de moi aux fourneaux et de plats réalisés par mes soins. Il a été bien accueilli par les libraires et les lecteurs qui m'ont félicitée pour la simplicité de mes recettes. La première édition s'est rapidement épuisée. J'ai ajouté dans la seconde quelques recettes de poulet et de poisson. On a fait de nouvelles photos. Cette édition revue et corrigée s'est bien vendue, elle aussi. À ce jour, elle est épuisée.

Charles **Ronsac**, directeur de collections aux éditions Robert Laffont, m'avait demandé de faire un livre d'entretiens avec Lise Deharme, une des muses des surréalistes, dans l'esprit de *O m'a dit*. De Lise Deharme, je ne savais presque rien si ce n'est qu'elle avait tenu salon après la guerre, écrit quelques poèmes et un livre avec André Breton, Julien Gracq et Jean Tardieu : *Farouche à quatre feuilles*[1], ce qui n'était pas rien. Je réservai ma réponse mais j'acceptai d'aller voir la dame. Elle m'a reçue dans un grand appartement donnant sur les Invalides et qui sentait fort la pisse de chat. Elle m'a remerciée avec des mines pour les fleurs que je lui avais apportées et m'a offert une tasse de thé. Étendue sur son lit, elle avait, appuyée contre des coussins, des poses d'odalisque. Nous avons bavardé deux heures durant. Quand je la quittai, j'étais séduite. Nous étions convenues de nous revoir dans les jours suivants. Charles Ronsac était aux anges ! Pendant plusieurs mois, je suis allée chez elle deux fois par semaine lui poser des questions sur sa vie, sur son travail, sur les gens qu'elle avait connus, sur ses amours. Elle me répondait avec drôlerie et, quelquefois, méchanceté. Elle était cruelle envers les écrivains qu'elle avait côtoyés, particulièrement

---

1. André Breton, Lise Deharme, Julien Gracq et Jean Tardieu, *Farouche à quatre feuilles*, Grasset, Paris, 1954.

envers André Breton et les femmes qui « se prenaient pour des auteurs » alors qu'elles étaient « dénuées de talent ». Les surréalistes tenaient en grande estime celle qui disait : « Écris tout ce qui te passe par la fenêtre. » Elle excellait dans les textes brefs. Marcel Schneider a écrit à son propos :

> *Cet univers de féerie, et de féerie qui semble frivole, est en réalité une retraite de solitude où l'on fuit les hommes au profit des plantes, des animaux et des objets qui parlent à l'imagination. C'est pourquoi tous les poèmes, tous les contes et les romans de Lise Deharme ont pour thèmes directeurs le masque et la métamorphose, les malentendus de l'amour et de la vie.*

Comment ne pas être attendrie par celle qui écrivait :

> *J'ai raté*
> *le livre de ma vie*
> *une nuit*
> *qu'on avait oublié*
> *de mettre un crayon taillé*
> *à côté de mon lit*[1].

Quand j'entrais chez elle, je devais écarter du pied les chats qui se pressaient en ronronnant. Je m'asseyais près de son lit et branchais mon magnétophone. Très vite, j'étais incommodée par la chaleur et l'odeur. Je me levais et allais à la fenêtre que j'entrouvrais quelques instants. J'ai eu bientôt cinq ou six cassettes que j'ai décryptées tant bien que mal. Avant de donner à Charles Ronsac une centaine de feuillets dont, après lecture, il se déclara satisfait.

Après la mort de Lise, il a renoncé à la publication de nos entretiens, sans m'en donner la raison.

Bien des années après sa disparition, une jeune fille, Marie Pendanx, a demandé à me rencontrer pour me parler d'elle.

---

1. Lise Deharme, *Cahier de curieuse personne*, Éditions des Cahiers libres, Paris, 1933.

Je l'ai reçue, curieuse de savoir pourquoi elle s'intéressait à ce poète oublié. Elle voulait écrire, me dit-elle, tout en préparant une thèse de géographie, sur cette femme écrivain et sur nul autre et voyait, pour cela, tous ceux qui l'avaient connue, dont moi. Je lui confiai les cassettes de mes entretiens « avec la dame aux gants de daim bleu pâle » chère à André Breton, lui demandant d'en faire le meilleur usage.

Des années plus tard, j'ai écrit *La Hire ou la colère de Jehanne* et, pour ce faire, je m'étais rendue à Préchacq-les-Bains, le village natal d'Étienne de Vignoles, dit La Hire, qui était proche de la petite ville où habitait Marie Pendanx. Je trouvai peu de chose sur Étienne de Vignoles, et son compagnon Poton de Xaintrailles, tous les deux, fidèles à Jeanne d'Arc. Il est fait mention de ces personnages dans les chroniques du temps, où l'on vante leur courage mais aussi leurs exactions qui furent grandes. J'étais déçue de ne pas découvrir plus d'informations sur ce La Hire, devenu, par mariage, seigneur de Montmorillon, où il avait été inhumé dans la chapelle du séminaire. On connaît son nom grâce au valet de cœur de nos jeux de cartes qui porte son nom.

J'avais trouvé, pour mes parents, une maison à louer à Montcuq, non loin de Cahors, dans le Lot, cette belle province où ils avaient connu des moments heureux au début de la guerre. Elle leur a plu et ils ont aussitôt quitté leur appartement de Vanves pour s'installer dans leur nouvelle demeure. Je crois que les jours qu'ils y passèrent furent parmi les plus doux de leur vie. Pour l'anniversaire de Papa, je lui offris une voiture neuve qu'il reçut les larmes aux yeux. Léa et Vanda aimaient beaucoup venir passer quelques jours chez eux.

Pour me délasser, je me lançai dans l'écriture d'un roman se passant au XIIe siècle, racontant la vie d'Anne de Kiev, fille de Iaroslav, descendant de saint Vladimir et de Rurik, qui conquit la Russie. Mariée à Henri Ier, roi de France, Anne vivait au temps de Guillaume, duc de Normandie, dont son époux était le tuteur. Guillaume avait épousé Mathilde de Flandres à qui l'on doit la fameuse tapisserie de Bayeux, racontant la conquête de l'Angleterre par son époux. C'est en découvrant qu'Anne de Kiev était une ancêtre de Pierre que j'ai eu envie d'en savoir davantage sur elle. Et, pour dire la vérité, je trouvais amusant que notre fille Léa eût à la fois dans ses veines du sang royal et du sang de paysans poitevins.

Je me suis rendue à Novgorod, à Souzdal, à Kiev et à Moscou. Dans cette dernière ville, j'ai été reçue par le conservateur des archives qui ne savait pratiquement rien sur Anne de Kiev. Les documents qu'il me montrait, la plupart rédigés en français, étaient bourrés d'erreurs, notamment ceux remis au tsar Pierre le Grand par l'ambassadeur de France, Jacques-Joachim Trotti, marquis de La Chétardie. Pierre le Grand voulait tout connaître sur le mariage d'Anne de Kiev avec Henri Ier ; ce premier lien entre la France et la Russie lui semblait important pour l'avenir des relations entre les deux pays. Le conservateur avait fait venir un vieux bibliothécaire, spécialisé dans cette période et connaissant le *slavon*, vieille langue slave parlée par Rurik et ses descendants. Je lui ai demandé s'il savait pourquoi le bateau de Guillaume le Conquérant s'appelait *La Mora* et ressemblait à un drakkar. Il n'en savait rien. Cependant, il avait entendu parler d'un village suédois qui portait ce nom et d'où seraient partis Rurik et ses compagnons à la conquête de ce vaste pays qu'ils appelèrent Russie. Plus tard, j'ai appris que *La Mora* signifiait, en vieux slavon, « l'enchanteresse ». Cela m'a plu : c'était un beau nom pour un bateau. C'est Mathilde qui a offert ce navire à son époux, qui fut construit à Barfleur.

Au restaurant du kremlin de Novgorod, le seul endroit où l'on mangeait correctement, notamment des cassolettes de champignons sauvages dont j'ai reconstitué la recette pour mon livre de cuisine, j'ai assisté avec Pierre à l'entrée d'une troupe de bohémiens, accompagnés d'enfants bruyants qui demandaient à déjeuner. Après un mouvement de panique dans le personnel, on leur indiqua une table libre autour de laquelle ils s'installèrent avec bruit. Avec leur venue était entré un air de liberté dans cet endroit morose. On leur avait servi diverses nourritures et du vin qu'ils buvaient en abondance. Une femme allaitait son bébé. Un jeune homme jouait de la guitare tandis qu'un autre chantait. Quant aux enfants, ils se poursuivaient entre les tables, bousculant tout sur leur passage. Cette gaieté, ce sans-gêne étaient inattendus en URSS.

À Souzdal, ville ancienne dont les Russes étaient très fiers, je me suis promenée seule la nuit dans les rues désertes, cherchant un café ou un restaurant ouvert. À Kiev, au temps de Gorbatchev et après la catastrophe de Tchernobyl, j'ai visité la basilique Sainte-Sophie, où une fresque murale représente Iaroslav et ses enfants, dont Anne ; c'est le seul portrait d'elle qui ait été peint de son vivant. On lui doit le prénom de Philippe, porté par certains de nos rois, car elle disait descendre de Philippe de Macédoine, le père d'Alexandre le Grand.

De hauts marronniers ombrageaient la basilique Sainte-Sophie ; j'avais ramassé des marrons que j'avais enveloppés dans du papier mouillé et, à mon retour, je les ai plantés dans des pots à Boutigny : un pour Pierre, un pour Léa, le troisième pour moi. Seul le mien s'est développé. C'est aujourd'hui un bel arbre qui fait plus de deux fois ma taille et donne, à son tour, des marrons. Pour me taquiner, Pierre me dit qu'ils sont irradiés.

Au même moment, j'ai publié *Léa au pays des dragons*, histoire que j'avais écrite et illustrée quand j'attendais Léa. Dans la foulée, j'ai édité *L'Apocalypse* de saint Jean, accompagnée de mes dessins, réalisés pour essayer de faire comprendre ce texte que je lisais à Camille quand elle avait dix ans. J'ai respecté scrupuleusement l'écrit de saint Jean, ainsi qu'il l'avait prescrit. Je ne sais pas si Camille a mieux compris mais elle a aimé mes dessins, surtout ceux représentant la « bête immonde » qu'elle essayait de copier.

J'aime beaucoup « mon » *Apocalypse*, qui n'est pas indigne de ceux qui, au cours des siècles, ont illustré le livre de Jean. J'ai d'eux la naïveté, les couleurs franches et le respect de celui qui écrivit : *Il se fit dans le ciel un silence d'environ une demi-heure.* Je ne connais pas de phrase plus poétique. Lors d'un Salon du livre de Francfort, au stand des éditions de l'Arche, je dis à un des directeurs que j'avais illustré l'Apocalypse de Jean. Il me regarda et me dit d'un ton outré :

— L'Apocalypse de Saint Jean et Régine Deforges, ce n'est pas pensable !

Et pourquoi ? Jésus a bien pardonné à Marie-Madeleine et à la femme adultère.

C'est au cours de ce même Salon que l'auteur du *Nécrophile*, Gabrielle Wittkop, accompagnée de son époux prussien, vint me trouver « la goule enfarinée », comme on dit dans mon Poitou, et me susurra des mots aimables. Je lui demandai de ne plus se présenter devant moi : elle me quitta d'un air penaud.

52.

Je n'avais plus de problèmes d'argent. J'ai aménagé la maison de Boutigny. J'ai acheté des tapis caucasiens, des bijoux, des tableaux, des appartements pour mes enfants, des livres bien évidemment, que sais-je encore. C'est alors que j'ai entrepris de monter une nouvelle maison d'édition.

Quand j'ai annoncé que je revenais à l'édition, Bernard-Henri Lévy m'a demandé :

— Avec quels fonds ?

— Avec les miens, lui ai-je répondu.

Il m'a regardée avec condescendance et m'a dit :

— On ne fait jamais de l'édition avec son propre argent !

Je suis restée sans voix. Hélas, la suite allait me démontrer qu'il avait raison...

Pour l'inauguration de cette nouvelle maison, située 27, rue Saint-André-des-Arts, j'ai invité des écrivains, des éditeurs, des journalistes et des amis. La fête a été des plus réussies. Après quelques travaux, je me suis installée dans ces nouveaux bureaux. Franck, qui était devenu professeur d'histoire, m'a proposé de m'aider.

— J'ai fait un IUT d'édition à l'université de Bordeaux.

J'avais oublié. J'ai accepté son aide avec plaisir. Tant qu'a duré notre collaboration, nous avons vécu dans le bonheur et en harmonie. C'est à cette occasion que j'ai fait réellement connaissance de mon fils ; je crois qu'il en fut de même pour lui. Nous avons vécu une histoire d'amour qui a rendu jaloux nos époux respectifs.

Chaque été, nous allions à Malagar, la propriété de François Mauriac, qui m'avait servi de cadre pour *La Bicyclette bleue*. J'avais tout de suite aimé cette maison dans laquelle j'avais l'impression de revenir après une longue absence. Avec Pierre, j'ai exploré la région qui est à la fois sauvage et civilisée. J'étais surprise de découvrir en bas d'une côte un îlot de verdure parfumé de menthe où coulait un mince filet d'eau.

Lors de ces balades, nous nous arrêtions à l'église de Verdelais où se trouvait la châsse de la petite sainte Exupérance qu'aimait tant François Mauriac. Exupérance vivait à Rome au IVe siècle et fut égorgée, à quatorze ans, par son père quand elle lui apprit qu'elle était devenue chrétienne. De retour de la première croisade, Géraud de Graves fit construire une chapelle dédiée à Notre-Dame, pour la remercier d'avoir eu la vie sauve. Dès le XIIe siècle, le petit bourg de Verdelais est devenu un lieu de pèlerinage très fréquenté jusqu'au début du XXe siècle. Depuis, il a retrouvé son calme. On peut y voir un charmant musée d'art religieux qui présente des chapes brodées, des aubes ornées de dentelles, des bagues, des ciboires et autres objets du culte. Le calvaire de Verdelais est un lieu de promenade très agréable qui conduit jusqu'à une petite éminence surmontée de trois croix qui dominent la région. Dans le petit cimetière est enterré Toulouse-Lautrec.

Tout me plaisait dans la vieille maison : le salon, la salle à manger, les chambres désuètes, la cuisine d'un autre âge, l'odeur du feu de sarments, les chais où nous buvions du malagar sucré en compagnie de Robert, le maître des lieux, la cour et son vieux tilleul, la terrasse, les charmilles et, surtout, le bureau de l'auteur de *Genitrix*, dans lequel je m'installais pour travailler. Je sentais, comment dire, que le fantôme de François Mauriac s'amusait de ma présence et m'encourageait à y travailler. Ce fut à cette occasion que je remarquai le sans-gêne des visiteurs qui nous photographiaient quand nous prenions le café sous le vieux tilleul.

Je retrouve ce que j'écrivais dans un *Pêle-Mêle* à propos de Malagar :

> *À chaque fois qu'il est question de Malagar, j'éprouve une souffrance aiguë ; de celles que l'on ressent à l'évocation d'un être aimé qui n'est plus. Qu'avaient de magique cette maison, ces vignes, ces charmilles, cette terrasse... ? Je ne saurais répondre. Elles étaient, c'était tout... Elles se faisaient aimables quand nous y étions. Les maisons, pour vivre, ont besoin des cris des enfants, de ceux de leur père les grondant, de leur mère les appelant pour le goûter. Elles frémissent à l'odeur du feu de sarments cuisant l'entrecôte du samedi, à celle des vieux livres dans la bibliothèque, du couloir des chambres, de l'arôme du café servi dans la salle à manger sous le regard du portrait de Claire, petite fille boudeuse, peint par Jacques-Émile Blanche, du tiroir du bureau de François Mauriac, mélange de poussière et d'encre, des remugles médicamenteux et de poudre de riz de la chambre des grands-parents. Malagar aimait à s'envelopper du parfum du tilleul, de l'herbe coupée, de la terre après l'orage, des blés moissonnés, des hauts cyprès se balançant dans la brise de la fin de l'été, des exhalaisons résineuses venues des Landes, comme celles humides et grasses des chais...*

François Mauriac écrivait : *Même après ma mort, tant qu'il restera sur la terre un ami de mes livres, Malagar palpitera d'une sourde vie... jusqu'à ce que le dernier admirateur soit, lui aussi, endormi*[1].

---

1. François Mauriac, *Journal 1932-1939*, Grasset, Paris, 1970.

À Malagar, la poésie est naturelle, elle vient au cœur et aux lèvres sans demander d'efforts. Rien pourtant de vraiment beau dans cette demeure mais, plus que de la beauté, une âme « qui s'attache à l'âme et la force d'aimer ». Une âme insinuante qui se donne sans partage à celui ou à celle qu'elle a élu. Bienheureux ceux qui furent aimés par ce lieu, car ils en ont retiré une force qui les accompagnera tout le long de leur vie. La certitude que Malagar demeure en moi à jamais vivant compense la douleur de l'avoir perdu, éternellement reconnaissante que je suis qu'il m'ait accueillie et permis de faire de son décor le centre d'une partie de mon œuvre. Laissons là le fantôme de Malagar et souhaitons longue vie à la maison maintenant ouverte aux amoureux de l'œuvre de François Mauriac ! *Adieu, Malagar ! Au nord, ce matin, les volets n'ont pas été ouverts. La maison a déjà les yeux à demi fermés : c'est l'heure de mon départ et elle va se rendormir.* C'est ce qu'écrivait Claude Mauriac dans *Le Temps immobile*[1], le 13 août 1976.

> *L'écrivain que je suis aujourd'hui doit tout à ce lieu où j'ai trouvé ce qu'inconsciemment je recherchais depuis mon enfance. Le déchirement de l'avoir perdu à jamais est si grand qu'il n'est pas de jour où je n'y pense, où je ne revois chaque recoin de la vieille maison, la grande prairie qui s'étendait devant la fenêtre du bureau de François Mauriac, où je travaillais, face à un portrait d'Arthur Rimbaud, avec, au loin, ces piles de bois qui dissimulaient les carcasses des voitures ayant appartenu aux fermiers. Pourquoi étaient-elles là ? Qu'en faisaient-ils ? Je ne l'ai jamais su, mais leurs présences me gênaient comme de l'acné sur un joli visage, à tel point que j'évitais d'aller me promener par là. Certains matins, les épaules recouvertes d'un châle, je descendais vers la terrasse d'où le regard embrasse vignes et villages, la Garonne et l'horizon immense. Les pieds mouillés par la rosée, je m'arrêtais devant le mur, appuyais mes mains sur la pierre froide, heureuse à la pensée de la belle journée qui*

---

1. Le Livre de Poche, Paris, 1983-1993.

s'annonçait. Puis, lentement, je remontais vers la maison, tantôt par le petit bois, tantôt par l'allée bordée de rosiers, bâtissant dans ma tête les pages que j'allais écrire une fois avalé le petit déjeuner que j'aime prendre seule quand tout le monde dort encore. Quelquefois, Léa m'avait devancée. Je la trouvais, les yeux encore pleins de sommeil, assise sur la marche de la cuisine, une poupée dans les bras ou un livre à la main. Je la prenais contre moi : moments si doux des retrouvailles après la nuit, du premier câlin, du premier caprice...

Ces lignes, je les ai écrites en introduction à *Pour l'amour de Marie Salat.* Aujourd'hui, je n'en changerais pas une ligne.

Je continuai mes « repérages » à travers la région en compagnie de Pierre, afin de m'imprégner du climat et de l'environnement. Je demandai à mon compagnon de ramper entre les rangs de maïs, afin de me faire une idée du mouvement des épis vus d'un avion volant à basse altitude, tout en sachant qu'il n'y avait pas de champs de maïs à l'époque de la guerre mais des champs blé ou de tabac. Ce fut au cours d'une de ces promenades que j'ai acheté chez un brocanteur des cartes postales représentant des femmes. De retour à Malagar, Pierre les a lues. Et m'a dit :

— Sais-tu ce que tu as dégoté ? La correspondance d'une femme amoureuse d'une autre femme.

Je les ai lues à mon tour : elles étaient adressées à Marie Salat et signées Marguerite. Celle-ci disait son amour avec une simplicité et une émotion qui m'ont touchée. J'ai entraîné Pierre dans le village qu'habitait Marguerite. Nous sommes allés au cimetière à la recherche d'une famille Salat mais nous n'avons trouvé aucun indice. Nous sommes retournés chez le brocanteur dans l'espoir d'y dénicher d'autres cartes postales : sans succès. C'est grâce à ces quelques cartes que j'ai écrit un livre intitulé : *Pour l'amour de Marie Salat.* Dans ce court roman épistolaire, j'ai donné la parole à Marie. Ce livre m'a valu un abondant courrier de femmes ayant connu la même situation. Lors d'une visite à Malagar, j'ai glissé dans le tiroir du bureau de François Mauriac un exemplaire dédicacé à... Malagar.

Un été, Jean-Marc Reiser et sa femme Michèle sont venus passer quelques jours avec nous. Ils furent dévorés par des puces, ce qui nous faisait mourir de rire. Jean-Marc était déjà malade, il marchait en s'appuyant sur des béquilles. Pierre, qui avait une entorse, s'aidait, lui aussi, de béquilles pour se déplacer. Sur certaines photos, on les voit descendant côte à côte vers la terrasse : Michèle et moi nous nous moquions d'eux. On est cruel quand on est en bonne santé.

À la fin de l'année, j'ai entrepris, en compagnie de Pierre, un voyage à Berlin toujours dans le but de mieux connaître ce dont je parlais. Ce court séjour a été éprouvant. Nous avions visité des quartiers très animés où vivaient une jeunesse qui n'avait pas connu la guerre, buvant, dansant, chantant. Nous avons visité de nombreuses galeries où étaient exposées des œuvres fortes et dérangeantes qui montraient que la guerre avait laissé des traces même chez ceux qui ne l'avaient pas connue. Les filles portaient de longues robes colorées et les garçons des jeans et des blousons aux inscriptions américaines. Nous les regardions avec étonnement, pensant qu'ils représentaient la relève, la vitalité allemande. Cette vitalité nous inquiétait : n'étaient-ils pas les rejetons d'un peuple maudit, dont la cruauté avait fait des millions de morts ? Nous sommes allés à Berlin-Est. Nous avons marché à travers les ruines et traversé un lieu dévasté, encombré de débris les plus divers, face à ce qui avait été la Chancellerie et où s'étaient suicidés Hitler et Eva Braun, son épouse. Nous avons déjeuné dans un restaurant immense, sinistre, dont nous étions les seuls clients. La nourriture était infecte. Nous avons quitté Berlin-Est avec soulagement, à côté, Berlin-Ouest nous a semblé un paradis. Nous avons longé le mur couvert de graffitis colorés. À l'hôtel, le 31 décembre, nous sommes allés dîner au restaurant de l'établissement. Dans le hall, se tenaient des femmes en tenue de soirée et des hommes arborant fièrement la croix de fer autour du cou. Comment décrire notre malaise ? Nous nous sentions en pays ennemi. Ces hommes si fiers de leurs décorations nous avaient combattus. Vaincus, ils avaient une attitude de vainqueurs et leur pays se relevait de ses ruines. Nous nous sommes regardés atterrés. Nous sommes sortis de la salle à manger et nous avons dîné dans notre chambre. Le lendemain matin, nous avons pris le premier avion pour Paris.

Pierre m'a raconté que son père, le prince Wiazemsky, libéré par les troupes soviétiques, avait été incorporé dans l'armée russe avec le grade de lieutenant. Prisonnier dans un camp de soldats russes, il leur avait servi d'interprète. Ces soldats aimaient beaucoup ce jeune Russe blanc qu'ils appelaient : « camarade prince ». À la fin de la guerre, on lui proposa de retourner en Russie. Le jeune homme demanda si ses parents pouvaient, eux aussi, rentrer dans leur pays. La réponse fut négative. Le prince Wiazemsky réintégra l'armée française. Ce fut à Berlin qu'il rencontra Claire Mauriac, qui était ambulancière. Les deux jeunes gens se plurent et se marièrent à Paris en 1946.

La première fois que j'ai rencontré Claire, la mère de Pierre, j'ai été très intimidée par cette belle femme, aux courts cheveux poivre et sel, vêtue sobrement, qui fumait comme un troupier et pouvait parler cigarette aux lèvres, habitude prise quand elle conduisait des ambulances en Allemagne, après la guerre. J'ai été tout de suite séduite et, très vite, nous sommes devenues amies.

Parce qu'elle m'avait dit un jour qu'elle aimerait rencontrer l'auteur d'*Histoire d'O*, livre qui l'avait fortement impressionnée, j'ai organisé un déjeuner à la maison. Les deux femmes firent assaut d'amabilité. Comme Dominique Aury, Claire souffrait de terribles maux de tête qui la laissaient sans force.

— Vous verrez, cela s'atténue avec le temps, dit Dominique.

— Vous croyez ? a répliqué Claire en faisant un geste brusque de la main qui atteignit son interlocutrice au visage.

Celle-ci s'est écriée en riant :

— Si on m'avait dit que je recevrais un coup d'une fille de François Mauriac !

Claire se confondit en excuses.

Il me revient en mémoire un autre déjeuner avec Dominique Aury, à la demande de Régis Debray qui était sur la liste du Femina. Le jury lui décerna le prix pour un excellent livre : *La neige brûle*[1].

Claire Mauriac s'étonnait de mon énergie, de ma puissance de travail.

— Comment vous y prenez-vous ? me demandait-elle.

— Je ne sais pas, je fais ce qui doit être fait, sans y penser. Si je pense trop, je suis submergée par toutes les choses à accomplir, le quotidien, les livres à écrire, les enfants.

Claire a disparu trop tôt. Elle me manque, comme elle manque à tous ceux qui l'ont connue. Souvent, je lui parle, l'appelant « ma petite fille ».

---

1. Régis Debray, *La neige brûle*, Grasset, Paris, 1977.

53.

Le succès de *La Bicyclette bleue* allait grandissant. Les traductions se multipliaient en Europe et rencontraient le même engouement qu'en France. Je suis allée en Italie, en Allemagne, dans les pays scandinaves où les journalistes se précipitaient sur cette Française inconnue dont les lecteurs étaient férus. Au Danemark, ce fut du délire : dans les librairies, des femmes me baisaient les mains en me disant « merci ». Ces voyages, agréables, me dérangeaient dans mon travail et me faisaient perdre du temps. Le deuxième volume, *101, avenue Henri-Martin*, a été accueilli avec enthousiasme : c'est, à mon avis, le plus abouti de la trilogie. Il est vrai que j'avais fait un travail de chartreux, vérifiant et revérifiant mes sources. Cela a été payant car, sur les millions d'exemplaires vendus, je n'ai pas eu la moindre critique sur ce que j'avais découvert et révélé.

Malgré ma répugnance et mon malaise, je suis allée en Allemagne à la foire du livre de Francfort. J'ai loué une voiture pour rouler à travers le pays. Par une belle fin de matinée d'automne, je me suis arrêtée au camp de Bergen-Belsen où Anne Frank est morte. Sur une vaste étendue était dessiné à la chaux blanche l'emplacement des baraquements. Un silence profond règnait sur le site. De la bruyère avait poussé çà et là, des oiseaux chantaient, des corbeaux planaient dans le ciel clair. J'ai marché lentement, le cœur serré, imaginant mes personnages dans ce décor. Soudain, j'ai entendu des cris et des rires ; je suis allée dans leur direction. De jeunes garçons disputaient un match de foot dans un champ attenant au camp. Leur arrivaient-ils de penser qu'ils jouaient près d'un lieu de mort ? Tout à coup, leurs cris ont été couverts par des détonations. Je me suis immobilisée en proie à une terreur panique. J'avais l'impression que la guerre recommençait. Un gardien s'est approché de moi. Il a baragouiné que nous étions à côté d'un champ de manœuvres. Je me suis enfuie.

J'ai roulé en direction de Bergen. La ville est charmante, les fenêtres fleuries de géraniums rouges. Sur de petites places sont installées, autour d'une fontaine, des terrasses de café. Je me suis assise à l'une d'elles et j'ai commandé un déjeuner et une bière. Et j'ai regardé autour de moi. Les consommateurs avaient l'air détendus, souriants, la plupart d'un certain âge. Je n'ai pas pu m'empêcher de penser que parmi eux beaucoup avaient fait la guerre. Certains avaient-ils été des employés du camp voisin ? J'ai été incapable d'avaler quoi que ce soit. J'ai payé et quitté la petite ville si joliment fleurie.

Quand est paru le troisième volume, *Le Diable en rit encore*, titre trouvé par Pierre qui est aussi celui du chant nazi que chantaient les Waffen SS français en entrant dans Berlin pour défendre la ville, cela prit des proportions insensées. Je suis allée à Évreux, chez Hérissey, voir imprimer mon livre. Des milliers de volumes sortaient des presses à une cadence folle et étaient chargés sur des palettes, puis sur des camions qui partaient par dizaines à travers la France. Les quatre cent mille exemplaires du premier tirage ont été épuisés en quarante-huit heures. Cela se passait au moment du Salon du livre de Paris. Quand je suis arrivée au Grand Palais, pour une séance de dédicaces, j'ai vu des éditeurs debout sur leur stand qui me regardaient. Dans leurs yeux brillait le sigle du dollar, comme chez l'oncle Picsou. J'avançais dans un silence presque hostile. Christian Bourgois, juché sur son stand, m'a saluée le pouce levé. Je me suis glissée à ma place pour dédicacer des centaines de volumes. La foule était telle qu'elle poussait la table derrière laquelle je me tenais. Bientôt, j'ai cru que j'allais être écrasée. J'ai signé tant d'exemplaires que j'avais les doigts gourds.

Les éditions Ramsay m'avaient préparé une surprise qui m'attendait à l'extérieur du Grand Palais devant de nombreux journalistes : une traction avant Citröen ! J'étais heureuse comme un enfant : j'avais toujours rêvé d'en posséder une. Je suis montée à la place du conducteur sous les flashs des photographes et j'ai démarré vers les Invalides dont j'ai fait le tour. La direction était dure, rien à voir avec les voitures que je conduisais habituellement. Je ne m'en suis pas trop mal sortie.

Dans la rue, les passants m'arrêtaient pour me féliciter ou me demander quand paraîtrait la suite des aventures de Léa et de François. Certains me reprochaient de retarder la parution pour gagner plus d'argent. Cela me blessait et me mettait en colère : comment leur expliquer qu'il m'avait fallu plus de deux ans en travaillant sept jours sur sept pour écrire chacun des volumes ?

Mon succès ne plaisait pas à tout le monde. Je suis entrée un matin à la librairie Le Divan, en face de l'église de Saint-Germain-des-Prés, où j'achetais souvent les nouveautés. Je me suis étonnée à haute voix de ne pas voir *Le Diable en rit encore* sur les tables. La libraire m'a désigné du pouce un mur de livres placés derrière elle et m'a dit d'un ton dur :

— Et ça, alors ?

Comment dire le malaise qui m'a envahie ? J'avais l'impression d'avoir mal agi. Je suis sortie en retenant mes larmes.

Par ailleurs, je recevais de nombreuses lettres de libraires qui me disaient que, grâce à moi, ils « avaient pu boucler leurs fins de mois ».

C'est à ce moment-là que j'ai remonté ma quatrième maison d'édition. J'ai loué des bureaux au 47, rue Saint-André-des-Arts.

— On dirait que tu veux te faire pardonner ton succès, m'a dit Pierre.

J'ai rougi, tout en pensant qu'il n'avait pas tort...

Pierre et moi avons décidé de nous marier un 30 janvier, à la grande joie de Léa qui a décrété que c'était le plus beau cadeau d'anniversaire qu'on pouvait lui offrir puisqu'elle était née un 30 janvier. Franck, qui était né vingt ans plus tôt à la même date, a été mon témoin. Celui de Pierre était Fabienne, son ex-épouse.

La noce a été très gaie, tous nos amis étaient là. Pierre Desproges, Guy Bedos, Claire Bretécher enceinte jusqu'aux yeux, Guy Carcassonne, Sonia Rykiel, Madeleine Chapsal, Marie-France Pisier, Cavanna, Siné, Fred, Gébé, la bande de *Charlie Hebdo*, Claire, Claude, Luce et Marie-Claude Mauriac... Mes parents n'étaient pas présents. Pourquoi ? Nous avions loué une salle de bal, près de la rue de Lappe, Le Petit Balcon, tenue par une gueule cassée de la guerre de 14. Au son d'un orchestre musette, nous avons dansé une partie de la nuit. J'étais belle dans ma robe de taffetas et de tulle noir à crinoline, ceinturée d'un lien de cuir de chez Sonia Rykiel où étaient brodés, avec du strass, les mots: *Just married*.

Pour des raisons de santé, j'ai délaissé ces mémoires depuis plus de deux mois. Une vertèbre fracturée a révélé un problème cardiaque qui aurait pu être fatal. À quelque chose malheur est bon, dit le dicton populaire : on peut le prendre comme ça. Je ne peux m'empêcher de penser que cela aurait été mieux pour moi que tout s'arrête d'un coup : plus de fatigue, de mal-être, d'ennui profond, de difficulté à écrire, de doutes, de peur de vieillir, de ne plus séduire... c'est important pour moi de séduire, de voir le désir dans le regard d'un homme. La dernière fois que j'ai vu ce regard, c'était à Roissy, il y a deux ans, à quatre heures du matin, quand nous devions prendre un avion pour une croisière dans le Grand Nord. L'homme qui me regardait ainsi était un des organisateurs... et il aurait pu être mon fils !

54.

J'ai gagné beaucoup d'argent et j'ai remboursé mes dettes.
J'ai acheté, près d'Houdan, une maison et ses dépendances
qui me rappelaient la ferme de Lucie. C'est surtout quand
j'ai vu les « marie-sans-vergogne » que j'ai craqué. J'aime ces
humbles clochettes mauves et blanches qui poussent comme
du chiendent. La maison était une ancienne forge et s'appelait tout simplement : La Forge. Pierre, qui connaissait
mon chagrin après la perte de Malagar, ne s'est pas opposé à
cet achat. Très vite, cette maison s'est révélée être un endroit
« empli de bonnes ondes », dans lequel je pouvais travailler et
me reposer en sécurité. Nous avons entrepris de gros travaux,
planté de nombreux arbres, aménagé les communs en ate-
liers de reliure et de peinture. Nous avons engagé un couple
de gardiens. L'homme, René D., se prenait pour un Indien
et écrivait des poèmes, allongé sous les peupliers dont il
aimait le bruit du vent dans les feuilles. Sa conception du
jardinage était étrange : il laissait le « parc », comme il disait,
envahi par les hautes herbes où sinuaient des chemins tracés
à la tondeuse. Il se considérait non comme le gardien de la
propriété, mais comme « mon garde », ce qui agaçait Pierre.
Quant à sa femme, Claudine, elle était silencieuse et bonne
cuisinière.

Dans l'histoire de la Seconde Guerre mondiale, une chose me gênait : pourquoi ne parlait-on jamais de la traque des criminels de guerre nazis par des commandos de vengeurs juifs, appelés « Palestiniens » ? À Paris, quand j'ai rencontré Serge Klarsfeld, il m'a dit d'un ton sec :

— De quoi vous mêlez-vous ?

Je l'ai regardé, interloquée, ne comprenant pas ce qu'il voulait dire.

— Vous n'êtes pas juive.

J'ai senti la moutarde me monter au nez.

— Ce n'est pas parce que je ne suis pas juive que je ne dois pas m'intéresser aux crimes commis par les nazis : ce drame concerne le monde entier, dont moi.

J'avais eu Simon Wiesenthal au téléphone qui m'avait répondu avec courtoisie. Je m'étais rendue au Centre de documentation juive, où l'on m'avait reçue aimablement et où l'on m'avait donné un certain nombre de renseignements. C'est ainsi que je suis partie pour l'Argentine, à la recherche des nazis en fuite, malgré les mises en garde de mes amis historiens.

À Buenos Aires, j'ai visité la maison de Victoria Ocampo, qui me rappelait Malagar par son odeur et ses vieux meubles dépareillés. Victoria avait été la maîtresse de Drieu La Rochelle et de Roger Caillois et avait dit un jour à ce dernier : « Tu es pierre et sur cette pierre, je ne bâtirai pas mon église. » Sa fortune lui avait permis de fonder la revue *Sur* dans laquelle elle avait publié, entre autres, Borges et Caillois. Mais ce qui m'intéressait davantage, c'est qu'elle avait couvert le procès de Nuremberg pour le quotidien *La Nación*.

J'ai été reçue par le directeur de ce journal à qui j'ai exposé les grandes lignes de mon projet. Il l'a trouvé passionnant mais beaucoup trop risqué, compte tenu de la puissance des organisations nazies vivant dans son pays. Il m'a déconseillé de me lancer dans cette quête. Ma déception était grande car j'avais compté sur son aide pour me faciliter la tâche. J'ai décidé de ne pas tenir compte de cette mise en garde et, après avoir loué une voiture, je suis partie sur les routes. À perte de vue s'étendaient d'immenses pâturages. Il y avait très peu de circulation et la route était si droite qu'à plusieurs reprises, j'ai failli m'endormir au volant. C'est ainsi que je suis arrivée dans un village où la salle de restaurant était décorée avec des emblèmes nazis. Je me suis arrêtée sur le seuil, n'en croyant pas mes yeux. Mon entrée provoqua un mouvement parmi l'assistance, entièrement masculine, attablée devant des chopes de bière, hormis les serveuses en habit bavarois. Je me suis installée à une table vide et j'ai commandé un café. On me dévisageait beaucoup. J'ai bu mon café, j'ai payé et suis ressortie le cœur battant. Je suis montée dans ma voiture pour fuir sans demander mon reste.

J'ai travaillé également sur Perón et sa femme Eva qui avaient accueilli des nazis pourchassés par les Alliés après la guerre. Au fur et à mesure de mes lectures, je comprenais mieux pourquoi ils avaient accepté de les recevoir.

Pierre m'avait suggéré de faire se rencontrer à Buenos Aires Léa et le jeune Ernesto Guevara et de les faire devenir amants. Cela me semblait excessif. J'en parlai à Carmen Castillo. Il en résulta un long débat, quasiment théologique : avait-on le droit de parler de la sexualité du Che ? Finalement, j'ai suivi le conseil de Pierre.

Pendant mon séjour, un metteur en scène argentin, Pino Solanas, a été abattu sur les marches d'un cinéma par un groupe de nazis ; l'assassinat a fait la une des journaux locaux et a inquiété le directeur de *La Nación* qui m'a demandé de redoubler de prudence. Pour me détendre, j'allais écouter chanter des tangos et regarder évoluer les couples de danseurs, dans les quartiers pittoresques de La Boca et de San Telmo. Sur les marchés, j'ai acheté des ponchos tissés à la main et des tableaux naïfs et, avec ma traductrice, nous sommes allées manger des grillades et des *empanadas*. Je m'imprégnais de l'atmosphère de cette capitale.

De retour à Paris, j'ai commencé à écrire *Noir Tango*. Ce livre était pour moi l'histoire d'une vengeance, celle de Sarah, une des héroïnes de *La Bicyclette bleue*. J'ai décrit avec une certaine complaisance les tortures qu'elle a infligées à Rosa, la chef du camp de concentration dans lequel elle avait été emprisonnée. Son suicide aussi, au cours d'un bal dans le meilleur hôtel de Buenos Aires.

À sa sortie, le livre a déclenché des réactions mitigées, notamment celle de l'abbé Pierre qui m'a reproché d'avoir célébré la vengeance alors qu'il aurait aimé le pardon. Là, c'était trop me demander ! Plus tard, au cours d'un de nos déjeuners, l'abbé m'a avoué qu'il avait compris l'attitude de Sarah.

— Pour revivre, elle n'avait pas d'autre choix, m'a-t-il dit.

Je l'ai regardé, étonnée. Comment pouvait-il dire « pour revivre » alors que Sarah avait choisi la mort plutôt que de risquer de ressembler à ses bourreaux ?

Assise sur les marches de la villa de Victoria Ocampo, à San Isidro, j'ai su que j'entraînerais mes personnages dans la tourmente indochinoise. Pourquoi à cet endroit ? Je ne sais pas. À mon retour à Paris, j'ai rencontré François Missoffe, qui connaissait bien l'Indochine. Il était très lié avec Pham Van Dông, l'ancien Premier ministre du Viêtnam. Parce qu'il était aveugle, il m'a dicté une lettre qui lui annonçait ma venue et les raisons de mon voyage. Je voulais lui apporter un cadeau et après réflexion j'ai acheté la cassette de *Guillaume le Maréchal ou le meilleur chevalier du monde*[1] lu par son auteur, Georges Duby.

Et nous, qui ne savons plus ce qu'est la mort somptueuse, nous qui cachons la mort, qui la taisons, l'évacuons au plus vite

---

1. Georges Duby, *Guillaume le Maréchal ou le meilleur chevalier du monde*, Fayard, Paris, 1984.

*comme une affaire gênante, nous pour qui la bonne mort doit
être solitaire, rapide, discrète, profitons de ce que la grandeur où
le Maréchal est parvenu le place à nos yeux dans une lumière
exceptionnellement vive, et suivons pas à pas, dans les détails
de son déroulement, le rituel de la mort à l'ancienne, laquelle
n'était pas dérobade, sortie fugitive, mais lente approche, réglée,
gouvernée, préludée, transfert solennel d'un état dans un autre
état, supérieur, transition aussi publique que l'étaient les noces,
aussi majestueuse que l'entrée des rois dans leurs bonnes villes.
La mort que nous avons perdue et qui, peut-être, nous manque.*

J'entends encore la voix grave de Duby, je revois ses yeux
clairs, ses longues mains ; tout en lui était élégance et bonté.
Je n'ai jamais su ce que Pham Van Dông avait pensé de ce
texte. J'espère que son écoute lui a fait du bien et qu'il a
aimé la pensée du meilleur chevalier du monde auquel il
ressemblait tant. Tous les deux avaient en commun une certaine idée de l'honneur, celle qui donne un sens à toute vie
et soutient dans les moments difficiles. En quoi l'homme né
en Angleterre en 1145 et le patriote vietnamien né en 1906
étaient-ils proches l'un de l'autre ? Par le courage, bien sûr,
la fidélité à leurs idéaux, leur mépris des biens de ce monde
et par leur grande honnêteté intellectuelle. Hô Chi Minh
disait de Pham Van Dông qu'il « était un autre lui-même ». Le
Dieu de Guillaume le Maréchal aurait pu dire la même chose.

Ce voyage lui semblait périlleux et Pierre avait tenu à
m'accompagner au Viêtnam qui n'était pas encore ouvert
au tourisme. Un après-midi, Pham Van Dông nous a reçus
chaleureusement dans une grande pièce quasi monacale. Il
était là, debout, grand, élancé, vêtu de blanc. Ses yeux morts
étaient cachés par des lunettes noires. Nous n'étions pas
venus seuls rencontrer l'ancien Premier ministre du Viêtnam,
le vainqueur des Américains : des « camarades » du Parti communiste vietnamien nous accompagnaient, magnétophone
au côté. Pour nous accueillir ou le surveiller, lui ? Je ne sais

pas. Au début, la discussion est restée très protocolaire et polie, mais, petit à petit, sans doute a-t-il senti en nous des amis, elle est devenue de plus en plus amicale et il a répondu, sans réticences, à nos questions. À celles concernant l'attitude de Mendès France au moment des accords de paix, il a répondu :

— Laissons les morts enterrer les morts.

À propos de la présence américaine, surtout visible à Saigon, depuis la fin de la guerre, il a déclaré en nous serrant les mains :

— Les Américains veulent leur revanche. Ce sont des chiens ! Pas les Français ni les Viêtnamiens !

Des larmes coulaient de ses yeux sans vie. À un moment, Pierre lui a dit :

— Vous savez, le 30 avril 1975, pour la prise de Saigon, je vous en ai beaucoup voulu.

J'ai senti Pham Van Dông se raidir, ses longues mains ont agrippé les accoudoirs de son fauteuil. Pierre a continué :

— Parce que, vous allez comprendre : je suis né un 29 avril, et si l'armée vietnamienne était arrivée quelques heures plus tôt, ç'aurait été le jour de mon anniversaire.

Il m'a semblé que le regard de notre hôte s'éclairait, ses traits se sont détendus. Il s'est levé et a embrassé mon mari en disant :

— Mais, Pierre, c'est comme si c'était votre anniversaire. Joyeux anniversaire, Pierre !

Les « camarades » du Parti se regardaient, étonnés, ne comprenant pas ce qui se passait. La scène était surréaliste mais l'émotion du vieil homme était palpable. Pierre et moi étions bouleversés. Ce qui me surprenait le plus chez lui, c'était son rire : un rire discordant. Il émanait de cet homme une grande force et une grande douceur. Il était beau. Nous sommes restés plus de deux heures en sa compagnie malgré l'agacement visible de son personnel dont certains n'hésitaient pas à passer leur tête par la porte entrebâillée. Avant de nous quitter, il a dit en nous enlaçant :

— Revenez vite !

Puis me serrant contre lui, il a ajouté :

— Vous allez réussir votre livre, j'en suis sûr !

Nous l'avons quitté à regret. Dans la rue, main dans la main, nous avions l'impression d'avoir rêvé. Nous marchions en silence, pleins du sentiment que nous avions eu l'honneur de rencontrer un homme remarquable. À un moment, j'ai levé la tête : nous étions avenue Diên Biên Phu...

Quelques années plus tard, nous sommes tombés sur une émission de télévision commémorant la chute de Saigon, le 30 avril 1975. Pierre et moi nous sommes étonnés de l'absence de Pham Van Dông et de l'air triste du général Giáp. Plus tard, nous avons appris que Pham Van Dông était mort le 29 avril et que les autorités vietnamiennes, pour ne pas assombrir les festivités de la victoire, ne l'avaient pas annoncé. Il m'a semblé entendre son rire discordant et ces mots : « Bon anniversaire, Pierre ! » Je me suis mise à pleurer.

Nous avons profité de ce voyage pour visiter le pays. Dans la baie d'Along nous avons loué une jonque avec deux marins auxquels je trouvai une mine inquiétante. Nous avons navigué entre des rochers arrondis, accostés de temps à autre par de petites embarcations remplies de légumes et de fruits que des femmes voulaient nous vendre. De retour à Hanoi, nous sommes allés voguer dans l'Along terrestre, à une trentaine de kilomètres au sud de la capitale. Comme je voulais aller à la frontière sino-vietnamienne, voir cette fameuse RC 4 où les soldats français s'étaient battus contre le Viêt-minh, nous sommes partis avec un professeur de français de quatre-vingts ans qui voulait revoir sa région natale, un interprète et un chauffeur. Nous avons couché une nuit dans un hôtel d'une saleté repoussante où nous n'avons pas fermé l'œil de la nuit à cause du bruit des moteurs de camions sous notre fenêtre, des moustiques et des cafards. Faute de chambre, le vieux professeur avait dormi dans l'escalier, mieux que nous, à en juger sa mine reposée le matin. Nous sommes repartis vers la RC 4 où il était facile de voir pourquoi les soldats français n'avaient eu aucune chance de gagner cette guerre. Tout dans le pays le démontrait : une végétation dense qu'on ne pouvait franchir sans l'aide de machettes, un climat extrême. La nature elle-même assurait la protection de ses habitants. Nous nous sommes arrêtés dans un village où les femmes portaient des vêtements noirs brodés de couleurs vives au point de croix extrêmement seyants et que j'ai voulu acheter. Dans les rues boueuses, des porcs noirs circulaient au milieu de la foule, bousculant de jeunes enfants à moitié nus. J'ai trouvé ce que je cherchais dans une échoppe improbable. Au bord de la route, j'ai déjeuné d'une soupe délicieuse faite avec l'eau d'un marigot. Pierre n'a pas voulu en manger. Le soir, il s'est régalé d'une pizza à l'hôtel Metropole où nous étions descendus.

Nous nous sommes arrêtés dans un monastère où la vie des moines était spartiate. J'ai acheté de menus objets en rotin et des petits balais pour balayer les impuretés laissées par les visiteurs. Il régnait sur ce lieu, où l'air était parfumé, une paix profonde. J'ai bu du thé et mangé des gâteaux offerts par les moines, sous l'œil inquiet de Pierre. Nous sommes rentrés parmi une foule de vélos surchargés de colis et d'enfants. J'ai demandé au chauffeur d'aller moins vite : il a haussé les épaules et continué à se frayer un chemin à grands coups de klaxon. Une famille à vélo s'est retrouvée sur un tas de sable.

— Arrêtez-vous ! Ils sont peut-être blessés ! ai-je crié.

Même haussement d'épaules. Ce chauffeur commençait à m'agacer. Je ne comprenais pas son mépris envers ses concitoyens. Pierre a eu du mal à me calmer.

Les Viêtnamiens ne cessaient de nous étonner. À notre arrivée au Metropole, des ouvrières avaient entrepris de démolir des murs en béton armé situés à l'arrière de l'hôtel. Pour cela, elles travaillaient avec de petits piolets et mettaient les débris dans des paniers accrochés à leur épaule. Quand nous sommes revenus vingt-quatre heures plus tard, les murs

avaient disparu. La plupart des femmes portaient des vêtements traditionnels et un grand chapeau de paille, conique.
Elles circulaient à vélo, très dignes, retenant leur tunique
d'une main. Les enfants jouaient entre les rails de la voie
ferrée et s'écartaient nonchalamment au passage d'un train
tandis que leurs mères préparaient le repas sur de petits
foyers portatifs ou brodaient ces nappes vendues rue de la
Soie.

De l'hôtel, j'ai téléphoné au général Giáp pour lui
annoncer ma visite. Hélas, sa femme m'a appris qu'il était en
voyage en Chine. J'avais tant de questions à lui poser...

Nous avons quitté le Viêtnam avec regret.

55.

À mon retour, après avoir lu une sérieuse et abondante documentation, et visionné des documents filmés et rencontré des acteurs de cette guerre, j'ai écrit *Rue de la Soie* avec une passion égale à celle qui m'avait tenue en haleine au moment de *La Bicyclette bleue*. Quand j'ai terminé le roman, je l'ai envoyé au général Giáp et à Pham Van Dông. Ce dernier m'en a remerciée et, dans sa lettre, m'a confirmé que je n'avais pas trahi son peuple. Ce livre a été traduit en vietnamien et en chinois. Par la suite, j'ai écrit *La Dernière Colline*, bouclant ainsi mon cycle indochinois. L'écriture de ce dernier roman a été pénible à cause des drames que je racontais : la chute de Diên Biên Phu, les combats qui la précédaient et l'enfermement des soldats français dans des camps. Ces romans ont eu moins de succès que la trilogie de *La Bicyclette bleue*. Sans doute les lecteurs étaient-ils moins concernés par les événements qui avaient eu lieu en Indochine que par ceux de la Seconde Guerre mondiale.

J'ai eu envie d'écrire sur la guerre d'Algérie. Avant de me lancer, j'ai longuement parlé avec l'oncle de Pierre, le général Le Ray, qui avait été le premier chef des maquis du Vercors, commandant de parachutistes en Indochine, puis commandant de la division alpine en Algérie. J'ai rencontré également le général Buis dont j'avais lu le roman, *La Grotte*, dans lequel il racontait cette époque.

Je voulais donner à voir le quotidien des pieds-noirs et celui des Algériens, combattants du FLN ou non. Cela m'intéressait de comprendre ce qui avait amené des officiers français à se rebeller contre l'autorité de la métropole, à torturer leurs prisonniers suspectés d'attentats. Comment certains s'étaient retrouvés dans les rangs de l'OAS, parce qu'ils s'estimaient trahis par le général de Gaulle. Ce fut un travail difficile, passionnant, rempli de pièges que je suis parvenue, je crois, à éviter.

Il fallait que je voie la terre et le ciel algériens. Je suis allée en Algérie avec des membres d'une association humanitaire, Enfants du monde. À l'aéroport, un policier m'a souhaité la bienvenue. À peine installée à l'hôtel al-Djazaïr, l'ancien hôtel Saint-Georges, je suis partie seule à la découverte d'Alger. Les noms des rues avaient changé et le chauffeur de taxi s'amusait de m'entendre les nommer par leurs anciens noms. C'est comme cela que nous sommes montés jusqu'à « Madame l'Afrique », la basilique Notre-Dame-d'Afrique, qui domine la ville. Des enfants jouaient dans la poussière et se poursuivaient à grands cris. Notre arrivée a interrompu leurs jeux. Ils me dévisageaient, étonnés de voir cette étrangère aux cheveux roux. Je regardais longuement en direction de la mer. Des prières me venaient aux lèvres. Plus loin, le chauffeur de taxi m'attendait. Quand nous sommes redescendus, j'étais songeuse.

— C'est la première fois que vous revenez ici ? m'a-t-il demandé.

— Je n'étais jamais venue auparavant.

Après un court silence, il a dit :

— J'ai du mal à vous croire, vous semblez si bien connaître ces lieux.

— J'ai beaucoup travaillé à l'aide de plans de la ville, des plans d'avant la guerre pour les besoins de mon travail.

— Quel travail ?

— Je suis écrivain.

Cela a paru lui suffire. Le chauffeur avait raison, je circulais dans cette ville comme si j'y avais vécu, tant les rues comme les odeurs me paraissaient familières.

Le lendemain, avec mes camarades de l'ONG, nous sommes partis visiter les ruines romaines de Tipasa. La région n'étant pas sûre, Malika, qui nous accompagnait, a noué un foulard sur mes cheveux. L'endroit était magnifique et désert. Dangereux : des hommes en armes se tenaient dans la montagne. Nous nous sommes longuement arrêtés devant la stèle d'Albert Camus – dans « Noces à Tipasa » on peut lire : *Je comprends ici ce qu'on appelle la gloire, le droit d'aimer sans mesure.* Ailleurs, l'auteur de *L'Étranger* écrit : *Au printemps, Tipasa est habitée des dieux et les dieux parlent dans le soleil et l'odeur de l'absinthe*[1]... Comme à mon habitude, j'ai ramassé quelques pierres que j'ai serrées fort dans ma main. J'ai acheté chez l'unique marchand un tapis magnifique.

Nous avons visité un orphelinat d'enfants rescapés de la guerre civile, certains étaient de tout petits bébés. Les femmes qui s'en occupaient ont insisté pour que nous partagions leur déjeuner.

Ce fut en silence que nous sommes rentrés à Alger. Nous avons dîné avec Louisette Ighilahriz, torturée par les hommes de Bigeard, et un poète algérien, Djamel Amrani, lui aussi torturé par les paras, avec qui j'ai parlé du poète Jean Sénac qu'il avait bien connu. Ni Louisette ni Djamel n'ont jamais confondu leurs tortionnaires avec le reste des Français. Bien qu'ayant combattu la France, Djamel Amrani gardait au cœur l'amour de sa littérature. Après l'assassinat de son ami Sénac, il s'était installé dans la maison de celui-ci. À de nombreuses reprises, Amrani lui a rendu hommage au cours de son émission à la radio d'Alger.

---

1. Albert Camus, *Noces*, Gallimard, Paris, 1972.

Le lendemain, avec un des jeunes gens de l'organisation Enfants du monde, Yann, nous nous sommes échappés pour aller faire un tour dans la Casbah qui me semblait un endroit incontournable de la guerre d'Algérie. Le taxi nous a déposés à l'entrée, après nous avoir prévenus qu'il était imprudent d'y aller. Nous avons acheté des dattes pour manger en marchant. Des hommes barbus, vêtus de longues robes, accompagnés de femmes voilées, nous dévisageaient sans aménité. Après quelques pas, nous avons renoncé, d'un commun accord, à visiter la Casbah.

56.

Est-ce pour oublier toutes ces guerres que j'ai décidé d'écrire sur ma famille maternelle ? Peut-être.

Quand j'étais plus jeune, je n'aimais pas beaucoup cette famille, que je trouvais ordinaire. Avec leur accord, j'ai enregistré, sur un petit magnétophone, Maman et ses frères et sœurs afin de savoir ce qu'avaient été leur vie et leurs rêves. L'entretien avec Geneviève, la fille aînée de Blanche, m'a beaucoup émue. Son rêve était de faire des études et d'obtenir son brevet, afin d'être demoiselle des Postes.

— Je ne voulais pas travailler au magasin ni être modiste comme le désirait Titine.

Albertine, dite Titine, était une vieille fille qui aidait Blanche à tenir son ménage et qui, en échange, était acceptée dans le cercle familial. Quand j'avais six ou sept ans, je lui jouais de mauvais tours : cacher ses lunettes, son ouvrage, son livre de messe. Quand Maman s'en apercevait, elle me grondait.

— Il faut être gentille avec Titine, nous sommes sa seule famille.

Geneviève s'est mariée avec Paul Q. alors qu'elle était amoureuse d'un autre. Pourquoi ? Parce qu'elle n'avait pas de dot. Plus tard, l'amoureux épousa une fille riche qui lui apportait une dot confortable. Geneviève eut deux fils, Jean et Jacques. Elle a vécu dans un village proche de Montmorillon, La Trimouille. Sa vie n'a été que dévouement et renoncement. Malgré cela, elle a gardé sa beauté, sa gentillesse et sa bonne humeur.

Ensuite, j'ai fait parler Thérèse, qui travaillait à la SNCF. Elle n'avait pas la beauté de son aînée mais elle était vive et très gaie. Elle a épousé Jean B., un paresseux aimant le football, qui lui a fait deux enfants, Ginette et Claude, dit Mico. Sa vie a été difficile et malheureuse. À sa retraite, elle est revenue à Montmorillon dans une petite maison qu'elle avait fait construire avec ses économies.

Puis il y a eu Marguerite, dite Gogo, que j'aimais tendrement. À la suite de la lecture de *La Garçonne*[1] de Victor Margueritte, elle s'était fait couper les cheveux au grand scandale de Titine et de l'archiprêtre ; Blanche et Léon n'avaient rien dit. Toute sa vie, elle a travaillé comme vendeuse à la bijouterie Lesieur, à Vierzon. Pour se distraire, elle faisait du théâtre en amateur et passait ses dimanches avec ses cousines, les jumelles Jacqueline et Françoise, qui avaient le même âge qu'elle. Pendant la guerre, Gogo avait loué un studio en zone libre et passait chaque jour la ligne de démarcation pour aller travailler. De toutes mes tantes, c'était celle que je préférais.

J'ai eu du mal à faire parler mon oncle Jean, qui vivait aux environs de Nantes et cultivait sa vigne. De son mariage étaient nés deux garçons, Jean-Pierre et Yves. Dans sa jeunesse, il avait, comme on dit, bourlingué à travers le monde. Est-ce cela qui lui avait donné son insolence et son franc-parler ? De ses vignes, il tirait du muscadet, du malvoisie et du gros-plant. Il récoltait aussi les meilleures pommes de terre que j'aie jamais mangées. Il était mon parrain et je l'aimais bien. Ses sœurs racontaient volontiers les mauvais tours qu'il leur jouait dans son enfance.

— Tu te souviens quand il nous a donné des bonbons recouverts de sucre et qui, en fait, étaient des crottes de lapin ?

---

1. « Petite bibliothèque », Payot, Paris, 2013.

— Et du jour où tu as fait exploser la sainte vierge et la grotte de la Titine ? On aurait dit un nègre tant tu étais noir !

— Ma grotte, ma grotte ! gémissait Titine !

— Et monsieur D., le pâtissier qui avait reçu sa verrière sur la tête et qui était entré dans le jardin couvert de bouts de verre et de toiles d'araignée !

Jean rêvait d'être aviateur. Il se voyait survolant les mers et les montagnes, battant tous les records, digne successeur des héros de la grande guerre. Une mauvaise vue a anéanti son rêve. Toute sa vie, il a été ouvrier à Nantes, avant de prendre sa retraite dans un petit village des bords de Loire où il s'est occupé de ses vignes, de son jardin, de pêche et de chasse.

Ce que m'a raconté Solange, dite Néné, était sans grand intérêt. Elle avait épousé un militaire, Geroges M., qu'elle avait suivi en Chine. De ce pays, dont elle n'avait rien vu, elle avait rapporté des kimonos de soie richement brodés et un service à thé en porcelaine orange orné de dragons dorés qu'elle a offert à Maman. Après la guerre, elle a divorcé afin d'épouser André C., qui faisait commerce de peaux. Je n'aimais pas ce dernier, sec et antipathique.

Est venu le tour de Maman, Bernadette, dite Dédette, que les religieuses de l'institution Saint-Martial donnaient en exemple à ses petites camarades. Pas une cérémonie, une kermesse, une pièce de théâtre où elle ne figurait un ange, Jésus ou Marie enfant ou une sainte connue pour sa bonté. Elle était si bonne et si sage que, malgré son jeune âge, elle n'avait pas encore neuf ans quand elle devint un des apôtres de la Croisade eucharistique, à la suite du vote de ses compagnes. En tant qu'apôtre, elle était responsable de dix disciples auxquels elle devait donner le bon exemple et suggérer de faire des sacrifices pour les missions du pape et pour les infidèles : les raisons ne manquaient pas. On avait accroché une « boîte à sacrifices » dans laquelle les enfants mettaient le bâton de chocolat de leur goûter, leur pomme, un petit gâteau sec ou encore un bonbon à peine sucé... Dédette ne manquait jamais d'apporter son offrande jusqu'au jour où elle s'était rendu compte que la cuisinière, la mère Delille, en jetait chaque soir le contenu, qu'elle estimait pourri. L'enfant avait éclaté en sanglots et, depuis, avait remis son goûter à une orpheline. Malgré cela, sa foi était demeurée intacte.

Le dernier à qui j'ai posé des questions a été André, dit Dédé. André était cuisinier à l'hôpital et n'avait pas son pareil pour faire une pièce montée : il avait travaillé à bord de paquebots et fait le tour du monde. Il s'était marié avec Solange M. dont il avait eu deux fils, Gérard et Daniel. C'était un homme gai, toujours de bonne humeur qui chantait invariablement à la fin des dîners familiaux : « La fille du bédouin », que Chantal et moi reprenions en chœur.

Je n'ai rien demandé à Marie-Anne, dite Mamy, ma tante mongolienne : qu'aurait-elle pu me dire ?

J'ai publié ces entretiens sous le titre *Les Enfants de Blanche* et *reste encore surprise d'avoir écrit un tel livre où il est question d'une famille, qu'adolescente je détestais avec cette passion qu'apporte en toute chose l'être humain au seuil de l'âge adulte. Au fil des années, j'ai vu ce qu'il y avait de dignité dans la simplicité de leur vie, de leurs désirs d'enfant enfouis sous une apparente dureté, de leurs peines, sobrement endurées, de leur courage face à l'adversité, de leurs amours bafouées. J'ai eu honte de ma sottise passée. J'ai compris combien la vie dans une petite ville de province, au début du XXᵉ siècle, était difficile pour une famille nombreuse. Grâce à leur amour, mes grands-parents, Blanche et Léon, étaient parvenus à surmonter les épreuves et les difficultés. C'est cet amour que j'ai voulu tirer de l'oubli en décrivant cette époque où le temps se déroulait lentement au fil des heures marquées par le carillon des clochers*[1].*

La couverture du livre *Les Enfants de Blanche* a été illustrée par une photographie de tous les enfants Peyon et de leurs parents. La presse a été bonne et le livre a connu une gentille carrière. Mon fils Franck n'aime pas *Les Enfants de Blanche*.

---

1. *Les Enfants de Blanche*, Fayard, Paris, 1982 (4ᵉ page de couverture).

À la demande pressante de Michèle Kahn, j'ai accepté de faire partie du comité de la Société des gens de lettres dont je suis devenue, plus tard, la présidente, en remplacement de François Billetdoux. Le succès de *La Bicyclette bleue* n'était sans doute pas étranger à cette élection. J'ai été réélue à trois reprises. Sans vraiment le reconnaître, je n'étais pas peu fière de succéder à Balzac, Zola et Mauriac à la tête de cette vieille maison, fondée en 1838 par Honoré de Balzac et Louis Desnoyers, directeur du *Siècle*, pour la défense du droit des auteurs. Desnoyers fit don à la société naissante de deux cent cinquante francs. George Sand fut élue au comité de la Société des gens de lettres par cinquante-neuf voix, dont elle démissionna en 1844 : sa démission fut repoussée, de même qu'en 1848. Elle engagea un procès contre la société à laquelle elle reprochait d'avoir laissé reproduire *La Mare au diable*[1] avant les délais prescrits. Elle représenta une nouvelle fois sa démission en juin 1854, qui fut à nouveau refusée.

C'est à la SGDL que le général Georges Buis m'a remis les insignes de la Légion d'honneur et que j'ai fait la connaissance de l'abbé Pierre qui m'a honorée de son amitié jusqu'à la fin de ses jours.

Très vite, il avait pris l'habitude de me téléphoner pour me dire à quel point il avait été heureux de me rencontrer, qu'il aimerait me revoir. Dois-je le dire ? J'étais flattée de l'intérêt qu'il me portait. Il m'a invitée à dîner chez lui, à Charenton, dans un immeuble appartenant aux chiffonniers d'Emmaüs. Son secrétaire, le père Jacques, m'a ouvert la porte de l'appartement situé au dixième étage. L'endroit était pauvre, presque misérable. La chambre de l'abbé Pierre lui servait également de bureau. C'était une toute petite pièce encombrée de dossiers. Un crucifix et quelques images pieuses étaient accrochés aux murs ainsi qu'une grande photographie de Lucie, son amie, sur son lit de mort. De son étroite couchette,

---

1. George Sand, *La Mare au diable*, Hachette Éducation, Paris, 1999.

disparaissant sous les papiers, l'abbé avait vue sur les rails de chemin de fer et les lumières bleues et rouges d'entrepôts voisins. Le bruit de la circulation arrivait très assourdi. Nous avons dîné dans la cuisine sur une table en formica, entre la gazinière, l'évier et une machine à laver le linge ; des torchons pendaient au-dessus de nos têtes. Dans une casserole, l'abbé a fait chauffer une soupe aux champignons, tirée d'un sachet.

Dans une autre casserole cuisaient des pâtes que nous avons mangées avec des sardines à l'huile. Un morceau de roquefort, dans son papier d'emballage, était posé sur une assiette ébréchée. Ce n'était pas très bon mais le vin que j'avais apporté faisait oublier la médiocrité du repas qui se terminait par un redoutable gâteau, dégoulinant d'une crème d'un rose agressif. Je n'ai pas eu le courage de goûter le morceau que j'avais dans mon assiette ; ce n'était pas le cas de l'abbé qui le trouvait à son goût et le savourait les yeux mi-clos, avec des airs de matou. Pendant tout le repas, il a parlé, parlé, le plus souvent de lui-même, les yeux fermés : j'aurais dû prendre un magnétophone ! Quand il ouvrait les yeux, il avait un regard d'enfant malicieux, il a évoqué sa mort prochaine, qu'il espérait rapide.

— Quand on a marché toute sa vie sa main dans celles des pauvres, on ne redoute pas la mort.

Je le quittai, émue. Il m'a embrassée sur le coin des lèvres... je n'ai pas aimé cela.

J'ai roulé longtemps dans des rues sinistres, vides, avant de rentrer à la maison, mécontente. Mécontente de qui ? De moi ? De l'abbé ? Des deux, peut-être. Le lendemain, je l'ai remerciée pour son accueil.

À plusieurs reprises, il est venu déjeuner à Boutigny. Il avait bon appétit et se montrait joyeux convive. Après le repas, il allait se reposer dans une des chambres du rez-de-chaussée. Un jour, il a croisé dans le couloir Mme L., la femme de ménage. Celle-ci, n'en croyant pas ses yeux, a failli se trouver mal.

— C'est le plus beau jour de ma vie ! m'a-t-elle dit après son départ.

Qui était-il vraiment ? Un saint ? Un homme en butte aux tentations de la chair ? Oui, sûrement. Il me disait qu'il aurait aimé être une fille aimant les femmes. À sa demande, je lui ai écrit des histoires mettant en scène des lesbiennes et les lui ai données. Que sont-elles devenues ? Je regarde les photos prises dans sa chambre à Emmaüs : il est entouré des portraits de ceux qu'il a aimés : celui d'un jeune homme, mort à la guerre, d'une amie dévouée qu'il considérait comme une élue de Dieu, de compagnons d'Emmaüs qu'il avait sortis de l'alcool et de la délinquance et qui avaient trouvé auprès de lui une raison de vivre en se dévouant à plus défavorisés qu'eux.

Tout en reconnaissant ses mérites, je lui trouvais l'air patelin des hommes d'église, ce côté onctueux, faussement amical. En l'entendant, mon vieil anticléricalisme se réveillait : je pensais à l'archiprêtre de l'institution Saint-Martial, qui me traitait de janséniste, aux religieuses sans cœur. Je ne savais alors quoi lui dire.

57.

J'ai entraîné mes personnages de *La Bicyclette bleue* dans la révolution cubaine mais il fallait trouver une raison à leur présence dans l'île. Pierre m'a rappelé que mon héros, François Tavernier, avait fait la guerre d'Espagne dans les Brigades internationales. Je lui ai fait rencontrer, à Bordeaux, un Espagnol avec lequel il avait combattu. L'Espagnol vivait à Cuba et s'occupait d'une plantation de tabac. J'avais trouvé le lien !

Au même moment, le Líder Máximo est venu en visite officielle à Paris. Une réception était prévue à la Maison de l'Amérique latine pour laquelle j'avais reçu une invitation. J'étais très partagée : devais-je y aller ? Pierre refusait de m'y accompagner. Mais il m'a vivement engagée à le rencontrer, je me suis rendue à ses raisons.

Dans un des salons de la Maison de l'Amérique latine, se tenait un bel homme, très grand, barbu, vêtu d'un élégant costume bleu marine, bavardant avec un de mes amis, le dessinateur Georges Wolinski. Quand celui-ci m'a vue, il est venu me chercher et m'a entraînée auprès de Fidel Castro auquel il a dit quelques mots en espagnol. Castro m'a attirée et m'a embrassée en me serrant contre lui : sa barbe était douce et sentait bon.

— Ce n'est pas toutes les femmes qu'il embrasse comme ça, m'a murmuré Wolinski.

408

Je me suis sentie rougir. Pour faire diversion, j'ai tendu à Fidel Castro le carnet d'autographes de Léa, ayant appartenu à sa grand-mère Claire Mauriac, dans lequel figuraient de grands noms de la littérature, du théâtre, de l'armée, de la chanson. Il a sorti un stylo et a signé en pleine page.

J'ai commencé à lire tout ce qui avait été écrit sur la révolution cubaine et son chef. Je me suis rendue à Cuba avec Pierre et Léa pour la fin de l'année. Nous avons atterri en pleine nuit à La Havane où nous avons pris un taxi. Le chauffeur bavardait à voix basse avec son compagnon. Nous somnolions à l'arrière quand, dans le halo des phares, ont surgi deux silhouettes féminines agitant les bras. Le chauffeur s'est arrêté pour prendre les auto-stoppeuses : des prostituées. Avec elles, est entré un agréable parfum. Elles étaient très jeunes, ravissantes, vêtues d'un léger corsage et de hautes culottes, très courtes, qui ne cachaient rien de leurs jolies formes. Elles rentraient, joyeuses, de leur travail. Elles se sont blotties entre le chauffeur et son passager, les remerciant avec de tendres roucoulements. Elles parlaient à voix basse pour ne pas nous déranger. Mais de temps en temps, un rire enjoué fusait. Sur fond de salsa, la voix des hommes avait changé, plus douce et complice. Au bout d'une vingtaine de kilomètres, la voiture s'est arrêtée et les jeunes filles sont descendues.

— *Adios !* ont-elles lancé à notre intention.

Dans la lumière des phares, elles avaient l'air de ballerines. Le spectacle de ces deux silhouettes dans la nuit avait quelque chose d'irréel. C'est à ce moment-là que nous avons aperçu un immense panneau, planté en pleine nature, d'où surgissait le visage du Che et ces mots : » « *Che vive !* » Les petites sont passées entre les poteaux du panneau. La nuit les a englouties. Il nous est resté cette belle image, empreinte de mélancolie et de dérision. Enfin, nous sommes arrivés à l'hôtel.

Au matin, nous nous sommes penchés à nos fenêtres : sur la petite place se promenaient de jolies filles, vêtues de bermudas moulants aux couleurs fluorescentes qui nous ont fait des signes de la main.

Et nous sommes partis à la découverte de la ville à travers les rues défoncées, bordées d'immeubles vétustes datant du XVIIIe siècle.

Deux jours plus tard, nous avons pris l'avion pour Santiago. Notre hôtel donnait sur la cathédrale. Il y avait une très belle exposition de photos en noir et blanc de la révolution. Je me suis arrêtée devant le portrait d'un magnifique garçon barbu au regard moqueur, dont je suis tombée amoureuse sur-le-champ.

— Qui est-ce ? ai-je demandé à Pierre.

— Camilo Cienfuegos, un des commandants de la Révolution, m'a-t-il répondu avec une pointe d'agacement.

Camilo avait participé à l'expédition du *Gramma* et à la guérilla dans la Sierra Maestra où il était devenu le meilleur ami du Che avec lequel il aimait plaisanter :

— *Après la révolution, je te promènerai dans une cage à travers toute l'île et je demanderai un peso à ceux qui voudront te voir,* disait-il en riant comme un enfant.

Ernesto Guevara supportait tout de lui, tant il admirait son courage et sa bonne humeur.

Je m'étais promis d'écrire son histoire, ce que je fis quelques années plus tard en publiant un petit livre d'hommage intitulé *Camilo*[1], accompagné de photos de mon héros et de dessins de Pierre. J'ai rencontré son frère Osmany, les amis de sa jeunesse, ses compagnons dans la guérilla. Tous m'ont dressé un portrait chaleureux de celui qui s'est volatilisé dans le ciel cubain à l'âge de vingt-sept ans ! Pour cela, j'ai dû enquêter sur les circonstances de sa disparition après avoir quitté Camagüey à bord d'un Cessna 310,

---

1. Régine Deforges, *Camilo*, Le Livre de Poche, Paris, 2001.

piloté par un aviateur chevronné, Luciano Farinas. Que s'est-il passé ? À ce jour, on ne le sait pas. Certains pensent que l'accident n'en était pas un et qu'il a disparu sur ordre de Fidel Castro ou de son frère Raúl, alors ministre de l'Armée.

Au cours d'une promenade à Santiago, nous nous sommes arrêtés dans un café rempli de monde où jouait un petit orchestre. La salle était pleine. Des Cubains nous ont fait une place à leur table. Je me suis fait fabriquer un cigare par le *torcedor* et je l'ai fumé en savourant un café.

Dans le mois qui a suivi, je suis retournée à La Havane et me suis installée à l'hôtel Nacional qui domine le Malecón, la promenade du bord de mer. J'avais loué une voiture et je suis partie à la découverte de la ville et de sa banlieue. Tout me plaisait : la musique, le marché aux vieux livres de la plaza des Armas, les musées, la peinture, le marché artisanal, les cigares et La Bodeguita del medio, qui est devenue ma cantine.

J'ai fait la connaissance de Compay Segundo qui m'a reçue à son domicile situé dans une rue aux ornières d'une taille impressionnante. Il m'a fait parvenir la clef de son appartement dans un petit panier descendu à l'aide d'une corde et a interpellé un gamin en lui désignant ma voiture. J'ai ouvert la porte et monté quatre étages encombrés de vélos. Un homme de taille moyenne, aux yeux vifs, vêtu d'une chemise à carreaux et portant un feutre gris sur la tête, m'attendait sur le seuil. Il m'a offert du café, du rhum et un cigare. Notre conversation était limitée, tant mon espagnol était pauvre. Il a pris sa guitare et m'a chanté « Rosa de Francia ». Nous nous sommes quittés en nous promettant de nous revoir. J'ai repris ma voiture, gardée par le gamin à qui j'ai donné un dollar. À chacun de mes séjours à Cuba, j'ai rendu visite à mon vieil ami, l'emmenant déjeuner au Nacional ou dans un restaurant choisi par lui. Il mangeait très peu, se contentant de boire du rhum et de la bière, sans cesser de fumer son cigare, son chapeau vissé sur sa tête. À

411

la fin du repas, il demandait à emporter son déjeuner qu'il avait à peine touché.

Chaque jour, j'ai parcouru le marché aux vieux livres, où les bouquinistes m'ont aidée dans mes recherches en me proposant des ouvrages et des journaux des années de la révolution. Très vite, ils m'interpellaient comme une habituée.

— Ce sont des documents sur Camilo Cienfuegos que je recherche, leur répondais-je.

Ils levaient les yeux au ciel en murmurant :

— Le meilleur d'entre tous !

Certains ont pris des risques en me vendant les minutes du procès d'Huber Matos, un des compagnons de Fidel Castro dans la Sierra Maestra, accusé de trahison et que Camilo devait arrêter sur ordre de Castro. Les minutes ressemblent à celles des procès de Moscou ; Huber Matos a été condamné à vingt ans de prison.

J'ai parcouru toute l'île, sur des routes improbables, de Santiago à Pinar del Río en passant par Santa Cruz et Santa Clara, demandant mon chemin dans un sabir mi-espagnol, mi-anglais, car aucun panneau n'indiquait la direction à suivre. Après Santa Clara, j'ai cru m'être égarée car la route avait fait place à un chemin de terre sinuant à travers une sorte de jungle. J'ai pris en stop un vieil homme et son petit-fils, puis cinq femmes qui m'ont guidée jusqu'à Trinidad où elles ont tenu à m'offrir un café. Je suis entrée dans une maison basse, très peu meublée, où, devant un autel dédié à la Vierge de Cobre, brûlaient de petites bougies. Une des femmes a demandé à son petit-fils de me guider jusqu'à un hôtel, un peu en dehors de la ville. J'ai logé dans un bungalow sans porte et je n'ai pas dormi de la nuit.

La plupart du temps, je m'arrêtais sur le bord de la route dans un bistrot où je déjeunais d'un mauvais sandwich en buvant de la bière. Presque toujours, il s'y trouvait trois à cinq excellents musiciens et un torcedor à qui j'achetais des cigares.

Il y a à Cuba une autoroute en très mauvais état, avec des nids-de-poule profonds et dangereux, et qui traverse l'île dans toute sa longueur ; elle est pratiquement toujours déserte, à part des vaches qui la traversent tranquillement et des camions déglingués, crachant une fumée noire et nauséabonde, surchargés de voyageurs. La vitesse y est limitée mais, la circulation étant nulle et le parcours si monotone, je ne l'ai jamais respectée. Un jour, un policier m'a fait signe de m'arrêter : j'ai obéi, m'attendant au pire. Ce n'était qu'un auto-stoppeur. Au début, j'ai roulé à la vitesse requise mais, peu à peu, je l'ai oubliée. Mon passager, tétanisé, se cramponnait à son siège. Par jeu, j'ai accéléré. J'ai cru qu'il allait se trouver mal. Il m'a demandé de m'arrêter et il est descendu en titubant un peu. Je ne crois pas que mon policier soit devenu un adepte de l'auto-stop, surtout si le conducteur est un étranger, femme de surcroît.

Malgré mon espagnol plus que sommaire, j'ai circulé sans rencontrer de véritable problème, déjeunant sous la paillote d'une plage déserte, m'arrêtant sur le marché d'un village pour acheter des bananes ou des objets artisanaux, la plupart hideux, prenant un mojito sur le bord de la route en écoutant les musiciens qui, invariablement, venaient me proposer une cassette de leurs œuvres. J'arrivais souvent à La Havane à la tombée de la nuit et retrouvais le Santa Isabel ou le Nacional avec plaisir.

Lors d'un séjour, j'ai rendu visite au secrétaire du Parti socialiste cubain, Wladimiro Roca, fils du fondateur du Parti communiste cubain, qui venait de sortir de prison. C'était un métis qui m'a reçue aimablement dans sa maison où il vivait avec sa sœur. J'étais porteur de lettres de Lionel Jospin et de François Hollande.

Dans une église du quartier Miramar où elles se réunissaient chaque dimanche, je suis allée parler aux « dames en blanc », les épouses et les mères des prisonniers politiques de Castro, très surveillées par des policiers en civil, appuyés contre le tronc des grands arbres du parc entourant l'édifice religieux. Nous avons fait des photos sur lesquelles on les voit rire et sourire. Le surlendemain, je suis allée dans l'appartement de l'une d'elles, non loin de l'université. Nous avons bu du café et du rhum et elles m'ont raconté leurs espoirs et leurs chagrins, les difficultés auxquelles elles étaient confrontées chaque jour : contrôles de police, brimades quotidiennes, interdiction de voir leurs époux dont certains étaient gravement malades ou emprisonnés loin de La Havane. J'ai parlé d'elles à Alfredo Guevara, qui avait été ambassadeur de Cuba à Paris. C'était un homme cultivé, maîtrisant parfaitement le français, très proche de Fidel Castro avec lequel il avait été étudiant à la fac de droit. Il s'occupait de l'Instituto Cubano del Arte e Industria Cinematográficos, l'ICAIC. La première fois qu'il m'a reçue dans son bureau, la climatisation marchait à fond ; très vite j'ai grelotté dans ma robe légère en face de Guevara dans un pull de laine bleu marine. Il avait tenu à ce que je sois accompagnée d'une traductrice. Malgré mon espagnol rudimentaire, j'ai corrigé à plusieurs reprises ce qu'elle traduisait au grand amusement du patron de l'ICAIC qui a mis longtemps à croire que je ne parlais pas espagnol.

À chacun de mes voyages, je lui ai rendu visite et nous avons pris l'habitude de déjeuner ou de dîner ensemble. Il me parlait volontiers de la révolution cubaine à laquelle il avait participé en milieu urbain pendant que Fidel était dans la Sierra. Quand on lui a remis les insignes d'officier de la Légion d'honneur à l'ambassade de France, en présence de Gabriel García Márquez et de Costa-Gavras, il a insisté pour que je sois invitée. Son émotion était palpable au moment où l'ambassadeur lui a épinglé sa décoration. Dans son discours de remerciement, il a dit son amour pour la France, sa fierté d'être honoré par le pays des Droits de l'homme. J'ai bavardé quelques instants avec García Márquez et lui ai dit mon admiration pour un bref roman, *Chronique d'une mort annoncée*[1].

— Parce qu'il est court, sans doute, a-t-il répliqué.

J'ai été vexée par sa réflexion et j'ai répondu :

— Il est beaucoup plus difficile, comme vous le savez, de réussir un texte court.

« Gabo » s'est contenté de sourire.

Un soir à La Havane, je lisais dans ma chambre du Nacional le livre remarquable de Jean-Paul Kauffmann, *La Chambre noire de Longwood*[2]. La télévision était allumée. À un moment, j'ai levé la tête et vu apparaître à l'écran Kauffmann fumant un gros cigare, qui assistait à la soirée Cohiba, donnée dans l'hôtel, en présence de Fidel : amusante coïncidence !

---

1. Grasset, Paris, 2002.
2. Folio, Paris, 1998.

58.

Quand on aime, on a envie de partager. C'est pour cette raison que j'ai emmené Carmen Castillo, Gérard Oberlé, Gérard Bourgadier, mes enfants, Franck, Camille et Léa, à Cuba, ma seconde patrie. Carmen y était déjà venue mais n'avait rien vu de La Havane ni du reste de l'île, étant logée dans un immeuble excentré, réservé aux hôtes du Parti. Carmen est chilienne et avait participé à la résistance chilienne, en compagnie de Miguel Enriquez, son amant, tué lors d'un assaut donné par la police de Pinochet. Elle-même avait été blessée et évacuée à Londres. Enceinte, elle avait accouché d'un enfant mort. Depuis, elle vit en France où elle a obtenu la nationalité française. Carmen est la femme la plus séduisante que j'aie rencontrée : elle écrit, réalise des films et voyage beaucoup. Quand je lui ai proposé de m'accompagner à Cuba, elle a accepté avec joie. À La Havane, nous avons rencontré des combattants de la révolution qui ont répondu aimablement à nos questions. J'ai emmené mon amie à Pinar del Río. Nous nous sommes arrêtées à Viñales pour déjeuner, ce qui a déclenché la curiosité des jeunes mâles de la petite ville qui s'étonnaient de nous voir fumer des cigares. Elle s'émerveillait de ma facilité à évoluer dans les différents milieux cubains tant politiques qu'intellectuels. Nous avons écumé les *paladars*, sommes allées écouter Omara Portuondo dans le cabaret Dos Gardenias et sommes restées sous le charme de cette femme magnifique. Un chanteur la rejoignit, Ibrahim Ferrer. Ensemble, ils chantèrent « Silencio ». Nous sommes restées jusqu'à la fermeture.

Avec Gérard Oberlé, il en est allé autrement. Épicurien, curieux, amateur de cigares et de livres anciens, il m'a accompagnée dans l'Oriente, moins fréquenté par les touristes que la région de La Havane. À Santiago de Cuba, nous aimions prendre un café dans un bistrot fréquenté par des intellectuels cubains. Un jour qu'il n'y avait pas de table libre, un homme nous a invités, en français, à la sienne. Il a refermé les livres et les cahiers qui étaient étalés sur la table. Après avoir commandé des cafés et du rhum, nous lui avons appris que nous étions écrivains.

— Je suis professeur de français à la retraite. Pour améliorer mon ordinaire, je donne des cours de français dans cet endroit. En échange, mes élèves m'offrent un café, un rhum ou un cigare.

Ensuite, il nous a parlé des auteurs qu'il aimait, de Victor Hugo, qu'il considérait comme le plus grand écrivain et le plus grand poète de tous les temps. Il s'est levé et s'est mis à déclamer des vers de son idole. Autour de nous le silence s'était fait, souligné par quelques notes du guitariste. Nous regardions, le cœur serré, ce public qui ne comprenait pas les paroles du vieil homme et cependant l'écoutait avec respect. Quand il a terminé de dire le poème, Gérard et moi nous l'avons applaudi, imités par l'assistance à laquelle nous avons offert une tournée générale. J'ai remarqué que, par discrétion, la plupart prenaient un café. Ce n'était pas la première fois que j'étais témoin de cette pudeur de la part des Cubains. Avant de partir, nous avons offert au professeur les livres que nous avions et lui avons demandé son adresse pour lui envoyer les nôtres. Nous étions tellement émus en le quittant que nous avons marché sans échanger un mot.

À l'hôtel, Gérard Oberlé a appris la mort de son père. Impossible de rentrer en France pour l'enterrement.

De retour à La Havane, je l'ai entraîné à La Casa del tango, pour nous changer les idées. Au cours d'une promenade, j'avais découvert cet établissement, situé non loin de l'hôtel, d'où sortait de la musique. J'étais entrée et je m'étais assise dans le patio, devant une minuscule scène où se produisait un vieux chanteur de tango, Gardelito. Après lui, d'autres assez âgés avaient chanté. On m'avait apporté un mojito fait avec le rhum réservé à la consommation cubaine et ne coûtant qu'un ou deux pesos. Une femme blonde, beaucoup plus jeune, était montée sur la scène : Ketty Angel, la directrice de La Casa del tango, dont la voix était très belle. Quand Gérard et moi sommes entrés, elle est venue vers nous. Je l'ai prise à part et lui ai dit que Gérard était très malheureux car son père venait de mourir. Après nous avoir installés à une table, elle s'est tournée vers le public et a déclaré :

— Je vais chanter pour un ami français qui est dans la peine.

Quand elle a chanté, Gérard s'est mis à pleurer et moi aussi. À la fin de son tour de chant, elle nous a rejoints et a serré Gérard dans ses bras. À leur tour, les assistants l'embrassèrent. Le geste de Ketty, ses chants, les baisers des Cubains ont apaisé le chagrin de mon ami.

À chacun de mes séjours, j'aimais passer quelques heures dans cet endroit jusqu'au jour où j'ai trouvé la porte close. J'interrogeai les voisins sur les raisons de cette fermeture : aucun ne put ou ne voulut me répondre.

Lors de mon dernier voyage, la veille de mon retour en France, quelques jours avant Noël, Ketty Angel m'a rendu visite, accompagnée de Rolando, son pianiste. Je lui ai demandé pourquoi La Casa del tango était fermée.

— Trop d'étrangers venaient et cela a déplu au gouvernement.

— Que fais-tu maintenant ?

418

— Je chante pour les touristes sur le Malecón et dans un petit restaurant.

J'ai voulu leur offrir un verre. Elle a refusé me disant qu'au Santa Isabel, c'était trop cher.

— Je connais une boulangerie à côté.

Nous nous y sommes rendus avec ma traductrice. Ketty a commandé du café et des sandwichs.

— Y a-t-il un piano dans ton hôtel ? m'a-t-elle soudain demandé.

— Oui, je crois.

Nos consommations terminées, nous y sommes retournés mais la réception n'avait pas la clef de l'instrument.

— Allons au musée de la céramique, je sais qu'il y en a un, a-t-elle dit.

Le musée n'était qu'à quelques pas de l'hôtel. Le gardien, qui la connaissait, n'a pas fait de difficultés pour nous conduire dans la salle où se trouvait l'instrument. Rolando s'est mis au piano et a commencé à jouer. Ketty s'est tournée vers moi qui m'étais assise sur une chaise et a chanté. Sa voix résonnait forte et pleine sous les voûtes. Les visiteurs et les gardiens s'arrêtaient pour l'écouter. Elle a chanté un tango, puis un autre : les larmes coulaient le long de ses joues, des miennes et de celles de la traductrice aussi. Son récital a duré une demi-heure. Quand elle a terminé, elle s'est approchée de moi, m'a embrassée en disant :

— C'est mon cadeau de Noël.

Mon cœur s'est serré.

— Je n'ai jamais eu d'aussi beau cadeau à Noël. Merci.

C'était vrai. Mon amie cubaine, avec cette délicatesse qui la caractérisait, m'avait offert ce qu'elle avait de plus cher, sa voix. Cette voix qu'elle ne pouvait plus faire entendre puisqu'elle déplaisait au gouvernement de son pays.

Avec Gérard Bourgadier, ce fut différent : il s'étonnait de tout ce qu'il voyait, s'émerveillait de la musique, de la beauté

des Cubaines, avec une naïveté qui m'amusait. Nous avons parcouru l'île en tous sens. À notre retour, il m'a dit :
— Tu m'as sauvé la vie.

À La Havane, j'ai assisté à une cérémonie de *santeria*[1] dans un immeuble de la banlieue, en compagnie d'une traductrice. J'ai été surprise de la foi des assistants. Pour saluer les divinités, j'ai agité deux cloches, une grosse et une petite. J'ai déposé du bout des doigts un baiser sur le sol devant l'autel autour duquel étaient disposés des branchages où pendaient des foulards et des chiffons jaunes en l'honneur de la déesse Ochún, représentant la Vierge de la Caridad del Cobre, la patronne de Cuba, épouse de Changó, maître de la guerre et des orages. Des gens entraient et sortaient, apportant des offrandes à Ochún, acceptaient un « rafraîchissement », des gâteaux faits maison, du poulet cuit par de vieilles femmes noires dans une minuscule cuisine. Tous s'inclinaient devant un *babalao*, un prêtre, tout habillé de blanc, que l'on pouvait consulter.

À chacun de mes séjours, je me rends à Regla, haut lieu de la santeria. Dans la cathédrale, les saints catholiques y sont confondus avec ceux de la santeria. Je brûle des cierges à sainte Rita et à la Vierge, protectrice de Cuba.

Plaza de Armas, il y avait un libraire noir, Orlando, qui parlait le français, l'anglais, le hongrois, l'allemand et le russe. À l'occasion, il me servait de traducteur. Il habitait en dehors de La Havane, à Guanabacoa, où se trouvait un musée de la santeria. Il me procurait aussi des cigares de contrebande. Faisait-il partie de ces hommes chargés de renseigner la police ? Certains de mes amis de l'ambassade de France le pensaient. Chaque matin, je l'invitais à boire un café à la

---

1. La *santeria* est un mélange de christianisme et de croyances africaines auquel s'adonnaient les esclaves avec la bénédiction de l'Église catholique qui, en 1687, ordonna aux prêtres d'ajuster les croyances religieuses africaines aux pratiques catholiques.

terrasse du Santa Isabel. Je lui posais des questions sur sa vie ; sa connaissance du hongrois m'intriguait.

— J'ai été envoyé en mission en Hongrie et en Allemagne, c'est comme cela que j'ai appris ces langues. Pour le russe, ce fut plus facile. Beaucoup de Russes vivaient à Cuba à ce moment-là. À mon retour, j'ai travaillé comme torcedor dans une fabrique de tabac.

— Mais n'étiez-vous pas plus utile ailleurs ?

Ma réflexion le fit rire.

— Je n'étais plus en odeur de sainteté.

— Vous êtes cependant devenu libraire ?

Son visage s'est fermé. Il est resté quelques instants silencieux.

— J'avais conservé des amis haut placés, et puis j'aimais les livres.

Je n'en sus pas davantage. Il avait quatre enfants qui tous vivaient à l'étranger.

Lors de mon dernier voyage, il n'était pas à son emplacement habituel. J'ai demandé aux bouquinistes, que je connaissais, s'ils savaient ce qu'il était devenu.

— Il est mort il y a un an.

Cette nouvelle m'a fait de la peine.

Parmi les bouquinistes, il en était un, chanteur-compositeur de tangos, Emilio, que j'avais croisé à La Casa del tango. Il avait insisté pour m'emmener dans un autre endroit où, disait-il, les chanteurs étaient meilleurs. Nous avons pris ma voiture. Après avoir erré dans la banlieue de La Havane, nous nous sommes arrêtés devant une remise d'où sortait de la musique. Nous sommes entrés. L'endroit était éclairé d'ampoules rouges et bleues, les clients, pas de prime jeunesse, étaient nombreux. Tous se sont retournés à notre arrivée. Emilio est allé chercher des mojitos, puis, faisant un signe au pianiste, est monté sur la scène où il s'est mis à chanter des tangos de sa composition. J'ai eu du mal à ne pas éclater de rire tant il chantait mal. Malgré cela, il a été très applaudi, ce qui lui a manifestement fait plaisir. Il a tenu à m'offrir une cassette sur laquelle il avait enregistré ses « meilleurs tangos ».

Au moment de la parution de *Camilo, France-Soir* a décidé de faire un reportage sur moi à La Havane. J'ai été photographiée au Nacional en compagnie de Compay Segundo, dansant le tango à La Casa del tango, fumant un cigare à La Bodeguita del medio et lançant mon livre à la mer, devant des écoliers, le jour anniversaire de la disparition de Camilo Cienfuegos. Lors de ce séjour, j'ai fait cadeau de mon livre à mes amis cubains et aux bouquinistes lisant le français.

Un soir, Ketty Angel a annoncé au public de La Casa del tango que j'avais écrit un livre sur Camilo Cienfuegos. C'était un 28 octobre, jour anniversaire de sa mort. J'ai été ovationnée devant une grande photo de mon héros.

59.

En 1988, quand la Gaumont a annoncé son désir de porter *La Bicyclette bleue* à l'écran, les héritiers de Margaret Mitchell, conseillés par la Trust Company Bank, m'ont intenté un procès, tant en France qu'aux États-Unis, aux éditions Ramsay et à moi-même, nous accusant d'avoir plagié *Autant en emporte le vent.* Il me plaît de croire que si François Samuelson, qui était l'agent de Ramsay, avait cédé les droits de *La Bicyclette bleue* à l'éditeur de Margaret Mitchell, qui en avait fait la demande, et non à un éditeur inconnu, mais qui versait un à-valoir plus important, les héritiers n'auraient pas fait de procès. Ils furent déboutés aux États-Unis. En France, la Trust Company Bank réclama cinq millions de francs de dommages et intérêts. Me Soulez-Larivière a assuré la défense des éditions Ramsay et Me Baudelot, la mienne.

Les avocats étaient plutôt optimistes, ce qui n'était pas mon cas. Je me souvenais de la mise en garde de Pierre et je regrettais de ne pas l'avoir écouté.

Me Baudelot insistait, auprès de la présidente du tribunal, sur les différences existant entre Rhett Butler et François Tavernier, accusant le premier d'être un collabo, un profiteur, tandis que le second était un authentique résistant. Oh, la tête de la présidente en entendant cela ! Comment pouvait-on accuser Rhett Butler (le séduisant Clark Gable) de collaboration ? La dame, visiblement une fan d'*Autant en emporte le vent,* ne pouvait pas le supporter. Malgré le talent des avocats, nous avons été condamnés le 6 décembre 1989 par le tribunal de grande instance de Paris, qui dit la contrefaçon établie, à verser une indemnité de deux millions de francs et nous a interdit de continuer l'exploitation de *La Bicyclette bleue.* Nous avons fait appel et la cour d'appel de Paris a infirmé ce jugement et a débouté la Trust Company Bank, propriétaire des droits patrimoniaux d'auteur de Margaret Mitchell, de sa demande.

En 1991, nos adversaires se sont pourvus en cassation. La Cour de cassation a cassé l'arrêt qui me donnait raison et renvoyé l'affaire devant la cour d'appel de Versailles, tout n'était pas terminé comme je l'avais cru.

Par un matin d'hiver, j'ai pris l'autoroute de l'Ouest, en compagnie de Pierre, pour aller à Versailles, devant la cour. J'allais là-bas comme on marche à l'échafaud, le cœur serré, les jambes tremblantes, la peur au ventre, persuadée que je perdrais définitivement ce procès qui durait depuis si longtemps. Je savais que Pierre vivait la même angoisse. À Versailles, nous avons retrouvé les avocats, Mes Yves Baudelot, Catherine Cohen, qui m'a embrassée gentiment, Daniel Soulez-Larivière et Jean-Denis Bredin, appelé en renfort. Pendant que nous buvions un café dans un bistrot proche du tribunal, j'ai remarqué que nous avions tous les traits tirés.

La salle du tribunal n'était pas très grande. Mon cœur battait si fort que j'avais l'impression que tout le monde l'entendait. Je souhaitais voir le sol s'entrouvrir et m'engloutir pour me cacher aux yeux de ces juges, de ces avocats, de ces journalistes... Ne plus les voir, ne plus les entendre, ne plus me battre pour défendre cette *Bicyclette bleue* qui m'avait donné tant de joies et me donnait maintenant tant de peines !

Je ne me souviens plus très bien du procès lui-même. Je revois le regard haineux de Me Carmet, l'avocat de la Trust Company Bank. Pourquoi cet homme me détestait-il autant ? Comme s'il faisait de ce procès une affaire personnelle.

Je garde en mémoire la plaidoirie de Jean-Denis Bredin, dans laquelle il disait avoir retrouvé une lettre d'Albert Cohen avouant s'être fortement inspiré d'*Anna Karénine*[1] de Tolstoi pour écrire *Belle du Seigneur*[2], son chef-d'œuvre et, qu'à partir d'un emprunt, il avait écrit une œuvre originale. Les juges allaient-ils le suivre ? Quoi qu'il en soit, ses paroles et sa présence m'ont réconfortée. Ce qui ne semblait pas être le cas de l'horrible Carmet si j'en jugeais par sa mine décomposée.

Les magistrats de Versailles cassèrent le précédent jugement : j'étais sauvée ! Nous avions gagné !

Nous avons donné un dîner au Lutetia pour célébrer ces victoires dont la presse française a peu parlé, sauf un entrefilet dans *Libération*, alors qu'elle avait publié de nombreux articles concernant les poursuites pour plagiat dont j'étais accusée. On connaît cette pratique mais cela m'a fait de la peine.

En même temps que je gagnais ce procès, les éditions Ramsay et Régine Deforges, malgré le succès de *Noir Tango*, ont déposé leur bilan. Comment en était-on arrivés là ? Pour gérer au mieux le procès, nous avions racheté, à la Gaumont, les éditions Ramsay pour un franc symbolique, nous engageant à licencier le personnel dans les règles : ce que nous avons fait et ce qui nous a mis à genoux financièrement. Franck me dit que nous n'avions pas le choix mais personne ne nous a su gré de nous être comportés correctement. Nous avions l'impression d'avancer sur des planches pourries, d'être entourés de gens cherchant à nous nuire : comptables, banquiers, distributeur, auteurs, directeurs de collection... Dans cette débâcle, j'ai réussi à sauvegarder mon nom, à faire qu'il n'entre pas dans les acquis des éditions Régine Deforges. Je dois cela à un des avocats, Julien Hay, qui fut de

---

1. Lev Nikolaïevitch Tolstoï, *Anna Karénine*, Pocket, Paris, 2012.
2. Albert Cohen, *Belle du Seigneur*, Folio, Paris, 2011.

bon conseil. Je n'ai pas eu le désagrément de voir des livres, que je n'avais pas choisis, publiés sous mon nom.

Je pouvais maintenant me lancer, l'esprit tranquille, si l'on peut dire, dans la guerre d'Indochine. Mais cela ne dura pas. Denoël refusa de me verser les droits d'auteur qui m'étaient dus sur *Noir Tango*, sous prétexte que les éditions Ramsay lui devaient de l'argent au titre de la coédition. J'engageai une procédure où l'on reconnut que les éditions Denoël me devait un million et demi de francs de droits d'auteur et où il fut déclaré que j'étais un « créancier bien particulier ». Toutes ces chinoiseries aboutirent au fait que je ne vis jamais le premier sou de cet argent, argent que l'on me devait, que j'avais gagné par mon travail. J'ai connu de nouveau les vaches maigres. Sans l'aide de Pierre, je ne sais pas comment je m'en serais sortie : j'avais des dettes et ce ne fut pas les quelques livres de ma bibliothèque que j'ai vendus qui m'ont permis de les payer.

Entre-temps, j'avais reçu la visite d'une Américaine, se disant amie d'enfance de Margaret Mitchell. Je l'avais fait entrer dans mon bureau de la rue du Cherche-Midi. Quand elle s'est assise en face de moi, elle a remarqué *Le Livre du point de croix*[1] que je venais de publier avec Geneviève Dormann. Elle l'a feuilleté d'un air étonné et m'a dit avec un fort accent :

— Ce livre est magnifique !

À chaque page, elle hochait la tête avec approbation.

— Vous vous intéressez à la broderie ? m'a-t-elle demandé.

Devant ma réponse affirmative, elle a ajouté :

— Comme Margaret et moi.

Je lui ai demandé pourquoi elle voulait me voir. Elle m'a regardée longuement avant de répondre :

---

1. Régine Deforges et Geneviève Dormann, *Le Livre du point de croix*, Albin Michel, Paris, 1987.

— Je voulais connaître celle qui avait osé s'inspirer de l'œuvre de mon amie : j'étais furieuse !

— Et maintenant ?

Elle a souri.

— Maintenant ? Je ne sais plus. Mais il m'est difficile d'en vouloir à quelqu'un qui s'intéresse à la broderie.

Je lui ai expliqué alors pourquoi je m'étais inspirée d'*Autant en emporte le vent*[1], roman que j'aimais, et comment, peu à peu, je m'étais éloignée du modèle pour laisser libre court à mon imagination.

— En effet, j'avais remarqué cette rupture. Vous n'aviez pas besoin de vous servir d'un autre livre pour écrire le vôtre, tant votre talent est grand.

J'ai rougi de plaisir en l'entendant.

— Quand je reviendrai aux States, je dirai à mes amies tout le bien que je pense de vous, de votre honnêteté et de votre passion pour le point de croix.

Elle a pris congé et je l'ai raccompagnée, après lui avoir offert *Le Livre du point de croix*, qui avait été mon défenseur le plus précieux.

Le Livre du point de croix était une coédition entre les éditions Albin Michel et les éditions Régine Deforges. Je n'avais accepté cette coédition que pour rassurer Geneviève Dormann qui doutait de ma capacité à mener notre entreprise à bon port. Comment tout cela avait-il débuté ? Une année, j'avais envoyé à Geneviève une carte de vœux, brodée au point de croix. Au cours d'un dîner, chez Pierre Combescot, elle m'avait dit :

— Toi aussi, tu fais du point de croix !

— Non seulement j'en fais, mais je collectionne des modèles et j'envisage de publier un livre sur le sujet.

— Faisons-le ensemble, avait-elle répliqué.

C'est ainsi que nous nous sommes lancées dans l'aventure

---

1. *Op. cit.*

et avons complété mes collections avec celles de la Bibliothèque nationale. Au cours d'un voyage à Mulhouse, les directeurs de la maison de fil à broder DMC ne nous ont pas caché le peu d'intérêt que suscitait notre projet. Qu'importe, nous le réaliserions sans eux. Geneviève et moi, nous avons choisi les alphabets, les motifs, les paysages, les bordures que nous voulions publier parmi une abondante moisson. Nous avons écrit une introduction pour chacun des chapitres. Geneviève s'est chargée de la préface. Nous avons confié la mise en pages à Massin qui a réalisé là un de ses plus beaux livres.

Bernard Pivot nous a invitées dans son émission « Apostrophes » en compagnie de Jean Lacouture qui a moyennement apprécié le rapprochement. À la suite de l'émission, nous avons reçu des dizaines de « merci » brodés et un nombreux courrier nous félicitant. *Libération*[1] fit un cahier spécial, imprimé sur du tissu. L'article qui nous était consacré était titré : « Les aventures du petit napperon rouge » et *Le Livre du point de croix* considéré comme « une somme définitive sur les ouvrages de dames ». Malgré son prix élevé, le livre a connu un grand succès et est devenu la « bible des brodeuses ». Ce livre a eu comme résultat de « déculpabiliser » un grand nombre de femmes qui n'osaient plus, depuis des années, s'adonner au plaisir de broder, parce qu'elles craignaient d'avoir l'air démodées.

Le Livre du point de croix a eu un autre résultat : celui de sauver la mercerie française et les fabricants de fil à broder : ce n'était pas mince !

Éliane Doré m'a envoyé un grand panneau représentant une grille de mots croisés où figuraient tous les titres de mes livres. Ensemble, nous avons fait *Le Tarot du point de croix*, qui n'a pas eu le succès escompté. Pour la réalisation de ce livre, je me suis lancée dans des recherches sur les cartes à jouer. Les résultats furent minces : on ne connaissait pas leur

---

1. *Libération*, 8 octobre 1986.

origine. Certains auteurs les faisaient venir de Chine, d'autres de Palestine, d'autres encore de l'Italie de la Renaissance. Les cartes sont arrivées en France à la cour du roi Charles VI où l'on a pensé qu'elles pourraient distraire le roi devenu fou. De grands artistes ont mis leur talent à exécuter les figures. Bientôt, les jeux de cartes se sont répandus dans toute l'Europe au grand dam de l'Église qui les a interdits.

À la suite de ces publications, de nombreux clubs de point de croix ont vu le jour à travers la France. Je suis devenue la marraine de plusieurs d'entre eux. Ce raz de marée a atteint Montmorillon où la mercière, Isabelle Faidy-Contreau, a lancé un concours international de point de croix. Le résultat a dépassé toutes ses espérances. Les broderies sont arrivées du monde entier : de Russie, du Japon, des États-Unis, d'Allemagne, de Turquie, de Suède, du Canada, du Mexique... Elles furent toutes exposées à l'occasion du premier Salon du livre de Montmorillon et enthousiasmèrent de nombreux visiteurs. Dans la foulée, nous avons envisagé de fonder un musée de la broderie et du point de croix, projet qui sembla intéresser la municipalité : je m'engageai à donner à ce musée toutes mes collections de broderies et les documents et ouvrages divers que j'avais accumulés sur le sujet. Plus tard, se présenta la possibilité d'acheter les collections de broderies de Mme Brocard, prête à les céder à vil prix pour qu'elles restent en France. La maison Brocard existait depuis Louis XVI. La famille royale était son principal client et la grande fierté de ces maîtres brodeurs était d'avoir brodé le manteau de sacre de Napoléon. Je parlai à Pierre Bergé de cette collection et du futur musée de la broderie dans l'espoir qu'il nous aiderait financièrement ; sans succès, hélas. À ce jour, il n'y a toujours pas de musée de la broderie et du point de croix et les broderies de Mme Brocard ont été dispersées.

À l'époque, j'étais conseillère municipale de ma ville natale. J'avais accepté de me présenter, pour faire plaisir à mon père, vieux militant socialiste. Au cours de la première réunion du conseil municipal, présidé par le maire Philippe Charpentier, j'avais annoncé que je ne pourrais être présente à Montmorillon chaque semaine. Par contre, j'avais proposé de créer un salon du livre, ce que le conseil accepta à l'unanimité. Je fis appel à mes amis écrivains et dessinateurs qui tous répondirent « présent ! ».

Un beau jour de juin, on a vu Cavanna bavarder avec Alphonse Boudard, Claire Bretécher avec Peyo, le père des *Schtroumfs*, Wolinski avec Noëlle Châtelet, François de Closets avec Hubert Monteilhet, Hector Biancotti avec Nicolas Bréhal, Willy Ronis avec Wiaz. C'est à cette occasion que Robert Doisneau et Daniel Pennac se sont rencontrés. Par la suite ils ont publié un livre ensemble.

Le succès de ce premier Salon fut au rendez-vous et dure depuis plus de vingt ans. Dans la foulée, j'ai proposé que Montmorillon devienne une cité du livre. J'expliquai, devant le conseil municipal, ce qu'était un village du livre, combien il en existait en France et en Europe. Cette idée leur a plu et le conseil a voté la transformation de Montmorillon en « cité du livre ». René Monory, alors président du Sénat et de la région Poitou-Charentes a soutenu le projet. La municipalité, revenue à droite, a racheté les vieilles bâtisses de la « ville haute », les a réhabilitées et louées, à prix modique, à des libraires, des calligraphes, arabe et chinois, une relieuse, des marchands de gravures et de vieux journaux, une galerie de peinture, un fabricant de papier. Un café-librairie s'est ouvert place du Vieux-Marché, La Trappe aux livres, puis un autre dans le « Brouard », Le Buvard. J'ai inauguré La Cité de l'écrit et des métiers du livre en juin 2000 avec Jean-Pierre Raffarin, René Monory et Guillaume de Russé, le maire. La foule était venue nombreuse à la grande surprise de René Monory.

— Il faudra venir faire la même chose à Loudun, m'a-t-il murmuré.

Loudun, la ville dont il était le maire.

Pour moi, cela a été un vrai moment de bonheur que de voir vingt librairies de livres anciens s'ouvrir dans ma ville natale et de couper le ruban tricolore. Je pensais à la petite fille que j'avais été, à sa joie devant tous ces livres ! Malgré cela, une femme m'a interpellée dans la rue :

— Tu la prends, ta revanche ! m'a-t-elle jeté à la figure.

Je m'arrêtai, saisie : cela allait-il recommencer ? Les injures, les coups ? Je n'ai pas su répondre. Ma revanche ! Quelle revanche ? Je n'avais fait cela que dans l'espoir que des garçons et des filles trouveraient la vie moins monotone à Montmorillon. M'étais-je trompée ? Mon rêve n'était pas celui des habitants de la petite ville. Ils ne comprenaient pas que ma démarche était désintéressée.

— Qu'est-ce que tu cherches ? m'a demandé une autre mégère.

Rien. Je ne cherchais rien, ne voulais rien mais elle ne pouvait le comprendre. Oh non ! Je ne rêvais pas d'être élue maire de Montmorillon. Je ne voulais que faire plaisir à Papa en participant à la gestion de la ville. Je voulais simplement être acceptée, aimée ! Mais cela était trop leur demander.

Avant de revenir à Paris, j'ai réuni tous les protagonistes de cette aventure, pour leur conseiller d'élire l'un d'entre eux comme interlocuteur pour discuter avec la municipalité, la région, etc. Sur le moment ils ont trouvé le conseil judicieux, aucun ne l'a suivi et, quelques mois plus tard, la belle entente des débuts avait volé en éclats. Le projet de résidences d'écrivains n'aboutit pas malgré le soutien financier d'Hachette et de France Loisirs que j'avais réussi à intéresser.

La Cité de l'écrit et des métiers du livre existe toujours. Les artisans qui y sont installés y vivent tant bien que mal : les livres ne sont pas très « touristiques » et sont concurrencés par les aigles de Chauvigny et l'île aux serpents de La Trimouille...

Après *Noir Tango*, j'ai voulu travailler sur la guerre d'Indochine. Pourquoi suis-je aussi intéressée par les périodes de guerre ? Je pense que c'est dans des circonstances extrêmes que les hommes ou les femmes donnent la pleine mesure de leurs talents, de leur courage. Cela, je l'ai compris en lisant des mémoires, des correspondances, en recueillant les témoignages de certains de ces héros de l'ombre. Souvent j'ai été surprise de leur modestie face au choix qui avait engagé tout leur avenir. J'ai éprouvé de l'émotion devant la confiance qu'ils me manifestaient en racontant leurs actions clandestines, leurs peurs, leurs lâchetés aussi. J'ai envié leur courage, me demandant quel aurait été le mien dans ces moments difficiles.

Sans la Seconde Guerre mondiale, de Gaulle serait resté l'auteur du *Fil de l'épée*[1] et non celui qui a refusé la défaite. Sa désobéissance a entraîné des hommes de tous bords. Ils étaient peu nombreux, mais ce n'était pas le nombre qui comptait, c'est la foi qu'ils avaient dans l'avenir de la France et leur sens de l'honneur.

Enfant, je n'ai été témoin que des difficultés rencontrées par mes parents pour subvenir à nos besoins. Pour cela aussi, il a fallu du courage à ma mère qui, avec de faibles moyens, a su nous nourrir chaque jour. Bien sûr, j'aurais aimé qu'ils soient des héros. Mais l'héroïsme au quotidien n'est-il pas aussi difficile à réaliser ? Ma mère, par son humilité, sa fragilité, sa sagesse, a forcé mon respect. Il y avait chez cette petite femme une énergie qui ne lui a jamais fait défaut. Par la suite, elle m'en a donné maintes fois la preuve. Qu'elle en soit remerciée.

Dans l'espoir de mieux travailler, je me suis installée à Boutigny avec Léa qui a été inscrite au CES François-Mauriac d'Houdan. Nous y avons passé une année. Pierre venait nous rejoindre chaque week-end.

J'avais fait la connaissance d'une jeune femme ravissante, Isabelle H., dont les fils étaient allés à l'École alsacienne avec

---

1. Perrin, Paris, 2010.

Léa. Elle habitait à cinq kilomètres de la maison. Nous jouions souvent au ping-pong, visitions les brocanteurs, échangions des livres, dînions tantôt chez l'une, tantôt chez l'autre. Elle est toujours mon amie.

Nous avons dû nous séparer de René D., dont le comportement devenait de plus en plus bizarre. Il m'avait offert un long couteau américain orné de perles multicolores. Sa femme ayant eu un enfant, il est revenu du fond du parc, le torse ensanglanté. Comme nous lui demandions ce qu'il s'était passé, il nous a répondu que, chez les Indiens, il était de coutume de se lacérer la poitrine par solidarité envers la femme souffrant des douleurs de l'enfantement. Que dire ?

Par un commerçant d'Houdan, nous avons trouvé une jeune femme, Marie-Jeanne G., qui s'est présentée en compagnie de sa sœur Françoise et de son fils Olivier, âgé d'une douzaine d'années. Elle nous a plu aussitôt ; elle était très gaie. Elle est restée avec nous une quinzaine d'années, jusqu'à sa retraite.

J'avais du mal à écrire. Pour m'encourager, Pierre avait fait un portrait de moi brandissant un stylo d'où s'échappait une goutte d'encre bleue, avec une chevelure où chaque mèche était formée des mots : « Je vais y arriver ! »

Dans le désordre le plus total j'ai réussi à terminer *Noir Tango*, pressée par l'éditeur. Je n'avais pas écrit le mot « Fin » que le début du roman était déjà à la composition... Par la suite, je devais souvent connaître ce désagrément qui aurait paralysé plus d'un écrivain mais, surtout, ne me donnait aucun recul sur la qualité de mon travail.

En juin 1990, Bernard Pivot invita quatre-vingts écrivains à participer à la dernière émission d'« Apostrophes ». J'étais un des quatre-vingts avec mon oncle par alliance, Claude Mauriac. L'atmosphère sur le plateau était tendue à cause de la chaleur et du nombre d'invités ayant peu de chose en commun si ce n'est d'avoir publié des livres. Après l'émission, nous avons été conviés à prendre un verre et je remarquai la pâleur de Claude Mauriac. Je m'approchai pour lui demander s'il avait besoin de quelque chose. Il me répondit vouloir aller aux toilettes. Je l'ai accompagné et j'ai demandé à Hector Biancotti de rester auprès de lui le temps que je retrouve Pierre.

— Claude ne va pas bien, lui dis-je, en le conduisant là où j'avais laissé son oncle.

Pierre entra dans les toilettes, d'où il ressortit presque aussitôt.

— Il n'y est pas.

À ce moment-là, j'ai aperçu Hector et lui ai demandé s'il savait où était Claude Mauriac. C'est à peine s'il m'a répondu. Nous sommes sortis pour trouver Claude appuyé contre un mur.

— Je cherche le métro, nous dit-il.

— Il n'est pas question que tu rentres en métro, nous allons te raccompagner. La voiture de Régine n'est pas loin.

Malgré son opposition, je suis allée chercher la voiture dans laquelle nous l'avons installé. Sitôt arrivés quai de Béthune, Pierre descendit pour aller prévenir sa femme et son fils. Claude a profité de leur courte absence pour descendre à son tour. Tandis qu'il s'appuyait à la carrosserie, je l'ai entendu dire : « Je m'en vais... » Il a glissé le long de la voiture, soutenu par Pierre et par Gilles qui l'ont aidé à marcher jusqu'à son domicile pendant que sa femme appelait le SAMU. Son fils l'allongea sur son lit. Le médecin diagnostiqua un infarctus.

— J'ai été sauvé par Régine Deforges et Pierre Wiazemsky, a écrit Claude dans *Le Pont du secret*, troisième volume du *Temps accompli*. En effet, que serait-il arrivé si je n'avais pas remarqué son malaise ? Je suis heureuse de lui avoir permis de vivre quelques années de plus entouré des siens et de ses chers livres dans son île Saint-Louis.

60.

J'avais rencontré, chez Antoine et Valérie Solvit, Claude Cabanes, alors rédacteur en chef de *L'Humanité*. Je lui avais fait part de mon désir de tenir une chronique. Quelques jours plus tard, il m'a appelée en me disant que le journal et le Parti seraient heureux de ma collaboration. J'ai inauguré ces chroniques que j'intitulai *Pêle-Mêle*, en disant pourquoi j'écrivais dans *L'Humanité*. Deux films en étaient responsables : *L'Arc-en-ciel*, de Marc Donskoï et *Stalingrad*. J'avais dix ans quand je les ai vus et j'en suis sortie bouleversée. C'est comme cela que je devins une sympathisante du Parti communiste.

— Ils doivent censurer tous tes articles, m'a dit un jour un ami socialiste.

— Cela n'est jamais arrivé, ai-je répondu.

Même si, quelquefois, Claude Cabanes me faisait remarquer qu'il ne fallait pas pousser le bouchon. J'ai dû cependant le pousser trop loin puisque mon *Pêle-Mêle*, intitulé « Mon ami Gilles Perrault », répondant aux attaques insidieuses de Didier Daeninckx, me fut refusé. Daeninckx lui reprochait, entre autres, d'avoir utilisé les archives de la Gestapo que lui avait communiquées Constantin Melnik. Ce *Pêle-Mêle* a déplu à la rédaction qui m'a demandé de le modifier ; ce que j'ai refusé. Pourquoi cette censure ? Je crois que c'est tout simplement par peur de cette grande gueule de Daeninckx qui ressemble pourtant plus à un roquet qu'à un doberman... On avait atteint le comble du ridicule !

Dans mon papier, je soulignais que moi-même, j'avais eu entre les mains des « documents sensibles » sur la traque des criminels de guerre nazis en Argentine, des trafics durant la guerre d'Indochine, la révolution cubaine et la guerre d'Algérie. Allait-on me faire reproche de les avoir utilisés et d'avoir rencontré ceux qui les détenaient ? Et, suprême injure, allait-on m'accuser d'être d'extrême droite ?

L'Humanité étant un des rares journaux étrangers à être vendu librement à Cuba, la rédaction s'inquiétait quand je parlais de l'île. Ma « Lettre ouverte à Fidel Castro » a provoqué des remous divers dans la rédaction et l'inquiétude de Pierre qui pensait qu'elle me vaudrait des ennuis à Cuba. Malgré cela, j'ai tenu à la publier. Je la terminais par ces lignes :

> *Commandante, ne laissez pas un total désespoir s'abattre sur votre pays qui souffre déjà tant, où le quotidien se vit comme un combat, où chacun, pour survivre, se retrouve dans l'obligation d'avoir recours à des moyens plus ou moins illicites, où certains se font voleurs ou prostitués par nécessité, où l'espoir réside le plus souvent dans l'exil vers les États-Unis... Les Cubains n'ont pas mérité cela. Faites-leur confiance, c'est un peuple adulte, éduqué grâce à vous, et tout à fait capable d'exprimer ses choix. Au nom de vos rêves de jeune homme, libérez le peuple cubain !*

Peu après, je me suis rendue à Cuba où Alfredo Guevara m'a parlé de mon *Pêle-Mêle* avec une tendre ironie.

— N'ai-je pas raison ? lui demandai-je.

— Là n'est pas la question. Vous devriez savoir que certaines vérités doivent être tues.

Ce fut son seul commentaire. L'ambassadeur de France, lui, était bien embêté et craignait quelques représailles envers moi, malgré ce que lui avait dit un dirigeant cubain : « Nous considérons Régine Deforges comme une amie de Cuba. À ce titre, elle a droit à une certaine liberté de parole. » J'ai bien aimé la « certaine liberté de parole » ! Les craintes de l'ambassadeur furent sans fondement : j'ai circulé librement dans l'île sans le moindre problème.

Une année, la France a été l'invitée d'honneur du Salon du livre de La Havane, qui se tenait à la citadelle de La Cabaña. Franck m'a accompagnée. Parmi les écrivains français invités, il y avait Pierre Bergounioux dont j'aimais beaucoup les livres. Nous avons sympathisé et j'ai eu le plaisir de lui faire découvrir les endroits que j'aimais à La Havane grâce à la voiture que j'avais louée. C'est ainsi que je l'emmenai déjeuner avec Franck dans un *paladar* de Cojimar, le port de pêche où Ernest Hemingway avait son bateau et qui lui avait inspiré *Le Vieil Homme et la Mer*. Le restaurant était situé face à la mer dans une sorte de terrain vague. La cuisine y était sommaire mais bonne, la bière fraîche et le café excellent.

Fidel Castro, accompagné de Compay Segundo, vint faire un discours aux écrivains et aux éditeurs rassemblés. Par jeu, il prit le feutre de Compay et s'en coiffa sous les applaudissements de la foule. Compay m'apercevant me fit un signe amical de la main.

Les Cubains étaient venus nombreux au Salon du livre mais peu avaient les moyens d'acheter les ouvrages proposés, car les ventes se faisaient en dollars.

Ce Salon du livre et la présence de Bergounioux m'inspirèrent un *Pêle-Mêle* : « Brumes limousines à La Havane », qui me valut un nombreux courrier amusé.

C'est au retour d'un voyage que j'ai commencé à souffrir de la jambe gauche. Le médecin diagnostiqua une phlébite et me fit hospitaliser à l'Hôpital américain, le seul pouvant me faire des examens sur-le-champ. J'y suis restée une dizaine de jours, avec interdiction de me lever. Je suis rentrée à la maison avec des anticoagulants que je devais prendre quotidiennement. Je devais également faire faire chaque semaine une prise de sang pour évaluer mon taux de coagulation. Par la suite, j'ai fait d'autres phlébites, suite à de longs trajets en avion.

Mes amis comprennent mal mon amour pour Cuba.

— C'est une dictature ! disent-ils.

C'est vrai. Mais connaît-on beaucoup de dictatures où le peuple sait lire et écrire, où tous les enfants sont scolarisés, où la médecine est une des premières du monde et dont les médecins vont dans d'autres pays soigner les plus démunis. La dernière fois que je les ai vus à l'œuvre, c'était en Bolivie, à La Higuera, là où fut capturé et exécuté le Che. Il y avait deux médecins cubains, l'un originaire de l'Oriente, l'autre de La Havane. Aidés par la population, ils construisaient un dispensaire pour recevoir les malades. Ils avaient moins de trente ans.

Je ne suis pas amoureuse de l'île au point de ne pas voir ce qui va mal. Ce à quoi je suis le plus sensible, c'est l'absence de liberté d'expression et de circulation. Les Cubains n'ont à leur disposition qu'un seul journal, *Granma*, et deux hebdomadaires, *El Rebelde* et *Bohemia*, ce dernier existait avant la révolution. Les livres des écrivains cubains ne se trouvent pas à Cuba où ils ne sont pas édités, sauf à de très rares exceptions. Les éditions proviennent du Mexique ou d'Espagne et sont distribuées, le plus souvent, clandestinement. Les écrivains qui résident encore à Cuba font l'objet d'une surveillance, dans l'ensemble plutôt discrète. Ceux que j'ai rencontrés vivent chichement dans des quartiers délabrés qu'ils ne veulent pas quitter. Tous ont besoin de La Havane, qui est pour Pedro Juan Gutiérrez « un endroit intense » où ils puisent leur inspiration, dont ils font le décor principal de leur œuvre tel Leonardo Padura dont j'ai lu tous les livres

avec gourmandise. Un jour, dans un café de la rue Mouffetard, j'ai pris Thierry Jonquet pour lui, ce qui fit bien rire
ce dernier.

Je ne me lasse pas d'arpenter les rues de La Havane à pied
ou en voiture. J'ai circulé dans la ville comme une vieille
Havanaise : je pourrais être chauffeur de taxi là-bas. J'écume
les marchés d'art artisanal à la recherche d'une peinture ou
d'une broderie originale. J'achète aussi des objets de la santeria avec un faible pour Elegua, le dieu qui montre le
chemin. Chez les bouquinistes de la plaza de Armas, je trouve
des livres sur les dieux de la santeria, les *orichas*.

À l'heure du déjeuner, je vais à La Bodeguita del medio,
sur la terrasse, moins fréquentée que l'étage ou le rez-de-
chaussée, manger un hachis havanais ou de la viande effi-
lochée, en buvant un mojito ou une bière, en lisant ou en
écoutant les musiciens. Là, les murs sont moins recouverts de
signatures et d'appréciations que dans le reste de l'établissement. La Bodeguita est le seul endroit où l'on mange
convenablement une vraie cuisine cubaine. Et puis c'est là
que Camilo Cienfuegos a passé sa dernière soirée en compagnie de son frère aîné Osmany.

Quelquefois, je m'installe plaza de la Catedral construite
par les Espagnols au XVIIIe siècle et dédié à San Cristobal, au
Patio où je déjeune d'un sandwich en buvant un mojito. Il y
a une vieille négresse, toujours vêtue de blanc, qui roule des
cigares, Rosalie. J'ai l'habitude de lui en acheter : ils ne sont
pas mauvais.

Je vais aussi dans les fabriques de cigares où je regarde les
femmes fabriquer des *puros* avec une grande dextérité. Là,
j'ai compris que, tel un vin, le cigare est quelque chose
d'unique. Ces femmes travaillent en écoutant les nouvelles
lues par le lecteur, assis sur une estrade. Cette habitude date
du XIXe siècle où on leur lisait des romans... d'Alexandre
Dumas. Maintenant, les lectures sont moins distrayantes.

Il y a tout un trafic de cigares autour des manufactures qui
échappe à tout contrôle. Un jour, je me suis laissé entraîner

par un jeune garçon qui m'a guidée dans les dédales d'un immeuble menaçant ruine. J'entrai à sa suite dans un appartement sombre où se tenait une vieille femme. Le jeune garçon lui a expliqué ce que je cherchais : des Partagas et des Epicure. La vieille s'est levée pour aller dans une pièce voisine d'où elle est revenue avec plusieurs boîtes. Elle les ouvrit et je choisis, après en avoir mesuré la fraîcheur. J'achetai deux boîtes de chaque à un prix défiant toute concurrence. Le garçon me donna un vieux sac en plastique dans lequel je mis mon butin. Arrivés sur le seuil de l'immeuble, il me fit signe de m'arrêter et regarda si la voie était libre : elle l'était. Je savais que ce que j'avais fait était illégal, que ces cigares avaient été volés à la fabrique et que je risquais quelques ennuis si j'étais arrêtée ; il n'en fut rien.

Beaucoup de Cubains s'adonnent à ce marché clandestin : il faut bien vivre !

Dîner seule à La Havane est un peu plus compliqué, car les restaurants sont envahis de touristes. J'avais élu dans le quartier de Miramar El Aljibe, un restaurant datant d'avant la révolution, spécialisé dans le *pollo criollo*, poulet grillé, accompagné des *moros y cristianos*, riz et haricots noirs.

J'aime le mouvement de la rue à La Havane et ne me lasse pas, installée à la terrasse d'un café, de regarder les passants, le manège des garçons draguant les filles qui, comme partout, ricanent en remuant des hanches. Les Cubains sont très attentifs à la tenue des touristes et cachent mal leur désapprobation devant le laisser-aller. Bien que toujours vêtue très simplement, le plus souvent de robes noires, j'ai reçu, maintes fois, les félicitations des Cubaines qui me trouvaient très « chic ». Un jour, calle Obispo, sortant d'un magasin d'artisanat où je n'avais rien trouvé, un Cubain me dit, en me croisant : « *Smile, lady !* » Je sursautai, en prenant conscience de mon visage fermé ; j'ai souri à l'inconnu. Depuis, quand je sens que mon visage doit être pour le moins sévère, je me dis : « *Smile, lady !* » Je suis très reconnaissante envers cet inconnu dont je n'ai pas remarqué s'il était noir ou blanc, jeune ou vieux, de m'avoir « vue ». Léa a brodé ces mots au point de croix sur un coussin qu'elle m'a offert pour un anniversaire.

Pour les besoins de mes livres, j'ai rencontré différents acteurs de la révolution cubaine. Parmi eux, il y eut le général Valdés, un homme attachant, vivant dans le Vedado avec sa charmante épouse. Un soir qu'il nous recevait à dîner Pierre et moi, celui-ci remarqua un buste, en faïence beige, de José Martí, le poète-héros cubain qui orne l'entrée de tous les établissements scolaires. J'avais cherché à en acheter sans succès. Pierre a demandé où nous pourrions en trouver un.

— Je n'en sais rien, a dit le général.

Au moment où nous partions, notre hôte me tendit le buste « en souvenir », dit-il. Je n'osai l'accepter. Il insista. Ne voulant pas le blesser par mon refus, j'emportai José Martí serré contre moi. Depuis, il me regarde. Je suis sûre qu'il est heureux d'être là et de m'aider à travailler.

En écrivant *Cuba libre*, j'ai fait se retrouver Léa et Ernesto Guevara. Mais ce fut Camilo qu'elle aima dans la Sierra Maestra où elle était partie à la recherche de son fils adoptif, Charles, compromis dans l'enlèvement du coureur automobile Fangio. Ce fut la seule fois où Léa aima quelqu'un d'autre que François.

Le succès de *La Bicyclette bleue* a changé ma vie, en me délivrant des soucis financiers, mais n'a en rien modifié ma façon de vivre, contrairement à ce que croient certains qui pensent que cela a influencé mon écriture et mon comportement. Je suis la même avec mes doutes, mes angoisses. Malgré les apparences, j'écris difficilement, car je tiens à une écriture limpide, de « courtoisie », comme dirait ma chère Dominique Aury, qui tenait le style du XVIIᵉ siècle comme le plus parfait, le plus abouti de la langue française et me félicitait de m'en approcher. Son amitié pour moi lui faisait exagérer mes talents. Je ne me prends pas pour Mme de La Fayette ! J'aime les écritures limpides, sèches, sans fioritures, telle celle de Simenon. On a le droit de rêver, non ?

Camille, ma fille adorée, m'a annoncé qu'elle voulait se marier avec un garçon qu'elle connaissait depuis le lycée, Christophe R. Je ne voyais pas la nécessité d'un mariage : ils vivaient ensemble depuis pas mal d'années. Enfin, si cela lui faisait plaisir ! Ce serait l'occasion d'une fête réunissant parents et amis. Sonia Rykiel a insisté pour faire la robe de la mariée, ce qui mit Camille en joie. Le jour dit, un traiteur a installé dans le jardin des tables recouvertes de lin blanc, sur lesquelles on avait disposé des bouquets de roses blanches.

Ce jour-là, Camille a sans doute eu la plus grande joie de sa vie : son père l'a conduite à son bras à la mairie et à l'église. Son bonheur était si visible que j'en étais émue. Bien que non baptisée, elle avait voulu, et obtenu, une bénédiction à l'église du village. Elle était ravissante dans sa jolie robe de taffetas de soie écrue posée sur un jupon de taffetas rouge qui bruissait à chacun de ses pas en souvenir de la maman de Scarlett dans *Autant en emporte le vent.*

Après la photo rituelle sur les marches de la mairie, la noce s'est retrouvée pour un déjeuner champêtre. Les plus jeunes ont dansé ou sont allés nager dans la piscine, les plus anciens ont chanté. Chacun a paru heureux de cette journée, particulièrement Maman qui avait du mal à cacher son émotion.

De cette union devaient naître deux merveilleux enfants : Lucie et Simon.

Quelques années plus tard, Camille a eu une autre grande joie venant de Jean-Jacques. Les lois le permettant, il l'a reconnue comme étant sa fille et elle a porté son nom. Je dois avouer que j'avais été un peu jalouse de sa joie. Il y a quelque temps, elle m'a fait le reproche de ne pas avoir compris sa souffrance de n'être pas reconnue. Cela m'a peinée : toute à mon amour, à mes difficultés diverses, je n'avais pas pensé que ma fille chérie pouvait souffrir de sa situation d'enfant sans père.

Je me suis remise au travail, j'ai écrit *Léa et les fantômes*, *Léa chez les diables*, que je voulais appeler *Léa en enfer* mais Pierre, le père de Léa, superstitieux, s'y est opposé. J'ai raconté ensuite les aventures d'une petite religieuse qui voyait la vie en rose dans *Le Couvent de sœur Isabelle*, puis celles d'une gentille sorcière, vivant à Bouquinville, illustrée par Luc Turlan.

Parallèlement, je me suis mise à peindre, à Boutigny, des dragons de toutes les tailles et de toutes les couleurs : les rouges étant les plus réussis. De son côté, Pierre peignait lui aussi. Sachant qu'il n'était ni Rembrandt ni Renoir, il a toujours refusé de montrer ses tableaux. Ce qui n'a pas été mon cas. J'ai fait une exposition à Houdan, puis à Montmorillon, à la galerie de Maryse Desmet. J'ai acheté à cette dernière une bonne vingtaine de tableaux de son mari, Cyril Desmet, dont j'aime l'univers fantastique.

J'ai envie de me remettre à écrire et à dessiner pour les petits. J'éprouve, dans ces moments-là, une grande paix et de la joie : il me semble que j'ai huit ans et je retrouve le bonheur de dessiner, de manier les couleurs. J'aime les livres pour enfants et leurs illustrations. Cela va de Bécassine à Tintin en passant par Astérix et Pécoud, un des illustrateurs de la comtesse de Ségur dans la Bibliothèque rose. J'ai dévoré avec gourmandise les livres de cette collection et relis souvent *Les Malheurs de Sophie* et *La Fortune de Gaspard* sans oublier *Le Bon Petit Diable* et *Quel amour d'enfant !*[1]. J'avais même convaincu Jean-Jacques Pauvert de publier les œuvres complètes de la comtesse ; ce qu'il fit sans rencontrer beaucoup de succès. J'aurais aimé être la comtesse de Ségur de mon

---

1. Coll. « Bouquins », Robert Laffont, Paris, 2009.

temps. Je ne désespère pas d'y arriver un jour. J'ai bien le droit de rêver ! Non ? En attendant, j'écris ces mémoires qui me replongent dans mon passé...

Un été, à Ars-en-Ré, j'entrepris de relire tous les romans de Sophie Rostopchine, sous le regard amusé de Pierre et condescendant de certains de nos amis. Au même moment, j'écrivais un court roman érotique : *L'Orage*, inspiré de *Mort*[1], de Georges Bataille.

Je viens de terminer un livre sur Paris, *Le Paris de mes amours*, qui, au départ, était destiné à figurer dans la collection des Dictionnaires amoureux. Jean-Claude Simoën, le directeur de la collection, en a décidé autrement, trouvant que mon texte n'était pas assez personnel, trop historique et trop plein de citations. Comment ne pas citer ceux qui, avant moi, ont écrit sur Paris, avec un talent que je leur envie ? Si je me sers d'eux, je dois le signaler, les citer. Cela me semble juste et normal.

D'autre part, j'ai écrit un court texte auquel je pensais depuis des années : *Toutes les femmes s'appellent Marie*. Les deux personnes qui me l'ont inspiré sont mon cousin germain, Serge, demeuré idiot à la suite d'une méningite mal soignée, et ma tante mongolienne, Mamy. Souvent, je me suis demandé s'ils avaient eu des pulsions sexuelles. Est-ce cela qui m'a donné l'envie de raconter une relation amoureuse entre une mère et son fils handicapé ? Je le crois. J'ai demandé à Julia Kristeva, à Élisabeth Badinter et à Sylviane Agacinski de le lire et de me donner leur avis. Les trois se sont dites impressionnées par la force de ce récit. Je l'ai fait lire à des éditeurs qui souhaitaient le publier.

---

1. 10/18, Paris, 2004.

61.

Ma mère voulait vivre de nouveau à Montmorillon où habitaient ses sœurs et son jeune frère. Nous avons visité plusieurs maisons à vendre : aucune ne nous plaisait. Le choix de Maman s'est porté sur une maison bâtie dans les années soixante que je trouvais assez laide : mais enfin, ce n'était pas moi qui allais y vivre. Je l'ai achetée. La joie de Maman était grande. Quant à Papa, il a déclaré que je faisais une bonne affaire car l'adresse était chic ! « Le Neuilly de Montmorillon ! » Leurs meubles installés, les peintures terminées, ils y sont restés une dizaine d'années, heureux de vivre auprès de ma sœur, de mon frère et de leurs enfants.

Je ne venais pas leur rendre visite aussi souvent qu'ils le désiraient. Je n'avais pas grand-chose à leur dire et me le reprochais. Leurs retraites étant insignifiantes, je les aidais de mon mieux. Maman fit plusieurs chutes, dues à son imprudence, et fut opérée du cœur. À chacune de mes visites, je les trouvais de plus en plus fatigués. Je leur suggérai de se retirer à La Résidence d'or, une maison de retraite proche de leur domicile. Cela m'a attiré une réflexion de mon père qui m'a blessée :
— Il y a longtemps que nous serions à La Résidence d'or, si nous avions de l'argent !
J'ai retenu mes larmes. Papa a poursuivi :

— J'ai calculé : nos retraites ne peuvent payer qu'une seule pension.

— Ne vous inquiétez pas, je paierai la différence.

— Dans ce cas..., a dit Papa.

Maman s'est écriée :

— Mais, ma petite fille, tu fais déjà tellement pour nous !

J'ai haussé les épaules. Quelques mois plus tard, ils étaient à la Résidence d'or, dans un petit appartement de deux pièces donnant sur le séminaire et l'église Notre-Dame. Maman paraissait heureuse. Papa estimait qu'il y avait beaucoup de vieux : il avait quatre-vingt-treize ans ! Ils se sont habitués très vite. Maman a retrouvé des amies d'enfance et de jeunesse avec lesquelles elle évoquait ses souvenirs.

Ils y ont vécu quelques années, recevant chaque jour la visite de ma sœur Chantal, souvent celle de leur petit-fils Éric et de Fanny, la fille de ce dernier. Camille, Franck et Léa venaient les voir régulièrement et dîner avec eux dans la salle à manger de l'établissement dont le décor n'avait rien à envier à la salle d'un restaurant de bonne tenue. Ils semblaient heureux, rassurés que des infirmières répondent au moindre appel. Maman eut quatre-vingt-dix ans et je lui ai envoyé quatre-vingt-dix roses rouges. Bien qu'elle ne se plaignît jamais, nous savions qu'elle souffrait des dégâts occasionnés par les rayons, quand elle avait eu un cancer.

Les années passaient... Maman ne pouvait plus ni lire ni tricoter des pull-overs pour ses petits-enfants et la télévision la fatiguait ; elle s'ennuyait et pensait que la vie durait trop longtemps. Malgré cela, elle était toujours soucieuse de sa toilette et restait coquette. Papa la trouvait belle et le lui disait en l'appelant « sa petite femme ». Lui aussi demeurait élégant, assortissant ses chemises à ses costumes. Il marchait se tenant droit, appuyé sur sa canne, saluant les dames d'un geste coquin, qu'elles lui rendaient avec des mines de gamines.

Papa a fait une chute et a été transporté à l'hôpital où les médecins décidèrent de l'opérer. Cela me semblait de la folie : il allait avoir quatre-vingt-dix-huit ans ! Je suis allée le voir à Montmorillon. Je suis arrivée à l'hôpital à la tombée de la nuit. Quand j'entrai dans sa chambre, il respirait difficilement. J'ai appelé l'infirmière qui m'a dit que c'était normal. J'ai secoué doucement son épaule pour le réveiller : il ne bougeait pas mais continuait de geindre. Je lui ai parlé. Ses gémissements me brisaient le cœur ; j'avais envie de pleurer. Plus tard, j'ai compris qu'il agonisait. Je suis partie dîner avec Maman à la résidence. Elle avait maigri et se déplaçait en fauteuil roulant. Je l'ai quittée le cœur serré. Je suis allée boire deux verres de cointreau au café du Commerce avant d'aller me coucher dans l'hôtel voisin. Au milieu de la nuit, la sonnerie du téléphone m'a réveillée et mon frère, en larmes, m'a annoncé la mort de Papa. J'ai allumé un petit cigare et me suis mise à pleurer.

Au matin, Chantal, Bernard et moi sommes allés parler à Maman. Quand elle nous a vus, elle a compris.

— Merci, mon Dieu, d'avoir exaucé mes prières ! Je veux le voir.

Dans l'après-midi, nous sommes allés à l'hôpital avec elle. Papa était allongé, le visage reposé, rajeuni. Nous avons poussé le fauteuil de Maman jusqu'au lit. Elle s'est penchée et a étendu ses bras en travers du corps.

— Pourquoi m'as-tu laissée, mon chéri ? Tu as toujours été si bon envers moi !

Chantal et moi avons échangé un regard de stupéfaction. À quel moment avait-il été bon avec elle, lui qui l'avait abandonnée quand elle était malade ? J'ai senti la colère monter en moi. J'en voulais à Maman de s'abaisser une nouvelle fois.

Le soir, nous avons dîné, enfants et petits-enfants, avec elle dans la salle à manger de la résidence et avons chanté des chansons de sa jeunesse qu'elle a fredonnées avec nous.

Bientôt, des pensionnaires se sont joints à nous. Papa aurait-il aimé ces chants funèbres ?

Le lendemain, nous nous sommes occupés des formalités pour l'enterrement : le choix du cercueil, fleurs ou pas fleurs, textes à lire à l'église... Léa a coupé une mèche de ses cheveux qu'elle m'a demandé de glisser contre la poitrine de son grand-père. Nous ne savions pas que, quelques jours plus tard, elle referait le même geste pour sa grand-mère...

Quand le corbillard est arrivé devant l'église Saint-Martial, on m'a demandé si mon père avait fait la guerre.

— Oui, et la Résistance.

À ce moment-là, mon regard a croisé celui de Pierre, attendri et moqueur. Un drapeau tricolore a été déployé sur le cercueil. J'étais très émue.

Il y avait beaucoup de monde dans l'église ; moins au cimetière : il pleuvait. Je remarquai que chacun semblait se refermer sur lui-même. Plus tard, Léa m'a dit :

— Personne n'est venu me consoler, personne ne m'a prise dans ses bras.

J'ai eu honte : égoïstement je n'avais pensé qu'à mon chagrin et non à celui de mes enfants qui aimaient tant leur grand-père.

J'ai eu en unique héritage un mouchoir bleu ayant appartenu à mon père : je le considère comme un talisman et m'endors en le tenant contre moi. Enfantin, n'est-ce pas ?

On changea Maman de chambre. Elle se retrouva dans un studio où l'on transporta ses affaires. C'est là qu'elle est morte un mois plus tard. Ma joue droite garde le souvenir de son dernier baiser.

Son visage n'était pas apaisé comme celui de Papa ; il était marqué par les souffrances qu'elle avait endurées avec un stoïcisme exemplaire.

Elle avait demandé que fût joué l'*Ave Maria* de Gounod pendant la cérémonie. Léa chanta sa chanson préférée,

« Ramona », que nous avons reprise en chœur sous l'œil réprobateur du curé.

Après ses obsèques, nous nous sommes partagé ses maigres biens : pauvres bijoux, écharpes de soie, photos jaunies... J'en emportai quelques-unes quand elle avait vingt ans. J'en ai une d'elle en face de moi : elle est en compagnie de Papa qui la tient par la taille, serrée contre lui. Qu'ils sont jeunes et beaux ! Je leur parle, leur demande de m'aider dans mon travail, de veiller sur moi et leurs petits-enfants. Je ne sais s'ils m'entendent... Où s'en va l'âme après la mort ? Je ne me résous pas à sa disparition définitive... ce serait trop absurde.

Ces pertes si rapprochées m'ont laissée, du moins dans un premier temps, dans un état de stupeur. Je n'ai pas versé une larme ; seul mon cœur pleurait. Je n'arrivais pas, non à accepter leur mort mais à supporter l'idée que je ne les reverrais plus, que je ne pourrais plus appeler Maman pour lui demander si elle se souvenait de tel ou tel événement. À plusieurs reprises, j'ai composé leur numéro avant de me souvenir qu'ils ne répondraient plus jamais. Jamais ! Le mot le plus terrible que je connaisse. Jamais stoppe tout désir, toute demande, il arrête l'élan, il nie l'avenir, il nous laisse seuls et désemparés. Jamais plus... plus jamais... Jamais je ne pourrai leur dire que je les aimais avec leurs qualités et leurs défauts, leurs petitesses parfois, leur incompréhension de cette fille qui ne leur ressemblait pas ! Pourtant ! C'est d'eux que je tiens ma persévérance, mon endurance, ma fierté, ma légèreté, mon insouciance apparente, mes peurs aussi...

« C'est à ton tour d'être en première ligne. » Qui m'a dit ça ? Pierre ?... Je le savais bien qu'il n'y avait plus personne entre moi et la mort, que j'étais, en toute logique, la suivante. De cela, je n'éprouve nulle crainte : la vieillesse me fait peur et me dégoûte, pas la mort. « On devient vieux parce qu'on a déserté son idéal », dit un proverbe. Quel est mon idéal ? Ne connaissant pas mon idéal, je ne puis répondre à cette question. Cela veut-il dire que je n'en ai pas eu, que je n'en ai pas ? Je cherche... Avais-je un idéal quand j'avais quinze ans ? Vingt ans ? Je n'avais qu'une envie : fuir l'avenir qui m'était promis. Fuir la médiocrité. Ne pas ressembler aux adultes. Cela ne fait pas un idéal. En mathématique, « un idéal est un sous-ensemble remarquable d'un anneau ». Me voilà bien avancée ! Si les mathématiques s'en mêlent, je comprends que je n'aie pu avoir d'idéal. Tout cela est bien abscons pour moi ! Cependant, j'avais des rêves, rêves absurdes, rêves enfantins dont certains se sont réalisés.

Pourquoi évoquer ces moments douloureux ? Ils viennent trop tôt dans le déroulement de l'histoire de ma vie. Je n'ai pas de réponse.

62.

J'ai parfois la tentation de reprendre les aventures des personnages de *La Bicyclette bleue*, bien que certains lecteurs croient que Léa est morte. Il n'en est rien : elle est bien vivante.

Les périodes qui ont suivi la mort d'Ernesto Guevara ne m'intéressent pas. Trop de conflits idéologiques. La montée du racisme et de l'antisémitisme, des intolérances de toute nature me gênent. J'ai besoin d'être portée par l'espoir d'un monde meilleur où chacun trouvera sa place. C'est utopique, sans doute. Et alors ? Dans quels combats lancer Léa et François ? Les événements de Mai 68 ? Ils ne m'intéressent pas. Ceux du printemps de Prague ? Les États-Unis au moment de l'assassinat de Robert Kennedy ? Au Viêtnam ? En Palestine ? En Irlande sur les traces du général de Gaulle ? Sur la lune ? En Chine, à la rencontre de Mao ? Avec la bande à Baader ? Au Chili au moment de la mort d'Allende ? En Grèce pendant le régime des colonels ? Au Liban ?...

Je pencherais pour le Viêtnam avec la fille de Léa, l'enfant de Kien, Claire, jeune Eurasienne, qui s'intéresse au sort de son peuple et veut combattre les Américains.

Claire a quinze ans, elle étudie les langues orientales ; c'est une très bonne élève qui parle bien le vietnamien et comprend le chinois et le japonais. Elle suit de près le déroulement des opérations au Viêtnam et s'indigne contre les bombardements au napalm qui tuent et qui mutilent la population. Elle attend avec impatience le retour de sa mère et de François. Elle veut leur faire part de son intention de retourner dans son pays. Comprendront-ils ce qui la pousse à aller là-bas ? Oui, elle en est sûre. Mais elle ne veut pas partir sans leur autorisation : elle craint de leur faire de la peine. Pour le moment, le Quartier latin est en pleine effervescence : les manifestations se succèdent, la police est omniprésente. Plusieurs de ses camarades ont été interpellés.

Depuis quelque temps, Claire est amoureuse d'un militant vietnamien de vingt ans dont le père, proche d'Hô Chi Minh, combat dans les rangs du Viêt-minh. Le jeune homme, Lai, qui fait des études de droit, veut rejoindre son père mais celui-ci s'y oppose.

Aurai-je la force de me lancer dans cette nouvelle aventure ? Ne suis-je pas trop lasse ? Certains me disent que c'est une bonne idée. D'autres que je dois écrire quelque chose de différent. Qui a raison ? Ne serait-ce pas choisir la facilité que de reprendre ces personnages ? Comme moi, ils ont vieilli. Ne devrais-je pas écrire la suite de *La Révolte des nonnes* pour laquelle j'ai signé un contrat avec les éditions Fayard ? Ce serait me replonger dans le haut Moyen Âge, époque passionnante et que j'aime. Que de questions sur mon avenir d'écrivain ! « Écris des romans plus contemporains », me disent mes enfants. Ils ont sans doute raison mais aujourd'hui ne me touche pas. Trop matérialiste, sans poésie, sans rêves... Ce qui m'a intéressée quand j'écrivais *La Bicyclette bleue*, c'est l'idéal de liberté qui animait la plupart des acteurs de l'époque, leur désir de paix, de changer le monde ! Hélas, les événements nous ont montré que ce n'était qu'une utopie, que l'homme se complaît dans ces marécages et que seul l'appât du gain peut le faire agir.

Si ces mémoires m'aident à faire le point sur mes projets d'écriture, ils auront au moins servi à quelque chose !

Comme j'envie mon ami Régis Debray qui ne cesse d'écrire sur les sujets les plus divers ! En ce moment, il vient de terminer un ouvrage sur le sacré. Le sacré ? Qu'est-ce qui se cache sous ce mot ?

— Ce n'est pas lié à la religion, dit Régis.

Mais qu'en est-il en réalité ? De tout temps, les hommes ont vénéré des lieux qu'ils considéraient comme sacrés, y ont élevé des autels, fait des sacrifices, appelant la clémence des dieux, y ont nommé des prêtres, élu des vestales, prié, enfin. Sur ces lieux furent bâties, en Occident, des églises chrétiennes, en témoignage de leur foi en un Dieu unique.

Le sacré est imbriqué en chacun de nous. Roger Caillois écrit : *Le sacré est ce qui donne la vie et la ravit*[1]. Dans quel sens, le mot « ravit » ? Celui qui prend ? Celui qui enchante ? Il n'est plus là pour nous répondre. *Le Grand Larousse du XIXᵉ siècle* ne dit rien qui me renseigne.

Je vais voir chez Thérèse d'Avila ce qu'elle dit du sacré sous d'autres mots : rien. Pas une seule fois, elle n'écrit ce mot. Ni dans son *Autobiographie*, ni dans *Le Chemin de la perfection*, ni dans *Le Livre des fondations*, ni dans *Le Château intérieur*, ni dans ses poèmes, le mot n'est écrit. Que dois-je en conclure ? Elle ne parle pas du Sacré-Cœur de Jésus, mais des grâces que lui octroie le Seigneur. Elle parle du « château intérieur » qui est l'âme qui doit « entrer en elle-même ».

La tradition du Sacré-Cœur de Jésus remonterait à l'apôtre Jean qui, au cours de la Cène, posa sa tête contre le cœur de Jésus. Il faut attendre l'an 1775 pour que le pape Clément XIII institue le culte du Sacré-Cœur de Jésus à la suite des apparitions du Messie à une jeune visitandine, Marguerite-Marie Alacoque, à qui celui-ci aurait dit en lui montrant son cœur : « Voici ce cœur qui a tant aimé les hommes ! » Le pape Pie IX, en 1858, étendit le culte du Sacré-Cœur à toute l'Église.

1. Roger Caillois, *L'Homme et le Sacré*, Gallimard, Paris, 1988.

Chacun d'entre nous a sa notion du sacré. Il n'est pas toujours d'essence divine. Pour certains, c'est le respect de la parole donnée, des convictions d'autrui, pour d'autres, la fidélité, l'honnêteté, l'amour de la patrie. Beaucoup de lieux en France sont imprégnés de sacré et appellent à la prière, que l'on soit croyant ou non. Ce peut être une humble église ou un haut lieu de la foi chrétienne ou la vue d'un enfant nouveau-né ou une musique qui nous transporte. Quand à l'horizon surgit la cathédrale de Chartres au milieu des champs de blé ou le Mont-Saint-Michel entouré par la mer, on est envahi de reconnaissance devant tant de beauté créée par la main de l'homme. Cependant, point n'est besoin de lieux aussi parfaits, la vieille église de Saint-Julien-le-Pauvre, à l'ombre de l'orgueilleuse Notre-Dame de Paris ou l'humble chapelle du cimetière de Charonne nous donnent l'impression que Dieu se plaît dans les endroits les plus divers.

Je m'éloigne du sacré pour revenir au religieux.

Je m'écarte de la rédaction de ces mémoires... Je doute du bien-fondé de cette entreprise... Qui cela peut-il intéresser ? Qui suis-je pour exposer ainsi ce que fut ma vie ? Pourquoi cet embarras soudain à dire ce qui a été ? C'est la semaine de mon anniversaire, j'éprouve toujours un certain mal-être durant ces journées. Je suis chaque fois plongée dans des interrogations qui restent sans réponse. Souvent, je cherche dans les livres un secours que je ne trouve pas. J'ai parlé du sacré à Régis. Selon lui, le sacré n'est pas une question religieuse mais inhérente à l'homme depuis la nuit des temps. Me voilà bien avancée. La lecture de son livre m'apportera, peut-être, une réponse...

Une nouvelle fois, je suis saisie par le doute ; je suis sûre que Régis, lui, ne doute pas ! *J'ai l'impression d'être constamment en retrait, de participer à la pièce en spectateur : c'est très inconfortable ! Ajouter à cela, ma peur, mes doutes, sur moi, sur mon talent. La grande question : ai-je du talent ? Suis-je un bon écrivain ? Que j'aie écrit tous ces livres qui ont tant de succès me fait douter de leurs qualités profondes. Après tout, je suis assez proche de ceux qui pensent qu'un livre qui marche est souvent un livre médiocre puisqu'il plaît au plus grand nombre. Ce désir d'élitisme ! C'est minable, j'en conviens !* Je retrouve ces lignes dans mon journal des années 1984-1985 : rien n'a changé !

63.

C'est bientôt la fin de l'été, *adieu vive clarté de nos étés trop courts !* J'appréhende cette rentrée. Est-ce la sortie du *Paris de mes amours* ou celle de *Toutes les femmes s'appellent Marie* ? Ces livres ne vont-ils pas être noyés parmi l'ensemble des publications annoncées ? Certaines m'intéressent comme le roman d'Emmanuel Carrère, ceux de Jean Rolin, d'Éric Reinhardt, de Jonathan Franzen... qui se retrouveront sur les listes des prix littéraires. Comme je ne suis plus jurée du prix Femina, je vais devoir les acheter. Quand on fait partie d'un jury littéraire, on reçoit toutes les parutions de la rentrée pour chercher, parmi elles, la perle rare qu'on aura envie de défendre. Pour cela, il faut parcourir un grand nombre de textes dont on se demande pourquoi ils ont été publiés étant donné leur médiocrité. Qu'importe, cela m'a permis de découvrir des auteurs auxquels je ne me serais jamais intéressée autrement.

Je n'aurai pas beaucoup lu cet été. J'avais emporté le premier tome des Rougon-Macquart dans la Pléiade : *La Fortune des Rougon* m'est tombée des mains. Camille m'a dit que je n'aurais pas dû commencer par ce texte. Elle a sans doute raison. Je crains de relire *Le Ventre de Paris*, *La Faute de l'abbé Mouret* ou *L'Œuvre* que j'avais tant aimée. Je n'ai lu que des romans policiers et deux ou trois Simenon qui, lui, ne me déçoit jamais. J'aime toujours son œuvre mais il n'en a pas été de même de l'homme. Quand je l'ai rencontré à Lausanne, à sa demande, sur le tournage d'une émission télévisée, j'ai eu droit aux descriptions scabreuses de ses relations avec sa domestique et à sa fatuité d'auteur publié dans le monde entier. Avec quelle fierté il nous avait fait visiter l'immense pièce aux rayonnages remplis de ses livres traduits dans toutes les langues. Quand il a décrit sa manière de travailler, je l'ai écouté avec plaisir. Cela commençait par la taille de ses dizaines de crayons, la pile soigneusement alignée de feuilles blanches sur lesquelles il allait prendre des notes, les plans de villes dans lesquelles il situait son action et un dictionnaire. Il tapait directement à la machine à une vitesse prodigieuse. Il mettait deux jours pour un Maigret et trois jours pour un autre roman. Il avait écrit aussi sous divers pseudonymes des romans légers. Il les signait : Bobette, Jean du Perry, Gom Gut, Jacques Dersonne, Georges Sim, Luc Dorsan, Germain d'Antibes, J.K. Charles, etc. Qu'est-ce qui le poussait à écrire autant ? La peur de la mort ? Peut-être. J'aurais aimé lui en parler mais nous étions trop nombreux autour de lui. Avec Jean Mambrino, poète et jésuite, ils buvaient du vin blanc en riant, du *fendant*, je crois. La servante-maîtresse les servait, silencieuse. Simenon m'a parlé du dernier livre qu'il avait lu de moi : *Pour l'amour de Marie Salat.*

— C'est un très beau livre, dit-il.

J'ai été touchée par ses propos. Il s'intéressait aussi aux livres érotiques que je publiais dont « quelques-uns sont excellents ».

— C'est aussi mon avis, avait ajouté Mambrino.

Comment ne pas être fière d'être aimée de ces deux-là ? Pendant ce temps, les caméras continuaient à filmer notre rencontre. Je n'ai jamais vu l'émission et je le regrette.

J'ai revu Jean Mambrino de loin en loin. Nous parlions de Simenon et de ses livres que nous aimions passionnément tous les deux. Jamais il n'a émis la moindre critique sur le comportement de son ami. J'ai lu quelques-uns des livres de

Mambrino, trop empreints, pour moi, de religiosité. J'ai toujours éprouvé un malaise en présence de ceux qui ont consacré leur vie à Dieu. C'est une vieille méfiance qui remonte à mon adolescence. Je ne crois pas en leur sincérité. Ils ont, à leur insu sans doute, un air de supériorité qui m'agace et ce côté doucereux qu'ont souvent les religieux. J'éprouvais cela avec l'abbé Pierre. Et malgré tout, je n'arrive pas à me défaire de la fascination qu'exerce sur moi cet univers chrétien, y cherchant des réponses qui, je le sais, ne viendront jamais. Quand j'entre dans une église pour allumer un cierge, je ne ressens qu'une immense solitude, un vide énorme. Je ne peux pas prier. Les mots appris dans mon enfance sont vides de sens. Je ressors de là égarée, portant ma vie comme un fardeau. De cela, je ne peux parler à personne. Par pudeur ? Par honte ? Surtout par crainte de n'être pas comprise, d'être raillée, peut-être. Il faut pourtant que je m'attende à des moments difficiles quand paraîtra *Toutes les femmes s'appellent Marie* tant le sujet demeure tabou aujourd'hui. Marie me semble l'archétype de la mère. Mais ai-je raison ? Serai-je à la hauteur ? J'ai peur que l'on se méprenne sur mes motivations. Je ne veux pas me justifier. On doit prendre ce texte tel qu'il est et n'y voir rien d'autre qu'une grande compassion pour ceux qui sont différents. (On me dit que ce titre n'est pas bon. Qu'il est trop « religieux ». Pourtant, ce n'est pas le cas.) En accord avec l'éditeur, j'ai abandonné l'idée d'utiliser la *Pietà* pour la couverture, ce sera une couverture typo, très simple.

Je n'ai pas les mêmes craintes pour *Le Paris de mes amours*. Paris est à tout le monde, à ses habitants comme à ceux qui le découvrent avec émerveillement. Chacun a son Paris au cœur et le voit avec sa sensibilité. Ils sont cependant nombreux ceux auxquels la ville échappe, qui ne remarquent que les encombrements, le manque d'amabilité des chauffeurs de taxi et des commerçants. Je souhaite que ce livre leur fasse découvrir un Paris tendre, aux quartiers si différents les uns des autres, les couchers de soleil derrière les verrières du

Grand Palais, les petits matins sur les bords de la Seine, les bistrots où l'on refait le monde, les bancs publics du Luxembourg ou du Jardin des Plantes, la beauté de la cité vue du haut des marches du Sacré-Cœur, les chants orthodoxes de Saint-Julien-le-Pauvre, ceux de Notre-Dame ou de Saint-Germain-des-Prés, le marché de la rue Mouffetard, les puces du marché de la place d'Aligre, les bouquinistes et leurs bouquins dépenaillés où l'on peut découvrir un exemplaire rare d'un poète oublié et tant d'autres choses qu'on ne trouve qu'à Paris...

J'ai pris tant de bonheur à écrire ce livre que j'ai envie de le partager.

Camille m'a inscrite sur Facebook. J'ai plus de mille amis, ce qui est, paraît-il, beaucoup. La plupart de ces « amis » me sont inconnus. Je ne sais rien d'eux. Que savent-ils de moi ? Qu'avons-nous en commun ? Pour dire la vérité, ce moyen de communication me dérange et renforce mon mal-être dans ce monde moderne d'où je me sens exclue ; c'est, peut-être, une question de génération. Je viens d'y découvrir le projet de couverture du *Paris de mes amours* que plus de cent « amis » aiment. Cela me fait plaisir malgré tout.

En ce moment, je suis très perturbée par cette opération que je dois subir la semaine prochaine à l'hôpital de la Salpêtrière : une injection de ciment dans la vertèbre cassée cet été. Il paraît que c'est un acte anodin, ce dont je doute. Cela me donnera, je l'espère, l'élan nécessaire pour me lancer dans une nouvelle aventure romanesque.

Pas de ciment ! Mon électrocardiogramme n'étant pas bon, je me suis retrouvée à l'hôpital Montsouris où l'on m'a posé cinq stents, acte bénin, paraît-il. Bien qu'on ne me l'ait pas interdit, j'ai arrêté de fumer mes cigares. Cela me déprime. Pourquoi faut-il toujours se priver de ce que l'on aime ?

Vais-je recouvrer mon énergie, ma joie de vivre ? Écrire sera-t-il moins difficile ? « Ce sera de plus en plus dur », m'avait dit Raymond Abellio. Comme il avait raison ! Je retrouve dans mon journal cette phrase désabusée : *Quand écrire devient un travail obligé, les mécanismes intellectuels refusent de fonctionner pleinement.* Ce que j'ai entrepris ici n'est pas un travail obligé. Personne ne m'a demandé d'écrire mes mémoires. Je ne peux m'en prendre qu'à moi-même. Je ne peux pas me réfugier derrière la fiction, avec des personnages inventés. Je suis confrontée avec la réalité : je ne peux pas tricher (ce n'est pas l'envie qui m'en manque, parfois). Je tiens à être honnête. Jusqu'à quel point ?

La littérature est une aventure, pas une carrière[1], a dit Pierre Guyotat. Quelle aventure en effet ! Dangereuse, mortelle parfois, me disait Dominique Aury, l'auteur d'*Histoire d'O*. Je n'avais pas imaginé que cette remontée dans le temps serait si difficile, si douloureuse par moments. C'est un miroir déformant : on sait que c'est soi mais on ne se reconnaît pas. Mes peurs remontent à la surface, m'enlacent, comme les herbes flottantes de la rivière, elles cherchent à m'entraîner vers le fond, là où la Lorelei s'est laissée tomber, attirée par son reflet.

> *Ô belle Loreley aux yeux pleins de pierreries*
> *De quel magicien tiens-tu ta sorcellerie*[2]...

Que ne suis-je poète pour crier mon désarroi, mon désir d'ailleurs, pour chanter les arbres, comme le fait ma belle amie Vénus Khoury-Ghata, ou le pays perdu, les livres non lus, pas encore écrits.

> *Noircir les pages jusqu'à épuisement des mots*[3]...

Pas seulement des mots, mais l'épuisement de celle qui tente de leur faire rencontrer d'autres mots, de les harmoniser, de leur faire rendre leur sens le plus profond, le plus juste au prix d'un effort qui la tue. Les mots se dérobent,

---

1. Pierre Guyotat, entretien avec Sylvain Bourmeau, *Mediapart*, mars 2010.
2. Guillaume Apollinaire, « La Loreley », *Alcools*, Belin-Gallimard, Paris, 2009.
3. Vénus Khoury-Ghata, *La Maison aux orties*, Actes Sud, Arles, 2008.

s'effacent, se diluent sur la page blanche formant des pâtés aux formes étranges d'où surgissent des châteaux forts, des dragons, des spectres... Victor Hugo n'est pas loin et cependant inaccessible comme ces poètes qui m'entourent, vers qui je tends les mains... Que peuvent des mains tendues vers des fantômes ? Que ferais-je si le jeune François Mauriac sortait de son cadre ? Si Émile Zola discourait avec Chateaubriand ou Musset ? Si Charles de Gaulle pariait avec Blaise Pascal ? Si mon cher Diderot bavardait avec Fidel Castro ? Que ferais-je ? Rien. Je regarderais, j'écouterais, amusée d'être témoin de ces rencontres improbables.

Il pleut. *Ô le bruit de la pluie / par terre et sur les toits*[1] *!* Il me manque un buste de Verlaine.

Il faut que j'arrive à exprimer mon angoisse. Je dois trouver quel est mon handicap profond face au travail, à l'argent, à la société, je suis comme emmurée à l'intérieur de moi-même : mon comportement général m'effraie ! J'avais écrit ces mots dans mon journal en 1973 : les choses n'ont guère changé : je suis toujours submergée par le mal de vivre.

Il y a près d'un mois que j'ai cessé d'écrire mes mémoires. Si je veux mener à bien cette entreprise, je dois m'y remettre.

— Tout est dans ton journal, me dit Pierre, il te suffit de le relire.

Facile à dire ! Quand je me relis, je revis trop de moments difficiles. Comme mon quotidien était dur alors ! Comment m'en suis-je tirée ? Des hommes m'ont aidée, me donnant de l'argent pour payer mes amendes : Roland Bru, Pascal Jardin, Alain Bernardin, Jean Castel, Jean-Jacques... et Pierre, surtout. Qu'ils en soient remerciés ici.

La nuit tombe... La fin du jour accentue mon angoisse. Qu'ai-je fait de cette journée ? Elle s'est écoulée comme une

---

1. Paul Verlaine, « Ariettes oubliées », *Romances sans parole*, Flammarion, Paris, 2012.

poignée de sable, sans joie et sans peine véritables, sinon cet ennui de vivre qui ne me quitte pas. L'avenir me fait peur.

Les heures s'étirent lentement. Tout semble engourdi. Les bûches flambent doucement dans la cheminée. La nuit est tombée.

La vieillesse s'accroche à mon corps, salit mon visage, tache mes mains. Elle ricane quand je dis demain. Pour elle, demain, c'est la mort qui lui ravit sa proie sur laquelle elle pose un ultime baiser. La vieillesse prend son temps. Elle jouit de voir se dégrader son butin, de le regarder se débattre dans ses rets, elle ricane de son impuissance et de ses larmes. La mort n'a que mépris devant les manigances de la vieillesse, elle trouve qu'elle se donne bien du mal pour attraper ces charognes. Elle aime les êtres dans la force de l'âge, elle les guette au détour d'un virage, dans les flammes s'échappant d'une masure, dans le naufrage d'un navire, dans un tremblement de terre, dans la fusillade fratricide, dans les filles violées, puis étranglées... Il lui faut de la chair fraîche. Elle ne s'en lasse pas. Les temps que nous vivons lui sont propices. Partout ce ne sont que crimes et tueries. La moisson est si abondante qu'elle ne sait où donner de la tête.

De son côté, la vieillesse ne manque pas de travail tant l'âge de la mort recule de plus en plus. La mort ne comprend pas cette obstination à vivre dans un corps diminué et souffrant.

La vieillesse n'est jamais belle, parce qu'un supplice n'est jamais beau[1], écrit François Mauriac dans son journal à propos de ces « beaux vieillards » auxquels il ne croit guère.

Ne pas faire semblant[2], a écrit François Maspero. Faire semblant, cela s'apparente aux jeux de notre enfance : on fait semblant d'être une fée, une princesse, une marchande, un gendarme, un voleur, un oiseau ou un lion... Faire semblant,

---

1. François Mauriac, *Mémoires intérieures*, Flammarion, Paris, 1993.
2. François Maspero, « Transit & Cie », *La Quinzaine littéraire*, 2004, p. 32.

c'est s'imaginer des histoires qui font paraître le quotidien moins terne et aident à passer l'heure d'algèbre ou de géométrie de la sœur Saint-Émilien. « Toujours dans la lune, mademoiselle Deforges ? » criait la vilaine institutrice, rouge sous sa cornette en bataille, suivi d'un : « Sortez, mademoiselle ! » Injonction à laquelle je m'empressais d'obéir, en dissimulant un sourire de satisfaction. Une fois dans la cour, je poussais un soupir de soulagement. Je m'en allais vers les charmilles sous lesquelles je faisais semblant de me perdre. Je revenais quand la cloche sonnait la fin des cours.

J'en ai assez d'avancer masquée, « d'accrocher un sourire à ma face » pour faire croire que tout va bien. J'ai si souvent caché mes larmes devant ceux qui me jugeaient, me condamnaient, saisissaient mes livres, me privaient de mes droits civiques... Je jouais l'indifférence ne voulant pas leur donner la joie de voir mon désarroi. Je luttais contre moi-même, refoulant mes larmes, me mordant les lèvres pour ne pas pleurer.

— Quelle force de caractère ! m'ont dit certains.

Ils n'ont pas compris que je luttais contre la bêtise qui voulait m'abattre. J'ai tenu. Envers et contre tous. Ils n'ont pas vu mes larmes. Ils n'ont pas entendu mes cris de rage. Ne plus faire semblant, c'était croire en leur victoire, c'est accepter de vieillir.

Le temps a passé. Je ne fais plus semblant. J'avance, sans masque, sans défense. Ai-je moins peur de l'autre ? Non. Je le tiens à distance. Je fais un rempart de mes livres. Dans l'écriture, je trouve ma force, elle m'isole du monde, même si, parfois, les mots se refusent à moi. Alors, je cherche un refuge dans les mots des autres et, peu à peu, les miens se laissent apprivoiser. *Je possède ce bonheur qu'une lecture m'aide encore à vivre*[1], écrit François Mauriac.

---

1. François Mauriac, *Journal 1932-1939*, Grasset, Paris, 1970.

64.

Et Pierre, dans tout cela ? Ne peut-il pas m'apporter son soutien, son réconfort ? Bien sûr qu'il le fait, que serais-je sans lui ? Mais je redoute d'être trop pesante avec mes doutes, mon absence de gaieté, ma fatigue omniprésente...

Vais-je continuer longtemps à geindre sur moi-même ? À me complaire dans mon mal-être ? Suis-je cette loque qui s'exprime ici ? Comment peut-on s'intéresser à cette créature molle et dépressive ? Je dois réagir, me battre contre cet abrutissement.

Danielle Mitterrand est morte. Elle va pouvoir se reposer...

C'était une femme courageuse et obstinée. Je n'avais pas de sympathie pour elle et je crois que c'était réciproque. La dernière fois que je l'ai rencontrée, c'était au Brésil, à São Paulo à la table de richissimes Brésiliens chez qui je logeais, avant mon départ pour la Bolivie, en compagnie de la fille de la maison, Alexandra Lévy, que j'avais connue à La Havane où son époux était ambassadeur de France. Danielle Mitterrand commençait à s'intéresser aux problèmes de l'eau dans le monde et, pour cela, devait se rendre dans la forêt amazonienne. Mais, avant, elle attendait la venue du dalaï-lama. Un dîner nous a réunies en compagnie de Brésiliens, soucieux de l'environnement et du bien-être des peuples.

Tous ces gens respectables prônaient l'accès à l'alphabétisation des Indiens avec la plus grande énergie. Je n'ai pas pu m'empêcher de m'étonner que les nombreux domestiques de la maison ne sachent ni lire ni écrire.

— Nous allons y remédier, a répliqué sèchement la maîtresse de maison.

Avec Alexandra, nous avons pris l'avion pour La Paz où nous sommes restées quelques jours. La ville, construite dans un creux, semblait être une des portes de l'enfer tant la pollution y était grande, la circulation démente. Les rues en pente de la vieille ville étaient envahies de marchands de souvenirs hideux, de feuilles de coca, de bonnets et d'écharpes de laine aux couleurs vives et, bien sûr, d'horribles portraits du Che. Nous avons déjeuné à l'ambassade de France ; deux invités dirent avoir très bien connu Klaus Barbie. J'ai tenu à aller dans le café qu'il fréquentait quand il vivait à La Paz, La Confiteria La Paz, sur la calle Machado, sorte de Deux Magots et de Flore local. Je me suis assise à la place qu'il occupait habituellement, face à la porte d'entrée. Là, j'ai imaginé ce que j'allais écrire dans mon prochain livre sur le señor Altmann, pseudonyme officiel de Barbie en Bolivie.

À Santa Cruz, nous avons loué un véhicule tout-terrain pour nous rendre à La Higuera, but de notre voyage. Nous avons pris la route sous un ciel menaçant. Alexandra conduisait vite et bien. Au bout d'une centaine de kilomètres, j'ai conduit à mon tour jusqu'à Villegrande, notre escale avant La Higuera, où Alexandra m'a avoué qu'elle avait oublié de réserver des chambres. Tous les hôtels étaient pleins. Nous avons trouvé une pièce sordide chez l'habitant. Au matin, nous sommes allées prendre un petit déjeuner au marché, au milieu d'une foule bruyante qui nous regardait avec curiosité. Après avoir fait quelques provisions, nous sommes reparties sous la pluie. Alexandra a pris le volant et, à travers de petites rues défoncées, a rejoint la route de La

Higuera. « Route » était un bien grand mot pour le chemin de terre sur lequel nous roulions.

Lassée d'être secouée en tous sens, j'ai pris le volant au bout de quelques kilomètres. Je me suis vite habituée à la conduite sur cette route montante et glissante bordée d'un précipice qui, selon les virages, se trouvait tantôt à droite tantôt à gauche. Par beau temps, le paysage devait être magnifique. Pour l'heure, il était sombre et hostile. Nous sommes montées sans rencontrer âme qui vive ni le moindre véhicule jusqu'à un petit village pour boire un café et fumer le premier cigare de la journée. L'altitude ne me gênait pas. Nous avons repris la route où nous avons été dépassées par une vingtaine de motards qui nous ont saluées de la main, salut que nous leur avons rendu.

La pluie continuait sur la route qui menait à La Higuera où une autre difficulté nous attendait : l'étroitesse du chemin ne permettait pas à deux véhicules de se croiser. Par chance nous n'en avons pas rencontré. Sur les murs des masures de La Higuera, on avait dessiné des portraits de Guevara, le drapeau cubain et écrit « Che » sous toutes les formes, de toutes les couleurs. Une horrible statue du héros assassiné se dressait sur une petite place. J'avais le cœur serré d'être dans l'endroit où était mort le compagnon de Fidel. Qu'était-il venu faire dans cette région inhospitalière dont les habitants ne parlaient pas espagnol et ne souhaitaient pas la révolution ? Comme en Indochine, sur la RC 4, je compris qu'aucune victoire ne pourrait être remportée par des étrangers au pays, tant la nature leur est hostile.

Nous avons fait quelques photos. Mes baskets de cuir, mon pantalon et mon ciré étaient couverts de boue. Des gamins couraient pieds nus dans la rue, de vieilles femmes nous tendaient des sacs brodés à l'effigie du Che. Émue par la maladresse des broderies, j'en ai acheté deux. Nous sommes entrées dans l'unique boutique-café-restaurant du hameau, au sol de terre battue et aux étagères vides, dans l'espoir de trouver quelque chose à manger. Nous n'avons pu avoir que du café, par ailleurs excellent. Alexandra a engagé la conversation avec la commerçante qui lui a appris que des Cubains construisaient un dispensaire derrière chez elle. En effet, trois jeunes médecins cubains bâtissaient un local pour recevoir les malades. J'ai laissé Alexandra y aller seule et en ai profité pour écrire dans le carnet qui ne me quitte jamais. Pendant qu'elle discutait avec les Cubains, je me suis promenée dans l'unique rue du village. Je suis entrée dans l'école devenue musée, où avait été assassiné Guevara. J'ai caché mes larmes. J'ai balbutié une prière devant la chapelle et continué mon chemin qui se perdait dans la broussaille. Des bribes d'un poème de Guevara tournaient dans ma mémoire :

> *Et quand viendra la fin du voyage*
> *la salutaire opération contre le tyran,*
> *à tes côtés, espérant la dernière bataille,*
> *nous serons là[1].*

Je ne savais pas alors que j'intitulerais le dixième volume de *La Bicyclette bleue* : *Et quand viendra la fin du voyage*, titre suggéré par Pierre.

Comme toujours, j'ai ramassé de petites pierres. J'ai fait demi-tour au moment où sont entrés dans le village les motards que nous avions croisés. Ils sont descendus de leurs machines et ont ôté leurs casques : ils étaient très jeunes et couverts de boue. Ils nous ont dit qu'ils venaient de La Paz et appartenaient à un club de motards de la capitale bolivienne.

Le retour a été cauchemardesque. Dans un virage, le véhicule s'est enlisé sur le bas-côté. Impossible de le tirer de cette boue. Derrière nous, des phares. Par chance, c'étaient nos motards qui nous ont tirées de là rapidement. À Villegrande, d'un commun accord, nous ne sommes pas allées au lavoir de l'hôpital, là où l'on avait déposé le corps de Guevara. L'esprit et les muscles tétanisés de fatigue, nous

---

1. Che Guevara, « Partons au combat », 1956.

avons roulé jusqu'à Santa Cruz où nous avons pu nous loger et nous laver.

Le surlendemain, je suis partie seule de São Paulo pour La Havane. Après la Bolivie, Cuba m'a semblé un paradis sur terre...

65.

La nuit tombe. Je n'ai rien écrit aujourd'hui. Je feuillette mon journal. La couleur de l'encre change selon les jours. Sur ma table les bustes de bronze des écrivains que j'aime, une photo de François Mauriac jeune, tenant un livre, une autre de ma petite amie Clara qui aura toujours onze ans... Ces livres qui m'entourent... leurs auteurs oubliés.

> *Ceux dont on ne sait plus le nom rendent accablant les après-midi de nos vacances du milieu de la vie : visages trop effacés pour qu'aucun trait en soit reconnaissable, ils se dessinent vaguement dans l'entrelacs des branches, ils remuent, ils respirent avec les feuilles et avec les dessins des rideaux. Peut-être est-ce la présence d'un petit-fils romancier et poète qui les attire et leur insuffle un espoir de survie ? En lui, ils remontent du gouffre, ils viennent respirer à la surface. Bien plus que l'histoire, la littérature est une résurrection. Car l'histoire ne fait pas revivre l'intime de l'homme, ni la vie secrète des cœurs, ou elle ne le fait qu'incidemment. Mais le cri qu'une arrière-grand-mère a retenu toute sa vie, au fond de la petite salle obscure du rez-de-chaussée sur la grand-place, se délivre enfin dans le récit écrit, bien des années après qu'elle est retournée en poussière, par un descendant qui croit se rappeler que le prénom de cette morte finissait par un A : Irma ou Adila ou Félicia...*[1]

---

1. *Journal et mémoires politiques*, coll. « Bouquins », Robert Laffont, Paris, 2008.

Comme François Mauriac dit bien ce que nous éprouvons quand nous feuilletons de vieux albums de photographies. Ici ou là on reconnaît tel visage, celui d'une tante, d'un oncle. Qui sont ces jeunes mariés ? Ces bébés nus sur une peau de mouton ? Ces enfants déguisés dont l'un d'eux me ressemble ? Qui est cette communiante serrant contre elle son missel ? De quand date cette photo de classe montrant des fillettes sérieuses ? Et cette autre d'une noce campagnarde ? Je suis seule maintenant à pouvoir mettre un nom sur ces époux, ce marin, ce militaire, cette communiante... Après moi, plus personne ne les nommera.

Je n'ai pas bien travaillé. J'ai regardé de vieilles photos, relu de vieilles lettres, consulté mon journal. Ce retour en arrière me fait peur. Qu'ai-je appris de la vie ? Que sont devenus mes rêves d'antan ? Où sont ceux que j'ai aimés ? Tous ces morts, déjà ! Pourquoi ai-je tant de mal à écrire ? Pourquoi ces millions d'exemplaires de *La Bicyclette bleue* vendus à travers le monde, ces milliers de lettres me félicitant pour mon travail, pour l'exactitude de mes sources et des faits révélés, ne me rassurent-ils pas ? Dans quel état serais-je, si mes livres ne marchaient pas ? pensent d'autres écrivains. Ils ont raison, bien sûr, mais, comment leur expliquer ? Un petit moteur s'est détraqué et n'arrive pas à se remettre en marche.

« Aide-toi, le ciel t'aidera », me susurre une petite voix qui est chassée par : « Demandez et vous recevrez ! » Les ai-je souvent entendues, ces voix ! Du plus loin que je me souvienne, elles ont été présentes mais guère efficaces. Peut-être n'ai-je plus rien à écrire, que la source s'est tarie. Que le temps est venu pour moi de la retraite, de la méditation. Je sens un grondement monter dans tout mon corps... Retraite, mot que j'abhorre depuis toujours car il est signe d'acceptation de la vieillesse et de la mort ! J'ai toujours envisagé de travailler jusqu'à la fin. Que vais-je devenir si je ne le peux plus ? J'ai peur ! Si vous saviez comme j'ai peur ! Je porte tant de livres en moi ! Est-il possible qu'ils ne voient jamais le jour ? Qu'ils restent enfouis dans les replis de ma mémoire ? Devrais-je, comme tant d'autres, me replier vers l'autofiction dont je déteste l'apparente facilité ? Je n'ai pas d'estime pour ce genre et ceux qui en font leurs choux gras. Et puis rien ne me dit que je serais capable d'en faire autant. Pour cela, il faut se prendre au sérieux, chose que je n'ai jamais su faire. Affirmer, haut et fort, que l'on est le meilleur écrivain de sa génération, que son style est inimitable, qu'on le reconnaît entre tous ! Vous me voyez jouer ce jeu stupide ? Je ne suis ni Jean-Edern Hallier ni Christine Angot. Je dois me contenter d'être moi : un écrivain populaire en panne d'inspiration.

Merde ! J'enrage. Ce n'est pourtant pas si compliqué de raconter sa vie,

À survoler ce cahier, ma vie, donc, j'éprouve des sentiments confus, contradictoires. La fille qui écrit est-elle aussi narcissique ? Aussi enfantine ? Sotte ? Inconstante ? Égoïste ? Courageuse ? Écervelée ? Mauvaise mère ? Amoureuse ? Mondaine ? Snob ? Est-elle intelligente ? Sensible ? Honnête ?

J'ai peur de la découvrir opportuniste, intéressée, futile, sotte. Sans doute est-elle un peu tout cela... Ce cahier m'est-il utile ? Me servira-t-il en tant qu'écrivain, ou sera-ce un document de l'histoire littéraire, des mœurs d'une époque que l'on consultera avec amusement ? Je sais déjà que je veux le préserver. Fatuité ? Vanité ? Je n'en sais rien. Ces cahiers existent. Je ne veux pas les détruire ni que d'autres que moi y touchent comme aux cahiers de mon adolescence dont la perte, malgré leur inintérêt certain, m'est toujours une douleur. Quand grandit-on vraiment ?

Le temps est gris et pluvieux, sinistre. Aujourd'hui, en fin d'après-midi, je dédicace *Le Paris de mes amours* à la librairie Gallimard du boulevard Raspail. Peu d'amateurs. La libraire est désolée. Le surlendemain, la signature à la librairie de Belleville a plus de succès que chez Gallimard : une centaine de livres ! Cela me remonte le moral, comme les lettres, nombreuses, qui me disent que je leur donne un Paris vivant, un Paris que l'on a envie de découvrir ou de redécouvrir.

Pour Noël, Pierre m'a offert un séjour à La Havane. Je suis d'autant plus émue par ce cadeau que je sais sa répugnance à ce voyage face à ce qu'est devenu Cuba dont il a tant aimé la révolution.

Je n'ai pas retrouvé ma joie d'être dans cette ville que j'aime mais qui est devenue morose pour ne pas dire triste. La musique semble avoir disparu des cafés, des rues. Les bouquinistes de la plaza de Armas ont des mines sombres. Quelque chose s'est brisé, le charme est rompu. À moins... que mon goût de la solitude s'accommode mal de la présence de l'homme que j'aime ? C'est vrai que j'aime être seule pour visiter les villes, les musées, les monuments, les cimetières ou les champs de bataille. Je redoute les propos obligés des visiteurs qui ne sentent pas que certains lieux imposent le silence pour leur beauté, leur histoire, leurs malheurs. Qui a envie de discourir sur le Chemin des Dames, sur Verdun, sur Oradour-sur-Glane ?

Conclusion... Épilogue... Fin...

Ouf ! Je vois le bout de ces mémoires qui m'ont donné tant de mal. Si j'avais su que l'écriture de ce livre me ferait autant souffrir, jamais je ne me serais lancée dans cette aventure. En écrivant péniblement chaque jour, j'ai tout revu, tout, mes déceptions, mes chagrins et, surtout, mes peurs ! Je crois – est-ce une impression ? – avoir toujours vécu dans la peur. Et pourtant, que de fois je me suis lancée tête baissée contre des murs de haine, d'ignorance et de mépris. Plus j'ai avancé dans l'histoire de ma vie, plus l'inanité de ce livre m'est apparue. À quoi bon raconter tout cela ! Cependant, comment ne pas reconnaître la suite incroyable de chances qui ont jalonné la vie de la petite provinciale que j'étais ? Je dois retrouver l'énergie des commencements, le désir de comprendre les fonctionnements du corps et de l'âme, du bien et du mal, le pourquoi de l'amour et de son absence. Je veux sentir la vie circuler en moi, sa puissance créative, ces élans qui nous poussent vers des contrées inconnues, des êtres nouveaux, des défis intimes, le regard tourné vers l'avenir, un avenir rayonnant, un avenir plein de livres à venir, à lire ou à écrire.

En ce moment, je suis plongée dans une sorte de brouillard dans lequel je ne sais pas où diriger mes pas. Je me répète : « C'est toi la plus forte, tu sortiras vainqueur de cette lutte contre ces maux divers qui t'attaquent de toutes parts »,

« N'y pense pas ! », « Regarde droit devant toi ». Mais... le brouillard ? « Ne sois pas impatiente, il va se dissiper. Regarde au loin cette lueur... Tu la vois ? » Oui. « Elle annonce le retour des beaux jours. » Tu crois ? « Oui... regarde le brouillard s'enfuir, le ciel envahi de lumière... Entends ces rires, vois ces mains qui se tendent vers toi, ces sourires... et ces visages souriants, amis, poètes, amants, ils sont tous tournés vers toi. Réponds à leurs sourires, à leur attente. »

Comment, malgré mon désarroi, ne pas dire merci à la vie qui m'a tant gâtée, m'a permis d'échapper à cette petite ville de province qui me semblait une prison pour m'ouvrir les portes de Paris dont je rêvais, où je suis devenue libraire, éditeur, puis écrivain, où des hommes et des femmes m'ont tendu la main, où j'ai rencontré l'homme que j'aime, où mes enfants sont nés... Paris qui s'est offert à moi et moi à lui dans une harmonie totale, irréelle et magique...

Je compte sur cette ville pour me sortir de ce marasme qui me paralyse depuis des mois et sur le printemps qui tarde à venir. Les amours anciennes reviennent en mémoire avec leurs caresses, leurs baisers... ce désir qui nous inonde... Il semble que c'était hier. Que soient bénis nos amants, ceux d'une nuit, ceux d'un mois, ceux de toujours. Ceux qui ont su nous transporter hors de nous-mêmes, nous faire atteindre ce plaisir sans égal qui donne envie de dire merci. Oui, merci de ce cadeau inouï : la vie.

Régine Deforges, Paris, le 28 mai 2013

Ce volume a été composé et mis en pages
par ÉTIANNE COMPOSITION
à Montrouge.

Impression réalisée par

La Flèche

pour le compte des Éditions Robert Laffont
24, avenue Marceau, 75008 Paris
en août 2013

Dépôt légal : août 2013
N° d'édition : 53096/01 – N° d'impression : 3001022
Imprimé en France